Ernst Jünger. Arbeiter am Abgrund

Marbacher Kataloge
Herausgegeben von Heike Gfrereis

Ernst Jünger. Arbeiter am Abgrund

marbacherkatalog 64

Beiträge von Stephan Schlak, Heike Gfrereis, Detlev Schöttker und Gespräche mit Helmut Lethen und Karl Heinz Bohrer

Deutsche Schillergesellschaft
Marbach am Neckar

Inhalt

Zum Geleit
Ernst Jünger, der Schreiber
von Ulrich Raulff

Zwölf Jahre sind vergangen, seit Ernst Jünger im Alter von 102 Jahren starb, und somit ist kein Jubiläumsjahr zu feiern. Die Erinnerung an den Autor und sein Werk hat keinen aktuellen Anlass. Aber braucht eine Ausstellung zum Werk Ernst Jüngers tatsächlich den numerischen oder kalendarischen Ausweis, um sich ihrer Relevanz zu versichern? Muss man daran erinnern, welches die großen Themen waren, um die sein Denken kreiste, um von da aus den Bogen zu schlagen in die Problemlagen der Gegenwart? Muss man den Schriftsteller des Krieges, den Theoretiker der globalen Arbeitswelt, den Kritiker der technischen Mobilmachung aufrufen, um ihm seine Aktualität für unsere heutige Zivilisation zu bescheinigen? Soll man das Jahrhundertjubiläum 2014 und die erwartbare Generalaussprache über die Jahrhunderterfahrung Krieg und das Drama der geistigen Mobilmachung abwarten, um Jünger wieder ins Spiel zu bringen? Als wenn es solcher Anstrengungen bedürfte: Tatsächlich ist Jünger nie aus dem Spiel gewesen. Mochte er als politische Figur immer als ›umstritten‹ gelten – in seinem Rang als Jahrhundertautor war er es nie. Eine Ausstellung zu Ernst Jünger – und tatsächlich ist dies die erste umfassende Ausstellung zu seiner intellektuellen, auktorialen Biografie – bringt ihre Aktualität mit sich.

Weniger umstandslos lässt sich die Frage nach dem Bild beantworten, das eine solche Ausstellung bietet. Sind ihr nicht gerade in den letzten Jahren eine Reihe großer Deutungsbücher und Biografien vorangegangen? Was gibt es nach so vielen Seiten noch zu sagen? Nichts, in der Tat – denn eine Ausstellung *sagt* nichts, sie *zeigt* etwas. Ausgehend von der für Jüngers Werk bezeichnenden magischen Linie zwischen Tagebuch und Werk zeigt sie den Autor als unermüdlichen Schreiber in einem bald neunzig Jahre überspannenden Werkprozess. Über 250 Tagebücher hat er in diesen Jahrzehnten gefüllt; sie alle sind hier zum ersten Mal zu sehen – ebenso wie die kostbar mit Pflanzen- und Insektenteilen, Blüten und Zufallsfunden geschmückten Manuskripte, aus denen das gedruckte Werk hervorging. Der Sammler und ›subtile Jäger‹ Jünger wird mithin ebenso sichtbar wie der große Briefautor, der ewige Reisende und der mit allen Sinnen Forschende – ein Denker in Bewegung, ein rastloser Arbeiter am Abgrund der Zeit. »Nur wenn ich produziere«, vertraute Søren Kierkegaard 1847 seinem Tagebuch an, »befinde ich mich wohl. Da vergesse ich alle Unbehaglichkeiten des Lebens, alle Leiden, da bin ich bei meinen Gedanken und glücklich.« Ähnlich hätte auch der große Diarist des 20. Jahrhunderts, Ernst Jünger, formulieren können – wenngleich er als stoischer Geschichtsdenker vermutlich den Begriff des Glücks vermieden hätte.

Die souveräne Entscheidung, Ernst Jünger als den eminenten Schreiber und Artisten der ›Verwerkung‹ zu zeigen, als den man ihn in Monografien zwar beschreiben, aber nie *in toto* sichtbar machen kann, hat das Kuratorenteam dieser Ausstellung getroffen. Stephan Schlak, der Berliner Historiker, der mit dem Katalog zu dieser Ausstellung so etwas wie deren Drehbuch lieferte, lenkte den Blick auf Jüngers intellektuelle Strategien, auf die Unruhe des Politischen und Kriegerischen, die in dessen Werk nachbebt. Heike Gfrereis und Ellen Strittmatter, die Literaturwissenschaftlerinnen und beiden Marbacher Kuratorinnen, legten seine ästhetischen Strategien frei, die Motive seines Sammelns und die Techniken seiner Werkbildung. Sie erarbeiteten das von den Grafikern Diethard Keppler und Marcus Wichmann und den Architekten Franziska Schmidt und Korkut Demirag gestaltete Gesamtbild und die einzelnen Aspekte einer Schau, auf die sich, wie uns wohl bewusst war, hohe Erwartungen richten würden. Um ihnen gerecht zu werden, baten wir zwischenzeitlich zwei der bedeutendsten Jünger-Forscher um ihren Rat und ihre Kritik. Mit beidem hielten Günter Figal und Helmuth Kiesel nicht zurück; ihnen beiden gilt unser Dank. Gewidmet sei diese Ausstellung, die ihr so viel an lebhaftem Interesse und mannigfachem Rat verdankt, dem Gedächtnis der unlängst verstorbenen Liselotte Jünger. Als langjährige Leiterin des Cotta-Archivs (von 1943 bis 1962) gehörte sie zu der legendären Generation der Gründer des Deutschen Literaturarchivs.

Stephan Schlak

Ernst Jünger im Archiv gelesen. Sechs Stereoskopien

I. 19. März 1918 in Brunemont. Am Vorabend der Schlacht löscht eine Granate Ernst Jüngers Kompanie fast vollständig aus. »Im selben Moment pfiff es wieder in der Luft, jeder hatte das Empfinden, die kommt hierher. Dann gab es einen furchtbaren Knall. Die Granate war mitten zwischen uns geschlagen« [TB 13, DLA]. In seinem Kriegstagebuch schlägt die Detonation auf seine Aufzeichnungen durch. Unmittelbar nach der Ankündigung der großen Schlacht – »übermorgen Nacht in Stellung und am Morgen darauf wird der gewaltige Angriff stattfin-den« – reißt der Text auf der oberen linken Seite abrupt ab. Die Wucht des Einschlages scheint die Worte geschluckt zu haben. Die ursprünglichen Bleistifteintragungen sind durchgestrichen und mit Tintenstift überschrieben: »Das geht aber niemand anders etwas an. Deshalb wird es hier überkleistert. Amico pectus, hosti frontem O si tacuisses, philosophus mansisses« [DLA]. Unübersehbar hat hier ein Textmassaker stattgefunden. Auch auf der Oberfläche seines Tagebuches öffnet sich ein Krater, findet eine Auslöschung statt. Unter der Linie verbirgt sich der Schrecken. Über der Linie werden die Aufzeichnungen versiegelt.

›Dem Freund die Brust, dem Feind die Stirn‹, ›Wenn du geschwiegen hättest, so wärest du Philosoph geblieben‹ – eine kämpferische Parole und ein Schweigegebot überkleistern den ursprünglichen Text. An die Stelle der unbefangenen Schilderung des Erlebnisses tritt das rhetorische Zitat. Diese lateinische Zitatenfolge ist ohne erkennbaren tieferen Sinn und zerbröselt am Ende ins Italienische. Kein Wort scheint der Evidenz des Ereignisses standzuhalten. »Quatsch Quatsch Mist Unsinn erledigt Beati possidentes Aut omnia aut nihil. Capito? Si Signore!« [DLA.] Mit einem Blindtext aus der klassischen Retorte dichtet Jünger seinen Text gegen einen ersten Versuch einer Beschreibung ab. Neben der unkenntlich gemachten Seite listet er die »Verluste am 20. III. 18« aus seiner Kompanie auf: »Tot: Kratzenberg, Guiken, Lorenzen, Brodowski, Klischke [...]« [DLA.].

Ein Friedhof von Namen – die Totentafel als sachliche Meldung scheint fürs Erste die einzig angemessene Verarbeitung des Granateinschlags zu sein. Der Schock, in den Jünger nach dem Angriff gefallen war – »Ich will nicht verheimlichen, dass ich zunächst vollkommen genug hatte« [DLA] – übersetzt sich in die Hektik und Unruhe der folgenden Aufzeichnungen. Die Datierungen gehen durcheinander. Jünger springt vor und zurück. Immer wieder versucht er, sich des Angriffs auf seine Kompanie zu vergewissern. »Es war der entsetzlichse [sic] Eindruck, den ich vom Krieg gehabt habe. Wo war meine schöne, siegesgewisse Kompanie geblieben?« [TB 13, 20.3.1918, DLA.] Aber das waren nachträgliche Reflexionen und Verarbeitungen. Der Aufbruch der Kompanie bei strömendem Regen, der Pfiff, der Knall ... Der unmittelbare Eindruck ist ausgelöscht. Interessanter als die Spekulation über die Gründe für den Eingriff in den Text ist die Tatsache der Retusche schlechthin. Jünger muss schon früh die öffentliche Bedeutsamkeit seiner Kriegstagebücher bewusst gewesen sein: »Das geht aber niemand anders etwas an« [DLA]. Es scheint, als habe der junge Leutnant die Nachwelt schon einkalkuliert, die ihm einmal neugierig über die Schulter in die Originaltagebücher aus dem Ersten Weltkrieg schaut. Das Geheimnis gibt der Autor nicht preis; aber die überkleisterte Seite verweist auch so auf Jüngers literarische Technik. In äußerster Verdichtung markiert der 19. März 1918 im Vorfeld der großen Michaeloffensive ein Verfahren, das Jüngers veröffentlichte Tagebücher, die das Rückgrat seines Jahrhundertwerkes bis zu seinem späten Zyklus *Siebzig Verweht* stellen, kennzeichnet: Die Auslöschung des historisch Erlebten und Erfahrenen zugunsten der nachträglichen Bearbeitung. Zuerst hat Jünger in seinem Tagebuch den unmittelbaren Eindruck mit rhetorischen Phrasen abgedichtet; darauf ihn in Stufen bearbeitet. In den *Stahlgewittern*, die auf seinen Kriegstagebüchern aufbauten und seinen Ruhm als Kriegsschriftsteller begründeten, greift er zu Schreckensbildern, die an Hieronymus Bosch erinnern, um den tödlichen Angriff auf seine Kompanie literarisch auszumalen. »Die wälzende Bewegung der dunklen Masse in der Tiefe des rauchenden und glühenden Kessels riß wie ein höllisches Traumbild für eine Sekunde den äußersten Abgrund des Schreckens auf« [SW 1,234].

Im Anfang dieses literarischen Jahrhundertlebens steht das Tagebuch. Am 30. Dezember 1914 beginnt der Kriegsfreiwillige Ernst Jünger das erste Buch. »Nachmittags, Empfang von Patronen und eiserner Ration. Untersuchung auf Geschlechtskrankheiten. Als wir antraten, nahmen einige Mütter Abschied, was doch etwas trübe stimmte. 6.44 Abfahrt. Wir bekamen Stroh in die Wagen. Furchtbar gedrängte Pennerei in und unter den Bänken« [DLA]. Am Ende wird er fünfzehn Kladden und Hefte vollgeschrieben haben – und ein Käfertagebuch, das die Ausbeute in den ersten Monaten 1916 im Gebiet um Douchy auflistet. Wie viele aus der jugendbewegten Generation hatte Jünger sich gleich nach der Mobilmachung im August 1914 als Kriegsfreiwilliger gemeldet. Am 4. August schrieb er sich in Hannover bei dem Füsilierregiment 73 Prinz Albrecht von Preußen ein. »Außerdem waren wir bekannt als ›Les Gibraltars‹, wegen der blauen Gibraltarbinde, die wir zur Erinnerung an unser Stammregiment, das Hannoversche Garderegiment, tragen, das diese Festung von 1779 bis 1783 gegen die Franzosen und Spanier verteidigte« [SW 1,24]. Aus den Tagen der Mobilmachung sind keine Tagebücher, Briefe oder Dokumente im Nachlass überliefert. In der berühmten Eingangssentenz in den *Stahlgewittern* hat Jünger den Krieg feierlich beschworen: »Aufgewachsen in einem Zeitalter der Sicherheit, fühlten wir alle die Sehnsucht nach dem Ungewöhnlichen, nach der großen Gefahr. Da hatte uns der Krieg gepackt wie ein Rausch. In einem Regen von Blumen waren wir hinausgezogen, in einer trunkenen Stimmung von Rosen und Blut. Der Krieg mußte es uns ja bringen, das Große, Starke, Feierliche. Er schien uns männliche Tat, ein fröhliches Schützengefecht auf blumigen, blutbetauten Wiesen. ›Kein schönrer Tod ist auf der Welt ...‹ Ach, nur nicht zu Haus bleiben, nur mitmachen dürfen!« [SW 1,11.] Fast beiläufig dagegen hat er 1934 den Augenblick des Kriegsausbruches in einer Szene festgehalten, die der ersten Jünger-Biographie von Wulf Dieter Müller 1934 beigefügt ist. Sommer 1914 in Juist: Der Abiturient Jünger sitzt im Familienurlaub mit einem »unbekannten Arbeiter« auf dem Dach, als ein Landbriefträger vorbeiradelt und die Mobilmachung meldet. »Der Dachdecker hatte gerade seinen Hammer erhoben, um einen Schlag zu tun. Nun hielt er mitten in der Bewegung inne und legte ihn ganz sacht wieder hin. In diesem Augenblick trat ein anderer Kalender bei ihm in Gültigkeit« [SW 1,542] – der Kalender des Krieges. Mitunter täglich wird Jünger in seinen Tagebüchern von Ende 1914 bis September 1918 die Episoden des Krieges, die Geschehnisse an der Front, seine Verwundungen notieren. Die kurze Szene über den »Kriegsausbruch 1914« zieht Jünger bis zu der Einberufung an die Front, mit der sein erstes Kriegstagebuch einsetzt. Der Anschluss in diesem Jahrhundertwerk, das vom Krieg ausgeht und in seinen Schriften ständig auf dieses Urerlebnis verweist, war gelegt. »Am 27. Dezember 1914 wurden wir plötzlich alarmiert: die Front wartete auf uns. Schwer bepackt und doch fröhlich, wie an einem Feiertage, marschierten wir zum Bahnhof ab. In meiner Rocktasche hatte ich ein schmales Büchlein verwahrt; es war für meine täglichen Aufzeichnungen bestimmt. Ich wußte, daß die Dinge, die uns erwarteten, unwiederbringlich waren, und ich ging mit höchster Neugier auf sie zu. Auch hatte ich einen natürlichen Hang zur Beobachtung; ich hegte schon früh eine Vorliebe für Fernrohre und Mikroskope als für Werkzeuge, mit denen man das Große und Kleine sieht, und unter den Schriftstellern schätzte ich von jeher die, denen neben einem scharfen Auge für alles Sichtbare auch ein Instinkt für das Unsichtbare gegeben ist« [SW 1,544].

Der Krieg war für Jünger von Anfang an nicht nur ein Aktionsfeld, sondern eine Schreibschule, ein Labor der Beobachtung. So sehr Jünger mit dem Krieg später einen »breiten, roten Schlussstrich« [SW 8,59] unter das 19. Jahrhundert zog – in seiner Aufschreibepraxis mit dem Kalender als historischem Medium hatte das alte Jahrhundert an Gültigkeit noch nicht verloren. Vielmehr greift Jünger zu den Verhaltensattitüden (»Beobachtung«, »Neugier«) und den Instrumenten (»Mikroskop«, »Fernrohr«) der positivistischen Zeit, um den Krieg zu begreifen. Jünger übt sich in der Wahrnehmungsschärfe des kalten Blicks. Am 4. Januar 1915 notiert er in sein Tagebuch: »Ich bin sehr neugierig, wie sich eine Shrapnellbeschießung ausmacht. Im allgemeinen ist mir der Krieg schrecklicher vorgekommen, wie er wirklich ist. Der Anblick der von Granaten zerrissenen hat mich vollkommen kalt gelassen, ebenso die ganze Knallerei, trotz dem ich einige Male die Kugeln sehr nahe habe singen hören« [TB 1, DLA].

Auch unser Blick in das Archiv dieses Jahrhundertautors ist von Neugier geleitet. Welche unsichtbare Welt öffnet sich hinter den publizierten Fassungen? Welches Gesicht hinter den literarischen Masken des Autors? Am Nullpunkt stehen die Original-Tagebücher aus dem Ersten Weltkrieg, die Jünger in der Rocktasche mit sich führte. Sie bilden den Nukleus und das geheime Energiezentrum dieses Werkes. Vom Großen Krieg gehen alle Linien aus. Die Kriegstagebücher überschatten seine Schriften bis in die frühen dreißiger Jahre – von den *Stahlgewittern* über das *Abenteuerliche Herz* bis zum *Arbeiter*. Auch hier dienen Mikroskop und Fernrohr als Waffen. Immer neu hat Jünger die Urerfahrung des Krieges in den zwanziger Jahren literarisch zurechtgeschnitten – dabei Phänomene vergrößert (*Der Kampf als inneres Erlebnis*), Schauplätze des Krieges dicht heran gezoomt (*Wäldchen 125*) oder Figuren isoliert (*Sturm*). Was in den Tagebüchern des heroischen Individuums Ernst Jünger zerfällt in viele Episoden und Schlachtengeschichten, wird später auf die Signatur der Zeit (*Totale Mobilmachung*) und den »Typus« (*Der Arbeiter*) gebracht. Gleichzeitig münzte er in seiner ausufernden Publizistik in rechten Kampfblättern, die von seinem politisch infiltrierten Werk in der Zeit schwer zu trennen ist, die Fronterfahrung nationalistisch aus. Auch im Zweiten Weltkrieg führte Jünger Tagebuch. So wenig die Fronterlebnisse des Ersten Krieges mit dem Etappendasein im Pariser Kommandostab des Zweiten Krieges zu vergleichen sind, so stark sich in Konzeption und Gestaltung die *Strahlungen* von den Kriegstagebüchern unterscheiden – konstant blieb der Versuch, die Ausnahmesituation ›Krieg‹ im Spiegel der eigenen Tagebücher zu begreifen. Das Urmuster hierzu wurde in Jüngers erstem Krieg geprägt. Noch sein später Tagebuchzyklus *Siebzig verweht* ist durchsplittert von Szenen und Erinnerungen an den Großen Krieg. »Schicksale. Beim Ordnen von Dossiers stoße ich auf das eines alten Kameraden, der 1915 von den Mühlhauser Dragonern zu den Gibraltar-Füsilieren kam. Dort tat er als Ordonnanz-Offizier des Obersten von Oppen Dienst. In dieser Funktion sah ich ihn an der Grande Tranchée, wo er eine Verwirrung zu ordnen suchte, die kurz vor meiner Verwundung entstanden war, neben dem Oberst am Rand des Grabens, in dem wir entlang hasteten. Später wurde ich einmal auf der Dorfstraße von Douchy wegen unvorschriftmäßigen Anzugs von ihm angehakt« [SV V, 169]. Jünger hat sein eigenes Schicksal mit der historischen Urerfahrung des Krieges verschmolzen. An seinen Sammler Hans Peter des Coudres schreibt er am 29. Februar 1960 über seine lebenslange Arbeit am Krieg: »Der Sinn dieser Anstrengung, die ich selbst oft genug als Zwang empfunden habe, kann natürlich nicht darin liegen, die Ereignisse zu verändern, sondern darin, in immer schärferer Erfassung die Struktur der ungeheuren Landschaft zu überliefern, in die ich als Neunzehnjähriger verstrickt wurde, und mit der mehr als ein persönliches Schicksal – mit der die Veränderung der historischen Welt beginnt« [DLA].

Ernst Jünger, zeitlebens ein gewiefter Stratege seines archivarischen Nachruhms, hat die Neugier auf seine Kriegstagebücher schon früh angefacht. Auf die Uraufzeichnungen aus dem Krieg kommt er an vielen Stellen in seinem Werk zu sprechen. So verknüpfte er die fünfte Auflage der *Stahlgewitter* 1924 mit einem Blick auf das Rohmaterial. »Es war eine seltsame Beschäftigung, im bequemen Sessel das Gekritzel dieser Hefte zu entziffern, an deren Deckeln noch der vertrocknete Schlamm der Gräben klebt, und dunkle Flecken, von denen ich nicht mehr wußte, war es Blut oder Wein. Ich machte dabei die Beobachtung, daß sich in diese Zeilen der heiße Atem der Schlacht, eine wilde Ursprünglichkeit brannte, die stärker und unmittelbarer wirkt als der stilisierte Bericht. Zwischen jenen Blättern und diesem Buche bestehe der Unterschied von Tat und Literatur« [zitiert nach: PP 42]. Eine Probe auf den schnörkellosen, kühlen, sachlichen Ton der Original-Tagebücher fügte er an: »Ran! Kein Pardon. Wut. Aus Stollen Schüsse, Handgranaten rein. Geheul. Über den Damm. Packe einen am Hals. Hände hoch! Sprungweise hinter Feuerwalze vor. Melder Kopfschuss. Sturm auf M. G.-Nest. Mann hinter mir fällt. Schieße Richtschützen ins Auge. Handgranaten. Drin! Allein, Streifschuß. Wasser, Schokolade. Weiter. Einige fallen. Zwei Mann laufen zurück, Kopfschuss, Bauchschuß. Bin grimmig. Engländer fliehen aus Baracken, einer fällt. Stockung, befehle Sturm gegen Dorfrand Vraucourt. Volltreffer, Verluste, Vor!« [PP 42.] Zwar findet sich ein Teil dieser Stelle gleichlautend am Ende des dreizehnten Tagebuches – nur stellt diese Wörtersalve von Affekten, Appellen und Befehlen in den Kriegstagebüchern die große Ausnahme dar, worauf die Jünger-Philologie hingewiesen hat. Nicht erst in den *Stahlgewittern*, schon in den Kriegstagebüchern findet sich die Ausschmückung dieser Kette schnell hingekritzelter Stichworte aus der »großen Schlacht«. In der Regel sind in den Tagebüchern die Passagen ausformuliert und die stilistischen Ambitionen des jungen Jünger unübersehbar. Auf die kurze Auflistung einer Patrouille etwa folgt die dramatische Schilderung. »Dies war ein Moment höchster Aufregung. In solchen Augenblicken geht der Atem stoßweise, Alle Sinne sind aufs Höchste gespannt, man fühlt gleicherweise das Fi[e]ber des Waidmannes und die Aufregung des Wildes. Wir entsicherten die Pistolen, schraubten die Handgranaten fertig. Der Baier Partenfelder nahm hörbar den blanken Dolch zwischen die Zähne. Ich gab den Befehl nach Rechts: ›Rankommen lassen und dann auf ihn mit Gebrüll!‹« [TB 5, 20.6.1916, DLA.]

Über weite Strecken fließt der Text in einem ruhigen Ton – was umso erstaunlicher ist, wenn man sich die dramatischen Geschehnisse der Front vergegenwärtigt, in die Jünger verwickelt ist. Im autobiographisch gefärbten *Wäldchen 125* hat er die Umstände der Niederschrift aufgefächert: »Manchmal ist die Schrift ruhig, sorgfältig und mit Tinte geschrieben, so daß ich gleich weiß: damals hast du gemütlich in einem der kleinen flandrischen oder nordfranzösischen Bauernhäuser gesessen oder in einer ganz ruhigen Stellung vorm Unterstand, die Pfeife rauchend und höchstens vom fernen Schwirren des letzten Fliegers gestört, der seine Abendrunde flog. Dann kommen ungelenke und verzerrte Züge in Blei, in der menschenüberfüllten Enge irgendeines höllischen Loches vorm Angriff oder während der endlosen Stunden einer schweren Beschießung beim tanzenden Licht einer Kerze geschmiert. Endlich Sätze in erregten Stichworten, unleserlich wie die Wellenlinie eines Nadelstiftes, der ein Erdbeben verzeichnet, die Enden von der fliegenden Hand zu langen Strichen ausgepeitscht – das wurde nach dem Angriff in Trichtern oder Grabenstücken hingeworfen, über die noch der tödliche Hornissenschwarm gezielter Geschoßgarben strich« [SW 1,303]. Erregte Stichworte, ausgepeitschte Sätze – wenn Jünger sorgsam stilisiert in den zwanziger Jahren Einblick in seine Kriegstagebücher gewährte, wie 1924 in den *Stahlgewittern*, dann hat er die »gemütlichen« literarischen Züge aus dem Text retuschiert. Jünger spitzt die Einträge zu, so dass man den Eindruck gewann, sie seien weniger die Impressionen und Reflexionen eines Tagebuch-Autors als unmittelbare Direktübertragungen aus dem Gefechtsgelände. In der überhitzten politischen Landschaft der Weimarer Zeit waren die Tagebücher Material in einer Schlacht, in der die ›Tat‹ polemisch gegen die ›Literatur‹ gestellt wurde. In diese Schlachtordnung reiht Jünger sich in den zwanziger Jahren in vorderer Linie ein; im *Wäldchen 125* ergeht er sich in Invektiven gegen das »geschäftsmäßige Literatenpack, für das sofort die Prügelstrafe wieder eingeführt werden müßte.« [Zit. nach: Kiesel, S. 255 f.] Um keinen Preis wollte Jünger selbst in den Ruch des Literaten geraten. Die Tagebücher beglaubigten die militärische *Vita* – das durch die Front gestählte Leben jenseits der Literatur.

Aber diese Kampfzone war konstruiert. Dass sich die Sphären von Schrift und Aktion, Literatur und Leben fein säuberlich trennen lassen, war Jüngers Politik der zwanziger Jahre geschuldet. Am Nullpunkt – in seinen Kriegstagebüchern – sind Literatur und Leben schicksalhaft miteinander verwoben. »Immer wenn ich wieder eins dieser schmalen Hefte, die sich so bequem in der Kartentasche mitführen lassen, zu beschreiben beginne, kommt mir der Gedanke, ob ich den Bleistift wohl über die letzte Seite gleiten lassen werde« [SW 1,303]. Wenn Jünger am Ende seiner Kriegstagebücher die Anschlusstelle markiert – »Fortsetzung folgt« –, dann zeugt das nicht nur von einem neuen Kapitel des Krieges, einer neuen Kladde, sondern vom Überleben des Autors. »Fortsetzung« des Textes heißt hier ganz existenziell weiterleben.

Dabei löst sich Jüngers Erleben des Krieges nie ganz in Schrift auf. So sehr Jünger versucht ist, der Landschaft, in die er hineingestellt ist, einen sprachlichen Ausdruck zu geben, immer wieder stößt der Text in Grenzregionen vor, in denen die Worte versagen oder von der Evidenz des Ereignisses geschluckt zu werden scheinen. Schon auf den ersten Blick wird die Fragilität des Textes augenfällig. Die Tagebücher sind übersät von Randzeichnungen – Granaten, Raketen und Totenschädeln –, die das feine Gespinst der Schrift zu zerreißen drohen. Gerade das harte Aufeinanderstoßen von Wirklichkeitspartikeln aus der Welt des Krieges und literarischer Verarbeitung machen die Kriegstagebücher zu einem faszinierenden Dokument. In der fünften Auflage der *Stahlgewitter* 1924 hatte Jünger gemutmaßt, dass »diese unmittelbare und rohe Kristallisation des Erlebnisses [...] schon in kurzer Zeit rätselhaft vor dem Leser stehen [würde] wie das Knochengerüst eines ausgestorbenen Tieres. Es war also nötig, sie mit Fleisch zu umkleiden« [PP 42]. Im Rückblick wird offenbar, wie Jünger die Urerfahrung des Krieges nicht nur in seinen Schriften stilistisch angereichert, sondern auch literarisch ausgebeutet hat. Am Nullpunkt werfen wir einen Blick auf das »Knochengerüst«, in das sich zentrale Motivketten und literarische Verfahren des Jahrhundertautors eingeschrieben haben.

Die Tagebücher aus dem Ersten Weltkrieg sind Dokumente der Vermischung. Was sich als Motivlage später ausdifferenzieren wird und in Früh- und Spätwerk zu unterschiedlichen Zeiten nach vorne drängt, steht hier noch unvermittelt nebeneinander – militante Entschlossenheit und humane Skepsis, die Lust an der Zerstörung und das Sammeln in der Etappe, das Standhalten in der zugerüsteten Welt und der Rückzug. Der 19-jährige Kriegsfreiwillige betritt das Kriegsfeld 1914/15 mit einer romantischen Rüstung – der »Lust an der Gefahr«. Alles ist für den Kriegsnovizen erst einmal »interessant«: »Heute fand rechts von Oranville eine sehr interessante Fliegerbeschießung statt« [TB 1, 22. 1. 1915, DLA]. »Schade, daß dieser Krieg mit Gewehrgranaten und kleinen Minen nicht länger mitgemacht werden kann, er ist wirklich interessant und aufregend« [DLA]. Kaum ist er versetzt aus der Front zu einem Ausbildungskurs in die Heimat, sehnt er sich gleich nach ein »bischen Gefahr« zurück [TB 1, 18.3.1915, DLA]. Der Krieg verliert für Jünger auch in den nächsten Jahren nie ganz seine spielerischen Züge. An seinem 21. Geburtstag am 29. März 1916 zieht er eine »kleine Bilanz«: »Dies Jahr kann ich wohl sagen, kann ich ungetrübt feiern. Mir macht das Kriegsleben jetzt grade den richtigen Spaß, das ständige Spiel mit dem Leben als Einsatz hat einen hohen Reiz, wenn die allgemeine Lebensführung dabei einigermaßen günstig ist. Ich halte für meine Person schon noch ein Jahr durch, wenn es darauf ankommt. Kommt ein Gefecht, desto besser. Man lebt, man erlebt, man gelangt zu Ruhm und Ehren das alles nur um den Einsatz eines armseligen Lebens. Ich habe wie bei Kriegsbeginn noch immer die Meinung von *Mir*, als erster des Zuges an den Feind zu kommen« [TB 4, DLA]. Die preußische Disziplin seiner Kompanie bereitet ihm Vergnügen. »Mit solchem Material zu arbeiten, macht Spaß« [TB 5, 21.6.1916, DLA]. Jünger gefällt sich in der Rolle des unverwundbaren Soldaten, der auch im Schlachtengetümmel und in höchster Gefahr Gelassenheit zur Schau stellt. »Ich hielt die Zeit gekommen, mein zweites Pfeiflein anzustecken, hatte den Humor aber auch wohl ohne das behalten« [TB 2, 24.4.1915, DLA]. Gleichzeitig vermerkt Jünger schon früh, dass der zermürbende Alltag des Grabenkrieges – die ewige Abfolge von Wachen und Schanzen, das Ausharren in dreckigen, durchnässten Unterständen – die alte Abenteuerlust wenig befriedigte. »Heut, wo ich wieder zum ersten Mal im Schützengraben erwache, fällt mir ein, daß ich vor einem Jahr in das Heer eintrat, um Abenteuer zu erleben. (Traurig aber wahr!)« [TB 3, 6.10.1915, DLA]. Schon gar nicht war der Alltag in Deckung zu bringen mit der heroischen Kriegerlektüre, die er in der Kartentasche mit sich führte. »Ein großes Herz fühlt vor dem Tod kein Grauen. Wann er kommt, wenn er nur rühmlich ist. (Ariost, Orlando furioso 17. Ges, Vers 15.)« [TB 11, DLA.] Der Tod zeigt am Rand der Tagebücher in der Motto-Spalte nicht nur sein heroisches Gesicht, sondern auch seine tödliche technische Fratze. Die Gesänge werden überlagert von eingezeichneten 15-cm-Granaten, in die sich der derbe Humor des Krieges eingefressen hat. »Gut ist, wenn in Grase liegt, Schlecht ist, wenn in Fresse fliegt« [TB 3, DLA].

An vorderster Front übt Jünger sich in der Kunst des Rückzuges. Das Tagebuch verzeichnet viele Episoden der Drückebergerei. »Von Morgens 9–1/2 12, Nachmittags 1–4 geschanzt. Wir standen um die Unteroffiziere und erzählten uns eins. Ich habe höchstens 50 Spaten ausgehoben« [TB 1, 6.1.1915, DLA]. In der Monotonie des Grabenkrieges öffnen sich Fluchträume ins Private und die Wonnen der Heimatfront. »Ich bekomme, wie damals in Algerien ganz andere Ideale. Ein solides Studentenleben mit Lehnstuhl und weichem Bett und einem kleinen Freundeskreise ohne Verbindungseseleien, schöne Ausflüge und gute Bücher. Und eine Käfersammlung. Vorher muß ich irgendwie nach Afrika reisen, nur um zu sehen, daß man auch darin nur Phantastereien nachgejagt hat« [TB 1, 8.1.1915, DLA]. Die Sehnsucht nach einem geordneten Leben in der Heimat – »Und eine Käfersammlung« – vermischt sich hier mit dem Wissen um die Vergeblichkeit eines Auszuges in exotische Gegenwelten, dem Jünger sich selbst am Vorabend des Krieges mit seiner Flucht in die Fremdenlegion, seinen *Afrikanischen Spielen* hingegeben hatte. Als Jünger Ende April 1915 zum ersten Mal mit einem Streifschuss im Oberschenkel verwundet wird, wähnt er den Krieg für einen Moment für sich zu Ende. Das zweite Kriegstagebuch bricht mit dem Heimaturlaub in Heidelberg zur Genesung ab. »In schöne weiße Betten gelegt, gut genährt, fuhr ich durch das schöne deutsche Land bis Heidelberg, wo ich in das Lazarett ›Landhausschule‹ gebracht wurde. Als ich inmitten der Heidelberger Blütenpracht aus dem Zuge gehoben wurde, dachte ich nicht, daß ich je wieder in den Krieg hinausmüßte« [TB 2, 26.4.1915, DLA]. Auch wenn Jünger schon im September 1915 wieder an die Front ausrückt und sein drittes Tagebuch beginnt, geht von dem Satzstummel – »ich je wieder in den Krieg hinausmüßte« – auf der leeren Doppelseite am Ende des zweiten Tagebuches eine eigentümliche Wirkung aus. Was wäre aus Jünger geworden, wenn er wenige Wochen nach Kriegsbeginn schon wieder in die Heimat zurückgekehrt wäre? Ein Dichter ohne Krieg. Ein Etappenschicksal. Letzte Worte im freien Feld …

Zwei Jahre und unzählige Schlachten und Verwundungen später kommt Jünger noch einmal auf das von der Fortdauer des Krieges kassierte letzte Wort, die Heidelberger Episode nach der ersten Verwundung im April 1915, zu sprechen. »Es ist immer noch schönes Wetter, ich sitze den ganzen Tag in der Laube. Gestern bekam ich von Oppen wegen irgend einer Kleinigkeit eine Riesenzigarre, das stählt die Kriegslust keineswegs. Wenn ich über die grüne Wiese vor mir auf das zerschossene la Baraque sehe, dann muß auch ich, einst so kriegslustiger mir die Frage vorlegen: Wann hat dieser Scheißkrieg ein Ende? Was hätte man in dieser Zeit nicht alles sehen und genießen können. Welcher Genuß muß es zum Beispiel sein, eine holländische Landschaft bei sinkender Sonne zu durchwandern. Wandern! Frei wie der Falk herumstreifen ohne lästigen Zwang und Fessel. Noch ist kein Ende abzusehn. Die Sache wird höllisch monoton. Vor über zwei Jahren fuhr ich zum ersten Mal verwundet in das blühende Heidelberg ein. Da schlug das Herz höher, es war einer der schönsten Augenblicke und ich dachte, daß nun wohl bald der Friede kommen würde. Es muß doch Frühling werden!« [TB 11, 24.5.1917, DLA.] Dieser Aufschrei der Empörung über die Sinnlosigkeit des Krieges ist ein erstaunliches Dokument. So gar nicht will es sich fügen in das populäre Bild von Jünger als eisern überzeugtem Frontkämpfer und Kriegsverherrlicher. Tief hat sich die Enttäuschung über den Krieg in Jüngers Tagebücher eingegraben. Schon ein paar Monate nach dem August 1914 ist es nicht mehr nur der Krieg – »Ach, nur nicht zu Hause bleiben, nur mitmachen dürfen!« [SW 1,11] –, der das Herz erhebt, sondern die Aussicht auf Frieden: »Wann hat dieser Scheißkrieg ein Ende?« »Es muß doch Frühling werden!« Solche Inseln der Humanität tauchen im Strom der Schlachtenberichte immer wieder auf. Sie durchmischen das intellektuelle Gefechtsgelände, verkehren die Fronten und legen Anschlüsse an die pazifistischen Einsprüche gegen den Krieg. Aber nicht nur an die literarische Linke, sondern auch an spätere Gesinnungskameraden auf der Rechten, die sich ähnlich unverhohlen über das ›blutige Gemetzel‹ erregten – auch wenn sie den Krieg nur in der Etappe durchlebten. In der Zensurbehörde in München notiert Carl Schmitt am 17. September 1915 in sein Tagebuch. »Wäre nur erst Frieden. Dieser entsetzliche Alpdruck. Aber vor dem Militarismus gibt es keine Rettung und keine Hilfe; nach dem Krieg wird es immer schlimmer werden. Der Einzelne ist nichts; schauerlich.« [Carl Schmitt, *Die Militärzeit 1915–1919*, hrsg. von Ernst Hüsmert und Gerd Giesler, Berlin 2005, S. 130.] Es wäre einmal eine lohnende Aufgabe, der Bibliothek der geistigen Mobilmachung, der national übergeschnappten Kathederreden der Professoren und Literaten am Vorabend des Krieges, einen Band mit den gesammelten moralischen Reserven im Krieg gegenüberzustellen – gerade von jenen, die sich in der Weimarer Zeit wieder an vorderster Front an der politischen Schärfung der Begriffe, der geistigen Rüstung, der publizistischen Mobilmachung beteiligten. Nun wäre es in der Tat eine sehr selektive Lektüre, aus Jüngers Tagebüchern allein die humanitären Bedenken und moralischen Skrupel herauszuoperieren. Der Grundton ist ein anderer. Nicht die Betroffenheit regiert diese Tagebücher, sondern die Beobachtung. Jünger versucht das ›unwiederbringliche‹ Kriegserlebnis genau zu erfassen, den kalten Blick von der moralischen Eintrübung freizuhalten. Das Operationsgebiet der Schlacht will Jünger von allen Empfindungen klinisch rein halten. »Man weiß, es ist Gefecht, das geht nicht ohne Verluste ab, dabei hat die Sache etwas unpersönliches, wie vielleicht für den Arzt eine Operation« [TB 5, 29. 6. 1916, DLA]. Die Leichen vor seinem Unterstand seziert er im April 1915 mit dem kühlen Blick des Pathologen, der Dr. Gottfried Benn, der zur selben Zeit als Sanitätsoffizier in der Brüsseler Etappe operierte, zur Ehre gereicht hätte. »Am Knie sah man die Kniescheibe aus zerrissenen Fetzen hervorschauen, das umgebende Fleisch war weiß wie das von Schellfischen, eine Sehne zog sich wie ein Band durch das verweste Fleisch« [TB 2, 25. 4. 1915, DLA]. Auch wenn Jünger dem Anblick oft nicht standhält. Nur ein paar Zeilen weiter kippt er ins sentimental Poetische und ziert die toten Körper bei aller zur Schau gestellten *désinvolture* mit einer romantischen Schleife. »Im übrigen ertrugen meine Nerven den Anblick ohne Erregung; aber der Gedanke, daß in diesen Köpfen auch Gedanken, Wünsche und Hoffnungen lebendig gewesen waren erweckte in mir dieselbe Rührung, die man beim Anblick alter Burgruinen empfindet« [DLA]. Vor die sachliche Beschreibung schiebt sich das literarische Bild. Jünger greift in seinen Tagebüchern immer wieder ins Archiv romantischer Stimmungsbilder, um die Landschaft des Krieges auszumalen. »Ich ging 3mal zum Wasserholen nach der zerschossenen Mühle im Bachgrunde, ein unheimliches Stimmungsbild à la Böcklin. Vollmond, zerschossenes Gemäuer, ein Gewirr niedergestürzter Erlen, im Wasser ein zerfallender Kahn, das rauschende Wasser, überall tiefe Granatlöcher, ein mittelalterliches Bild der Verwüstung« [TB 1, 30. 1. 1915, DLA].

Was Jünger in seiner politischen Mobilmachungsphase in den zwanziger Jahren als bürgerliche Bedenkenträgerei aus seinem Wahrnehmungsfeld schneiden wird – die Reflexion über die Kosten und die Schattenseite des Krieges –, in seinen Tagebüchern blitzen sie immer wieder auf. Am 1. Dezember 1915 zieht Jünger eine vorläufige Bilanz: »Man sieht aus dem Fenster und wird traurig, wenn man sieht, was aus Nordfrankreich geworden ist. Wie ganz anders war es doch hier vor 5 Jahren. [...] Dieser rote Wein und das runde, flockige Weißbrod und die köstlichen Ragouts der nordfranzösischen Küche, wo sind sie geblieben? Diese abendlichen Gesellschaften des Maires, des Pfarrers und der andern Notabeln? Dies Dasein aufgebaut auf fröhliche Bejahung des Lebens? Vorbei! Vorbei, um vielleicht nie wieder zu kehren. An der Front die Dörfer zerstört, die Bäume zerschossen, die Brunnen verfallen, die Felder aufgewühlt und hoch überwuchert. Hier im besetztem Land ein Volk gezwungen zu einer Lebensweise, die es nie kannte, gezwungen das graue Brot des Krieges hinunterzuwürgen und gezwungen, Kinder zu gebären, die vielleicht später nicht in dies Land der Heiterkeit hineinpassen werden. Und ich werde die Reise nach Paris und Versaille nicht machen können, mich nicht freuen können im Lande des Weins und der Freude, denn zwischen mir und Euch steht eine Wand, fließt ein Strom von Blut, von Blut vielleicht unnütz vergossen, um Millionen Mütter in Gram und Elend zu stürzen« [TB 3, DLA].

Jünger kontrastiert hier das vom Grabenkrieg aufgewühlte und von der deutschen Besetzung um seine Lebensweise gebrachte Nordfrankreich mit jener idyllischen Landschaft, die er als Austauschschüler im Sommer 1909 durchreist hatte. Von dieser Austauschreise nach Buironfosse haben sich Spuren im Archiv erhalten. In einem Notizheft mit dem Kalendarium für 1908 und 1909, das sein Bruder Friedrich Georg Jünger mit der Auflistung von Kolonien und Informationen zur Erdkunde begonnen hatte, hat Ernst Jünger Etappen seiner Reise notiert und Eindrücke fixiert. In Jüngers langem Band der Tagebücher, das sich durch das Jahrhundert zieht, markiert dieser Kalendereintrag das erste Wort: »28. September 1909

Um sechs aufgestanden. Dreiviertel sieben bis acht von Rehburg Stadt nach Wunstorf. Von Wunstorf nach Bückeburg – Minden – Porta – Bad Oeynhausen – Löhne (Westfalen) – Herford – Bielefeld – Gütersloh – Hamm (Umgegend Kohlen, Drahtseilbahnen). Hier quatschen die Leute gern, und sagen immer: ›net wahr‹. Von allen Seiten sieht man große Kohlenbergwerke. Dortmund – Herne (Fabrikstadt. Viele Arbeiterwohnungen.) – Wanne (überall Kohlen, Zechen, Drahtseilbahnen und Arbeiter). Der Horizont ist mit Schornsteinen besät. – Gelsenkirchen (die Leute sprechen ziemlich sonderbar) (Erdboden erste Klasse) – Altenessen – Oberhausen – Duisburg – Düsseldorf – Köln. Restaurant ›National‹ Zimmer siebzehn. Marzellenstraße« [SW 22,427]. Noch nimmt der Apothekersohn die Arbeitszone des Ruhrgebiets als eine fremde Welt wahr, noch hält er Distanz zum ›Typus‹ des Arbeiters, mit dem er sich intellektuell in einem großen Essay 1932 verschmelzen wird – aber die Anschlüsse an seine eigene Tagebuch-Arbeit waren in diesem ersten Kalender schon gelegt. Das Durchwandern von Raum und Zeit im Medium des Kalenders, das penible Notieren der Etappen: Nach diesem Muster wird Jünger unzählige solcher kleinen Hefte und Kladden im Laufe seines Jahrhundertlebens vollschreiben. Wie seine Kriegstagebücher ist auch der Kalender 1909, der am Nullpunkt seines Tagebuch-Werkes steht, gesprenkelt von Skizzen und Zeichnungen – Schlachten- und Duellszenen aus Land und Meer im Stile eines Comicstrips. Auf einer anderen Seite sammelt der 14-jährige mit Bildern die idealen Gegenstände eines Pfadfinderbeutels ein und fügt übermütig als erstes Bild einen Revolver an. Alles ist Spiel und Phantasie. Der Kriegstornister steht in weiter Ferne. Was fünf Jahre später im Grabenkrieg täglich neu ausgekämpft wurde – die Grenzlinie zwischen den Erbfeinden Deutschland und Frankreich –, überquert Jünger 1909 nach einer Visitation im Handumdrehen. »Köln – Aachen – Herbesthal (Zollvisitation) – Verviers. Hier stieg ich um. Ich mußte Zuschlag haben. Die Beamten sind kolossal freundlich. Ich verständigte mich schlecht. Der Beamte machte einfach eine Person für mich haftbar. Zweite Klasse. Sitze hier. Fahre direkt nach Saint Quentin« [SW 22,427]. Mit wenigen Stichworten belegt Jünger im Anschluss die pfäffischen Sitten und eigentümlichen Fragen der Franzosen: »Ekelhafte Pfaffen mit viereckigen Bauerngesichtern und Weiberröcken verunzieren die Gegend. Lassen sich von allen Leuten ›die Hand küssen.‹ Freitag Fisch – Über meinem Bette Weihwasserbecken – Dumme Fragen können die Franzosen richten. Der eine fragte, ob in Deutschland die Toten begraben würden?« Was hier eine unschuldige Kinderfrage war, war fünf Jahre später in der zerschossenen und aufgewühlten Landschaft Nordfrankreichs der bestialische Totengestank des Krieges. Als er im April 1915 die gestürmten, feindlichen französischen Gräben abschritt, gibt er die Frage zurück. »Nur eins wurde mir nicht klar; warum begruben die Franzosen, diese Leute nicht, die doch wochenlang im Umkreise von 3 Metern vor ihrer Stellung gelegen haben mußten« [TB 2, DLA].

Der Krieg hatte die liebliche Landschaft Nordfrankreichs umgepflügt. »Wo ist sie geblieben die behagliche Kultur des Lebensgenusses, dies breit dahinfließende Leben, das mich in den kleinen Städten Frankreichs so an das Städtchen in ›Hermann und Dorothea‹ erinnerte.« Und noch etwas hat sich neben der Erinnerung an den Schüleraustausch in Buironfosse in den desillusionierten Tagebucheintrag vom 1. Dezember 1915 verwoben – eine Deutsch-Hausarbeit des Hameler Obersekundaners vom 21. Januar 1913 über »Die Exposition in Goethes ›Hermann und Dorothea‹«. Die Hausarbeit ist eingefärbt von der nationalen Kraftrhetorik und Spitzen gegen den französischen Rheinnachbarn, die im späten Wilhelminismus Unterrichtsdoktrin waren. Der Schüler Jünger gibt den Inhalt kurz wieder: »Das Epos versetzt uns in die Zeit der Französischen Revolution, deren glutstrahlender Flackerschein sogar die friedlichen Bewohner des stillen Rheintals aus dem zufriedenen Halbschlaf der Alltäglichkeit stört und mit ängstlichen Ahnungen erfüllt. Die Angst vor den Greueln des Krieges zwingt die Landleute, sich auf das deutsche Rheinufer zu flüchten, wo das plötzliche Erscheinen dieser elenden und verwahrlosten Rotten als erstes Anzeichen des nahen, furchtbaren Unheils aufgefaßt wird.« [Zit. nach: Schwilk, S. 78.] »Ist das linke nicht deutsch?«, moniert der Lehrer am Rand. Die deutsche und französische Seite haben sich in Jüngers Hausarbeit verkehrt; 1913 scheint die poetische Wirklichkeit mit ihrer eigenen Vermessung von Raum und Zeit noch zu triumphieren.

Jüngers Hausarbeit ist übersät mit Randbemerkungen seines Deutschlehrers Eduard Engel. Mit roter Tinte sind im Text die Beispiele für seinen hohen gestelzten Ton (»glutstrahlender Flackerschein«, »dieser elenden und verwahrlosten Rotten«, »goldig schimmernde Kornfelder und grünumrankte Rebenhügel«) angestrichen. Im Urteil schlägt Jüngers Manierismus negativ zu Buche: »Die Arbeit zeigt neben den Vorzügen der früheren besonders in der ersten Hälfte eine Neigung zu gesuchter und überladener Ausdrucksweise, die weiter ausgebildet eine bedenkliche Gefahr für seinen Stil bilden würde. Also maßhalten im Schmuck der Rede! Noch gut.« Jünger im Urteil der Stilkritik – hier ziehen sich Linien von seinem Deutschlehrer Engel bis zu Gottfried Benn, der in einem Brief über die *Strahlungen* an seinen Bremer Busenfreund Oelze am 7. Januar 1948 ätzte: »ich muss sagen: *katastrophal!* Weichlich, eingebildet, wichtigtuerisch u. stillos. Sprachlich unsicher, charakterlich unbedeutend. Manchmal nahe an Erkenntnissen, manchmal vor gewissen Tiefen stehend, aber nirgends Durchbruch, Haltung, Flammen.« [Gottfried Benn, *Briefe*, Bd. 2.1: *Briefe an F. W. Oelze 1945–1949*, hrsg. von Harald Steinhagen und Jürgen Schröder, Wiesbaden/München 1979, S. 108.] Genauso vernichtend kanzelte er schon 1935 in einem Brief an Oelze Jüngers Essaysammlung *Blätter und Steine* ab: »Mir ist nämlich E. Jünger kein ganz klares Problem, ich finde bei ihm enorm viel inneren Kitsch u[nd] was er als ›Angriff‹ gesehen haben möchte, ist mehr Vorwölbung u. Blähung bei ihm als Front.« [Gottfried Benn, *Briefe*, Bd. 1: *Briefe an F. W. Oelze 1932–1945*, hrsg. von Harald Steinhagen und Jürgen Schröder, Wiesbaden/München 1977, S. 51 f.]

In seinem Schulaufsatz über *Hermann und Dorothea* war Jüngers Neigung zu expressiven Ausdrucksmitteln – seinen Wortgewittern – schon vorgebildet, die er bei allen sachlichen Maskeraden zeitlebens nicht ablegen wird. Die Stilblüten waren rot angestrichen. Zwei Jahre später wurde aus dem Schulaufsatz Ernst. Was in *Hermann und Dorothea* historische Nacherzählung und Beschreibung war, diktierte nun die Wirklichkeit. Wo 1913 die rote Tinte des Korrektors floss, da floss in seinen Kriegstagebüchern Blut: »ein Strom von Blut, von Blut vielleicht unnütz vergossen«.

Die Kriegstagebücher halten die Schwebe zwischen kalter ästhetisierender Beobachtung und emotionaler Betroffenheit. Mitunter fällt Jünger sich selbst ins Wort und schneidet seine Bedenken und Skrupel weg. Unmittelbar im Anschluss an seine Klage über das ausgeblutete Nordfrankreich am 1. Dezember 1915 notiert Jünger: »Lange schon bin ich im Krieg, schon manchen sah ich fallen, der wert war zu leben. Was soll dies Morden und immer wieder morden? Ich fürchte, es wird zuviel vernichtet und es bleiben zu wenig, um wieder aufzubauen. Vorm Kriege dachte ich wie mancher: nieder, zerschlagt das alte Gebäude, das neue wird auf jeden Fall besser. Aber nun – es scheint mir, das Kultur und alles Große langsam vom Kriege erstickt wird. Der Krieg hat in mir doch die Sehnsucht nach den Segnungen des Friedens geweckt.« [TB 3, DLA.] Aber nur einen Spiegelstrich weiter sitzt die Rüstung wieder. »Doch genug der Wachtstubenphilosophie! In einigen Tagen sollen wir neue Gewehre bekommen, das ist ein verdächtiges Zeichen. Eines Tages in unsrer alten Stellung wird's heißen: Alarm! Es geht ins Gefecht, das wird wieder mal gut tun.« [Ebd.] Erst einmal schließt sich ein Kasinobesuch an, dann bricht der Text. Die nächste Seite im Tagebuch ist herausgerissen. Leutnant Jünger greift zur Schere. Rückwirkend zensiert er seine eigenen empfindsamen Betrachtungen. Was er zuerst befragt und bezweifelt (»Was soll dies Morden und immer wieder morden?«), wird als Etappengespinst (»Wachtstubenphilosophie«) in die Schranken verwiesen. Am Ende steht das vitale Gesetz des Krieges – die Schlacht als Lebenselixier.

Aber auch wenn sich die innere Stimme im Rückzug befindet, noch steht sie im Text und verschafft sich Gehör. Jünger zieht den Krieg ins Fragliche. Die Frontberichte werden durchbrochen von Etappen der Introspektion.

Ganz in der bürgerlichen Tradition ist das Kriegstagebuch für Jünger die innere Bühne, der er seine Gewissensqualen anvertraut. Noch ist der Faden zur Kultur des 19. Jahrhunderts nicht endgültig gerissen. Noch gibt er offen zu, wenn ihm der Krieg über den Kopf wächst: »ich hatte meine Nerven nicht ganz in der Gewalt« [TB 3, 25.9.1915, DLA]. Die Kriegstagebücher lesen sich so auch als das Psychogramm eines hochsensiblen Individuums. Mit all dem wird Jünger nach dem Krieg brechen. Nun regiert der Außenblick. Der soldatische ›Typus‹ der zwanziger Jahre lässt sich nicht mehr hinter die Maske schauen. Jünger gewinnt Kontrolle über seine Texte. Er bereinigt seine Fassungen von allen Selbstzweifeln. Rückblickend hat er die Fraglichkeit des Krieges ausgeschaltet. In der ersten Fassung des *Abenteuerlichen Herzen* notiert er 1929: »Wir haben stramm nihilistisch einige Jahre mit Dynamit gearbeitet und, auf das unscheinbarste Feigenblatt einer eigentlichen Fragestellung verzichtend, das 19. Jahrhundert – uns selbst – in Grund und Boden geschossen« [SW 9,133]. Tatsächlich hatte Jünger das moralische Feigenblatt in den Kriegstagebüchern noch nicht ganz abgezogen. Mit Helmut Lethen, der intellektuelle Verhaltenslehren der Zwischenkriegszeit typologisiert hat, lassen sich die Kriegstagebücher sowohl als ein Dokument der Schamkultur wie der Schuldkultur lesen. Auch wenn Jünger in den dreißiger Jahren seine Texte politisch abrüsten, die soldatische Maske zur Seite legen und sich spätestens mit den *Strahlungen* der abendländisch-besinnliche Kern aus seinem Werk herausschälen wird – nie wieder wird sich Jünger so direkt ins Gesicht schauen lassen wie in den Kriegstagebüchern aus dem Ersten Weltkrieg.

»Krach! Krach! Bautz! sssst! ssst! ssst!« »ssst – bum!« [TB 2, 25.4.1915, DLA] – im »Granathagel« zersplittert die Sprache. Die Kriegstagebücher sind durchschossen von solchen Ketten abgerissener Worte, herausgesprengter Silben, angespitzter Buchstaben, mit denen Jünger den unmittelbaren Eindruck im Feuer oder unter Beschuss fixiert. Im Nullpunkt versagt die sprachliche Vermittlung. »Bautz! Hulululululu!«, »Udja – Udja – Ujda – klack – bums !!!«, »Bum, Bum, huiiiu, huiui, Bautz, Bautz« ... Die Einschläge, denen Jünger im Graben ausgesetzt ist, evozieren Wörtersalven. Auch den Verwundeten bleiben in den Tagebüchern nur Wortstummel: »Üüh Ühühü!« Das dissonante Geräusch des technischen Krieges fügt sich nicht zu einer Melodie. Die Schmerzensschreie lassen sich nicht durch Mitleid oder Gesten der Moral abmildern. Jünger versucht die Urgewalt des Krieges in sein Tagebuch zu retten. Die Wortfetzen berühren Zonen jenseits der Ordnung – jenseits von Sprache, Sinn und Bedeutung. Das Dada des Krieges.

Gleichzeitig ist Jünger in seinen Tagebüchern um Ordnung bemüht. Ganz konnte er der positivistischen Versuchung nie widerstehen. Am 10. Januar 1916 listet er die »Geräusche der Projektile« mit Lautproben auf. »Wenn man längere Zeit im Felde steht, lernt man mancherlei seltsame Geräusche kennen. Erfahrung in dieser Hinsicht ist wichtig, man lernt unterscheiden, wer geschossen hat, wohin es ging, was für ein Projektil es war u.s.w. Schon die Gewehrkugel, die man durch die Luft pfeifen hört und der Gewehrschuß, der aus der Ferne ans Ohr dröhnt, erzählen viel. Ist ein Gewehrschuß auch auf weitere Entfernung auf mich abgegeben, so ist der Klang eigenartig scharf. Er hat dann nicht Ähnlichkeit mit einem starken Geräusch, sondern mehr mit einer scharfen Schmerzempfindung des Trommelfells« [TB 3, DLA]. Auch wenn die Beschreibung des Gewehrschusses in physiologische Grenzregionen führt – »scharfe Schmerzempfindung des Trommelfells« –, trägt nun die Sprache wieder. Was sich unter dem Eindruck der Schlacht in Wortsplitter aufzulösen schien, wird in der Etappe wieder zusammengefügt. Bilderreich beschreibt Jünger das Geräusch der schweren Granate. »Steht man weit von der Stelle des Einschlags so hort man ein Rumoren in der Luft, das an ein Rattern oder Fahren erinnert. Deshalb nennen unsere Leute diese Geschosse auch Leichenwagen, D-Züge, Reisekoffer u.s.w.« [DLA]. Jünger mustert das Geräuscharsenal des Krieges – Querschläger, Granaten, Schrapnelle, Minen. »Bei Combres hatten wir welche die pfiffen in den verschiedensten Tonhöhen bis ins hohe C.« [DLA.] Diese kleine positivistische Etappe wird flankiert von Skizzen am Rand – Minen und Handgranaten mit knapper militärischer Handlungsanleitung. »N° 1–3 werden abgerissen und zünden nach 3–7 Sekunden. N° 2 mit Haken, um sie am Koppel zu befestigen. N° 4 wird eine Schraube gelöst und dann geworfen, sie explodiert dann beim Aufschlag«. [DLA.]

Der Schrecken des Krieges hat bei Jünger System. Die Tagebücher sind gewaltige Ordnungsmaschinen. Ein Raster von Zahlen und Daten liegt über dem Text der sorgsam durchnummerierten fünfzehn Hefte – vom ersten Eintrag an. »30.^{XII}. 1914 6.44 Abfahrt. [...] ½ 1 bekamen wir Kaffee und Brot in Hannoversch-Minden.« Alles wird vermessen, registriert und verziffert: die Geschosse, die Gefechtsstellungen, die Patrouillen, die toten Kameraden, die gefallenen Franzosen. »80 m vor uns liegen c. 6–8 tote Franzosen, die ungefähr schon 2 Monat alt sind.« [TB 1, DLA.] Die Routinen des Grabenalltages, die Abfolge von Wachen, Schlafen, Schanzen: »Also. Eine Nacht Wache, 2 Stunden Schlaf, ein Tag Wache, 2 Stunden Schlaf, eine Nacht Wache, 2 Stunden Schlaf, ein Tag Wache, 2 Stunden Schlaf und dann eine Nacht durchgearbeitet, um dann 6 Stunden zu schlafen!« [TB 1, 14.1.1915, DLA.] Die Portionen Erbsensuppe – »Oh köstliche 4 Portionen« – und die »3 Hurrahs«, die am 27. Januar 1915 bei Kaisers Geburtstag geschmettert werden. »Dann sangen wir die erste Strophe von ›Heil Dir im Siegerkranz‹« [TB 1, DLA.] Unaufhörlich vermisst Jünger das Schlachtgelände. »Ich schritt heut die Entfernung zwischen dem Granateinschlag und dem Platz an dem wir gestanden hatten ab, um mich über die Genauigkeit der Schätzung bei nahen Granateinschlägen zu orientieren. Es waren 22 m. Sprenger hatte 10 m, ich 30 m geschätzt« [TB 14a, 9.7.1918, DLA.] Vermessung, Unterscheidung, Typologisierung, Systematisierung – Jünger operiert im Hinterland seiner Aufzeichnungen mit den Methoden des Positivismus. Eine Zahlenkolonne umlegt den Text. Sie bezeugt die ›Sachlichkeit‹, auf die Jünger sich beruft. Aber gleichzeitig werden die Aufzeichnungen wie von einem Magneten immer wieder in Zonen geführt, in denen die Worte, Zahlen und Zeichen brüchig werden und das zeitlose, unentrinnbare Gesetz hinter dem historischen Datengerüst aufblitzt: der Tod. Er schneidet sich in die Buchstaben hinein und begrenzt den Text – als Skelett, rittlings auf der Granate sitzend, als ausgeschnittene und eingelegte Anzeige gefallener Kameraden aus seinem 73er-Regiment oder als Motto. »Mors certa, hora incerta«, ›Der Tod ist sicher, die Stunde ungewiss‹ [TB 10, 8.4.1917, DLA].

In den Kristallisationen des Kriegstagebuches stehen unmittelbar nebeneinander: das aufgesplitterte Wort und die Typologie, die Augenblickserfahrung und die Reflexion, der Tod und das Leben – und die Literatur. Die Tagebücher sind das individuelle Zeugnis des Kriegsfreiwilligen Ernst Jünger, der vier Jahre in die Landschaft des Krieges verstrickt wurde und sich darüber Rechenschaft zu geben versucht. »A Was bezwecke ich? B Die Taten der Infantristen zu schildern, leider muß ich dabei von mir selbst ausgehen.« [TB 14b, 10.9.1918, DLA.] Gleichzeitig schafft das Leiden an das unabdingbare Zurückgeworfensein auf die individuelle Perspektive schon Fluchten, nehmen die *Stahlgewitter* Gestalt an, sprengt sich der überindividuelle politische Textkörper aus den Aufzeichnungen. Die Abfolge der Mottos auf der Umschlagseite markiert eine Bewegung des Textes. Von Heft zu Heft rüstet Jünger auf, gewinnen die Aufzeichnungen an Bedeutsamkeit. Wie in einem Poesiealbum hat Jünger im vierten Heft das Tagebuch seiner »Mutter zugeeignet«. »1. Mein Tagebuch. Was auf die weißen Seiten / Mit krauser Schrift ich kritzeln werde / Noch ruht's im dunklen Schoß der Zeiten / Ein kleines Schicksal auf der großen Erde. / 2. Noch tobt der Kampf. Nur Todesnot und Grauen, / Stahlhärte gegen blutge Schmerzen / Wirst du in diesen Blättern schauen, / Und stille Hoffnung wunder Menschenherzen. / 3. Doch still davon. Ich kann es wohl ertragen, / Mich reizt die wilde Schönheit der Gefahr. / Hier wirst Du lesen wie ich mich geschlagen, / Und wenn ich fiel, daß es in Ehren war« [TB 4, 26.1.1916, DLA]. Zwei Hefte später steht an der Stelle der intimen Zueignung eine Durchhalteparole des Kaisers. »Meine Füsiliere haben erfüllt, was ich im Frieden von ihnen erwartet habe. Sie haben in einem Trommelfeuer ausgehalten, wie es bisher die Welt noch nicht gesehn hat. Kaiser Wilhelm II, in Machauld, nach der Schlacht bei Perthes an die Prinz-

Albrecht-Füsiliere No 73« [TB 6, DLA]. Dazu bekränzt die Seite die Gibraltar-Binde, die vier Jahre später die Erstausgabe der Stahlgewitter schmücken wird. Heroische Zitate aus der Überlieferung (Lenau, Ariost) umranken in späteren Heften den Text. Jünger greift zu den Sternen großer caesarischer Geschichtsschreibung: »De bello maximo«. Was später, durch seine verschiedenen Fassungen hindurch, nacheinander erfolgen wird, vollziehen die Kriegstagebücher in Etappen – die Aufgipfelung des Zitats, die Arbeit an der Repräsentation.

»Querschläger erkennt man an einem mehr surrendem Pfeifen, das durch die Umdrehung um die Horizontalachse hervorgerufen wird.« [TB 3, 11.1.1916, DLA.] Auf zwei Seiten im letzten fünfzehnten Tagebuch hat sich der Text um die Achse gedreht. Quer treibt schon die Idee einer Edition im Textfluss der übrigen Aufzeichnungen. Jünger ist sich des herausragenden öffentlichen Wertes seiner Tagebücher längst bewusst. »In Vorwort darauf hinweisen, daß wohl kaum im Kriege von einem Frontsoldaten derartig genaue Aufzeichnungen über jeden Tag gemacht sind, daß diese Blätter also ein Spiegel der großen und kleinen Erlebnisse der Infantristen der vordersten Linie sind. Ferner daß diese Blätter nichts beschönigen und in rosafarbener Beleuchtung darstellen wollen sondern nur eine genaue Schilderung des täglichen Leben der Krieger im Feldlager, im Schützengraben in der Ruhe und im Gefecht bezwecken, mit all seinen nervenerregenden Aufregungen mit all den offenen und versteckten Schwierigkeiten, die oft selbst dem, der dabei war, nicht klar geworden sind. Die einzige Rücksichtnahme, die ja eine Veröffentlichung erst ermöglicht, ist die auf noch lebende Teilnehmer.« [TB 14a, DLA.] Seine individuellen Aufzeichnungen möchte er nun als Spiegel der Erlebnisse der deutschen Frontsoldaten verstanden wissen – das Tagebuch als Typus. Der Anschluss an die Edition war gelegt. Auf zwei kleinen separaten, karierten Zetteln, die dem dreizehnten Heft beigelegt sind, nimmt der Plan Gestalt an. »Edition des Tagebuchs I. Die Sprache ist noch vielfach zu trocken, muss durch Dialoge aufgefrischt werden. An Schilderung wichtiger Abschnitte etc. immer ausgeruht herangehen, die 2–3 ersten Morgenstunden ausnutzen. Das Tagebuch in seiner ersten Form ist nur ein Rahmen, in den Schilderungen der Landschaft, der jeweiligen Stimmung der Truppe, der Verpflegung, der Unterbringung, der taktischen Vorübungen u.s.w. eingeschoben werden müssen.

Ed. des Tagebuches II. Jeder Abschnitt muss zuvor genau disponiert werden. Erst die allgemeinen Verhältnisse und Vorbedingungen, dann die Ausführung. Immer so schreiben, dass jeder Leser klare Verhältnisse sieht, nicht unbekannte, alleinstehende Namen anführen« [DLA].

Das Ende seiner Tagebücher begründet den Anfang seiner Karriere als Kriegsschriftsteller. In den Rahmen seiner Kriegstagebücher schiebt sich ein anderer Text. Das letzte Tagebuch markiert eine Schwelle, hat Jünger hier doch aus der Not weite Passagen schon aus dem Gedächtnis wiedergegeben. »Da ich mein Tagebuch vom 1.–25. 8. 18 während der Ereignisse des 25 verloren habe, will ich die in diesem Zeitraum erlebten Ereignisse, deren wichtigste ich übrigens dem Datum nach kenne, hier nochmals niederschreiben« [TB 14b, 29. 8. 1918, DLA]. Der Krieg ist hier nicht mehr tägliche Aufzeichnung, sondern Nacherzählung. Welche heroischen Verführungen in der nachträglichen Bearbeitung des Materials liegen, darüber hat Jünger auf den letzten Seiten seines Kriegstagebuches, die er bearbeitet ins Vorwort der Erstauflage der *Stahlgewitter* übernahm, selbst hellsichtig reflektiert. »Das Buch ist entstanden aus dem in Form gebrachten Inhalt meiner Kriegstagebücher. Ich habe mich während des ganzen Krieges bemüht, meine Impressionen sofort, zwischen zwei Sprüngen, spätestens am Abend des Kampftages zu Papier zu bringen. Es ist merkwürdig, wie rasch sich die Eindrücke verwischen, wie leicht sie schon nach einigen Tagen eine andere Färbung annehmen. Angst, Schwäche und Kleinmut hat man schon am ersten Ruheabend vergessen, wenn man den Kameraden beim Becher seine Erlebnisse berichtet. Unmerklich stempelt man sich zum Helden« [TB 14b, DLA].

Während im Herbst 1918 auf dem Feld alle Schlachten geschlagen sind, der Krieg beendet, Deutschland ermattet ist – schwelt in Jüngers Tagebüchern noch eine Schlacht: der Kampf um das letzte Wort. Mit einem schwungvollen »Finis« hatte er zuvor oft seine einzelnen Tagebücher ausklingen lassen. Jedes Ende signalisierte hier ein Überleben, schlug ein neues Kapitel des Krieges auf. Nun will Jünger nicht zu einem Ende kommen. In einem Stellungskampf liegen sich Tagebuch-Ich und der soldatische Autoren-Typus auf den letzten Seiten gegenüber. Auch wenn sich die Introspektion schon im Rückzug befindet, noch hat sich das Bedingungsverhältnis von kaltem Außenblick und innerer Stimme nicht restlos aufgelöst. Gleich zweimal führt er seinen Imperativ an: »Der Grad der Objektivität eines Menschen ist der Maßstab seines inneren Wertes. Absolute Objektivität ist unerreichbar.« Noch einmal meldet sich die innere Stimme. Was Jünger als bürgerlichen Kanon aus der Welt der ›Arbeit‹ und der ›Mobilmachung‹ herausschneiden wird – Angst, Schwäche, Mitleid –, integriert Jünger auf der vorletzten Seite in das Bild des Krieges. Jünger wirft einen Blick hinter die heroische Maskerade auf die menschlichen Abgründe des Krieges. »Ich bin kein Kriegsberichterstatter, ich lege keine Heldenkollektion vor. Ich will nicht beschreiben wie es hätte sein können, sondern wie es war. Der Mensch ist unberechenbar, im Umgang mit ihm muß man auf Alles gefaßt sein. Es gibt nichts, das von ihm nicht zu erhoffen, nichts, das von ihm nicht zu befürchten stünde. Grade da, wo sich sein Wille am höchsten potenziert, im Kriege, gähnen neben gipfelnden Werten Abgründe tierischster Erbärmlichkeit. Da, wo ein Mensch die beinah göttliche Stufe der Vollkommenheit erreicht hat, die selbstlose Hingabe an ein Ideal bis zum Opfertode, findet sich ein anderer, dem kaum erkalteten gierig die Taschen zu durchwühlen. Es wird Verstimmung erregen, daß ich Unehrenhaftes nicht nur in den Reihen der Feinde beleuchte« [Tb 14b, DLA]. Kurz darauf kommen die Tagebücher zu einem ersten Ende. »Wir Niedersachsen sind nicht leicht zu begeistern aber wenn wir uns eingesetzt haben, dann halten wir fest. Auch mein Herz hängt fest an der Sache, für die ich gekämpft und geblutet habe.« »1. Ende!«

Aber durfte das das letzte Wort sein? Die Reflexion über nachträgliche heroische Retuschen, der Blick in die menschlichen Abgründe des Krieges, die provinzielle Selbstbeschneidung des Autors: War das nicht ein zu unehrenhaftes Ende? Jünger setzt noch einmal an. Kämpferischer und entschlossener treibt Jünger seinen Text zu einem neuen Ende. »Ich bin kein Mann der Feder, trotzdem hoffe ich, daß mancher, der dies Buch aus der Hand legt eine Ahnung bekommen hat von dem, was von uns Infanteristen geleistet wurde. [...] Wir haben viel, vielleicht Alles, auch die Ehre verloren. Eins bleibt uns: die ehrenvolle Erinnerung an die herrlichste Armee, die je existiert und an den gewaltigsten Kampf, der je gefochten wurde. Sie hochzuhalten inmitten dieses Zeitalters des Renegatentums und der moralischen Verkümmerung ist stolzeste Pflicht eines jeden, der nicht nur mit Gewehr und Handgranate, sondern auch mit lebendigem Herzen für Deutschlands Sache focht« [Tb 14b, DLA].

Nun haben die Tagebücher ihre endgültige ideologische Rahmung gefunden. In den letzten Zeilen spricht nicht mehr das Tagebuch-Ich, sondern der Typus des Frontsoldaten. Das persönliche Schicksal ist verallgemeinert, das Zeitalter auf den Begriff gebracht, das künftige Schlachtfeld umrissen. Mögen die Gefechtsstellungen geräumt, die Unterstände verwaist sein – der Kampf um den Krieg hat für Jünger bereits begonnen. Jünger rüstet sich mit der Waffe Erinnerung. Das von einer Textflut umschlossene »1. Ende!« im letzten Tagebuch ist ein Sinnbild für die Unaufhörlichkeit des Krieges. Der Krieg ist für Jünger im November 1918 nicht zu Ende, sondern wird in der Reichswehr und im Freikorps und dann auf dem Schlachtfeld der Memoria mit publizistischen Mitteln weitergeführt. In der *Standarte* skandiert er 1925: »Wir sehen in diesem Krieg nicht nur den Untergang einer alten, sondern auch den Aufgang einer neuen Zeit. Wir verloren den Krieg, weil wir ihn verlieren mußten: Das soll für uns nicht nur ein Abschluß, sondern auch ein Anfang sein« [PP 85]. »Deutschlands Sache« behält vorerst das letzte Wort.

Und noch etwas kommt nicht zu Ende. Ein Jahrhundert hat Jünger Tagebuch und Kalender geführt, bis in die frühen neunziger Jahre. Ein ganzes Leben war er produktiv. Ein unermüdlicher literarischer Arbeiter. Ganz gegen sein eigenes aktivistisches Diktum aus seinem letzten Kriegstagebuch – »Ich bin kein Mann der Feder« – war er zeitlebens ein Mann der Feder. Zwar änderte sich mit der Zeit das Dekor. Wo in den Kriegstagebüchern Granaten, Minen und Totenschädel am Rand aufblitzen, sind in den späten Reisetagebüchern Blüten und Falter eingeklebt. Aber das sind Änderungen am Rande. Seinem Verfahren blieb Jünger treu – die Übersetzung von Erlebnis in Literatur. Am Nullpunkt steht die Urerfahrung des Krieges. Die Geburt des Schriftstellers aus den Aufzeichnungen im Graben.

II. Im September 1929 betritt Ernst Jünger mit dem *Tagebuch* bürgerliches Feindesland. Der Herausgeber Leopold Schwarzschild hatte ihn eingeladen zu einem Gastbeitrag für seine liberale Zeitschrift *Das Tagebuch*. Für den Augenblick wurden die Fronten durchmischt. In der politisch überhitzten Zeitschriftenlandschaft der Weimarer Republik repräsentiert das *Tagebuch* einen Pol liberaler Bürgerlichkeit, gegen den Jünger in seiner nationalrevolutionären Mobilmachungsphase unaufhörlich ankämpft. Jünger überbietet sich in seinen Pamphleten mit Gesten der Radikalität, so dass er am Ende der zwanziger Jahre eine Position rechts von den Nationalsozialisten für sich reklamiert. In seinem *Tagebuch*-Artikel über *›Nationalismus‹ und Nationalismus* polemisiert er gegen eine Einheitsfront der Bürgerlichkeit, die sich von der liberalen Presse über die kleinbürgerlichen Kommunisten bis zu »Herrn Hitler« ziehe. »*Und so hat es sich wieder einmal erwiesen, wie sie im Grunde doch alle so einig, einig, einig sind*. Kunststück, Bürger seid ihr doch alle, und wie ihr euch auch drehen und wenden mögt, wie ihr eure verbrauchten und abgegriffenen Medaillen auch polieren und ziselieren mögt, im Grunde guckt doch derselbe Kopf heraus, über den ich weiter keine Schmeicheleien verlieren will« [PP 509].

In einer kleinen redaktionellen Bemerkung hatte das *Tagebuch* seine liberalen Leser gegen Angriffe vorab gewappnet: »Manchen unserer Leser wird nicht einmal der Name Ernst Jünger bekannt sein, des unbestrittenen geistigen Führers jenes ›jungen Nationalismus‹, von dem seit den Höllenmaschinen-Attentaten und dem Sichtbarwerden der ›Landvolk‹-Bewegung die Zeitungen voll sind. Noch viel weniger wissen die meisten von der Ideenwelt dieses Kreises, für den sogar Hugenberg, Hitler und die Kommunisten reaktionäre Spießbürger sind. Daß wir heftigste Gegner dieser Ideen sind, brauchen wir nicht zu versichern. Aber ebenso brauchen wir nicht zu erklären, weshalb wir für notwendig hielten, daß die Leser des TB einmal Authentisches darüber hören« [PP 788 f.]. Jünger hatte sein eigenes Tagebuch aus dem Krieg in der Erinnerungsschlacht der zwanziger Jahre als Waffe der Authentizität genutzt. Nun wird ihm von einer liberalen Zeitschrift gleichen Namens eine Bühne gebaut, um seinen neuen Nationalismus in einem fremden Milieu zu profilieren. Was über lange Strecken des 19. Jahrhunderts miteinander verwachsen schien – die fortschrittliche liberale Gesinnung und das literarische Können –, wird von Jünger auseinander gesprengt. Die Vorbemerkung registriert diese Irritation. »Wir haben Jünger aufgefordert, selbst darüber zu reden, und er ist der Aufforderung nachgekommen. Was er im folgenden ausführt zeugt wiederum für die ungewöhnliche literarische Begabung dieses Autors. Aber je glanzvoller es geschrieben ist, um so erschütternder wirkt das Jüngersche Programm politisch« [PP 789].

Der *Tagebuch*-Artikel steht am Scheitelpunkt seines nationalrevolutionären Engagements. Wogegen er zuvor in der rechten Kampfpresse – vor allem in der *Standarte*, dem *Arminius* und dem *Widerstand* – zu Felde zog, bündelt und akzentuiert dieser Artikel. Der Untertitel der *Standarte* gibt die Richtung seiner politischen Publizistik an: »Beiträge zur geistigen Vertiefung des Frontgedankens«. Gleich zu Anfang versichert Jünger sich der größtmöglichen Entfernung zum liberalen Milieu des *Tagebuches*. »Vielleicht ist es nur die Größe des zwischen uns bestehenden Gegensatzes, die es mir gestattet, Ihrer Aufforderung Folge zu leisten. Ich erspare mir daher alle naheliegenden Vorbehalte, in der Voraussicht, daß Angriffe von der einen und Vorwürfe von der anderen Seite ohnehin unvermeidlich sind« [PP, 501 f.]. Jünger unterscheidet den neuen Nationalismus vom alten Nationalismus, der in Anführungszeichen im Titel aufscheint. Dieser habe noch Halt in der »patriotischen Phraseologie« und im »Irrationalen« gesucht, anstatt sich in der Tat zu erweisen. »Wer wirklich von seiner Idee besessen ist, der wird sich nicht in ein Mauseloch verkriechen, wenn es auf den Straßen zu krachen beginnt« [PP 503]. Als »gewaltige Kraftreserve« ist der Nationalismus der Ideenwelt vorgelagert. »Aus diesen Andeutungen geht hervor, daß der Nationalismus nicht in dem Sinne einer Ideologie bedürftig ist wie etwa der Marxismus oder eine geistige Gemeinschaft anderer Art, die den Fundamentalsatz des Descartes unterworfen ist« [PP 503]. Das ganze geistesgeschichtliche Vokabular spielt für Jünger im Nationalismus eine untergeordnete Rolle. »Da er sich auf eine natürliche und nicht etwa auf eine geistige Gemeinschaft bezieht, spielt der Intellekt nur die Rolle einer Funktion, nicht aber seiner Substanz. Hier liegt seine Begrenzung, da der Intellekt zu dienen, nicht aber schrankenlos sich zu entfalten hat. Hier liegt aber auch das, was ihn am gefährlichsten macht« [PP 503]. Jünger verortet den Nationalismus jenseits des bürgerlichen Verstehenshorizontes. Mit den ›geistigen Waffen‹ des Liberalismus lässt er sich nicht erklären. Schneidend erklärt er im *Tagebuch* das weltanschauliche Gespräch mit dem liberalen Rivalen auf Augenhöhe für beendet, bevor es eröffnet wurde.

Jünger polt das Gespräch in der liberalen Zeitschrift von Theorie auf Praxis um. Nicht über Ideen, Programme oder Organisationsgrade bestimme sich der neue Nationalismus, sondern als Habitus oder mit Jüngers Worten: als »Haltung«. Das erste Haltungsgebot des Nationalisten um 1929 heißt Zerstörung. »Der wahre Wille zum Kampf jedoch, der wirkliche Haß hat Lust an allem, was den Gegner zerstören kann. *Zerstörung ist das Mittel, das dem Nationalismus dem augenblicklichen Zustande gegenüber allein angemessen erscheint.* Der erste Teil seiner Aufgabe ist anarchischer Natur, und wer das erkannt hat, wird auf diesem ersten Teile alles begrüßen, was zerstören kann« [PP 506]. Die Zerstörung der Ordnung hat im Zwischenstadium einen Eigenwert. Jünger ruft zum Zusammenschluss aller revolutionären Kräfte auf. »*Die Ordnung ist der gemeinsame Feind*, und es gilt zunächst, den luftleeren Raum des Gesetzes überhaupt zu durchbrechen, damit Aktion auf Aktion sich zu entfalten und aus den chaotischen Reserven sich zu speisen vermag« [PP 506]. Hier schließt er an seinen Artikel *Revolution und Idee* an, mit dem er 1923 im *Völkischen Beobachter* seine publizistische Karriere gestartet hatte. Sechs Jahre später heißt es im *Tagebuch*: »Unsere Großväter durften ihre angesäuerten Ideale verwirklichen, aber dieser Rock war zu billig, zu sehr 48er Konfektion, um dauerhaft zu sein. *Es besteht in der Jugend die Auffassung, daß die Revolution nachgeholt werden muß*« [PP 505]. Die »nachholende Revolution« (Jürgen Habermas) – ein deutsches Phantasma, das nicht nur in den Reihen der radikalen linken und rechten Intelligenz der Zwischenkriegszeit Anhänger fand, sondern als Idee noch im liberalen Establishment der späten Bundesrepublik um 1990 letzte Blüten trieb. Im aggressiven Nihilismus der Zwischenkriegszeit ist für den Nationalrevolutionär Jünger Zerstörung die Bedingung für Existenz. »Wir werden nirgends stehen, wo nicht die Stichflamme uns Bahn geschlagen, wo nicht der Flammenwerfer die große Säuberung durch das Nichts vollzogen hat« [PP 507].

In die Bildwelt seines Artikels hat sich der Krieg eingebrannt. Jüngers politische Publizistik ist eine Fortsetzung des Krieges mit anderen Mitteln. Mehr noch: Jünger hat seine ›Herkunft‹ existenziell an den Krieg gekettet. Im Vorwort zu dem Band *Aufmarsch des Nationalismus* seines Bruders Friedrich Georg notierte er 1926: »Der Krieg ist unser Vater, er hat uns gezeugt im glühenden Schoße der Kampfgräben als ein neues Geschlecht, und wir erkennen mit Stolz unsere Herkunft an« [PP 185]. Konstellationen der Weimarer Republik steckte er mit dem Frontvokabular ab. Auch wenn die Waffen auf den alten Schlachtfeldern zehn Jahre nach dem Krieg längst ruhen, rüstet Jünger nicht ab. Am Ende seines *Tagebuch*-Artikels setzt er als Avantgarde der Zerstörung auf die »Jugend«. »Dies sind die unbekannten Soldaten von heute, die einsam fallen, von den Giftgasen der Gemeinheit, der Routine, der Korruption zu Boden gestreckt« [PP 509]. Die Säuberung durch das Nichts – vor aller Zeugung steht die Lust an der Zerstörung. »*Weil wir die echten, wahren und unerbittlichen Feinde des Bürgers sind, macht uns seine Verwesung Spaß.* Wir aber sind keine Bürger, wir sind Söhne von Kriegen und Bürgerkriegen, und erst wenn dies alles, dieses Schauspiel der im Leeren kreisenden Kreise, hinweggefegt ist, wird sich *das* entfalten könne, was noch an Natur, an Elementarem, an echter Wildheit, an Ursprache, an Fähigkeit zu wirklicher Zeugung mit Blut und Samen in uns steckt. Dann erst wird die Möglichkeit neuer Formen gegeben sein« [PP 507].

Im Sog der nihilistischen Stimmung der zwanziger Jahre sollte die Revolution zu einer Umwertung führen, den Geist durch die Tat ersetzen, den Intellekt durch die Aktion. Schon 1923 beschwor Jünger die »echte« Revolution: »Sie wird ersetzen das Wort durch die Tat, die Tinte durch das Blut, die Phrase durch das Opfer, die Feder durch das Schwert« [PP 36]. In den zwanziger Jahren probt er den Auszug aus der Literatur – mit literarischen Mitteln. Die schneidenden Sätze stürzten ihn aber auch in ein Dilemma: War seine Lust an der Zerstörung nicht auch Phrase? Seine Waffe nicht die Feder? Die vielen kleinen Mobilmachungsschriften Tinte? Erst einmal wurde ihm aus dem eigenen rechten Lager mit giftigen Kommentaren der Auftritt im *Tagebuch* heimgezahlt. Jünger hatte die »Reinheit der Mittel« [PP 514] gegen den nationalsozialistischen Legalitätskurs stets verteidigt. Nun nutzte er die liberale Öffentlichkeit. Wie stand es um die »Reinheit« seiner publizistischen Mittel? Der von Joseph Goebbels herausgegebene *Angriff* erkannte hinter Jüngers Auftritt nicht mehr als »Literatenehrgeiz«. »Wir debattieren nicht mit Renegaten, die uns in Schmutzblättern jüdischer Landesverräter anpöbeln. Herr Jünger ist damit für uns erledigt« [zit. nach: Kiesel, S. 300]. Das letzte Wort in der Debatte wollte Jünger sich aber nicht nehmen lassen. In einem »Schlußwort« in Ernst Niekischs *Widerstand* verteidigte er seinen Artikel gegen »Gesinnungsschnüffelei« und versuchte gleichzeitig die Kritik aus dem nationalsozialistischen Lager wieder einzufangen. An zwei Punkten hatte sie sich entzündet – an Jüngers kühner Eingemeindung der Nazis in die Bürgerlichkeit und an seiner Feststellung, dass der Antisemitismus »keine Fragestellung wesentlicher Art« sei. »Auch ist es nicht etwa ein Hauptkennzeichen des Nationalisten, daß er schon zum Frühstück drei Juden verspeist« [PP 504]. Von Letzterem rückt er in seinem »Schlußwort« nicht ab, versammelt aber nun so viele kulturelle antisemitische Stereotype, dass man ihm danach den Vorwurf eines »Judenfreundes« [PP 543] kaum mehr machen konnte. »Was aber bedeutet die Ameisenarbeit des maßlos überschätzten liberalistischen Assimilationsjudentums? Mögen sie soviel Bücher schreiben, daß ganz Deutschland in eine große Bibliothek verwandelt wird – es ist ebenso gewiß, daß ›ein Wörtlein‹ sie zu fällen vermag, wie es gewiß ist, daß ihnen, und wenn sie tausend Jahre arbeiten würden, nicht eine einzige Strophe im Geiste Hölderlins gelingen wird« [PP 545]. Auch in der Judenfrage behauptete der Nationalismus den Primat. Je weniger orthodox oder zionistisch gesinnt die Juden waren, je mehr sie sich in die liberale Gesellschaft assimilierten – desto schärfer und gehässiger fiel Jüngers Verdikt aus.

Ende der zwanziger Jahre ist Jünger noch darauf bedacht, die Kluft zum Nationalsozialismus nicht zu groß werden zu lassen. In einer ersten Antwort hatte er im Oktober 1929 im *Widerstand* bei aller Kritik unter den relevanten politischen Gruppierungen »dem Nationalsozialismus vom Herzen den Sieg gewünscht« [PP 517]. Gleichzeitig verteidigte er mit vielen Spitzen gegen die nationalen Spießbürger seinen Auftritt im *Tagebuch* – einem der »zentralen Organe der großstädtischen Demokratie« [PP 538]. »Im übrigen sehe ich Zeitungen und Zeitschriften als eine Art von Verkehrsmitteln an, deren Benutzung schon durch die Tatsache, daß man am modernen Leben teilnimmt, gegeben ist. Sie sind eine Art von Omnibussen, in die man einsteigt, ohne über die Qualität der Fahrgäste bestimmen zu können, und die man genau an dem Punkte verläßt, den man erreichen wollte. Nichts ist hier von Bedeutung außer dem eigenen Gepäck. In einer Zeit, in der man nicht mit Tanks, sondern mit Omnibussen fährt, in der die Druckerschwärze die Rolle des Pulvers übernommen hat, und in der die Menschen, die man zu erreichen hofft, sehr in der Zerstreuung leben, besitzt der Wechsel der Verkehrsmittel Vorteile besonderer Art« [PP 546].

Zeitschriften als Verkehrsmittel – die intellektuelle Welt mit Ihren Ordnungen und Periodika hat sich dem Gesetz der Mobilmachung unterzuordnen. Aus der Manöversprache des Krieges haben sich einzelne Begriffe in den Diskurs der Weimarer Zeit hinübergerettet – Strategie, Taktik, Bewegung als Selbstzweck. Wie Jünger den nationalistischen Willen zur Zerstörung von allen Programmen, Inhalten und Zielen ausnimmt, so kommt es ihm auch bei Zeitschriften nicht auf die ›Qualität‹ an. Sie dienen ihm als Hülle und Geschosse für die eigene Munition. Aus der Verkehrssemantik spricht der *Arbeiter*, den Jünger 1932 als »Typus« der Moderne ausrufen wird. »Und daher besitzt auch alles, was durch Denken entstanden ist, einen mittelbaren Lebens-, also Kampfwert, insofern es von einer kriegerischen Grundhaltung zur Rüstung verwandt werden kann« [SW 9,74]. Omnibusse werden zu Tanks, Druckerschwärze zu Pulver, Literatur zur Waffe. Mit seinem Frontdenken steht Jünger in den zwanziger Jahren nicht alleine. Es wimmelte im Literaturkampf von Strategen. Walter Benjamin notierte in seinen dreizehn Thesen *Die Technik des Kritikers*: »Das Kunstwerk ist in seiner Hand die blanke Waffe in dem Kampfe der

Geister.« [Walter Benjamin, *Schriften I*, hrsg. von Theodor W. Adorno, Frankfurt a. M. 1955, S. 540.] Im unbedingten Willen zur Tat berührten sich die Extreme. Helmuth Kiesel hat in seiner Jünger-Biographie auf die Austauschdiskurse hingewiesen. Die Lust an der Zerstörung, der Wille zur Aktion war Teil der Weimarer »Haß-›Kultur‹« [Kiesel, S. 307].

An diesem Kriegseinsatz der Literatur nimmt Jünger an vorderster Front teil. Schriften werden danach gemustert, wie sehr sie als Waffen zu gebrauchen sind. Als Literaturstratege springt er Arnold Bronnens Oberschlesien-Roman *O.S* in mehreren Besprechungen zur Seite. Frei von allen zivilisatorischen Bedenken habe hier der Grenzkampf unmittelbare literarische Gestalt angenommen. Jünger lobt die »Rücksichtslosigkeit« [PP 494] des Blickes und die unbedingt modernen Züge des Romans. »Ich für meinen Teil gestehe, daß ich eine gute moderne Automobilreklame mit weit größerem Genusse lese als eines jener Produkte, in denen unter Voraussetzung völlig verfehlter Ansprüche versucht wird, Fragestellungen des deutschen Idealismus oder des Naturalismus wieder aufzuwärmen. [...] In einer dynamischen Zeit sind keine anderen als dynamische Maßstäbe am Platze« [PP 511 f.]. Das Buch des alten Brecht-Freundes im linken Rowohlt-Verlag hat für Jünger »*symptomatischen* Wert« [PP 512], markiert es doch den Einbruch in die feindliche Linie. An seinen Gesinnungskameraden Ludwig Alwens schreibt Jünger nach Erscheinen von *O.S*: »Die Sache ist insofern sehr wichtig, als damit in die Front der großen, von den Linken in Anspruch genommenen Verläge eine erste Bresche geschlagen wird. Ich werde das Ereignis durch einen Leitartikel im ›Tag‹ begrüßen« [zit. nach: Kiesel, S. 335]. Die Kriegsmittel mutieren in die Welt der Literatur. Jünger durchforstet das intellektuelle Gelände auf der Suche nach Sprengsätzen. Als ihm der Staatsrechtler Carl Schmitt, mit dem er sich Anfang der dreißiger Jahre in Berlin anfreundet, die erste Fassung seiner Broschüre *Der Begriff des Politischen* schickt, spendet Jünger ihm höchstes Lob. Die Schrift mit der berühmten Unterscheidung von Freund und Feind habe »unmittelbare Evidenz«. »Der Rang eines Geistes wird heute durch sein Verhältnis zur Rüstung bestimmt. Ihnen ist eine besondere kriegstechnische Erfindung gelungen: eine Mine, die lautlos explodiert. Man sieht wie durch Zauberei die Trümmer zusammensinken; und die Zerstörung ist bereits geschehen, ehe sie ruchbar wird« [Ernst Jünger / Carl Schmitt, *Briefe 1930–1983*, hrsg. von Helmuth Kiesel, Stuttgart 1999, S. 7].

1929 erscheint nicht nur Jüngers *Tagebuch*-Artikel, sondern auch *Das abenteuerliche Herz*. Auf den ersten Blick will sich dieser im Frundsberg-Verlag publizierte und von romantischen Energien angetriebene, literarische Text mit seinen vielen Traumbildern nicht in die politische Mobilmachungsprosa fügen. Jünger nimmt hier Abschied von der ›unanständigen‹ Sphäre der Politik und zieht sich auf die Position des heroischen Einzelnen zurück.

»Gerade dies, das Ausweichen vor der Verantwortung dort, wo sie ernsthaft zu werden beginnt, und das Billige der Erfolge, die heute zu ernten sind, hat mich die politische Tätigkeit sehr bald als unanständig empfinden lassen. Welche Mauselöcher der Verantwortungslosigkeit stellen die Parteien dar in einer Zeit, in der die Werte bei Tag und Nacht auf der Goldwaage zittern sollten, und wie dankbar muß man den jungen Leuten sein, die sich vor einer jedem entschlossenen Herzen unerträglichen Niederträchtigkeit hinter die Mauern der Gefängnisse zurückgezogen haben. Man kann sich heute nicht in Gesellschaft um Deutschland bemühen; man muß es einsam tun wie ein Mensch, der mit seinem Buschmesser im Urwald Bresche schlägt und den nur die Hoffnung erhält, daß irgendwo im Dickicht andere an der gleichen Arbeit sind« [SW 9,114]. Aber war das eine Kehre? Seinen Argwohn gegen Organisationen und die ›unanständige‹ Parteipolitik brachte Jünger zur selben Zeit in seiner politischen Publizistik zu Gehör. Auch grüßte er durch die literarischen Zeilen hindurch die Attentäter der Landvolk-Bewegung, denen er in seinem *Tagebuch*-Artikel die Solidarität des Nationalismus versicherte. Das *Abenteuerliche Herz* war kein Abschied von der Konsequenz. Nur trieb Jünger nun mit literarischen Mitteln die Radikalität seiner Position auf die Spitze. Anders als in der Rezeptionsgeschichte, die lange um die ästhetische Rettung des Textes bemüht war, lassen sich Ende der zwanziger Jahre die literarische und politische Sphäre bei Jünger schwer voneinander trennen. Teile des *Abenteuerlichen Herzen* erscheinen als »Drei Briefe eines Nationalisten« unter Jüngers Pseudonym »Hans Sturm« 1927 im *Arminius*, der »Kampfschrift für deutsche Nationalisten«. Auch in Ernst Niekischs *Widerstand* und im *Vormarsch* sind Auszüge zu lesen. *Der Tag*, Teil des Hugenberg-Presseimperiums, bringt 1929 einen Vorabdruck. Der literarische und politische Text greifen ineinander – das *Abenteuerliche Herz* ist Ausdruck einer »doppelten Buchführung« [SW 9,40]. Der Text entfaltet eine eigenständige literarische Dramaturgie und Komposition mit Fluchtpunkten im Surrealismus, bleibt aber doch stark imprägniert von Jüngers Nationalismus.

Jünger diagnostiziert im *Abenteuerlichen Herzen* die eigene Zeit als Übergangszeit. Dieser transitorische Charakter spiegelt sich in der Textgestaltung wieder. Die diaristische Note klingt im Untertitel *Aufzeichnungen bei Tag und Nacht* noch an; aber vor die Aufzeichnungen des Tages schiebt sich immer mehr der Traum. Das strenge historische Koordinatennetz von Raum und Zeit, das wie ein Raster über seinen Kriegstagebüchern lag, ist brüchig geworden. Die Zeit verschwimmt im *Abenteuerlichen Herzen*. Als Fassade der historischen Welt bleibt der Raum. Die Einträge hängen lose an Orten (»Berlin«, »Leipzig«, »Neapel«, »Zinnowitz«, »Paris«, »H... und Berlin«), die zum Teil an autobiografische Episoden – die Flucht in die Fremdenlegion, das zoologische Studium in Leipzig und

Neapel, ein Flug nach Paris – zurückgebunden sind. Im ersten Eintrag geht Jünger gleich auf Distanz zum bürgerlichen Tagebuch-Gestus der Introspektion. Mit zwei Verhaltenslehren sichert er sich ab gegen die zu »starke Anteilnahme« an der eigenen Person. »Einmal besitze ich das bestimmte Gefühl, einem im Grunde fremden und rätselhaften Wesen nachzuspüren, und dies bewahrt vor jener pöbelhaften Eigenwärme, jener Stickluft der inneren Wohn- und Schlafzimmer, die mir am ›Anton Reiser‹ unangenehm ist« [SW 9,33]. Der Faden zum bürgerlichen Erziehungsroman war gerissen. Jünger hegt eine exotische Vermutung gegen sich selbst. Nicht auf den Innenblick ist er aus, sondern auf potenzierte Beobachtung höherer Ordnung. »Ich habe dieses Gefühl, als ob ein aufmerksam beobachtender Punkt aus exzentrischen Fernen das geheimnisvolle Getriebe kontrollierte und registrierte, selbst in den verworrensten Augenblicken nur selten verloren« [SW 9,33]. Im *Abenteuerlichen Herzen*, und noch stärker zur selben Zeit in der kleinen magischen Geschichte *Sizilischer Brief an den Mann im Mond*, entwirft Jünger seine mehrdimensionale Wahrnehmung – die *Stereoskopie*, auf die wir noch zu sprechen kommen werden. Die Absicherung gegen die Psychologie ist Teil der allgemeinen Frontlinie gegen die Individualität. Jünger streicht die repräsentativen Züge seines persönlichen Schicksals heraus. »Dann aber weiß ich auch, daß mein Grunderlebnis, das, was eben durch den lebendigen Vorgang sich zum Ausdruck bringt, das für meine Generation typische Erlebnis ist, eine an das Zeitmotiv gebundene Variation oder eine, vielleicht absonderliche, Spezies, die jedoch keineswegs aus dem Rahmen der Gattungskennzeichen fällt. Aus diesem Bewußtsein heraus meine ich auch, wenn ich mich mit mir beschäftige, nicht eigentlich mich, sondern das, was dieser Erscheinung zugrunde liegt und was somit in seinem gültigsten und dem Zufall entzogensten Sinne auch jeder andere für sich in Anspruch nehmen darf« [SW 9,33 f.]. An die Stelle der Kontingenz des Biografischen tritt der repräsentative Auftritt. Wir sind hier schon Jüngers literarischer Arbeit am Mythos auf der Spur – der allmählichen Umwandlung des Individuums in den Typus. Im *Abenteuerlichen Herzen* verschmilzt Jünger mit seinen Lesern zu einer Gemeinschaft. Immer wieder schließt er sie ein und ruft sie auf: »Ihr Brüder, durch diese unzähligen und schrecklichen Nachtwachen in der Finsternis habt ihr für Deutschland einen Schatz angesammelt, der nie verzehrt werden kann« [SW 9,40].

Jünger zielt auf den Nullpunkt. In dieser nihilistischen Leitmetapher verdichtet sich um 1930 die Naherwartung einer Entscheidung. Alle Zerstörung ist auf diesen einen »magischen« Punkt gerichtet, »an dem zugleich nichts und alles ist« [SW 9,162]. In immer neuen Variationen beschwört er diesen Punkt: »Wir marschieren seit langem einem magischen Nullpunkt zu, über den nur der hinwegkommen wird, der über andere, unsichtbarere Kraftquellen verfügt« [SW 9,135]. »Alle Menschen und Dinge dieser Zeit drängen einem magischen Nullpunkt zu. Ihn passieren, heißt der Flamme eines neuen Lebens ausgeliefert zu sein; ihn passiert zu haben, ein Teil der Flamme zu sein« [SW 9,116 f.]. Wie in seinen begleitenden nationalistischen Schriften ist die Lust an der Zerstörung auch im *Abenteuerlichen Herzen* von allen Inhalten und Programmen entbunden. »Aber alles, was heute um Fahnen und Zeichen, um Gesetze und Dogmen, um Ordnungen und Systeme im Kampfe liegt, treibt Spiegelfechterei« [SW 9,131]. Was allein zählt, ist der unbedingte Wille zur Tat. »Daher kommt es, daß diese Zeit eine Tugend vor allen anderen verlangt: die der *Entschiedenheit*. Es kommt darauf an, wollen und glauben zu können, ganz abgesehen von den Inhalten, die dieses Wollen und Glauben gibt. *So* finden sich heute die Gemeinschaften; die Extreme berühren sich heftiger als sonst« [SW 9,130]. Die allmähliche Aufrüstung der Straßen, die Bürgerkriegsatmosphäre der Zwischenkriegszeit wird vom *Abenteuerlichen Herzen* begrüßt: »Die Beschäftigung der Deutschen zu dieser Zeit ist die, von allen Ecken der Welt Material herbeizuschleppen, um den Brand zu nähren, den er unter seinen Begriffen gestiftet hat. So ist es denn kein Wunder, daß alles, was brennbar ist, in vollen Flammen steht« [SW 9,115].

In Jüngers Werk markiert das *Abenteuerliche Herz* eine Schwelle. Es weist schon weit voraus auf die heroischen Rückzüge des *Waldgängers* und zurück in die Urerfahrung des Krieges. Das letzte Wort im letzten Kriegstagebuch 1918 war eine Lektüreliste: »3. Laurence Sterne Leben und Meinungen des Herrn Tristram Shandy« [TB 14b]. In einer der ersten Episoden im *Abenteuerlichen Herzen* erinnert Jünger sich an die Lektüre unter verschärften Bedingungen: »Ich trug es während der Gefechte bei Bapaume in einer handlichen Ausgabe in der Kartentasche herum und hatte es auch bei mir, als wir vor Favreuil eingesetzt werden sollten. [...] So trat ich unter würdigen Umständen in den geheimen Orden der Shandysten ein, dem ich bis heute treu geblieben bin« [SW 9,37 f.]. Der Anschluss an den Krieg war gelegt. Was aber in seinen Kriegstagebüchern so nüchtern und illusionslos protokolliert wurde – das Ausharren in den Unterständen, das Ende des heroischen Kriegerdaseins in der Materialschlacht –, wird jetzt mit gewaltigen Sinnenergien aufgeladen. »Der Aspekt jener Materialschlachten, der mir damals so wunderlich schien, dieser glühende Horizont, der die feindlichen Fronten scheinbar lückenlos zusammenschweißte, kommt mir nun immer sinnvoller vor« [SW 9,133].

Aus dem romantischen Archiv evoziert Jünger Bilder des »Wunderbaren« und »Geheimnisvollen«. Die Fluchten gehen in verschiedene Richtungen – nach Afrika, in das »Land des Glückes« [SW 9,65], in die Unschuld der Kindheit, in die Einsamkeit der Bibliothek. Gegen die bürgerliche Welt der Kausalität und Zweckmäßigkeit, die das

Leben zu etwas Alltäglichem und Gewöhnlichem herabgestuft haben, baut Jünger seinen zerebralen Apparat auf – das starke Gefühl, das große Erlebnis, die »Unbedingtheit des Ergriffenseins« [SW 9,59], den Enthusiasmus des Herzens. »Selbst im tödlichsten Haß liegt noch eine tiefere Liebe, eine stärkere Erfüllung unserer Verantwortung, als in einer mechanischen Geschäftigkeit. Mit Freude nehme ich wahr, wie die Städte sich mit Bewaffneten zu füllen beginnen und wie selbst das ödeste System, die langweiligste Haltung auf kriegerische Vertretung nicht mehr verzichten kann« [SW 9,132].

Das *Abenteuerliche Herz* sucht den »magischen Schlüssel« [SW 9,70], mit dem hinter die »Mauer der Worte« [SW 9,75] geschaut, das Unsichtbare sichtbar gemacht werden kann. Aus der Zivilisation ist jedes Leben längst entwichen. »Daher haftet den Erscheinungen und Menschen der absoluten Zivilisation auch etwas seltsam Konserviertes an; sie erinnern an jene Mumienköpfe, die mit polierten metallischen Masken überzogen sind« [SW 9,78]. Jünger will die »lebendige Fülle« [SW 9,58] hinter den Masken wieder freilegen. Drei Jahre später im *Arbeiter* wird er sich dagegen an die metallischen Masken halten und die moderne Zivilisation, gegen die er im *Abenteuerlichen Herzen* noch den Aufstand probte, gerade in ihren technischen Zügen rücksichtlos affirmieren. Selbst die Fotografie, die er 1930 in seinem Band *Das Antlitz des Weltkrieges* mit 200 Front-Aufnahmen als Erinnerungswaffe so zielsicher einsetzte, fällt im *Abenteuerlichen Herzen* unter Verdacht. »Daher werden mir auch alle Lichtbilder aus dem Kriege immer mehr verhaßt, wie denn überhaupt die Photographie einen der unangenehmsten Versuche darstellt, dem Zeitlichen eine unziemliche Gültigkeit zu verleihen – als Schöpferin materieller Abbilder« [SW 9,118]. Noch ist Jünger nicht in die Kältezone des *Arbeiters* eingetreten. Das *Abenteuerliche Herz* ist durchströmt vom entgegengesetzten Begriffsfeld der Wärme. »Da ist es tröstlich, in ein wärmeres Gehäuse einzudringen, in dem wir, unabhängiger von den Geschäften des Tages, beisammen sind.« [Berlin 1929, S. 182 f.] Die Wärme wird in Stellung gebracht gegen die sterilen Apparaturen der Zivilisation, den »Kältetod«, der Ausweitung der »arktischen Zone des Gefühls« [SW 9,78 f.]. Jünger weitet das Bild aus auf seine Generation, die den Krieg »als Zustand erhöhter Temperatur« [SW 9,91] erlebt hat. Auch die Avantgarden der Zerstörung kommen aus der heißen Zone. »Unsere Hoffnung ruht in den jungen Leuten, die an Temperaturerhöhung leiden, weil in ihnen der grüne Eiter des Ekels frißt, in den Seelen von Grandezza, deren Träger wir gleich Kranken zwischen der Ordnung der Futtertröge einherschleichen sehen. Sie ruht im Aufstand, der sich der Herrschaft der Gemütlichkeit entgegenstellt und der der Waffen einer gegen die Welt der Formen gerichteten Zerstörung, des *Sprengstoffes*, bedarf, damit der Lebensraum leergefegt werde für eine neue Hierarchie« [SW 9,153 f.].

Aber diesen Wärmeinseln stehen auch Passagen gegenüber, in denen Jünger den Prozess der Zivilisation beschleunigt sehen möchte. »Dies bestärkt mich in meiner Ansicht, daß man der Zivilisation nicht in den Zügel fallen darf, daß man im Gegenteil Dampf hinter ihre Erscheinungen setzen muß« [SW 9,79f.]. Im *Abenteuerlichen Herzen* sind Szenen eingekapselt, in denen das moderne Gesicht der Arbeit in einem kalten gefährlichen Licht aufblitzt. »Gestern noch, bei einem nächtlichen Spaziergang durch entlegene Straßen des östlichen Viertels, in dem ich wohne, bot sich ein einsames und finster heroisches Bild. Ein vergittertes Kellerfenster öffnete dem Blick einen Maschinenraum, in dem ohne jede menschliche Wartung ein ungeheures Schwungrad um die Achse pfiff. Während ein warmer, öliger Dunst von innen heraus durch das Fenster trieb, wurde das Ohr durch den prachtvollen Gang einer sicheren, gesteuerten Energie fasziniert, der sich ganz leise wie auf den Sohlen des Panthers des Sinnes bemächtigte, begleitet von einem feinen Knistern, wie es aus dem schwarzen Fell der Katzen springt, und vom pfeifenden Summen des Stahles in der Luft – dies alles ein wenig einschläfernd und sehr aufreizend zugleich. Und hier empfand ich wieder, was man hinter dem Triebwerk des Flugzeuges empfindet, wenn die Faust den Gashebel nach vorn stößt und das schreckliche Gebrüll der Kraft, die der Erde entfliehen will, sich erhebt oder wenn man nächtlich im D-Zug sich durch die zyklopische Landschaft des Ruhrgebietes stürzt, während die glühenden Flammenhauben der Hochöfen das Dunkel zerreißen und inmitten der rasenden Bewegung dem Gemüte kein Atom mehr möglich scheint, das nicht *in Arbeit* ist« [SW 9,154]. Jünger lässt das Bild der technisch entzauberten Welt aber nicht stehen, sondern kommentiert und verzaubert es sogleich neu. »O du stählernste Schlange der Erkenntnis – du, die wir verzaubern müssen, wenn du uns nicht erwürgen sollst!« [SW 9,154].

Was wie zwei ideologische Textstufen unvermittelt nebeneinander steht – das zerstörerische Vorwärtstreiben der Zivilisation und der romantische Rückzug –, wird versöhnt im stereoskopischen Blick des Dichters. »Auch die *geistige* Stereoskopie erbeutet die Einheit im inneren Widerspruch« [SW 9,86]. Mit der Stereoskopie hat Jünger im *Abenteuerlichen Herzen* seine Methode der Wahrnehmung umrissen, ein mehrdimensionales Sehen, das hinter die Kulisse der Erscheinungen zu blicken verspricht. Was der rationalen Verstandeslogik entgeht – das Unsichtbare hinter den Phänomenen, die geheimen Korrespondenzen – legt die Stereoskopie offen. An der Macht der Philologie führt Jünger seinen ›magischen Schlüssel‹ vor. »Nichts ist aufschlußreicher als ein Brief mit Verbesserungen – es gibt auch graphologische Verplapperungen. Es gehört zu den Belustigungen der Jagd, den oft nur winzigen Unterschied, der zwischen einem angestrichenen und dem darüber geschriebenen Wort besteht, zu be-

trachten wie einen Schnitt unter dem Mikroskop, den man sich plastisch macht, indem man die Mikrometerschraube kaum merklich hin und zurück bewegt. Das eigentlich Stereoskopische, der innere Unterschied, tritt noch besser hervor, wenn das ausgestrichene Wort nicht mehr sichtbar ist. Wer zu lesen versteht, wittert aus mancher Seite Prosa, daß sie in der Handschrift einem von weggemähten Worten bedeckten Schlachtfelde geglichen haben muß. Gedruckt erinnert sie an eine von Schüssen durchsiebte Scheibe, die man so überklebt hat, daß uns die Treffer, die ins Zentrum schlugen, noch sichtbar sind« [SW 9,87 f.].
Hinter der Fassade der Fassung öffnet sich das Schlachtfeld des Manuskripts – die Bewegung des Textes, der Stellungskampf der Worte. »Jedes Wort ist eine Trophäe, wie die Philologie eine feinere Art der Kriegsgeschichte ist« [SW 9,126]. Im *Abenteuerlichen Herzen* wittert Jünger hinter einem Tagebuch-Eintrag von Baudelaire vom 23. Januar 1862 eine unsichtbare Hand. »Ich hatte sehr deutlich ein Gefühl, als ob hier zuerst das Wort ›Wahnsinn‹ gestanden hätte, bis eine zitternde, von einem noch tieferen Entsetzen geführte Hand es in ›Imbezillität‹ verwandelte« [SW 9,88]. Auch in Jüngers eigene Texte hat sich die Phantasie eingenistet. Jünger war ein Krieger des Textes. Immer wieder hat er seine Sprache neu in Stellung gebracht. »Die Sprache begleitet uns ununterbrochen auf dem Marsch; sie verlangt eine neue Entfaltung bei jedem Gefecht, das zu schlagen ist« [SW 9,88]. Das Archiv mit den vielen überlieferten Manuskripten von Ernst Jünger erlaubt uns einen Blick auf seine eigenen Schlachtfelder: Ernst Jünger in der Zange der Stereoskopie. Das Manuskript des *Abenteuerlichen Herzen* [DLA] ist das erste literarische Manuskript, das sich in seinem Archiv erhalten hat. Jünger hat 1938 eine zweite Fassung des *Abenteuerlichen Herzen* publiziert, die weitgehend bereinigt ist von den nationalistischen Tendenzen der ersten Fassung; auch sind die autobiografischen, diaristischen Momente noch weiter zurückgetreten zugunsten zeitloser »Figuren und Capriccios«. Was in den publizierten Fassungen getrennt ist, vermischt sich im Manuskriptstapel. Die Fronten der beiden Fassungen zerfließen ineinander. Auf der ersten Manuskriptseite steht unter »1. Fassung« und »Goslar« eine Episode, die unter »In den Kaufläden I« nur in der zweiten Fassung zu lesen ist. Auf der letzten Seite des Stapels findet sich eine unter »Berlin, 11. 8. 1933« datierte Vorstufe zur »Tigerlilie«, die die zweite Fassung 1938 eröffnet: »Lilium tigrinum. Sehr stark zurückgebogene Blütenblätter von einem geschminkten, wächsernen Rot, das zart, aber von hoher Leuchtkraft und mit zahlreichen ovalen, schwarz-blauen Makeln gesprenkelt ist. Diese Makeln sind in einer Weise verteilt, die darauf schließen läßt, daß die lebendige Kraft, die sie erzeugt, allmählich schwächer wird« [SW 9,179]. Zwischen Kaufladen und Tigerlilie entfaltet sich das Manuskript – und rebelliert das *Abenteuerliche Herz*. Alles geht wild durcheinander.

»Die Beschäftigung der Deutschen zu dieser Zeit ist die, von allen Ecken der Welt Material herbeizuschleppen« [SW 9,115]. Auch Jünger hortet Material für seine abenteuerlichen Aufzeichnungen. Wahllos beschreibt er kariertes und liniertes Papier unterschiedlichen Formats, bekritzelt Abreißzettel, die Rückseiten von Briefen und Karteikarten. Dazwischen finden sich eingeschlossen Druck- und Korrekturvorlagen. Einzelne Seiten hat er ausgeschnitten und in Schulhefte eingeklebt, als wolle das *Abenteuerliche Herz* in das Lesebuch der Weimarer Republik einwandern. Auf seine Weise spiegelt das Manuskript die Diagnose des Textes – die Zeit des Übergangs. Nicht nur mischt sich das Material und sind die Einträge in keine Ordnung gebracht; auch die einzelnen Manuskriptseiten sind durchsiebt von Anstreichungen und Überschreibungen. Nur in wenigen Momenten kommt der Text zur Ruhe; immer wieder wird er aufgesprengt. Passagen sind wie mit Panzerkreuzen abgesperrt, Worte mit einem Federstrich niedergemäht, die Ränder von roten Tintenklecksen gesäumt. Totale Tinte. Das Manuskript des *Abenteuerlichen Herzen* ist ein Dokument der »Zerstörung«. Kaum etwas darf auf seinem Platz stehen bleiben. Die anarchischen Energien seiner Mobilmachungsphase treiben die verstreuten Zettel an. »Das Chaos ist dem Werdenden günstiger als die Form« [PP 505]. Alle Versuche, die Einträge zu hierarchisieren, enden nach wenigen Seiten. Kaum setzt Jünger an, das Manuskript zu verziffern, wird die »Herrschaft der Zahlen« [SW 9,105] schon wieder durchbrochen. Einsam versucht das *Abenteuerliche Herz* sich im Dickicht des Textes Breschen zu schlagen.

»So ist es im Traum – in ihm ist alles Ahnung, Anklang und Ähnlichkeit, im Wachsein dagegen Bestimmtheit, Logik, Kongruenz« [SW 9,66]. Das *Abenteuerliche Herz* ist nach dem Muster des Traumes organisiert. An die Stelle einer historischen Entwicklung oder rationalen Ableitung treten serielle Konstellationen der Ähnlichkeit und der Ahnung. Die realen und imaginären Sphären zerfließen. Noch konsequenter in der zweiten Fassung als in der ersten, in der Jünger seine Fluchten aus der Zeit stets vorab zu Protokoll gibt: »Traum«. Karl Heinz Bohrer hat in seiner monumentalen Studie *Die Ästhetik des Schreckens* die Ähnlichkeit der Jünger'schen Wahrnehmungsschärfe – gerade auch in seinem diagnostischen Sensorium für die drohenden Katastrophen – mit den Phantasiegebilden der europäischen surrealen Avantgarde herausgestrichen. Radikal hat Bohrer das *Abenteuerliche Herz* aus dem nationalistischen Kontext um 1930 gerissen und als Manifest eines deutschen Surrealismus gewürdigt. Was hier für einen Augenblick quer zu den ideologischen Lagern sichtbar wurde, war die Einheit eines avantgardistischen europäischen Stils – gerade auch in seinen Widersprüchen: Die Stereoskopie der siebziger Jahre. Heute ist dieser Traum ausgeträumt. In den Literaturwissenschaften regiert wieder die Logik der Ableitung. Das *Abenteuer-*

liche Herz wird in die Linie der deutschen Romantik eingeordnet.

Im Archiv der zwanziger Jahre klafft bei Ernst Jünger ein großes Loch. Nicht nur reißt hier das Band der Tagebücher – bis auf wenige zoologische Notizen und Reiseaufzeichnungen von einem Sizilienurlaub 1929 mit dem philosophischen »Magister« Hugo Fischer –, finden sich keine Manuskripte zu den *Stahlgewittern* und seinen Kriegsschriften, auch wird die Überlieferung der Korrespondenz löchrig. Und es fehlt nicht zuletzt eine Sammlung seiner kleinen politischen Schriften und Pamphlete, um die sich sein Sekretär »Arminius« Mohler noch bemüht hatte. In seinen beiden Werkausgaben hat Jünger diesen »ephemeren« Teil ausgeschlossen. An seinen Übersetzer Julien Hervier, der den *Arbeiter* ins Französische übertrug, schrieb er im Oktober 1988 über die begrenzte »Wirkung« seiner politischen Schriften: »Uns – damit meine ich auch meinen Bruder, Schauwecker, Heinz, Hielscher und andere – standen nur kleine Blätter zur Verfügung, die teils aus der Jugendbewegung, teils aus dem Freikorps hervorgingen und die wie ›Standarte‹, ›Arminius‹, ›Vormarsch‹ bald aus Geldmangel ihr Erscheinen einstellten. Eine Ausnahme bildeten der ›Stahlhelm‹, wo wir mehr geduldet waren, und später Niekischs ›Widerstand‹ – dieser allerdings weniger einer Breitenwirkung wegen denn als ›Speerspitze‹« [SV IV,324 f.]. Diese publizistische Speerspitze hat Jünger aus seinem Werk gebrochen. Bis auf wenige verstreute Hefte des *Arminius*, die in Wilflingen zuletzt auf dem Dachboden lagerten, sind die Text-Spuren des nationalistischen Publizisten Jünger im Archiv ausgelöscht. Teile seiner politischen Aufzeichnungen und Schriften – auch wichtige Korrespondenzen mit Ernst Niekisch und Hugo Fischer – hat er in einem Autodafé nach der Machtergreifung der Nationalsozialisten verbrannt. »Beim Erwachen fielen mir die Jahrgänge meiner Tagebücher ein, die ich zusammen mit frühen Arbeiten und Gedichten verbrannt habe. Gewiß waren die Gedanken unvollkommen und oft naiv, doch wird man im Lauf der Jahre milder auch in der Selbstkritik. [...] Auch Perpetua bedauerte damals mein Autodafé, das sich im Frühjahr 1933 an eine Haussuchung schloß« [10.9.1943, SW 3,147 f.] An Ernst Niekisch schrieb er am 8. Februar 1946: »Ihre Korrespondenz bewahrte ich bis zum Jahre 1940 in doppelten Böden meiner Insektenschränke auf. Sodann verbrannte ich sie, mitsamt Ihren Schriften, da mich, als ich gerade aus dem Feldzuge in Frankreich zurückgekehrt war, zwei Beamte der Staatspolizei aufsuchten und mich in ein längeres Verhör verwickelten, das auf eine baldige und gründliche Haussuchung schließen ließ« [DLA].

Die Reinigung durch die Stichflamme – fand die politische Lust an der Zerstörung eine Entsprechung in seinem Werk? War auch hier Zerstörung die Bedingung für Form, Sprache – ein literarisches Weiterleben? »Während der Hinfahrt nach Palermo imitiere ich im Traum den

Dr. Hielscher, ›Der Sinn des Lebens liegt in der Zerschrotung unserer individuellen Existenz‹« [DLA]. In einer Notiz zur Sizilienreise 1929 hat er seinen Jahrhunderttraum einem Kombattanten aus der nationalistischen Zeit untergeschoben. Im ersten Drittel des Jahrhunderts träumte Jünger von der Auslöschung der bürgerlichen Individualität – durch Fluchten in exotische Fernen, in die Landschaft des Krieges, in die Einsamkeit der Bibliothek, in die Mobilmachung der Nation. Im *Arbeiter* läuft dieser Traum der Zerschrotung in letzter Konsequenz auf die heroische Feier des Selbstopfers hinaus. »Das tiefste Glück des Menschen besteht darin, daß er geopfert wird, und die höchste Befehlskunst darin, Ziele zu zeigen, die des Opfers würdig sind« [SW 8,78]. Auch wenn Jünger sich im Laufe der dreißiger Jahre politisch häutete, mit den *Marmorklippen* und den *Strahlungen* die humane Fragestellung wieder in den Gesichtskreis trat, wird Jünger in seinem Spätwerk diesen Traum weiterträumen. Aber nun ist es keine politische Ordnungsgröße mehr, die Entlastung verspricht, sondern die unermüdliche Arbeit am Mythos einer *totalen* Autorschaft.

III.

Auf dem kleinen Karo eines Schulheftes werden imperiale Typen entworfen. Ernst Jünger hat die ersten Skizzen und die Urfassung seines theoretischen Opus *Der Arbeiter. Herrschaft und Gestalt*, das im Herbst 1932 kurz vor der Machtergreifung der Nationalsozialisten in der Hanseatischen Verlagsanstalt erschien, in fünf lila Schulhefte eingetragen. Die Mappen partizipieren an den Erscheinungsformen der bürgerlichen Bildungswelt, der Jünger im *Arbeiter* unaufhörlich den Totenschein ausstellt. In diesem Buch zeichnet Jünger in martialischen Bildern den Gestaltwandel vom bürgerlichen »Individuum«, das er in die »Provinz« des 19. Jahrhunderts verabschiedet, zum Arbeiter-»Typus« nach – die moderne Welt als eine »Werkstättenlandschaft«, in der alle Bereiche in Bewegung geraten sind und in Rüstung liegen. »Es gibt hier keine Festigkeit der Formen; alle Formen werden ununterbrochen durch eine dynamische Unruhe modelliert.« [SW 8,176.]

Die publizierte Fassung des *Arbeiters* 1932 war mehr ein Geschoss als ein Buch, eine kleine »Kampfmaschine« in schwarzem Leinen, durchkommandiert in achtzig Kapiteln wie ein Exerzitium. Im Vorwort zur ersten Auflage versteht Jünger den *Arbeiter* nicht als Beschreibung der Lage, sondern als »Mitarbeit«: »Es wird versucht, diese wichtige Mitarbeit durch die Methodik des Vortrages zu unterstützen, die sich bemüht, nach den Regeln des soldatischen Exerzitiums zu verfahren, dem ein mannigfaltiger Stoff als Gelegenheit zur Einübung ein und desselben Zugriffes dient.« [SW 8,13.] In seiner zackigen Erscheinungsform sollte der *Arbeiter* gleichsam vom heraufziehenden neuen Zeitalter zeugen.

Dagegen werden im provisorischen Raum der lila Schulmappen die »dynamischen Unruhen« und der Arbeitsprozess wieder sichtbar, die diesen Text einmal »modelliert« haben. Neben den Mappen mit den ersten Aufzeichnungen findet sich im Nachlass auch ein Manuskript des *Arbeiters* auf kariertem Papier, das der Druckfassung nahe kommt. Die Mappen und das Manuskript erlauben einen Blick in Jüngers eigene »Werkstättenlandschaft« – hier lässt sich dem Gestaltwandel des Textes nachspüren. Eine Text-Baustelle ist zu besichtigen: Ohne besondere Rangordnung stehen im Schulheft dicht nebeneinander – Passagen, die den Weg später ins Buch gefunden haben, spontane Einfälle, Gedankensplitter, Skizzen und Zeichnungen. Oben in der rechten Ecke auf einer der ersten Seiten im ersten Skizzenheft sind mehrere Worte durchgestrichen – darunter »Bohemien, Zeitschriften Artistik«. Die besondere Herausforderung, der Jünger sich mit dem Buch unterzog, war eine Arbeit am Selbstbild. Bei allem demonstrativen Abschied von der »Artistik« war eine gewisse argumentative Artistik vonnöten – streicht der nationalrevolutionäre Dandy mit dem »Bohemien« und den »Zeitschriften« Figurationen durch, denen er in seiner publizistischen Kampfzeit in den zwanziger Jahren nicht fern stand. Nun stellt das alte »abenteuerliche Herz« jene romantischen Figuren, die der bürgerlichen Zeit nur Protest oder Flucht in exotische Räume entgegen zu setzen haben, als Spätausläufer in die »Provinz« des 19. Jahrhunderts. »Ebenso ist der Bohémien mit seinen Zeitschriften und Kaffeehäusern, mit seiner Artistik der Gedanken und Gefühle zu einer provinziellen Figur geworden; er krankt mit der bürgerlichen Gesellschaft dahin, von deren Bestande er durchaus abhängig ist, welche Position ihrer Verneinung er auch aufspüren mag« [SW 8,111 f.].

Auf derselben Seite neben dem durchgestrichenen »Bohemien« stehen verstreute, schnell hingeworfene und schwer zu entziffernde Notizen zum Komplex »Der Einzelne«: »Im Einzelnen [Tod] Langemark – Materialschlacht [ausgeglüht] Führer-Tum: Vorbild? [...] ihr Geheimnis entreissen!« Mit wenigen Strichen skizziert Jünger den Untergang des »Einzelnen« im Krieg. Der mit großen Opfern verbundene Angriff der »beseelten« Kriegsfreiwilligen-Regimenter bei Langemarck hat für ihn im *Arbeiter* »geistesgeschichtliche Bedeutung«. Augenfällig bestätigt er den endgültigen Sieg des Materials über das Individuum. »Hier kündete sich das Aussterben eines besonderen Menschenschlages im Angriff auf seine vorgeschobenen Posten an. Aber die Empfindungen des Herzens und die Systeme des Geistes sind widerlegbar, während ein Gegenstand unwiderlegbar ist – und ein solcher Gegenstand ist das Maschinengewehr.« [SW 8,114.]

Das Maschinengewehr als letztes Wort – noch arbeitet Jünger auf den ersten Seiten seines Skizzenheftes an der unwiderlegbaren, letzten Formulierung. Der provisorische Raum des Manuskripts ist nicht restlos abgedichtet gegen die urbürgerlichen dialektischen Kräfte des Fragens und Zweifelns, noch findet sich im Zentrum der ausgewählten Seite eine wilde Assoziation von Begriffen – auch wenn die Textmasse an den Rändern schon wächst und der große Arbeitsplan Gestalt annimmt. In einem mit rotem Filzstift umrandeten Kubus werden die Umrisse des Buches sichtbar. »I Der Typus II Die Technik III Die Gesellschaft IV Die Kultur V Die Innere (Politik) VI Die Äussere (Politik)« [DLA]. Keine Sphäre der modernen Gesellschaft, die von der Arbeit ausgenommen wird. Alles wird dem großen Plan unterworfen. Daneben notiert er zum Teil mit Bleistift weitere Begriffe – »Genie«, »Schöpfer-Tum«, »Liebe«, »Stil (Sprache)«, »Leidenschaft«: Kernbereiche der bürgerlichen Kultur der Empfindsamkeit, die wie die »individu. Leistung« von der »Totalen-Mobilmachung« »zerstört« werden.

Jüngers Skizzenhefte zum *Arbeiter* zeigen eine Schmiedewerkstatt – eine explosive Mischung von Begriffen und Vokabeln aus dem weltanschaulichen Gelände wird zu einem Text umgeschmolzen. Eine Spitze gegen den universalistischen Kosmos der bürgerlichen Gesellschaft zerschneidet zwei Textblöcke: »Das Moralische ist eine Frage der Interpretation!« [DLA.] Neben dieser geschliffenen Sentenz gegen die »Weltherrschaft der bürgerlichen Vernunft« [SW, 8,55], deren Gedanke sich in die letzten Tagebücher bis zu Jüngers Kommentar zum 1. Golfkrieg der USA verfolgen lassen – »Aber wann, wo und gegen wen die Amerikaner moralisch werden – das ist eine Frage für sich« [SV V,13.] –, finden sich Scharfmacher ganz anderer Art: »Essig Citrone Salz Lorbeer Zwiebel Gewürz Weisswein«. Womöglich ein Rezept oder Einkaufszettel, ein Gruß aus dem bürgerlichen Haushalt des Privat- und Ehemannes Jünger, der sich in die Welt des Arbeiters verirrt hat. Flankiert wird Jüngers gesalzener Aphorismus auf der unteren Bildseite von geometrischen Figuren – Randzeichnungen, die sich als friedliche Windmühlenflügel wie als Granaten oder Kriegstorpedos lesen lassen – je nachdem, ob man mit der bürgerlichen Moral oder dem ›gestählten‹ Blick des Arbeiters die Welt interpretiert. Noch müssen dem Arbeiter auf den ersten Seiten des Manuskripts eiserne Flügel wachsen, bedarf der Text eines technischen Anschubes. Der Plan nimmt Gestalt an – auch wenn Jünger ihn noch verstärkt auf den Begriff zu bringen versucht. Als knappe Regieanweisung fügt er an späterer Stelle in einer der Mappen hinzu: »Hier noch das Wort Plan irgendwie verwenden«.

Als »Pionier einer neuen Landschaft« unterscheidet sich der Arbeiter-»Typus« äußerlich von der Physiognomie des Bürgers. In einem längeren kulturhistorischen Abschnitt über die Gestik, Mimik, Kleidung und Haltung der neuen

Zeit schreibt Jünger: »Was zunächst rein physiognomisch auffällt, das ist die maskenhafte Starrheit des Gesichtes, die ebensowohl erworben ist, wie sie durch äußere Mittel, etwa Bartlosigkeit, Haartracht und anliegende Kopfbedeckungen, betont und gesteigert wird. Daß in dieser Maskenhaftigkeit, die bei Männern einen metallischen, bei Frauen einen kosmetischen Eindruck erweckt, ein sehr einschneidender Vorgang zutage tritt, ist schon daraus zu schließen, daß sie selbst die Formen, durch die der Geschlechtscharakter physiognomisch sichtbar wird, abzuschleifen vermag. Nicht zufällig ist, nebenbei bemerkt, die Rolle, die seit kurzem die Maske wieder im täglichen Leben zu spielen beginnt. Sie tritt in mannigfaltiger Weise in Erscheinung, an Stellen, an denen der spezielle Arbeitscharakter zum Durchbruch kommt, sei es als Gasmaske, mit der man ganze Bevölkerungen auszurüsten sucht, sei es als Gesichtsmaske für Sport und hohe Geschwindigkeiten, wie sie jeder Kraftfahrer besitzt, sei es als Schutzmaske bei der Arbeit im durch Strahlen, Explosionen oder narkotische Vorgänge gefährdeten Raum« [SW 8,126].

Die eigene Textmaske hätte Jünger in seiner Typologie noch ergänzen können. In der publizierten Fassung seines *Arbeiters* waren die Spuren der Überarbeitung getilgt. In den Untergang der bürgerlichen Welt war für Jünger im futuristischen Tremolo an vorderster Front nicht zuletzt auch der Tod der Literatur einbezogen – die neue Prosa schreibt die Maschinenwelt: »Das Klappern der Webstühle von Manchester, das Rasseln der Maschinengewehre von Langemarck – das sind Zeichen, Worte und Sätze einer Prosa, die von uns gedeutet und beherrscht werden will.« [SW 8,141.] So wollte auch der *Arbeiter* gelesen werden – nicht als literarisches Erzeugnis, sondern als faktisches Dokument, als »unwiderlegbares« Gesetz einer neuen Zeit. In einer »Übersicht«, die Jünger wie eine Heeresgliederung an seinen Text angehängt hatte, klappert sich wie in einem mechanischen Webstuhl Satz an Satz. »1. Das Zeitalter des Dritten Standes war ein Zeitalter der Scheinherrschaft. 2. Das Bestreben, dieses Zeitalter zu verewigen, drückt sich in der Übertragung der bürgerlichen Muster auf die Bewegungen des Arbeiters aus. 3. Entsprechend wird der Arbeiter als der Träger einer besonderen Klasse oder eines besonderen Standes, 4. als der Träger einer ›neuen Gesellschaft‹ 5. und als der Träger einer Welt gesehen, in der Wirtschaft und Schicksal gleichbedeutend sind« [SW 8,312].

Der Arbeiter-»Typus« ist für Jünger mit einem Schlüsselwort seines Textes eine »organische Konstruktion«, weil er für die »totale Mobilmachung« der modernen Welt gerüstet ist und die »Elementarsprache« der Technik spricht. Das Manuskript enthüllt eine andere organische Konstruktionsleistung – Jüngers eigene Arbeit am Text, seine »kosmetischen« Eingriffe, die die »Maskenhaftigkeit«, den »metallischen« Eindruck und die Autorität der publizierten Fassung erst erzeugen. Der Blick auf das

Manuskript mit Jüngers individueller Handschrift dreht den Punkt der Betrachtung um: Wollte Jünger den Arbeiter aus »der Sphäre der Verhandlungen, des Mitleids, der Literatur« »entrücken« und zur »Tat« »erheben« [SW 8,32], so wird er nun wieder Literatur.

Mit dem Manuskript wird die zeitlose »Gestalt« des Arbeiters wieder zu einem literaturhistorischen Dokument. Wollte Jünger mit dem *Arbeiter* einen »breiten, roten Schlußstrich« [SW 8,59] ziehen unter die bürgerliche Welt des 19. Jahrhunderts mit ihrem Glauben an die Geschichte, den Fortschritt und die Entwicklung, so werden nun der zeitliche Rahmen der Niederschrift, die Fortschritte und die innere Werk-Entwicklung wieder sichtbar. Die Arbeit am Manuskript umfasst die Krisenphase der späten Weimarer Republik – die Jahre am Rande des Abgrunds. Beschirmt von einem Hölderlin-Zitat – »Bestehendes wohl zu deuten« – ist die erste Seite des Manuskripts datiert auf den »18. 10. 30«. Jünger beginnt die Schrift also gut einen Monat, nachdem die National-Sozialistische Arbeiterpartei mit einer Vervielfachung ihrer Stimmen bei der Reichstagswahl vom 14. September 1930 triumphal in den Reichstag eingezogen war. Zwei Jahre später setzt er hinter der »Übersicht« in der fünften Mappe den Schlusspunkt: »Definitiv abgeschlossen: Donnerstag, 11. August 1932 2 Uhr Nachmittags. Quod Deus bene vertat! EJ.« [DLA.] ›Was Gott zum Besten wenden wolle!‹ – damit war sicher nicht das Schicksal der Republik gemeint. Wenige Wochen zuvor war mit der Reichsexekution im Preußenschlag die letzte große sozialdemokratische Bastion des Arbeiters kassiert worden. Im Reichstag verfügten NSDAP und KPD – die sich beide als revolutionäre Bewegungen des Arbeiters verstanden – über eine negative Mehrheit. Die Krise drängte auf eine Entscheidung zu.

In dem kleinen Vorwort zur ersten Auflage des *Arbeiters*, das Jünger auf den 14. Juli 1932 datiert hat, hat er sich zur Aufgabe gestellt, die »Gestalt des Arbeiters« »jenseits der Parteiungen« zu erhellen. Auch wenn Jünger seine Schrift anschlussfähig hielt für viele politische Richtungen, war der *Arbeiter* ganz bewusst in die Bürgerkriegslandschaft und den politischen Erwartungshorizont der Endphase Weimars hineingestellt. In einer »Disposition« am Ende der fünften Kladde hat Jünger unter Punkt »2.« mit einer Kolonne von Krisenzeichen das »Desaster« der Zeit umrissen: »Wirtschaftskrise, Neue Kriege, Arbeitslosigkeit, Anwachsen des Nationalismus, Absatzschwierigkeiten, Innere Schwierigkeiten, Verfall der liberalen Formenwelt, Angriff auf die bürgerliche Sekurität, [...] Verfall der grossen Wirtschaftspersönlichkeit, Zusammenbruch der Parteien u. Parlamente« – die allgemeinen »*Unruhen*« nicht zu vergessen, die Jünger schräg an die Seite dieses Krisenblocks notiert hatte.

In die Landschaft des Manuskripts haben sich die Spuren der Arbeit und Überarbeitung tief eingegraben. Keine in Maschinenschrift streng geordnete Fläche, kein gehegter Raum – sondern ein erodierendes Gelände, überzogen von einer flackernden Handschrift, durchstochen von vielen Streichungen und Einschüben mit roter Tinte: eine Übergangslandschaft. Der »Einbruch elementarer Mächte in den bürgerlichen Raum« [SW 8,52 ff.] spiegelt sich auf der Oberfläche des Manuskripts in unzähligen stilistischen, aber auch politischen *Einbrüchen* des Autors in seinen Text. Begriffe werden ausgetauscht, Passagen neu eingefügt, ganze Seiten durchgestrichen. Gerade auf den Strecken, wo Jünger das alte »abenteuerliche Herz« als »romantische Haltung« verabschiedet und sich für den »Arbeitsanspruch« der neuen Welt rüstet, wird der Text unruhig. In einem kleinen Textmassaker streicht er mehrere Seiten hintereinander durch. Nicht nur scheint der Sinn der Sätze sich hier aufzulösen – sondern auch das Papier. Ein Loch frisst sich von links unten durch den Text. »In vino error!« – quittiert Jünger am »14. 5. 1932«. Während der Text auf der programmatischen Ebene längst in die nüchterne Arbeitszone eingetreten ist, scheint der Autor sich bei der Niederschrift dem »Rausch« hingegeben zu haben, den Jünger wie die exotische Fernreise und den »Wahnsinn« wenige Seiten zuvor als romantischen Auszug aus der Wirklichkeit vorgeführt hat. »Alles dies sind Formen der Flucht, in denen der Einzelne, nachdem er den Umkreis der geistigen und körperlichen Welt nach einem Ausweg durchlaufen hat, die Waffen streckt« [SW 8,58].

Andere Seiten sind fast unberührt – und lassen sich das Geheimnis Ihrer Überarbeitung nur schwer entlocken. Gleich auf der zweiten Seite des Manuskripts taucht – worauf Peter Trawny in seiner akribischen Studie über den *Arbeiter* zuletzt aufmerksam gemacht hat – das »Geheime Deutschland« rot unterkringelt auf. Es ist am besten gerüstet für das dialektische Zwangsverhältnis von Freiheit und Gehorsam – das »Siegel« der neuen Zeit. »Über dieses Siegel braucht nicht gesprochen zu werden, denn da es unmittelbar verliehen wird, so sind auch Zeichen darein geritzt, die das *geheime Deutschland* unmittelbar zu lesen versteht.« Die Kunst der Entzifferung der Zeichen wird hier von Jünger dem »geheimen Deutschland« aufgetragen – jenem sagenhaften, mystischen Sehnsuchtsort, über dessen Landmarke seit der Jahrhundertwende der Dichter Stefan George und sein Kreis wachte. In einer Hymne in Georges Gedicht-Zyklus *Das Neue Reich* hatte 1928 das »geheime Deutschland« poetische Gestalt angenommen: »Nur was im schützenden schlaf / Wo noch kein taster es spürt / Lang in tiefinnerstem schacht / Weihlicher erde noch ruht – / Wunder undenkbar für heut / Geschick wird des kommenden tages.« Das Codewort des George-Kreises im Manuskript des *Arbeiters* reizt zu Spekulationen über die subkutanen Verbindungen zwischen dem Dichterfürsten und dem Arbeiterliteraten: Führen Wege von George zu Jünger? [Peter Trawny, *Die Autorität des Zeugen. Ernst Jüngers Politisches Werk*, Berlin 2009, S. 110 ff.]

Schon im Vorwort zu *Luftfahrt ist Not!* hatte Jünger dem »geheimen Deutschland« geopfert – in einem jener unter seiner Herausgeberschaft erschienenen, großformatigen Bände der Kriegserinnerung und des neuen Nationalismus, der zeitgleich mit Georges Hymnus 1928, zum publizistischen Jubiläum zehn Jahre nach dem Großen Krieg, erschien. Auch hier setzte Jünger, der im Ersten Weltkrieg mit einem Wechsel zu den Kampffliegern liebäugelte, zu einem Nebelflug ins geheime Dichterreich an. In Anlehnung an die legendäre Vorbemerkung der von Stefan George inspirierten und redigierten, monumentalen Biografie *Kaiser Friedrich der Zweite* von Ernst Kantorowicz (1927) erinnert Jünger an jenen »Kranz«, der 1924 »von unbekannter Hand am Sarkophage Friedrichs des Zweiten« in Palermo niedergelegt worden war mit der »Inschrift«: »Seinem Kaiser und Helden – das geheime Deutschland.« »Es ist eine eigentümliche Magie, die sich hinter diesen wenigen Worten verbirgt, und wer fühlte nicht, daß, obwohl Ereignisse und Persönlichkeiten so wenig dazu berechtigten, es dieses geheime Deutschland ist, diese unsichtbare und von den zarten Quellen des Glaubens genährte Wurzel des Zukünftigen, die keinen Grad der Zuversicht, der Arbeit und des Einsatzes umsonst erscheinen läßt« [PP 403].

Jünger ist hier der »Magie« des Dichterwortes dicht auf der Spur. Das geheime Deutschland als eine »von den zarten Quellen des Glaubens genährte Wurzel des Zukünftigen« – von ferne klingt der prophetische Ton von Kantorowicz' fulminanter Frankfurter Antrittsvorlesung vom 14. November 1933 über das »Geheime Deutschland« an: das »Götterreich« unter der »Herrschaft Apolls«, dessen man nur durch »Anmut«, »Liebe« und »Ehrfurcht« ansichtig werden kann. [Vgl. Ulrich Raulff, »Apollo unter den Deutschen. Ernst Kantorowicz und das ›Geheime Deutschland‹«, in: *Verkannte Brüder? Stefan George und das deutsch-jüdische Bürgertum zwischen Jahrhundertwende und Emigration*, hrsg. von Gert Mattenklott (u. a.), Hildesheim (u. a.) 2001, S. 179–197.] Gewiss lassen sich weitere Fäden von George zu Jünger spinnen – von dem Exemplar des *Neuen Reiches*, das sich mit einer Widmung von Veit Rosskopf in Jüngers Bibliothek erhalten hat, bis zu Jüngers pädagogischer Privatmission mit einem »Knaben aus dem Schnaidelwald«, die Peter Trawny aus Jüngers Korrespondenz mit dem publizistischen Waffenbruder Ludwig Alwens ans Licht gefördert hat. Letztlich aber unterscheidet sich der *Arbeiter* von der Mission des exklusiven Dichterkreises doch stark. Schon weil er auf Massenwirkung und die Dynamiken und Energien der Moderne nicht verzichten wollte, konnte Jünger sich nicht ins esoterische Dichterwort flüchten. Nur einen Abschnitt unter dem mit rotem Stift markierten »Geheimen Deutschland« auf derselben Seite des Manuskripts lässt Jünger in Stakkato-Sätzen das »stählerne« Credo der Arbeiterwelt aufblitzen: »Gehorsam, das ist die Kunst zu hören, und die Ordnung ist die Bereitschaft für das Wort, die Bereitschaft für den Befehl, der wie ein Blitzstrahl vom Gipfel bis in die Wurzeln fährt. Jeder und jedes steht in der Lehensordnung, und der Führer wird daran erkannt, daß er der erste Diener, der erste Soldat, der erste Arbeiter ist«. [SW 8,19.] Kein Dichterreich oder gar geistiger Liebesbund schwebte Jünger 1932 vor, sondern ein nach »Ordnung«, »Befehl« und »Gehorsam« streng gestaffelter Arbeiterstaat. Das Deutschland, das Jünger vorschwebte, war ein »Reich« des Krieges, getragen von der »geheimen« Armee der Frontsoldaten. In *Totale Mobilmachung* schreibt Jünger 1930: »Aber für uns hieße es einen Verrat an dem geheimen Deutschland begehen, an dessen Wirklichkeit wir glauben, wenn wir uns an diesem Kultus des unbekannten Soldaten beteiligen wollten. Es ist ein andere Reich, dessen Mahnung zu uns dringt, wenn in uns das unvergeßliche, ernste Gesicht unter dem Stahlhelm lebendig wird, in dem die eigentliche und wunderbare Kraft der Millionenheere verborgen lag, und in dem Deutschland zum ersten Male seit langer Zeit wieder eine Gestalt von weltgeschichtlicher Bedeutung erwuchs« [PP 579]. Von Jünger führten keine Wege zu George – und auch nicht umgekehrt, obwohl es auch im Dichterkreis rechte Ausläufer und vaterländische Sänger gab, die die libidinösen geistigen Haltungsgebote des Kreises auf *Herrschaft und Dienst* (Friedrich Wolters) umzupolen gedachten.

Für das im Manuskript noch rot angestrichene »geheime Deutschland« war in der öffentlich publizierten Fassung kein Platz mehr. War es nicht auch ganz Teil jener Romantik, dessen eskapistische Fluchten in Gegenwelten Jünger mit seinem *Arbeiter* nicht nachzugeben versuchte? Wie von Zauberhand ist das »geheime Deutschland« 1932 aus Jüngers *Arbeiter* verschwunden. »Über dieses Siegel braucht nicht gesprochen zu werden, denn da es unmittelbar verliehen wird, so sind auch Zeichen darein geritzt, die ein stets bereiter Gehorsam unmittelbar zu lesen versteht« [SW 8,19]. Die Macht der Entzifferung der »Zeichen« obliegt für Jünger nun einem »stets bereiten Gehorsam«.

Die Arbeit am Manuskript zeigt, wie Jünger seinen *Arbeiter* gegen alle romantischen Einflüsse und sentimentalen bürgerlichen Eintrübungen abzupanzern versuchte. Gleichzeitig war Jünger darum bemüht, die »Gestalt« des Arbeiters nicht mit der eigenen Nation zu eng zu führen – so sehr für ihn »der Aufgang des Arbeiters mit einem neuen Aufgange Deutschlands gleichbedeutend ist« [SW 8,31]. Der *Arbeiter* läuft nicht auf eine »Apotheose« Deutschlands hinaus, sondern hat »planetarische Dimensionen«. Konsequent verabschiedet Jünger im Text den Nationalismus und Sozialismus als Mobilmachungsgrößen in das 19. Jahrhundert. Heute lässt sich das engmaschige Netz von Einflüssen und Freunden, aus denen der *Arbeiter* einmal entwachsen ist, nur noch schwer rekonstruieren. Wichtige Briefwechsel wie mit dem Nationalbolschewisten Ernst Niekisch aus der Zwischenkriegszeit hat Jünger verbrannt; andere wie mit dem Leipziger Philosophen Hugo Fischer sind im Archiv nur spärlich überliefert. Sicher darf nicht hinter all den Streichungen und Ergänzungen die politische Schere des Autors oder das Drängen seines Verlegers Benno Ziegler nach Revision vermutet werden. Immer sehen wir auch einen Ästheten des Schreckens bei der Arbeit; Jünger ist auf der Suche nach der besseren, der härteren, der kälteren Formulierung: Es gehört zu den »hohen« oder »feinen« »Genüssen unserer Zeit« an der »Sprengarbeit« beteiligt zu sein. Erst ersetzt Jünger »hohe« durch »feine« – dann macht er im Manuskript die Redigaturen wieder rückgängig.

Ein Übermensch auf billigem, kariertem Papier – das Manuskript trägt auf der materialen Schauseite die Widersprüche wieder in den Text hinein, die die »Maske« der publizierten Fassung abzuschleifen versuchte. Auch wenn Jünger in seinem Buch den Arbeiter mit der Maschinentechnik zu einer »organischen Konstruktion« verschmelzen lässt – er selbst setzt ganz auf die eigene individuelle Handschrift. Auch die Fußnoten, die die sachliche Evidenz des Textes verstärken sollen, fügt er nachträglich mit roter Tinte handschriftlich ein. Auf der programmatischen Ebene des Textes hat Jünger das bürgerliche »Individuum« durchgestrichen und durch den »Typus« des Arbeiters ersetzt. Das Manuskript vollzieht die Bewegung in umgekehrter Richtung. Es legt die individuellen Spuren der Überarbeitung offen, wirft einen Blick in die Werkstättenlandschaft des Autors und zeigt den *Arbeiter* als literarisch geformte Gestalt.

Einen Einschub auf einer der letzten Seiten seines fünften Skizzenbuches hat Jünger mit einem spiegelverkehrten Hakenkreuz markiert. Das Flaggenzeichen der NSDAP geht einem Absatz voran, in dem Jünger die »praktischen Maßnahmen« eines »an vielen Orten« schon im Vollzug begriffenen Arbeiterstaates erörtert. »Jedenfalls gehört die Einführung der Arbeitsdienstpflicht nicht mehr dem Reiche der Utopien an« [SW 8,307]. In dieser Arbeitszone gibt der »›Gebildete‹, der niemals das Glück hatte, auf irgendeinem Gebiete von Pike auf im Dienst gewesen zu sein«, eine »unglückliche Figur« ab. In der unteren rechten Ecke notiert Jünger mit blasser Tinte – vom rostigen Abdruck einer Büroklammer überstempelt: »Jeder Handgriff, selbst das Ausmisten von Pferdestellen, besitzt Rang, insofern er nicht als abstrakte Arbeit empfunden, sondern innerhalb einer großen und sinnvollen Ordnung geleistet wird« [SW 8,308]. Auch in diesem Einschub mit dem gedrehten Hakenkreuz verzichtet Jünger auf explizite Bezugnahmen zum Nationalsozialismus. Zwar tauchen die Flaggenworte der NS-Bewegung hier auf – »Zucht«, »rassemäßige Ausprägung der Bevölkerung«, doch bindet Jünger sie nicht an die völkische Ideologie von Blut und Boden, sondern an die »totale« Ausrichtung auf den Arbeitscharakter. »Es ist dies eine Schule, in der Arbeit als

Lebensstil, Arbeit als Macht dem Menschen sichtbar zu machen ist« [SW 8,308].

Diese Umcodierung der Begriffe war den Sprachrohren der NSDAP nicht entgangen. In einer Kritik im *Völkischen Beobachter* vom 22. Oktober 1932 von Thilo von Trotta wird der anti-literarische Affekt des *Arbeiters* gegen den Autor gekehrt. Jünger erscheint nun selbst als einer jener ungebundenen, »unglücklichen« Intellektuellen, haltlos im liberalen Räsonnement und »ewigen dialektischen Gespräch« – so der Titel der Kritik – gefangen. Es bleibe für die »junge Generation das unfaßbare Rätsel, wie aus dem Frontsoldaten Jünger ein Mensch werden konnte, der mit den bei Tee und Zigaretten nächtelang die Grundprobleme des Lebens beredenden russischen Intellektuellen Dostojewskis eine verzweifelte Ähnlichkeit« besitze. Die Kritik im *Völkischen Beobachter* spitzt die dilemmatischen Züge seines Textes – der gleichzeitig »Mitarbeit« und »Aktion« sein möchte, aber nichtsdestotrotz immer Text bleibt – politisch zu. Während das Manuskript die Fäden wieder offenlegte, die Jünger mit der Literatur als ein Produkt geistiger Arbeit und Überarbeitung verbanden – versucht der junge völkische Kritiker sie endgültig zu zerreißen.

Die Kritik am *Arbeiter* hat Ernst Jünger sein gesamtes Leben verfolgt. Noch in den ersten Tagen seines hundertsten Lebensjahres beginnt er die Lektüre des *Glossariums*, der Nachkriegsnotate seines »guten und unergründlichen Freundes« Carl Schmitt, die viele giftige Spitzen gegen den *Arbeiter* enthalten – »beg. 8.4.1994« notiert er in sein Exemplar des *Glossariums*. In einem Brief an seinen Verleger Ernst Klett, der ihn zuvor auf Schmitts »Infamie« aufmerksam gemacht hatte, schreibt Jünger: »Was er mir nie verziehen hat, sind die ›Marmorklippen‹ – er hat einmal notiert, ich hätte mir damit im Zweiten Weltkrieg noch einen Pour le Mérite verdienen wollen. Seinen Ärger ließ er dann am ›Arbeiter‹ aus, den er nicht verstanden hat.« [SV V, 154.] Kein Name taucht im Register des *Glossariums* mit so vielen Einträgen auf wie Ernst Jünger – ihm folgen in diesem obsessiven Protokoll Hitler, die Staatstheoretiker Hobbes und Hegel und der von Schmitt hoch geschätzte expressionistische Dichter des *Nordlichts*, Theodor Däubler. Jünger begann die Lektürearbeit gut gerüstet. Auf einem kleinen karierten Zettel hatte er sich alle Einträge zu »E. Jünger« noch einmal separat herausgeschrieben. Eine positivistische Kolonne von Daten – Arbeit am Selbstbild auf DIN-A5-Format. Abseits der alten abstrakten Frontstellung aus dem *Arbeiter* zwischen »Individuum« und »Typus« – kaprizierte Jünger sich nun auf den eigenen »Namen«. »Ernst Jüngers Ich-Verhängnis« – auch Carl Schmitt legt das individuelle Psychogramm des Autors hinter der Maske des *Arbeiters* bloß. Die Einträge zu Jünger im *Glossarium* erstrecken sich über vier Jahre, von Ende September 1947 bis März 1951. Im Schatten der geheimen Tagebuchnotate entsichert Schmitt seine

Affekte gegen den in der Nachkriegszeit wieder schnell reüssierenden Jünger, die er in seinen freundschaftlich gehaltenen Briefen an den Autor zur selben Zeit mühsam unter Kontrolle zu halten versuchte. »Ernst Jünger wird reifer und reifer. Jetzt ist er bald reif für den Nobelpreis.« [Carl Schmitt, *Glossarium. Aufzeichnungen der Jahre 1947–1951*, hrsg. von Eberhard Freiherr von Medem, Berlin 1991, S. 217.] Aber auch hier im abgedunkelten Schattenreich des *Glossariums*, in das die Invektiven und Ressentiments einfließen, ist die Einschätzung Jüngers starken Schwankungen unterworfen. »Jawohl und vielen Dank für die richtige Diagnose!« [Ebd., S. 129] – mit Zustimmung greift Schmitt Jüngers einfühlsamen Eintrag in den *Strahlungen* vom 14. Dezember 1943 über das Schicksal des Kronjuristen in »illegitimen« Zeiten auf. »Carl Schmitt ist unter allen Geistern, die ich kennenlernte, jener, der am besten definieren kann. Als klassischer Rechtsdenker ist er der Krone zugeordnet, und seine Lage wird notwendig schief, wo eine Garnitur des Demos die andere ersetzt. Bei der Heraufkunft illegitimer Mächte bleibt an der Stelle des Kronjuristen ein Vakuum, und der Versuch, es auszufüllen, geht auf Kosten der Reputation. Das sind so Mißgeschicke des Berufs« [SW 3,198]. Auch am *Arbeiter* streicht er in einem seiner ersten Jünger-Einträge im *Glossarium* den diagnostischen Charakter heraus – nicht ohne ihn parallel zu führen mit seinem eigenen *Begriff des Politischen*: »Die Wut auf Ernst Jüngers ›Arbeiter‹ und vielleicht noch mehr auf meinen ›Begriff des Politischen‹ ist die Wut des Kurhausdirektors auf den Arzt, der im Kurort einen Pestfall diagnostiziert.« [Schmitt, *Glossarium*, Berlin 1991, S. 161.] Ganz ähnlich wollte Jünger selbst seine politische Sprengarbeit rückblickend verstanden wissen: »Nach dem Erdbeben schlägt man auf die Seismographen ein. Man kann jedoch die Barometer nicht für die Taifune büßen lassen, wenn man nicht zu den Primitiven zählen will« [SW 2,13]. Aber wie für Martin Heidegger, der Jüngers *Arbeiter* im Dritten Reich eine intensive Lektüre widmete, trägt auch bei Schmitt das Lob des Phänomenologen Jünger zwiespältige Züge. »Was Ernst Jünger nicht sieht« (Heidegger) – auch für Carl Schmitt überschreitet der Käferforscher Jünger nicht die Linie vom Beschreiben zum Denken. »Jüngers Arbeiter ist Sprachstil, nicht Denkstil; naturwissenschaftliche genaue insektenforscherische Beobachtung, keine Spur von Ontologie, entomologische Morphologie geschichtlicher Phänomene mit aphoristischen Ergebnissen.« [Schmitt, *Glossarium*, Berlin 1991, S. 252.]

Hier versucht Carl Schmitt in seinem Kommentar zur Jünger'schen Methode noch die Ambivalenz zu halten zwischen Beschreibung und Bosheit – andere Einträge zum *Arbeiter* sind durchsetzt von starken politischen Invektiven. Am 1. März 1951 notiert Schmitt in sein *Glossarium*: »Jeder sollte sich schämen, der vom Arbeiter geschwärmt hat und 1945 erkennen mußte, um was es sich in Wirklichkeit handelt. Wer heute arbeitslos ist, ist der Arbeit näher als dieser gesetzlich privilegierte Arbeitsplatzinhaber mit seinem Arbeitsschutz und Arbeitsrecht. [...] Aber auf den Mythos von der Arbeit bin ich nicht hereingefallen. Ein Buch ›Der Arbeiter‹ habe ich nicht geschrieben und einen renten- und versorgungssüchtigen Angestellten für einen ›imperialen Typ‹ zu halten, das habe ich auch nicht gemacht.« [Ebd., S. 313.] Umstellt von den Angestellten der frühen Bundesrepublik – dem herrschenden »Typus« der nivellierten Mittelstandsgesellschaft – fragt Schmitt nach dem »wirklichen« Gehalt von Jüngers »heroischem Realismus«. Das ist reichlich perfide, da Jünger schon weit früher als Schmitt gesehen hat, um was es sich im Dritten Reich ›in Wirklichkeit handelt‹. Ungefiltert bricht sich hier der Karriereneid des gestürzten Kronjuristen Carl Schmitt Bahn, der sich nach dem Krieg um seinen Arbeitsanspruch diskriminiert sieht.

Es ist der »versorgungssüchtige Angestellte«, nicht der opferbereite, asketische Arbeiter, der für Carl Schmitt im 20. Jahrhundert als »Typus« die Bühne der Weltgeschichte betritt. Schmitt blamiert die heroische »planetarische« Diagnose – und kehrt umgekehrt in einer überraschenden Volte Jüngers These vom »totalen Arbeitscharakter« gegen den Autor. »Es ist mit Ernst Jünger wie mit vielen berühmten Figuren, die auf der Bühne der literarischen oder künstlerischen Öffentlichkeit stehen. Sie konzentrieren alle ihre Kräfte auf ihr öffentliches Auftreten. Das nennen sie ihre Arbeit. Sie sammeln sich für die Momente ihres öffentlichen Berufes, auch wenn das die Momente am Schreibtisch sind. Sie vergeuden sich nicht im Privaten, in keinem Gespräch und keiner nicht unmittelbar verwertbaren Unterhaltung. Sie treiben eine wohlbegründete Ökonomie ihrer Kräfte und Strahlungen und lassen nichts verkommen. Sie sind Verwerter alles irgendwie Verwertbaren ohne sich zu entäußern. Infolgedessen liegt ihre Präsenz restlos in ihrem öffentlichen Werk. Ihre Existenz geht in der Öffentlichkeit restlos auf. Man soll sie auf der Bühne sehen oder ihre Bücher lesen. Es hat wenig Sinn, außerhalb dieses Rahmens mit ihnen zu tun zu haben. Man wird von ihnen ›behandelt‹ und nach den Methoden der Verwertung des irgendwie Verwertbaren erfaßt [...]. Wahrhaftig, echte Arbeiter des publizistischen Betriebes, nichts als Arbeiter. Der Rest ist nicht einmal Schweigen, sondern Null. Bei dieser restlosen Verwertung des Irgendwie-Verwertbaren bleibt überhaupt kein Rest.« [Ebd., 1991, S. 279 f.]

Vordergründig liest sich Carl Schmitts Klage über den restlosen »Verwerter« Ernst Jünger als ein Protokoll der Enttäuschung. Natürlich leidet der gestürzte Kronjurist insgeheim daran, dass Jüngers Comeback nach dem Krieg restlos aufgeht, während er von Resten zehren muss und seine geistige Produktivität nach dem Krieg notgedrungen in seinem selbstgewählten Exil im Sauerland immer mehr in Gespräche auslagerte. Und doch ist Schmitt mit seiner Frage nach dem »Rest« dem Geheimnis von Jüngers enormer Arbeitsproduktivität auf der Spur, trifft sein vom Ressentiment geschärfter Blick einen entscheidenden Punkt in Jüngers Dichterinszenierung.

Der »totale Arbeitsprozess«, der fremde Positionen und Begriffe aufsaugt und verbraucht, nichts »verkommen« lässt – nirgendwo vollzieht er sich für Schmitt mit so unerbittlicher Konsequenz wie in Jüngers Dichter-Werkstatt. Dabei lässt er Jüngers ständige Arbeit an den »Fassungen«, insbesondere der Kriegsschriften, ganz außen vor. Über seinen »ameisenhaften Trieb, am beschriebenen und bedruckten Papier herumzuminieren« [SW 18,467], hat Jünger sich im Nachwort *Auf eigenen Spuren* zur ersten Werkauflage selbst Rechenschaft abgelegt. Hier nimmt Jünger für seine Bearbeitungsmanie ein handwerkliches Arbeitsethos in Anspruch: »Die Sprache ist wie das Holz ein Stoff, an dem die Arbeit lohnt; sie wird zum Spiel an ihm«. Jünger verstand seine Sprache als eine »Annäherung« – als ewige Suche nach dem unerreichbaren letzten Wort. »Jedes letzte Wort, ist ein vorletztes, ist nicht mehr als ein Anklopfen in der Hoffnung, daß sich einmal die Tür öffne.« [SW 18,477.] Gegen die Vorhaltungen seines alten Sekretärs Armin Mohler, der auf Texttreue drang, hat Jünger an dem Recht des Autors zur Überarbeitung festgehalten. »Doch kann an der Berechtigung des Autors, sein geistiges Eigentum zu verwalten, kein Zweifel sein.« [SW 18,475.] Aber ausgerechnet seinen *Arbeiter* nahm Jünger vom »ameisenhaften Trieb« der Überarbeitung aus. Lange sträubte er sich nach dem Krieg gegen eine Neuauflage; dann nahm er ihn unverändert – »Ich habe den Text nie wieder geprüft« – in der ›Fassung‹ der ersten Auflage 1964 in den sechsten Band seiner ersten Werkausgabe auf. Ein Blick in die Werkstättenlandschaft des Manuskripts hat gezeigt, wie sehr Jünger, die ›Ameise‹ der Überarbeitung, auch am Arbeiter »herumminiert« hat. »Die meisten Auflagen« – zitiert Jünger in *Auf eigene Spuren* eine Maxime Lichtenbergs – »werden vom Autor vor dem Erscheinen veranstaltet« [SW 18,477].

Im Vorwort zur unveränderten Neuauflage des *Arbeiters* 1963 hat Jünger eine grundsätzliche »Revision« des Buches angekündigt: »Seit langem, eigentlich schon seit dem Druck der ersten Auflage, beschäftigen mich Pläne zur Revision des Buches über den Arbeiter. Sie sind mehr oder weniger ausgeführt und variieren von einer ›durchgesehenen‹ und einer ›gründlich durchgesehen‹ Ausgabe bis zu einer Zweit- oder Neufassung.« [SW 8,12.] Im Nachlass finden sich mehrere Mappen mit »Vorarbeiten« (»beg. 23. XI. 57«) und Plänen zu einem »2. Band«. Dieser skizzierte »2. Band« des *Arbeiters* ist nie erschienen. Aus den »Vorarbeiten« und Materialien hat Jünger später seine *Maxima-Minima. Adnoten zum ›Arbeiter‹* zusammengestellt – einen schmalen Band, der in freieren Gedankenstücken den »Typus« des Arbeiters und die industrielle und planetarische Mobilmachung der Welt neu beleuchtete, weitgehend gesäubert von der antibürgerlichen Stoßrichtung des Ursprungstextes.

Die eigentliche »Revision« des *Arbeiters* fand aber nicht in den »Adnoten« statt – sondern in Jüngers Spätwerk. Von den *Afrikanischen Spielen* über die *Marmorklippen* bis zum *Waldgang* – die individuellen Fluchten, die er im *Arbeiter* noch verhöhnt hatte, entwarf er nun als geistige Rückzugsräume. Die industriell mobilgemachte Welt wird in *Eumeswil* in das dunkle Licht der »Deponie« getaucht. Jünger suchte nach dem Krieg Anschluss an die Technik-Kritik seines Bruders Friedrich Georg. »Mein »Arbeiter« und Friedrich Georgs »Illusion der Technik« gleichen dem Positiv und dem Negativ eines Lichtbildes – die Gleichzeitigkeit der Verfahren deutet auf eine neue Objektivität, während der enge Geist nur den Widerspruch darin erblicken wird.« [SW 3,236.] Auch wenn Jünger selbst keinen Bruch zu seinem Frühwerk sah, an der Diagnose der allmählichen Zurüstung der Welt festhielt, revidierte er nun seine heroische Überzeichnung des Arbeiter-»Typus«. An Walter Patt schreibt er am 4. August 1980: »Ferner: sollte ich die Gestalt des Arbeiters für den Übermenschen gehalten haben, so wäre auch das zu berichtigen insofern, als auch der Übermensch inzwischen überwunden und paläontologisch geworden ist.« [SW 8,394.] Jünger verabschiedete sich von dem alten Projekt der Zurüstung der Welt, das er im Geist des aktiven Nihilismus der zwanziger Jahre im *Arbeiter* vorbehaltlos begrüßt hatte. Es blieb genügend andere literarische Arbeit.

In seinen Spitzen im *Glossarium* lenkt Carl Schmitt den Blick auf Jüngers Arbeitsprozess. Ob Traum, privater Brief oder geheimer Lektürenachweis – alles verleibe sich die Jüngersche Textmaschine ein. Schmitt hatte in seinen Briefen Jünger mit vielen Ideen und Hinweisen auf wichtige Autoren wie Leon Bloy gespeist, die er dann literarisch verarbeitet in den Tagebüchern wiederfinden konnte. »Ernst Jünger, der Brief- und Traum- und Tagebuch-Verwerter!« [Carl Schmitt, *Glossarium. Aufzeichnungen der Jahre 1947–1951*, hrsg. von Eberhard Freiherr von Medem, Berlin 1991, S. 286.] Wie der »planetarische« Arbeiterstaat für Jünger keinen Bereich außerhalb der Arbeit duldet, so zeichnet Schmitt nun die literarische Arbeitswelt Jüngers als ein geschlossenes System. »Immer wieder setzt Jüngers Verwertungsmethode in Erstaunen. Die Nachwelt und der Nachruhm wird mit einkalkuliert. Tagebücher, die für bisherige Begriffe nur der Nachwelt zugänglich sein konnten, werden zu Lebzeiten aller Beteiligten literarisch vom Autor selbst verwertet, als normale Buchpublikationen. Der Roman Heliopolis erscheint gleich in einem Heliopolis-Verlag. Ein Buchtitel wird gleich zur Verlagsfirma erhoben.« [Ebd., S. 284.]

Die Verwertungskette duldet keinen »Rest«. Scharf beleuchtet Schmitt die totalen Züge einer Autorschaft, die auf der Verschlingung von Leben und Literatur fußt. Auf der einen Seite hat Jünger von früh an – von den *Stahlgewittern* über die *Afrikanischen Spiele* bis zu seinem späten Zyklus *Siebzig verweht* – historische Erfahrungen und Beobachtungen literarisiert. Am Anfang stand meist der Kalendereintrag, den Jünger mit immer neuen Abschriften in literarische Form zu bringen versuchte. »Die beste Erfassung des ersten Eindrucks ist die Frucht wiederholter Anstrengungen, passionierter Abschriften.« [SW 3,330.] Mehr noch hat er in der Enthistorisierung später das stilistische Gebot all seiner Überarbeitungen gesehen. »Das Historische soll dem Elementaren und damit auch dem Musischen gegenüber zurücktreten.« [SW 18,476.] Auf der anderen Seite war das »Historische« und »Musische« bei Jünger nie scharf zu trennen. All die Maskierungen konnten und sollten wohl auch nie ganz zum Verschwinden bringen, dass die Texte eine Referenz im Kalender des Autors Ernst Jünger haben. Die Autorität seiner Texte beruhte seit jeher darauf, dass sie auf eine Erfahrung außerhalb der Texte verweisen. Nie gingen sie ganz in Artistik oder im Musischen auf. Hinter der Welt der Schrift, der literarischen Bespiegelungen und *Strahlungen* schien sich eine »heroischere« Welt des Erlebnisses und der »Tat« zu öffnen. Anders als bürgerliche Großschriftsteller wie Thomas Mann oder Frank Kafka, die jenseits der Abenteuer und Intensitätszonen ihrer Texte eine weitgehend unspektakuläre private Autorenexistenz verwalteten, erfüllen Jüngers Texte ein tieferes Begehren – die Sehnsucht nach dem Körper und »abenteuerlichen Herzen« des Autors. Die in der bürgerlichen Welt getrennten Sphären Literatur und Leben verschmolzen in seiner Arbeitswelt. Jüngers Texte und »Fassungen« sind weder historisches Zeugnis noch reines literarisches Spiel – so dass sie sich den monopolistischen Zugriffen der Historiker wie der Literaturwissenschaftler immer zu einer Seite entziehen. Sie sind aus historischen Erfahrungen und biografischen Erlebnissen geformte Literatur – mit einem Begriffsschlüssel aus dem *Arbeiter* eine »organische Konstruktion«.

Neben der Person Ernst Jünger ist mit der Zeit ein Schriftkörper angewachsen. Fast ein ganzes Jahrhundert hat Jünger Tagebuch geführt und war literarisch produktiv. Ob im Graben, in der Dichterklause oder auf den späten Reisen – der Stift, die Kladden und der Kalender lagen immer bereit. Ein gewaltiger Papierberg hat sich so aufgeschichtet. Die Erlebnisse, Beobachtungen und auch Träume der historischen Person Ernst Jünger sind im Arbeitsprozess der verschiedenen »Fassungen« umgeschmolzen zu einem Jahrhunderttext. Noch der uralte Jünger hat in seinem privaten Taschenkalender über mehrere Seiten hinweg Beobachtungen und Reflexionen festgehalten. Der Kalender war der historische Boden, auf dem er sich bis zuletzt entfaltete. Das Archiv beleuchtet die Werkstättenlandschaft eines unermüdlichen literarischen Arbeiters. Es legt die Techniken offen, mit denen

Jünger zum scheinbar unverwundbaren, aus der Zeit gefallenen Dichtertitan wurde.

»Das biblische Alter ist erreicht – merkwürdig genug für einen, der in der Jugend niemals das dreißigste Jahr zu erleben gehofft hatte« [SW 4,7], hebt Jüngers erster Tagebucheintrag des Zyklus *Siebzig verweht* am 30. März 1965 an. Was den späten Jünger anzog, war nicht mehr die Kontingenz der historischen Zeit, sondern die ewigen Wahrheiten der Dichtung, des Mythos und der Religion. Der Philosoph Hans Blumenberg kommt gleich auf den ersten Seiten seines Buches *Arbeit am Mythos* auf Ernst Jünger zu sprechen. In den *Marmorklippen* entwerfe Jünger im geistigen Rückzug des Erzählers aus der Geschichte in die Welt der Bibliotheken und des Herbariums einen archaischen Urzustand, in dem der »allmächtige Schrecken« der Wirklichkeit regiere. »Wir kannten noch nicht die volle Herrschaft, die dem Menschen verliehen ist.« [SW 15,297.] Es ist jener »Absolutismus der Wirklichkeit«, der für Blumenberg im Prozess der Zivilisation durch Mythen, Geschichten oder auch Literatur erst abgebaut wird. Zwar vollzieht der *Arbeiter* auf der politischen Oberfläche die Gegenbewegung – den Rückzug aus der Literatur und die Unterordnung unter die »Befehlsgewalt der Wirklichkeit« (Martin Heidegger). Der *Arbeiter* endet programmatisch mit der Aufforderung zum Arbeitsdienst: »Hier Anteil und Dienst zu nehmen: das ist die Aufgabe, die von uns erwartet wird.« [SW 8,311.] Aber Jüngers eigene individuelle Dichterhandschrift, die ständige Umarbeitung von Erfahrungen in Literatur, lässt sich insgesamt als ein Versuch deuten, Distanz zum »Schrecken« der Wirklichkeit zu gewinnen – als Arbeit am Mythos.

Hans Blumenberg streicht in seinem Buch über die *Arbeit am Mythos* die Kategorie der »Bedeutsamkeit« besonders heraus. In seinen verstreuten Glossen zu Ernst Jünger, die 2007 aus dem Nachlass publiziert wurden, hat er diese Kategorie mehrfach mit Jünger verbunden. Noch die genauen Umstände des Zeckenbisses, der dem große Dichter kurz vor der Zeitmauer des hundertsten Geburtstages widerfuhr, liest Blumenberg als Zeichen der Bedeutsamkeit. »Es gibt Menschen, die auf die Zufügnisse des Schicksals mit einer selektiven Gravitation einwirken: Ihnen begegnet das ihnen Gemäße, das ihrer ›Gestalt‹ gerade noch Fehlende auf eine unheimlich präzise Weise.« [Hans Blumenberg, *Der Mann vom Mond. Über Ernst Jünger*, hrsg. von Alexander Schmitz und Marcel Lepper, Frankfurt a. M. 2007, S. 151.] Ernst Jünger selbst hat die ersten Anzeichen des Zeckenbisses in eine weltpolitische Konstellation gestellt. »Das Unheil begann mit einer ›Borrelleose‹ –, das ist ein Komplex von Symptomen nach einem Zeckenbiß. Meine Frau, die mein Gesicht besser kennt als jeder Bildhauer, sah den Beginn einer Fazialis-Lähmung genau in den Minuten, als ich auf der Terrasse unseres Hauses zwischen Kohl und Mitterand stand.« [Ernst Jünger an Julien Hervier,

Wilflingen, 31.12.1993, DLA.] Der zur Maske erstarrte Dichter zwischen den Repräsentanten der ehemaligen Erbfeinde Deutschland und Frankreich: Die Zonen seines Arbeitseinsatzes haben sich im Laufe seines Jahrhundertlebens mehrfach verschoben – was blieb, war Arbeit an der Bedeutsamkeit.

IV.

Am 27. Juli 1943 ist Hauptmann Ernst Jünger in Paris in »Bereitschaft«. Mit rotem Stift hat er den militärischen Dienst in seinen Taschenkalender eingetragen. Darunter notiert er mit flüchtiger Feder: »Die Popularität wird i. Allgemeinen um so stabiler sein, in je späterem Alter man sie erlangt« [DLA]. Was Jünger an der Schwelle zu seinem fünfzigsten Geburtstag als Allgemeinplatz über den Ruhm festhält, gilt konkret auch für seine Zeit. Die Auszeichnungen, Orden und Medaillen, die das am Abgrund der Kriegsniederlage taumelnde Land jetzt noch zu vergeben hat, werden dauerhafte Popularität nicht sichern. An Pariser Häuserwänden häufen sich Anfang 1943 die Kreidezeichen, die das Ende des Reiches beschwören – »1918«, »Stalingrad«. Aus dem Osten strömen Greuelnachrichten über Massenverbrechen an den Juden und der Zivilbevölkerung auf Jünger ein. Am Horizont droht nicht nur der militärische, sondern auch der moralische Zusammenbruch. Auch als politischer Intellektueller ist Jünger im Sommer 1943 in »Bereitschaft«. Wer nicht in den Strom der totalen Niederlage gerissen und von den kommenden Ereignissen überwältigt werden möchte, muss nun Zeichen setzen. In den *Strahlungen*, die Jüngers Popularität in der Nachkriegszeit neu begründeten, hat der 27. Juli 1943 nachträglich eine symbolische Überhöhung erfahren. Nun datierte Jünger hier den Beginn seiner Schrift *Der Friede*, die als geheime Programmschrift unter den Pariser Mitverschwörern des 20. Juli 1944 kursierte. »Begonnen mit dem Aufruf, und zwar mit der Einteilung in dreizehn Abschnitte, die sich in einer halben Stunde ergab. Es kommt vor allem darauf an, daß ich ganz einfach und verständlich bleibe, doch ohne Allgemeinplätze« [SW 3,110].

In den verschiedenen Schichten seiner Tagebuch-Einträge ist jener Tag im Sommer 1943 mehrfach codiert. Jünger pendelt zwischen militärischer und moralischer Bereitschaft, zwischen Dienst und abendländisch-humanistischem Einsatz, nebenbei notiert er eine Maxime über den Ruhm. Und noch etwas scheinbar Beiläufiges geschieht an jenem Tag: Jünger kauft sich in der Papeterie in der Avenue Kléber ein neues Adressbuch – »gek. am 27. Juli 1943« vermerkt er im Besitzeintrag unten auf der ersten Seite.

Die Adress- und Telefonbücher, die sich in Jüngers Nachlass erhalten haben, stehen am entgegengesetzten

Pol seines Werkes. War Jünger in seinen Schriften und literarisierten Tagebüchern sorgsam darauf bedacht, das historische Gesetz zu durchbrechen – durch Verfremdung von Erlebnissen, durch Fluchten in ewige Sentenzen und die zeitlose symbolische Welt des Traumes –, so werden die Adressbücher strukturiert durch die Ortungsmerkmale der bürgerlichen Gesellschaft: Name und Adresse. Was sich in den Tagebüchern in einem Nebel von Pseudonymen verliert, taucht hier mit Klarnamen und Anschrift auf: der Präsident (»Hauptm. Max Hattingen Unkel/a. Rhein«), Bogo (»Dr. Friedrich Hielscher, Potsdam, Schloss-Str. 1«) oder die Doctoresse (»Me Ravoux, Paris 6 e. 72 III Rue du Cherche Midi«) [DLA]. Das Adressbuch öffnet einen imaginären Stadtraum: Wir tauchen ein in das Paris des Jahres 1943. Was hier vor uns liegt, ein Netz von Namen und Anschlüssen, aufgesplittert durch die Ordnung des Alphabets, war einmal ein eigener Kosmos: die Pariser Gesellschaft während des Krieges, in der der Besatzungssoldat Jünger verkehrte. Jüngers Adressbuch liest sich wie ein intellektueller Stadtführer, die Spuren der Einträge lassen sich als seine Strahlungskreise entziffern. Knotenpunkte seiner geselligen Existenz und des intellektuellen Paris im Krieg werden sichtbar. Im Salon der Millionärsgattin Florence Gould in der Avenue Malakoff traf Jünger auf den Schauspieler Sacha Guitry, auf Autoren wie Cocteau, Montherlant, Léautaud oder auf Henri Thomas, der die *Marmorklippen* 1942 für *Gallimard* übersetzte. 40 Jahre später, anlässlich des Todes von Florence Gould, erinnert Jünger sich in seinem Tagebuch noch einmal an die »berühmten Donnerstage«: »Ihr mit weltberühmten Bildern geschmückter Salon, in dem ihre ›jeudis‹ stattfanden, kam mir bisweilen vor wie eine Kapitänskajüte bei stürmischer See. Die Stimmung im ›Raphael‹ dagegen war eher submarin.« [SV III,283.]

Im Hotel ›Raphael‹ unweit des Arc de Triomphe wohnte Jünger während des Krieges. In den *Strahlungen* hat Jünger die zentralen politischen Orte mit Hotelnamen abgekürzt. Im ›Majestic‹ war der deutsche Pariser Kommandostab einquartiert; im ›Raphael‹ und ›George V‹ tauschten sich die ›Raphaeliten‹ und Freunde und Ritter der »Georgsrunde« um General Hans Speidel freimütig »submarin« über die Kriegslage aus. Auf der Innenseite seines »Termin-Kalenders für 1941« [DLA] hatte Jünger Durchwahlen der deutschen Besatzung notiert – (u. a. Nebel »DAN 6310 [Ic Presse]«; Graf Podewils »2467«; Dr. Best »2136«). Eine Telefonliste ganz unterschiedlicher Anschlüsse, die im Juli 1944 historische Bedeutung bekommen sollte: Die Drähte glühten pausenlos vor dem Attentat auf Hitler, als die Pariser Mitverschwörer für einen Augenblick die Partei-Stellen und SS entmachteten. Auch Hauptmann Jünger suchte in der Pariser Etappe neue Anschlüsse und kappte Verbindungen.

Abseits dieses politisch vibrierenden Kabel- und Nervengeflechts sind im Adresskalender 1943 die Ruhepunkte seiner Pariser Existenz verzeichnet, die Orte seiner privaten bibliophilen Fischzüge – die verschiedenen Antiquariate der Familie Morin in Le Mans und Paris (»102 Rue du Cherche Midi«) oder der Buchbinder Gruel (»Relieur d'Art, 418, Rue St. Honore«). Hier erstand Jünger kostbare Bütten und edle Schatullen für seine Manuskripte. In den *Strahlungen* notiert Jünger am 26. Juni 1943: »Bei Gruel. Der Aufenthalt dort und die Unterhaltung über Lederarten und Einbände vermittelt mir immer die Vorstellung einer späten, erlesenen Blüte des Handwerkes. Mit welchem Genuß würde man in Städten leben, die nur von solchen Typen bewohnt wären« [SW 3,88].

Gleichzeitig lassen sich auch andere Spuren verfolgen. Jüngers nationalistisches Vorleben hängt in diesem Adressbuch an losen Fäden. Als Gegenwelt zur Pariser Insel der Salons und zu den »submarinen« Gesprächen finden sich die Kombattanten aus seiner rechten Mobilmachungsphase: versprengte Namen, die sich unter dem Banner des neuen Nationalismus in den zwanziger Jahren im Kampf gegen Weimar zusammengeschlossen hatten. Viele von ihnen waren nun selbst durch Parteinahme oder Widerstand zum Nationalsozialismus untereinander zerstritten – Hans Grimm (»Lippoldsberg/Weser«), A. E. Günther (»Hamburg, Klosterallee 45«), Ernst Niekisch (»Berlin, Wilmersdorf, Laubacher Str. 44«) oder auch der Staatsrat Carl Schmitt (»Berlin, Schlachtensee, Schönererzeile 19«).

Kurz: Adressbücher sind Dokumente der Gleichzeitigkeit. Nicht nur die Pariser Salonwelt trifft bei Jünger auf die versprengten Zellen der Konservativen Revolution. Was einmal durch persönliche Nähe, intellektuelle Bedeutung, weltanschauliche Lager oder militärischen Rang getrennt war, stößt in Jüngers Adressbuch in der Ordnung des Alphabets hart aufeinander: der General Hans Speidel und der einfache Feldwebel, die Ehefrau Gretha und die Pariser Geliebte »Mde« Ravoux, der moderne Kunstgott Picasso und der Weimarer Porträtmaler und Freund hoher Schnürstiefel Rudolf Schlichter, der widerständige Zuchthaus-Häftling Ernst Niekisch und der Reichssicherheitshauptmann Dr. Werner Best, der Friedens-Denker Dolf Sternberger und der politische Feind-Theoretiker Carl Schmitt. Es sind solche Milieus von hoher geistiger Spannung – unheimliche Nachbarschaften –, die den Reiz dieser Adressbücher ausmachen. Namen und Adressen markieren hier genauso alte Gräben und verlassene Stellungen wie Inseln des Rückzuges und neue Ufer. Jüngers Beziehungsfeld im Krieg ist in ständiger Bewegung.

In die Topographie des Pariser Adressbuches aus dem Jahre 1943 ist der Tod eingezeichnet. Mit zwei Zeichen registriert Jünger die Erschütterungen des Krieges: dem Kreuz und einem Kreis mit Feuerkranz, der Bombe. Kaum eine Seite, in der nicht Einträge durchgestrichen oder überschrieben sind, das Kreuz einem Namen vorangeht oder die Bombe eingeschlagen hat. »In mein Adressenverzeichnis sehe ich mich immer häufiger genötigt, zwei Zeichen einzutragen, nämlich †: tot, [Kreis mit Feuerkranz]: ausgebombt« [SW 3,139]. Auf nüchterne Weise protokolliert das Adressbuch Jüngers Schicksalsschläge. Unter der Ziffer »J« mit den familiären Einträgen finden sich letzte Spuren des Sohnes Ernst Jünger. Wegen angeblicher regimekritischer Äußerungen war Ernstel Anfang 1944 zusammen mit seinem Freund Wolf Jobst Siedler verhaftet worden. Im Adressbuch ist die Durchwahl eines Oberleutnants Emmel aus Wilhelmshaven angegeben, bei dem Ernst Jünger sich für Hafterleichterung eingesetzt hatte. Beim Besuch des Sohnes in der Arrestanstalt hatte Jünger den Kriegsorden Pour le Mérite angelegt. »Ja, das ist in diesen Zeiten die einzige Gelegenheit, da man seine Orden anlegen darf. – Wenn man seine Söhne in der Zelle besucht.« [Zit. nach: Wolf Jobst Siedler, *Ein Leben wird besichtigt*, Berlin 2000, S. 28.] Die sich überstürzende Entwicklung nach Ernstels Verhaftung spiegelt sich im Adressbuch in einer Seite durchgestrichener Einträge. Kein Ort, keine Stellung hat im ›Malstrom‹ des Krieges längere Zeit Bestand. Ganz oben steht der »Mar. Helf. E. Jünger«, der Schüler der »H. Lietz-Schule« auf Spiekeroog – die Haftadresse in Wilhelmshaven ist ausgespart. Darauf folgt der »Panzergrenadier«, der sich nach der Freilassung und Frontbewährung dem »73er«-Traditionsregiment seines Vaters unterstellte; eine Stubennummer in Salzwedel ist notiert – bis auch hier ein einsames Kreuz vor dem »Soldaten« Ernst Jünger und seiner Feldpostnummer steht. Der Krieg zwingt dem Vater Ernst Jünger eine schreckliche Buchführung auf. Im Mikrokosmos der Adressbücher bleiben die Katastrophen lesbar.

In der Nachkriegszeit verschwinden Bombe und Kreuz aus den Adressbüchern. Ansonsten bleibt kaum ein Stein auf dem anderen – die Niederlage hat auch das Koordinatennetz der Adressen durcheinander gewirbelt. Die Anschlüsse im ›Majestic‹ und ›Raphael‹ sind längst verwaist. Aber die Namen der politischen Freunde aus der Pariser Zeit tauchen in Jüngers Adressbüchern der Nachkriegszeit wieder auf. Nur sitzen sie nun nicht mehr in der Pariser Kommandospitze oder der Propagandaabteilung der deutschen Besatzung, sondern schon bald an Schlüsselpositionen der neuen Zeit: ob nun General Hans Speidel im NATO-Oberbefehlskommando, Graf Podewils an der Spitze der Bayerischen Akademie der Schönen Künste oder Friedrich Sieburg im Literaturressort der *Frankfurter Allgemeinen Zeitung*. Dieses Nachleben der ›Raphaeliten‹ ist noch kaum beschrieben: ein konservatives Eliten-Netzwerk, das mit Jüngers Comeback in der Nachkriegszeit unmittelbar verbunden ist. »Wir sollten uns wieder einmal, wie dereinst im obersten Stockwerk des Raphael, über den Zeitlauf unterhalten. Es ist immer noch ›etwas faul im Staate Dänemark‹, auch wenn Sie dort nicht mehr Statthalter sind.« [Ernst Jünger an Werner Best, 15. 4. 1963, DLA.]

Wie seine Tagebücher sind auch die Adressbücher Palimpseste – aus einfachen praktischen Gründen. Jünger hat sie immer wieder abgeschrieben und auf den neuesten Stand gebracht. Mit drei verschiedenen Stiften versucht er in seinem Adressbuch 1969 der provisorischen Lage der Nachkriegszeit Herr zu werden. In den vielen Durchstreichungen und Überschreibungen drücken sich die politischen und intellektuellen Wanderungsbewegungen der Zeit aus – die Fluchten, Rückzüge und auch Strafversetzungen. Preußische Staatsräte finden sich nun in der Sauerländischen Provinz, Nationalbolschewisten vorübergehend in West-Berlin und Kombattanten aus der national-revolutionären Kampfzeit in der Haft in Moabit. Mit roter Tinte »Gefängnisadr!« notiert Jünger die Adresse von »Dr. Werner Best«. Daneben tauchen die neuen Adressen auf. Die Eckposten des Literaturbetriebs halten in den fünfziger Jahren Einzug in Jüngers Adressbücher – die Verleger Ernst Klett und Ernst Rowohlt, die Zeitschrift *Merkur*, der konservative Literaturkritiker Friedrich Sieburg. Jünger strahlt aus in viele Richtungen. Die Adressbücher der fünfziger Jahre werden angeführt von Alfred Andersch, einer der Zentralfiguren der intellektuellen Nachkriegsszene, Mentor von Hans Magnus Enzensberger – und begeisterter Jünger-Enthusiast. In alle Richtungen wirft das Adressbuch seine Netze aus. Die philosophischen Gegenpole »Carl« Jaspers und Martin Heidegger fehlen sowenig wie die politischen Führungspersönlichkeiten Theodor Heuss und Carlo Schmid. Es sind die politischen und intellektuellen Strahlungskreise der jungen Bundesrepublik, an die Jünger nach dem Krieg schon bald wieder fest angeschlossen ist.

Ernst Jünger als Anschlussphänomen: Der Nachlass mit seinen in hunderten von Kisten gesammelten Korrespondenzen, die quer durch alle weltanschaulichen Lager fast ein Jahrhundert umspannen, markiert ein Feld von Annäherungen und Kontaktaufnahmen – wie die vielen im Archiv überlieferten Listen, die die Audienzen, Besuche und Telefonate beim alten Jünger in Wilflingen festhalten; die Adresslisten für die eigenen Freiexemplare ebenso wie die unzähligen Widmungsexemplare und Bücher, die ihm täglich unaufgefordert ins Haus flatterten. Zu diesen Verbindungen zählen auch rein intellektuelle Auseinandersetzungen mit Jünger, ohne mit ihm direkt ins Gespräch oder in Briefkontakt zu treten – wofür Hans Blumenbergs Bearbeitung des Jünger-Mythos in Glossen und Seitenstücken sowie Karl Heinz Bohrers monumentale Ästhetisierung Jüngers in der Nachkriegszeit zwei herausragende Beispiele sind.

Würde man alle Annäherungen in einem einzigen Adressbuch zusammentragen, es entstünde das Register eines deutschen Jahrhunderts. Die Anschlussstellen öffnen einen schwindelerregenden Blick in die Abgründe deutscher Geschichte. Mit »deutschem Gruss« bedankt sich Adolf Hitler 1926 bei Jünger für ein persönlich übersandtes Exemplar der Schrift *Feuer und Blut*, das Jünger ihm mit Widmung – »Dem nationalen Führer Adolf Hitler!« – zugeschickt hatte: »Ihre Schriften habe ich alle gelesen. In ihnen lernte ich einen der wenigen starken Gestalter des Fronterlebnisses schätzen.« [Adolf Hitler an Ernst Jünger, 27.5.1926, DLA.] Mehrfach kommt es in den zwanziger Jahren zum Schriftentausch. Am 11. Juni 1926 dankt Hitlers Privatsekretär Rudolf Hess ihm aus München für die Übersendung von Jüngers Aufsatz »Schließt Euch zusammen« in der *Standarte*, der Hitler »sehr interessierte«. »Herr Hitler würde sich freuen, Sie einmal persönlich sprechen zu können. Die Gelegenheit ergibt sich wahrscheinlich schon in allernächster Zeit, bei einer Durchfahrt durch Leipzig im Auto.« [DLA.] Ein paar Tage später berichtet er seinem Bruder Friedrich Georg in einem Brief, der nur in einer Abschrift überliefert ist, von dem angekündigten Besuch – um aber scheinbar sogleich wieder die ganze Aufmerksamkeit einem bräunlichen Käfer zuzuwenden. »Anbei der Brief von A. H. Hitler wird in der nächsten Woche durch Leipzig kommen und hat sich bei mir angemeldet. Im Garten auf der tabakartigen Staude in der Nähe der Erdbeeren habe ich einen schönen Buprestes erbeutet. Er ist bräunlich erzfarben, sieh Dich doch bitte nach einigen Doubletten um.« [Ernst Jünger an Friedrich Georg Jünger, 15.6.1926, DLA.] Mitte der zwanziger Jahre war die »zentrale Führerschaft« Hitlers im Nationalismus umstritten. In seinem Artikel in der *Standarte* sah Jünger sich – was Hitler kaum erfreut haben konnte – nach möglichen *Doubletten* für die Führer-Rolle um. »Wir wissen heute noch nicht, ob wir einen Mann besitzen, der so ergriffen ist von der Idee, daß man alle Interessen in seiner Faust vereinigen könnte. Aber wir wissen leider, daß es noch keinen Mann gibt, der über weitere Anerkennung verfügt, die zu diesem Amte erforderlich ist« [PP 221]. Der Besuch Hitlers kam nicht zustande; weiter ist die Partei aber um ihn bemüht. Ein Jahr später am 10. Mai 1927 schreibt Goebbels aus Leipzig auf dem Briefpapier der NSDAP an Jünger: »Herr Hitler hat aber den dringenden Wunsch geäußert, Sie einmal persönlich kennen zu lernen. Vielleicht ergibt sich demnächst eine Gelegenheit dazu.« [DLA.] Noch Ende der zwanziger Jahre schickt Hess im Auftrag Hitlers Jünger eine Ehrenkarte für den Parteitag der »Bewegung« in Nürnberg. Bei allen flammenden politischen Plädoyers zum nationalen »Zusammenschluss« – zum Anschluss Jüngers an die nationalsozialistische Partei, der Jünger in seiner publizistischen Kampfphase unverhohlen Ihren legalistischen Kurs vorhielt und die er rechts zu überholen gedachte, kam es nicht.

In einem Stichwortzettel zu einem Redemanuskript wohl für den Empfang im Bundespräsidialamt in Bonn zu seinem 85. Geburtstag räsoniert Jünger über die zentralen Gestalten deutscher Politiker, die sein langes Leben kreuzten. Eingerahmt zwischen »3.) Hindenburg« und »5.) Theodor Heuss. Befreundet zwei Mal in Wilflingen besucht & Mit Hans Speidel« notiert er unter »4.) Adolf Hitler. Leser Briefe. Wollte mich besuchen / Leipzig, nichts besonderes / Viele / (Marxisten, Hugenberg, Seldte) Ich studierte dort. Hess telegraphierte ab. Zum Glück« [DLA].

Unter einem glücklicheren Stern verlief über ein halbes Jahrhundert später die Annäherung der deutschen Politik an Jünger in Gestalt von Helmut Kohl. Auf Einladung begleitete er den Kanzler 1984 zur deutsch-französischen Versöhnungsfeier nach Verdun und beschirmte als Veteran den historischen Händedruck von Kohl und Mitterand in seiner »Schicksalsstadt«. Schon fünf Jahre zuvor hatte er in seiner *Ansprache zu Verdun am 24. Juni 1979* die Erbfeindschaft der beiden Länder für endgültig beendet erklärt. »Die Zeit der Feindschaft zwischen unseren beiden Völkern, einer Feindschaft, zu der wir von früh auf erzogen wurden, ist vorbei« [SW 7,532]. Wo einmal Gräben waren, wurden nun europäische Kontakte geknüpft. Mehrfach machte Kohl – auch in Begleitung von befreundeten Staatsmännern wie François Mitterand und Felipe Gonzáles – dem Dichter in Wilfingen zu den runden Geburtstagen die Aufwartung. Aus dem Bonner Kanzlerbungalow wurde in den achtziger Jahren zum Dichter direkt durchgewählt. »Das Stierlein ist in Stuttgart. Ich mußte selbst ans Telefon und hörte aus Bonn, daß mir der Bundeskanzler am Morgen des 29. März hier in Wilflingen gratulieren wird. Ich weiß es zu würdigen« [SV III, 493]. Ein kleiner Zettelstreifen in seinem Nachlass vermerkt die »Besuche 1985« zu seinem 90. Geburtstag (»29. 3 Vorm Kohl 1430 Bundeswehr«) [DLA]. Bei aller späteren Genugtuung über den Staatsbesuch war der erste Eintrag über Helmut Kohl in seinen Tagebüchern noch recht frostig gehalten. Die Inthronisation Kohls durch das konstruktive Mißtrauensvotum im Oktober 1982 hatte er am Fernsehen mitverfolgt. »Den Vormittag verbracht – ich will nicht sagen: verloren – mit dem Anhören politischer Reden.« Lakonisch kommentierte er im Tagebuch die Entscheidung. »Drei Uhr nachmittags: Habemus papam – ein Helmut geht, ein Helmut kommt.« [SV III,179.] Der hochmütige Kommentar des alten Kriegers zielte nicht nur auf die politisch nicht ganz saubere Prozedur – sondern mitten hinein in das kalte pragmatische Herz der Bonner Demokratie. Die ewige Helmut-Schleife: der alternativlose Anschluss als Schicksal der Bundesrepublik.

Später hat der nationale Dichter Jünger sich den Respekt vor dem Einheitskanzler Kohl nicht versagt. Gebannt verfolgt er am 9. November 1989 »bis über Mitternacht vorm Bildschirm« die Öffnung der Mauer und den »Jubel rund um das Brandenburger Tor«. »Daß es einmal zur Wiedervereinigung kommen würde, habe ich nie bezweifelt – ob ich sie noch erleben würde, jedoch sehr. Dabei habe ich weniger an ein nationales Erwachen als an das Einschmelzen der Grenzen innerhalb der allgemeinen Entwicklung zum Weltstaat gedacht. Um so mehr erstaunte mich die Zuversicht, mit welcher der Bundeskanzler kürzlich hier in der Bibliothek das baldige Ende der ›Zone‹ voraussagte« [SV IV,382]. Den Anschluss Ostdeutschlands an die Bundesrepublik und die sich abzeichnende Wiedervereinigung würdigt er im ersten Tagebucheintrag 1990 als Kohls staatsmännische Leistung. »Daß trotzdem der große Schritt gelungen scheint, ist fast ein Wunder; es ist vor allem dem Kanzler zu verdanken, in dessen Charakter sich Energie mit Gelassenheit vereint« [SV IV,392].

Die ideologischen Vorzeichen der Jünger-Lektüre an der Spitze der deutschen Politik drehten sich mehrfach um – was für Hitler der nationale Frontkämpfer war, war für Kohl ein halbes Jahrhundert später der europäisch humanistische Jünger der *Strahlungen* und der Schrift *Der Friede*. Aus Jüngers flackernden weltanschaulichen Schriften ließen sich sowohl Fäden spinnen zur nationalen Mobilmachung wie zum spätbundesrepublikanischen, auf der deutsch-französischen Freundschaft aufbauenden Projekt der europäischen Integration. Was im 20. Jahrhundert konstant blieb, war Jüngers politische Anschlussfähigkeit – für alle Richtungen. Während das bundesrepublikanische Establishment in Gestalt von Helmut Kohl aus dem Jünger'schen Spätwerk den abendländisch-humanistischen Kern freischälte, panzerte sich zur gleichen Zeit die Neue Linke mit Jüngers militanten Spreng-Sätzen. Anlässlich des Streites um die Verleihung des Frankfurter Goethe-Preises an Jünger kommt Joschka Fischer 1982 in der Szene-Postille *Pflasterstrand* auf die eigene frühe rebellische Jünger-Lektüre zu sprechen. Unter dem Jünger-Titel *Der Kampf als inneres Erlebnis* notiert der einstige Frankfurter *street fighter*: »Bedenke ich meine eigene linksradikale Biographie, so kreuzte Jünger mehrmals meinen Weg. Sowohl Ernst Jünger als auch Carl Schmitt galten bereits während der Studentenrevolte im SDS als eine Art intellektueller Geheimtip, umgeben von der Aura des intellektuell Obszönen. Denn es waren Faschisten, zweifellos, und dennoch las man sie mit großem Interesse. Je militanter sich die Revolte gestaltete, je mehr der ›Kämpfer‹, der ›Fighter‹ in den Vordergrund trat, desto sinnfälliger wurden die Parallelen. Später, als längst die ›Subjektivität‹, die ›Politik der ersten Person‹ angesagt war, da las man wiederum Ernst Jünger, diesmal den Drogen-Jünger. Und noch später, als der Klassenkampf endgültig Don Juan oder fernöstlicher Erleuchtung gewichen war, da starrte das neulinke Dritte Auge auf den kosmischen Jünger, von Jüngers Affinität zur vorindustriellen Welt und seiner Zivilisationskritik ganz zu schweigen.« [*Pflasterstrand*, Nr. 139, 1982, S. 16.] Jünger hat diese Zustimmung auf der Linken, die ihn sein Leben begleitete, maliziös zur Kenntnis genommen: »Im Übrigen hat es mir von Seiten der Linken und speziell der Ultras nie an Sympathie gefehlt. Anbei ein neuer Beweis, ausgerechnet in der Zeitschrift Cohn-Bendits, leider am Rand unbelichtet;

ich kenne den Autor nicht.« [Ernst Jünger an Gerald Diesener, 20.5.1989, DLA.]

In den hochpolitisierten Zeiten um 1968 kam der Anschluss an Jünger öffentlich einer Diskriminierung gleich. Am 9. Juli 1968 notiert Jünger in seinen Terminkalender: »Las in der ›Frankfurter‹ die Nachricht, das ein ›Streit-Verlag‹ zur Messe ein Pamphlet gegen mich in 30000 Exemplaren herausgeben will. Als Autor wird unter anderem einer der heutigen Hauptpornographen, ein gewisser Zwerenz genannt.« [DLA.] Darunter reimte er bissig: »Skala: Das Volk der / Dichter und Denker / Richter und Henker / Wichte und Stänkrer.« [DLA.] Die *Streit-Zeit-Schrift* bündelt die Kritik der Achtundsechziger. Nicolaus Sombarts Eingangsartikel liest sich wie eine Teufelsaustreibung – »Jünger in uns«. »Der durch den ›pour le mérite‹ nobilitierte Kleinbürger entdeckte die Giftküche der großbürgerlichen Décadence in einem Augenblick, in dem die geistige Avant-Garde der Welt längst zu neuen Horizonten aufgebrochen war. Er ist ein Epigone Nietzsches und Baudelaires, der aus den Überresten ihrer gedanklichen Exerzitien recht primitive Molotow-Cocktails braute, die er in die Fester der Häuser warf, die schon längst brannten« [*Streit-Zeit-Schrift*, VI/2 (1968), S. 7.] In einem anderen Artikel richtet Helmut Heißenbüttel mit vier Worten über seinen Dichterkollegen Hans Magnus Enzensberger: »Enzensberger war Jünger-Adept.« [Ebd., S. 23.] Wurde Jüngers Kritik am Kulissenspiel der bürgerlichen Gesellschaft aus den zwanziger Jahren mit Enzensbergers Kritik der »Bewußtseinsindustrie« noch einmal neu aufgelegt? Was der Dichter der Studentenrevolte gegen die Abendländerei der fünfziger Jahre neu in Stellung brachte, war zweifelsohne der kalte Akzent der Moderne, der auch hinter Jüngers Mobilmachungsschriften in der Zwischenkriegszeit stand. Den Tod der bürgerlichen Literatur, den der *Kursbuch*-Herausgeber Enzensberger programmatisch verkündetet – »Lies keine Oden, mein Sohn, lies Kursbücher« – hatte Ernst Jünger im *Arbeiter* schon vollzogen. »Ganz ohne Zweifel besitzt heute ein Kursbuch größere Bedeutung als die letzte Ausfaserung des einmaligen Erlebnisses durch den bürgerlichen Roman« [SW 8,151].

Im *Arbeiter* beerdigte Jünger die Literatur und spießte gleichzeitig die Fiktion der Unabhängigkeit der Presse und den fingierten »Meinungskampf« auf, die auf der »Ausmünzung von Tatsachen zu Meinungen« beruhte. »Was vom Theater gesagt wurde, gilt auch für die Zeitungen; es wird immer schwieriger, ihre Elemente auseinanderzuhalten, sei es den Text und die Inserate, sei es die Kritik und die Nachrichten, sei es den politischen Teil und das Feuilleton. Alles ist hier zugleich im höchsten Maße individuell und im höchsten Maße für den Gebrauch der Masse bestimmt« [SW 8,279]. Die Ausmünzung von Tatsachen zu Meinungen – mit demselben kalten sachlichen Argument attackierte Enzensberger eine Generation später in der frühen Bundesrepublik in seinen Essays über den *Spiegel* und die *Frankfurter Allgemeine Zeitung* die ›bürgerliche‹ Presse. Während die Neue Linke in den sechziger Jahren das literarische Feld ideologisierte und die Frontstellungen der zwanziger Jahre nachstellte, zog sich Ernst Jünger in den Kokon seiner Autorschaft zurück. In einem der letzten Einträge im magischen Jahr 1968, das er fernab vom deutschen Getümmel als Gast der ›Villa Massimo‹ in Rom verbringt, kommt er noch einmal auf die »Anrempelungen« seiner linken Kritiker zurück. »Die deutsche Literatur wird heute als ein Nebenzweig der Politik behandelt, oder als Terrain der Soziologie. Mir dagegen ist es um die Sprache zu tun – das ist *mein* Dialog. Auf Diskussionen lasse ich mich nicht ein« [SV I,547].

Heute müssen die Berührungspunkte zwischen den weltanschaulichen Polaritätsdenkern neu rekonstruiert werden. Auch zwischen den vermeintlichen ideologischen Eckposten im Weimarer Feld, Ernst Jünger und Bertolt Brecht, gab es eine Schnittmenge von Positionen und Begriffen. In den späten zwanziger Jahren kreuzten sich nach Jüngers Aussagen mehrmals ihre Wege. An der unmittelbaren Schwelle zum neuen Staat der Bundesrepublik – in einem Eintrag in den *Strahlungen* am 7. Mai 1945 – erinnert sich Jünger an eine der schillernd-schwefelnden Verlagsabende im Hause Rowohlt am Abgrund der Weimarer Republik: »Das Studio im sechsten Stockwerk, ein Schrecken der übrigen Hausbewohner, glich einem beleuchteten Aquarium, in dem es an Ausbeute nicht mangelt, an Tintenschnecken, Medusen, langhaarigen Seerosen, Embryonen von Haifischen mit noch ganz zarter Haut. Im Foyer hing der Stadtplan von New York. Es war schwer, eine heterogenere Gesellschaft zu finden, wenn man nicht die Feste besuchte, die Ernst Rowohlt veranstaltete, der sich offenbar ein Vergnügen daraus machte, pyrotechnische Mischungen auszutüfteln, besonders an seinen Geburtstagen. Man traf dort Brecht, Bronnen, Ernst von Salomon, Rudolf und Speedy Schlichter, und starke Trinker, wie Thomas Wolfe« [SW 3,429 f.]. Nach dem Krieg soll Brecht das eigene Lager aufgefordert haben, von Nachstellungen gegen Jünger abzusehen. »Laßt mir den Jünger in Ruhe. Ich bewundere und respektiere sein Deutsch.« [Joachim Kaiser an Ernst Jünger, 22.1.1970, DLA.] Vor allem teilten die Weltanschauungsstrategen Brecht und Jünger in den zwanziger Jahren ein Ensemble gemeinsamer Verhaltenslehren: ein Pathos illusionsloser Sachlichkeit, eine Orientierung am kalten Pol der Entscheidung, die Hochschätzung von ›Tat‹ und ›Maßnahme‹. Mit »kalten Verhaltenslehren« (Helmut Lethen) panzerten sie sich gegen das *ewige* Gespräch und die Gewissenskultur der bürgerlichen Gesellschaft. Diese subkutanen Verbindungen, unheimlichen Nachbarschaften und versteckten Anschlüsse, die das Lagerdenken einer um moralische Eindeutigkeit bemühten Rezeption lange zum Verschwinden gebracht hatte, werden heute wieder frei gelegt.

»2. 2. Frau Schirmer, 5. 2. Zahnarzt, 14. 2. Klett, 15. 2 Müller DDR« [DLA] – ein kleiner weißer Zettelstreifen weist die Besuche und Termine für das Jahr 1988 aus. Der geschichtsbesessene ostdeutsche Dramatiker Heiner Müller hatte Jünger im Juli 1987 um ein Gespräch gebeten: »seit ich, nach 3 Tagen amerikanischer Kriegsgefangenschaft und 8 Tagen Heimweg durch die sowjetische Besatzungszone, auf einem Dachboden in Waren/Müritz, wo die noch ungesäuberte Kreisbibliothek ausgelagert war, BLÄTTER UND STEINE fand und stahl (das Tauschnitzexemplar [sic] fiel 1951 durch die Flucht meiner Eltern aus der DDR in irgendeinen Reißwolf) gehören Ihre Arbeiten für mich zu den Wegmarken des Jahrhunderts. Ist es möglich, Sie vor der nächsten Wiederkehr des Halleyschen Kometen zu sehen und zu sprechen? Mir läge sehr viel daran.« [Heiner Müller an Ernst Jünger, Berlin, 16. 7. 1987.] In seiner Autobiographie *Krieg ohne Schlacht* hat Müller seinen Besuch in Wilflingen verarbeitet – ein Dichtergespräch über die Mauern des noch geteilten Deutschland hinweg über die Bürgerkriegslandschaft des 20. Jahrhunderts. Müller brachte Jüngers Drama auf den Begriff: »Jüngers Problem ist ein Jahrhundertproblem: Bevor Frauen für ihn eine Erfahrung sein konnten, war es der Krieg.« [Heiner Müller, *Krieg ohne Schlacht. Leben in zwei Diktaturen*, Köln 1992, S. 282.] »Schon Cato! Wie wahr!« [DLA], annotierte Jünger seinerseits Heiner Müllers Gedicht *Selbstkritik*. Jünger schnitt es aus der *ZEIT* aus und fügte es seinen Materialien für *Siebzig verweht* unter dem Datum des 16. Januar 1990 zu: »Meine Herausgeber wühlen in alten Texten / Manchmal wenn ich sie lese überläuft es mich kalt / Das / Habe ich geschrieben IM BESITZ DER / Wahrheit / Sechzig Jahre vor meinem mutmaßlichen Tod / Auf dem Bildschirm sehe ich meine Landsleute / Mit Händen und Füßen abstimmen gegen die / Wahrheit / Die vor vierzig Jahren mein Besitz war / Welches Grab schützt mich vor meiner Jugend«.

Ernst Jünger trat in das Blickfeld der Gegenwartsliteratur, wenn der Ernstfall des Krieges bedacht, die Intensitätszone deutscher Geschichte berührt oder wie bei Heiner Müller der *Germania*-Stoff neu gewälzt wurde. Auch Jünger hielt stets – bei allem demonstrativ gepflegten Desinteresse an der neueren Literatur – Ausschau nach neuen Talenten. Schon in den frühen sechziger Jahren registrierte er in einem Brief an den *Merkur*-Herausgeber Hans Paeschke den jungen Alexander Kluge, der sich als historischer Geschichtenerzähler auf produktive Weise »vom Moralismus« freizumachen verstehe [Ernst Jünger an Hans Paeschke, Wilflingen, 3. 7. 1963]. Wie ein Schatten lag Jünger über der bundesrepublikanischen Gegenwartsliteratur. Allein die Widmungsexemplare, die Jünger in seinem Gutshaus in Wilflingen separat aufstellte, fügen sich zu einer Bibliothek überraschender literarischer Querverbindungen: Ulla Hahn, Albert Ostermeier, Helmut Krausser, Martin Mosebach, Dieter Wellershoffs *Ernstfall* ... Die Instanz Ernst Jünger schien für nicht wenige, oft ihrer Begabung noch unsichere junge Autoren zu garantieren, was einmal Aufgabe der Akademie war: das lange historische Gedächtnis, die unbestrittene literarische Autorität.

Jüngers Anschlüsse lassen sich nicht nur äußerlich im Milieu seiner Adressbücher, in der Bibliothek der eingegangenen Bücher und auf den vielen weißen Zettelstreifen mit den Besucherterminen festmachen. Auch sein eigenes Schreibverfahren, die in Stufen erfolgende literarische Aufgipfelung des Tagebuch- oder Kalender-Notats, ist durch Anschlüsse gekennzeichnet. Im Adressbuch aus dem Jahre 1943 beispielsweise findet sich neben den neuen literarischen Pariser Freunden, den alten nationalen Kombattanten, den ›Raphaeliten‹ aus dem Kommandostab auch der Eintrag zu Picasso (»Paris, Rue des Grands Augustins«). Im Taschenkalender ist unter dem 22. Juli 1942 mit einer Wegskizze der Besuch vermerkt – »3 30 Picasso« [DLA]. Im Terminkalender ist der erste Eindruck der Begegnung flüchtig festgehalten; auch sind denkwürdige Ansichten des Malers zum Krieg im Wortlaut zitiert: »Wir beide würden den Frieden an diesem Nachmittag aushandeln. Am Abend könnten die Menschen die Lichter anzünden« [DLA]. Noch hat der Text aber nicht endgültige Gestalt angenommen, sind ganze Passagen durchgestrichen und einzelne Worte am Rande mit rotem Stift ergänzt: »Alchemisten«. Im Manuskript der *Strahlungen*, nach einer weiteren Abschrift, ist Ernst Jüngers Besuch bei Picasso dann mit literarischen Referenzen in Form gebracht. »Nachmittags bei Picasso. Er wohnt in einem weiträumigen Gebäude, dessen Etagen zu Speichern und Lagerräumen herabgesunken sind. Das Haus, Rue des Grands-Augustins, spielt in den Romanen von Balzac eine Rolle, auch brachte man Ravaillac nach seinem Mordanschlag dorthin. In einer seiner Ecken zog sich eine schmale Wendeltreppe nach oben mit Stufen aus Steinen und altem Eichenholz. An seine schmale Tür war ein Blatt Papier geheftet, auf das mit Blaustift das Wörtchen: ›Ici‹ geschrieben stand. Nachdem ich geklingelt hatte, öffnete mir ein kleiner Mann in einfachem Arbeitskittel, Picasso selbst. Ich war ihm schon einmal flüchtig begegnet, und wieder hatte ich den Eindruck, einen Magier zu sehen – einen Eindruck, der damals noch durch ein spitzes grünes Hütchen gesteigert worden war« [SW 2,349f.]. Auch wenn Jünger nun die Begegnung mit eigenen Bildern ausstaffierte zu einem Gipfeltreffen zwischen Kunst und Literatur am Scheitelpunkt des Krieges – dieser Künstlermythos blieb der literarische Anschluss an eine historische Begegnung: 22. Juli 1942, Rue des Grands-Augustins, »3 30 Picasso«.

Diese literarische Bearbeitung durch die einzelnen Terminkalender, Journale und Tagebücher hindurch lässt sich an vielen Episoden und Szenen der *Strahlungen* aufzeigen, an der Burgunderszene auf dem Hotel ›Raphael‹

etwa oder am berüchtigten Bericht über die Erschießung eines Deserteurs, die unter dem Datum des 29. Mai 1941 Eingang in die *Strahlungen* gefunden hat. In seinem Taschenkalender ist Hauptmann Jünger in die organisatorischen Vorbereitungen der Hinrichtung fest mit eingebunden. Über mehrere Seiten protokolliert er in Stichworten die Vorbereitung. »Freise: Sarg besorgen (dazu Größe!) Fahrer für LKW einteilen! LKW bestellen! Zug stellt 2 Korps [...] Sarg kaufen! Übliche Größe!« [DLA.] In den Bearbeitungsstufen der Tagebücher werden die aktiven, leitenden Züge bei der Exekution immer weiter ausgelöscht – bis Jünger in den *Strahlungen* den Vorgang auf einem quasi unbeteiligten Beobachtungsposten mit ›höherer Neugier‹ wahrnimmt. [Vgl. Felix Johannes Krömer, »Vollstrecker und Betrachter«, in: *Frankfurter Allgemeine Zeitung*, 16. 6. 2005.] »Zur Flut von widrigen Dingen, die mich bedrücken, kommt, daß ich zur Aufsicht bei der Erschießung eines wegen Fahnenfluchts zum Tode verurteilten Soldaten befohlen bin. Ich hatte zuerst die Absicht, mich krank zu melden, doch kam mir das zu billig vor. Auch dachte ich: vielleicht ist es besser, daß *du* dort bist als irgendein anderer. Und wirklich konnte ich manches menschlicher fügen, als es vorgesehen war« [SW 2,244]. Jüngers literarischer Apparat hält sich den unmittelbaren Akt der Hinrichtung mit expressiv aufgeladenen Bildern auf Distanz. »Es folgen die Kommandos, und mit ihnen tauche ich wieder zum Bewußtsein auf. Ich möchte fortblicken, zwinge mich aber, hinzusehen, und erfasse den Augenblick, in dem mit der Salve fünf kleine dunkle Löcher im Karton erscheinen, als schlügen Tautropfen darauf. Der Getroffene steht noch am Baum; in seinen Zügen drückt sich eine ungeheure Überraschung aus. Ich sehe den Mund sich öffnen und schließen, als wollte er Vokale formulieren und mit großer Mühe noch etwas aussprechen. Der Umstand hat etwas Verwirrendes, und wieder wird die Zeit sehr lang. Auch scheint es, daß der Mann jetzt sehr gefährlich wird. Endlich geben die Knie nach. Die Stricke werden gelöst, und nun erst überzieht die Totenblässe das Gesicht, jäh, als ob ein Eimer voll Kalkwasser sich darüber ausgösse« [SW 2,246 f.]. Tautropfen, Totenblässe, Kalkwasser – Jünger füllt das sprachlose Entsetzen im Augenblick der Hinrichtung mit starken Worten auf. Diese literarische Vermittlung unterscheidet sich von der »Terminologie des Grauens« (Karl Heinz Bohrer), die Jünger im Anschluss an den Ästhetizismus der europäischen Avantgarde in der Zwischenkriegszeit entfaltet hatte. Im *Abenteuerlichen Herzen* erfasste er 1929 das »Entsetzen« im Bild des Blech-Sturzes. »Es gibt eine Art von sehr dünnem und großflächigem Blech, mittels dessen man an kleinen Theatern den Donner vorzutäuschen pflegt. Sehr viele solcher Bleche, noch dünner und klangfähiger, denke ich mir in regelmäßigen Abständen übereinander angebracht, gleich Blättern eines Buches, die jedoch nicht gepreßt liegen, sondern durch irgendeine Vorrichtung voneinander entfernt gehalten werden. Auf das oberste Blatt dieses gewaltigen Stoßes hebe ich dich empor, und sowie das Gewicht deines Körpers es berührt, reißt es krachend entzwei. Du stürzt, und stürzt auf das zweite Blatt, das ebenfalls, und mit heftigerem Knalle, zerbirst. Der Sturz trifft auf das dritte, vierte und fünfte Blatt und so fort, und die Steigerung der Fallgeschwindigkeit läßt die Detonationen in einer Beschleunigung aufeinander folgen, die den Eindruck eines an Tempo und Heftigkeit ununterbrochen verstärkenden Trommelwirbels erweckt. Immer noch rasender werden Fall und Wirbel, in einen mächtig rollenden Donner sich verwandelnd, bis endlich ein einziger, fürchterlicher Lärm die Grenzen des Bewußtseins sprengt« [SW 9,35 f.].

Auch das historische Ereignis der Hinrichtung des Deserteurs stürzt bei Jünger durch die Blätter der Taschenkalender und Tagebücher. Analog zum Blech-Sturz könnte man von einem Papier-Sturz sprechen. Aber am Ende dieses Papier-Sturzes steht nicht das bewusstseinssprengende Entsetzen, sondern der expressive Trommelwirbel der Jünger'schen Sprache. Im Kontrast zum Taschenkalender mit den Kristallisationen des Entsetzens – den kalten, protokollarischen Stichworten, den einzelnen nackten Ziffern der Abfahrt des Kommandos und der Bleistiftskizze der Hinrichtungsstätte – wird der Schrecken in den *Strahlungen* vom Mitleid umfasst und gemindert. »Und wirklich konnte ich manches menschlicher fügen, als es vorgesehen war« [SW 2,244]. Das markiert einen scharfen Bruch zu Jüngers Wahrnehmung der zwanziger Jahre. Für Karl Heinz Bohrer lag die besondere Wirkung von Jüngers *Ästhetik des Schreckens* darin, dass sie Zonen jenseits von Kausalität, Vernunft und Moral berührte. »Je weiter die ritualisierte Absperrung des Schrecklichen getrieben ist, je absoluter und unerklärbarer wird die Angst. Je deutlicher aber die soziale Vermitteltheit des plötzlichen Angriffes des Schreckens ist, umso mehr ist die Angst eine begreifbare Angst.« [Karl Heinz Bohrer, *Die Ästhetik des Schreckens. Die pessimistische Romantik und Ernst Jüngers Frühwerk*, München 1978, S. 68.] In den *Strahlungen* versucht Jünger das Entsetzen zu begreifen. »Rückfahrt in einem neuen, stärkeren Anfall von Depression. Der Stabsarzt erklärt mir, daß die Gesten des Sterbenden nur leere Reflexe gewesen sind. Er hat nicht gesehen, was mir in grauenhafter Weise deutlich geworden ist« [SW 2,247]. Ganz abgesehen von den strategischen Interessen der Retusche: Was Jünger aus seinem Wahrnehmungsfeld zuvor ausgesperrt hatte, kehrte nun zurück – die humane Fragestellung. Damit schlossen die sorgsam stilisierten *Strahlungen* an Passagen aus den Tagebüchern des Ersten Weltkrieges an, in denen bei aller Lust am Krieg und der Zerstörung schon Szenen starken Zweifelns und humanen Bedenkens eingesplittert waren.

»Fortsetzung folgt« – am Nullpunkt seines literarischen Schreibens, in den Kriegstagebüchern, hatte Jünger die

Anschlussstellen markiert. Auch war die Edition schon skiziert. Nicht nur übersetzte Jünger durch stilistische »Morgenübungen« seine Kriegsaufzeichnungen in seinen Erstling *In Stahlgewittern*, seine Schriften der zwanziger Jahren schrieben insgesamt das Urerlebnis Krieg fort. Ob Jünger nun eine umkämpfte Landschaft des Krieges szenisch dicht beschrieb (*Wäldchen 125*), der mentalen Rüstung nachspürte (*Der Kampf als inneres Erlebnis*) oder in rechten Kampfblättern politisch mobilmachte – all das war Fortsetzung des Krieges mit literarischen und publizistischen Mitteln. Besonders deutlich wird der Anschlusscharakter von Jüngers literarischen Schriften der Zwischenkriegszeit in der Novelle *Sturm*, die Jünger selbst lange vergessen hatte, bis sie Anfang der sechziger Jahre das Archiv wieder nach oben spülte. Sturms Spuren ziehen sich durch die zwanziger Jahre. Ein Leutnant »Sturm« taucht schon in den *Stahlgewittern* auf; 1927 veröffentlicht Jünger unter dem Pseudonym »Hans Sturm« Teile der ersten Fassung des *Abenteuerlichen Herzen* in der Zeitschrift *Arminius*. Unverkennbar hat Jünger der Figur des Leutnant Sturm, des in den Krieg gestürzten, literarisch ambitionierten Zoologie-Studenten aus Heidelberg, autobiografische Züge eingezeichnet. Wie Jünger ist auch Sturm zerrissen zwischen Kontemplation und Aktion, Denken und Tat. »Viel lieber hätte er sich entweder als einen Mann der reinen Tat gesehen, der sich des Hirnes nur als Mittel bediente, oder als einen Denkenden, dem die Außenwelt lediglich als ein zu Betrachtendes von Bedeutung war.« [SW 15,31.]

Die Selbstzweifel und Widersprüche führt Jünger in seiner Novelle vielstimmig vor. Sturm, der eine »Grabenchronik« in den »Wachtpausen stiller Nächte zu pflegen führte«, reflektiert über die literarisch angemessene Verarbeitung des Krieges. »Er schrieb zur Zeit an einer Reihe von Novellen, in denen er versuchte, die letzte Form des Menschen in ihren feinsten Ausstrahlungen auf lichtempfindliches Papier zu bringen. Gerne hätte er seine Kräfte in einen Roman versammelt, doch scheint ihm das bei diesem Hexenkessel von Erscheinungen noch zu früh. Auch war das eine Arbeit, die sich mit einem Leben voll Aufregungen nicht vereinbaren ließ. So hatte er sich entschlossen, eine Reihe von Typen in festgeschlossenen Abschnitten zu entwickeln, jede aus ihrem eigenen Zentrum heraus.« [SW 15,31.] Die kleine Novelle entfaltet eine illusionslose Poetik. Mit der bürgerlichen Gesellschaft hatte der Krieg den Glauben aufgesogen, den Schrecken mit einer großen Erzählung verarbeiten zu können. »Es gab keine Natur, keine Kunst, keine große Linie, selbst keinen Stil mehr; alles, was man so nannte, war Krampf und Selbstbetrug.« [SW 15,62.] Ganz in diesem Sinne ist *Sturm* auch nicht entlang einer großen Linie erzählt, sondern springt mehrfach zwischen den Erzählebenen hin und her: Mal trifft sich Leutnant Sturm zu Gesprächen mit den befreundeten Kameraden Döhring und Hugershoff im Unterstand, mal liest er ihnen aus seinen Novellen-Versuchen vor. Der kunstvoll literarisch verschachtelte Text im Text, das exemplarisch vorgeführte Scheitern einer romanhaften Verarbeitung des Krieges, auch die fortwährende poetische Selbstkommentierung des Autors machen *Sturm* zu einem »Meisterwerk innerhalb der Erzählkunst der frühen zwanziger Jahre« (Karl Heinz Bohrer). *Sturm* markiert Jüngers Anschluss an die literarische Moderne. In sechzehn Folgen wurde die Novelle vom 11. bis zum 27. April 1923 im *Hannoverschen Kurier* vorabgedruckt. »Fortsetzung folgt …«

Jüngers literarische Schriften lassen sich als Fortsetzungsgeschichten lesen – mit ständigen Rückblenden in das traumatisierende Urkapitel des Krieges. Noch auf den ersten Seiten seines Taschenkalenders 1988 kommentierte er süffig die in der ›pazifistischen‹ Gesinnung der späten Bundesrepublik allgegenwärtigen *Soldaten sind Mörder*-Parolen: »Bin also zahlreichen Mordanschlägen entkommen, Bedauern, die auf mich anlegten?« [DLA.] Auch Hitler, der in den zwanziger Jahren den Anschluss von Jünger suchte, spukt durch die späten Notate: »mir fällt auf, daß diejenigen, die am wenigsten mit Hitler zu tun hatten, ja von ihm verfolgt wurden, am freudigsten für ihn die Zeche zahlen – obwohl meist auf anderer Kosten. Das ist merkwürdig für einen der wenigen Deutschen, die überlebt haben. Im Grunde setzen sie das Zerstörungswerk fort.« [DLA.] Jüngers Texte zerfließen von den frühen Kriegstagebüchern bis zu den letzten Aufzeichnungen zu einem Jahrhunderttext.

»Vorsicht, diese Strahlungen könnten ja auch nur Selbstbespiegelungen mit Hilfe eines kleinen Taschenspiegels sein« [*Glossarium. Aufzeichnungen der Jahre 1947–1951*, hrsg. von Eberhard von Medem, Berlin 1991, S. 99] – giftig kommentierte Carl Schmitt in seinem *Glossarium* Jüngers Strahlungskreise als literarisch-narzistische Selbstinszenierung des Autors. Ernst Jünger hat sich in seinem eigenen Handexemplar den Satz angestrichen. In der Tat beanspruchte Jünger für sein eigenes literarisches Leben eine Einheit, das Konstrukt einer ›großen Linie‹, die er in den zwanziger Jahren in seiner modernen Novelle *Sturm* noch dem Krieg geopfert hatte. Jüngers Faszination beruhte darauf, dass er in einem Jahrhundert der Abbrüche und abgerissener Traditionen Anschlüsse und Wiederbegegnungen mit der deutschen Geschichte ermöglichte. Am Ende schien Jünger, dem 1986 in seinem einundneunzigsten Lebensjahr das Glück beschieden war, den Halley'schen Kometen zum zweiten Mal zu sehen, auf einer eigenen Umlaufbahn über der deutschen Literatur zu schweben. Jünger hat die Legende der Wiederkehr sorgsam gepflegt. In einer kleinen Festrede zu seinem 100. Geburtstag in der ›Kleber Post‹ in Saulgau resümierte er: »Die Zahl Zwei hat in meinem Leben eine besondere Rolle gespielt. Ich habe zwei Weltkriege erlebt, zwei Mal den Halleyschen Kometen gesehen. Ich habe zwei Söhne überlebt. Mein geistiger Zwillingsbruder war Friedrich Georg. Vor allem zwei Ehen – ich wurde mit Gretha in der Leipziger Thomaskirche, mit Liselotte im oberschwäbischen Heiligkreuztal getraut. Nun hat sich für mich der Zyklus von fünfzig Jahren wiederholt.« [SV V,169.] Alles rundete sich.

V. In den späten achtziger Jahren der Bundesrepublik wird Ernst Jünger verziffert. Einer Mappe in seinem Nachlass mit Manuskriptfetzen und allerlei Listen über Besucher, Briefe und Geschenke aus den späten Jahren (1988–93) liegt ein Kuvert bei – mit der Aufforderung an den Dichter zur Volkszählung. Mit blauem Filzstift wurde der Umschlag mit dem Rechenschieber in der linken Ecke und dem Signet der Volkszählung 1987 zu einem Merkzettel umgenutzt und als Wegweiser den Materialien des Schriftstellers nachträglich eingefügt: »Notizen zu ›Siebzig verweht III‹«. Die spätere archivalische Ordnung interessierte sich mehr für die andere Seite des Umschlags, auf dem Jünger unter dem Datum des 16. März 1982 in Bruchstücken eine kleine Wilflinger Szene notiert hat: »Der Obstgarten. Über dreissig Jahr an ihm vorbei. Die Säulen der Dorfgemeinschaft. Pfarrer Neuburger« [DLA].

Das Kuvert ist ein augenfälliges Dokument: Der ›Haushalt‹ eines Dichters, der sich in seinem gesamten Spätwerk gegen die Macht der Zahlen und die Verzifferung der Welt aufgelehnt hatte, wird bürokratisch erfasst. »Die Zahl als Ziffer ist den Göttern feindlich, und ihr Triumph bedeutet deren Sturz« [SW 13,320]. Göttersturz in der späten Bundesrepublik – auf einem Vorblatt eines seiner roten Taschenkalender der Kreissparkasse kommentiert Jünger die Volkszählung mit einer Kette von Begriffen: »Volk-Zählung Egalisierung Monopolisierung Mobilmachung Ziffer zu spät!« [DLA.] Jünger ordnet die demokratische Registratur des Volkes jenem Bewegungsgesetz unter, das er in dem Sammelband *Krieg und Krieger* 1930 als Signatur der modernen Zeit zuerst auf den Begriff gebracht hatte – *Totale Mobilmachung*. Dieser militante Essay aus seiner eigenen publizistischen Mobilmachungsphase, den Jünger in seine Textsammlung *Blätter und Steine* 1934 bearbeitet übernahm, war ursprünglich provoziert von der Fragestellung, warum das Kaiserreich im Ersten Weltkrieg den westlichen Mächten der Entente unterlegen war. Für Jünger lag der Grund weniger in den universalistischen Werten des Westens – darin erkannte er, vom Krieg desillusioniert, nicht mehr als »ein Gemisch von falscher Romantik und mangelhaftem Liberalismus« [SW 7,133] – als in der Fähigkeit der westlichen Demokratien zur *totalen* Entfesselung aller Energien und Reserven. »Deutschland aber mußte den Krieg verlieren, auch wenn es die Marneschlacht und den Unterseebootkrieg gewonnen hätte, weil es bei aller Verantwortung, mit der es die partielle Mobilmachung vorbereitet hatte, große Gebiete seiner Kraft der Totalen Mobilmachung entzog« [SW 7,131 f.]. Die totale Mobilmachung war das eiserne Gesetz, das sich hinter den humanitären Masken des Fortschritts, der »Volkskirche des 19. Jahrhunderts« [SW 7,123], versteckte. Wer sich in den Kämpfen der modernen Zeit behaupten möchte – so Jüngers kühle affirmative Folgerung in der Zwischenkriegszeit – hat sich der Mobilmachung bedingungslos zu unterwerfen. »Um Energien von solchem Ausmaß zu entfalten, genügt es nicht mehr, den Schwertarm zu rüsten – es ist eine Rüstung bis ins innerste Mark, bis in den feinsten Lebensnerv erforderlich. Sie zu verwirklichen, ist die Aufgabe der Totalen Mobilmachung, eines Aktes, durch den das weit verzweigte und vielfach geäderte Stromnetz des modernen Lebens durch einen einzigen Griff am Schaltbrett dem großen Strom der kriegerischen Energie zugeleitet wird« [SW 7,126].

In der ersten Fassung der *Totalen Mobilmachung* von 1930 hatte Jünger die Energien in das Netz des Nationalismus umgeleitet. Als Vorbild der Mobilmachung beschwor er den Frontsoldaten: »Kein anderes Zeichen dieser Zeit ist mehr zu begrüßen, als daß die deutsche Jugend sich der symbolischen Erscheinung des Frontsoldaten als ihrem Vorbilde zuzuwenden beginnt. Hier wird ihr, unter den flüchtigen Gebilden, die uns umringen und hinter den lackierten Fassaden der Zivilisation eine Größe begegnen, die *mythische* Maße besitzt« [PP 581]. Die erste Fassung war eingebunden in die Schlachtlinie seiner politischen Publizistik der Zwischenkriegszeit. Der verlorene Krieg wurde mit Sinn aufgeladen. »In den Tiefen des Kraters besitzt der Krieg einen Sinn, den keine Rechenkunst zu zwingen vermag« [PP 581]. Im Gestus der Unbedingtheit lenkte Jünger am Ende des Essays die Mobilmachung in nationale Bahnen. »Und daher muß die neue Rüstung, in der wir bereits seit langem begriffen sind, eine Mobilmachung der Deutschen sein, – und nichts außerdem« [PP 582]. Mit dem *Arbeiter* 1932 schaltete Jünger den »Stromkreis« um, tilgte die nationalen Züge, und spätestens seit den späten dreißiger Jahren führte er alle Energien seinem literarischen Werk zu. Unbenommen davon hielt er in der zweiten Hälfte des 20. Jahrhunderts am »substantiellen Kern« der Schrift fest – polte das alte nationale Projekt aber nun zur »planetarischen« Diagnose um. »Die Rüstung der Weltmächte hat planetarische Maße gewonnen; dem entspricht ihr Potential« [SW 7,142]. War die Mobilmachung für den frühen Jünger »aller Rechenkunst« überlegen, so ist sie für den späten Jünger das Prinzip der rationalen Weltermächtigung.

Blättert man in Jüngers Taschenkalender mit dem erwähnten Eintrag »Volk-Zählung Egalisierung Monopolisierung Mobilmachung Ziffer zu spät!« ein paar Seiten weiter, taucht Jünger in eine andere Zone der Mobilmachung ein: »17.IV.88 Flughafen Gatwick. Zweitgrößter der Welt. Dimensionen Leute klein.« [DLA.] Auf dem Flug in die Seychellen war Jünger unvorhergesehen in London zwischengelandet. »Das alles ist nur durch Rechner möglich, deren Sitz kaum zu ermitteln ist – als Datenspiel zwischen verschiedenen Ländern, Kontinenten sogar« [SV IV,278]. In *Siebzig verweht* schildert er ausführlicher die gewaltigen Dimensionen des Flughafens – einem der großen Drehkreuze der modernen Menschenzirkulation: »Man glaubt in einen Fahrstuhl zu steigen und sieht ihn nach kurzem Halt in einen Omnibus verwandelt, der zu entfernten Hallen oder gar in ein anderes Gebäude rollt. Dort öffnet sich die Tür zu einer Nabelschnur, die nach einigen Schritten, ohne daß man den Übergang bemerkt hätte, in ein Flugzeug führt. Man bewegt sich wie ein Gulliver des Abschied nehmenden Jahrhunderts; in der Tat scheinen die Menschen zu Däumlingen zu schrumpfen – die Maße der Riesenhallen tragen dazu bei. Ameisenschnüre kreuzen sich in verschiedenen Richtungen, werden auf Rolltreppen durch gläserne Röhren gepreßt. Dabei werden sie winzig – Blutkörperchen in einem Adergeflecht« [SV IV,279].

Gläserne Adern, mechanische Blutkörper, automatische Nabelschnuren – Jünger beschreibt den Flughafen Gatwick als eine jener organischen Konstruktionen aus der Werkstättenlandschaft des *Arbeiters*. Scheinbar bruchlos integriert er die Episode der unverhofften Zwischenlandung auf dem Flug zu den Seychellen aus den späten achtziger Jahren in seine große Moderne-Erzählung der Zwischenkriegszeit. Nur hatte er 1932 den totalen Arbeitscharakter, in dem das Leben in Technik umgeschmolzen wird und dem »Typus« eiserne Glieder wachsen, noch im Geiste des aktiven Nihilismus als totale Mobilmachung bejaht. Nun glossiert er sich selbst – »als einer aus dem vorigen Jahrhundert« [SV IV,279]. Auch wenn er wie im *Arbeiter* weiterhin die Möglichkeiten des heroisch romantischen Einzelnen als chancenlos ansieht, aus dem Prozess der Mobilmachung auszusteigen, so trägt seine Beobachtung nun deutlich fatalistische Züge. »Die Möglichkeit des Einzelnen, darauf Einfluß zu nehmen, wird verschwindend gering. Wenn er nicht mehr mitspielt, etwa aussteigt, wird er bestenfalls zur Karteileiche« [SV IV,278 f.].

In der Nachkriegszeit spielte Jünger weiter mit – aber er mied fortan die Zentren der Modernität. Das Bild der Front – ob als Graben im Ersten Weltkrieg oder als nationale publizistische Front im Berlin der späten zwanziger und frühen dreißiger Jahre – hat die kontemplative Rückseite seiner schriftstellerischen Existenz überblendet. Weite Teile seines Lebens verbrachte Jünger in der geistigen Etappe, im Hinterland der Bibliotheken, auf Rückzugsposten in der Provinz – in Goslar, Überlingen, Kirchhorst, Ravensburg, und die letzten Jahre im oberschwäbischen Wilflingen. Die »planetarische Dimension«

des *Arbeiters* vollzog in der zweiten Hälfte seines Lebens allein sein Reisekalender. Diese touristische Mobilmachung ließ kaum einen Flecken der Erde aus – von Afrika bis Island; dazwischen eingestreut die Küsten und Inseln des Südens. Kein Frühjahr ohne Bad im Mittelmeer. Über all diese Reisen hat Jünger Buch geführt – Stift und Kladden lagen immer bereit. Unzählige Hefte hat er vollgeschrieben. Sein später Tagebuchzyklus *Siebzig verweht* ist über weite Strecken Reiseliteratur. Allein ein paar Ziele der späten sechziger und siebziger Jahre, die Eingang in die ersten beiden Bände gefunden haben, zeugen vom enormen Pensum des nicht mehr jungen Jünger jenseits der Siebzig: Angola 1966, Korsika 1966, Giramondo 1968, Kreta 1971, Alanya 1972, Hammamet 1973, Ceylon 1974, Alanya 1974, Agadir 1974, Korfu 1976, Liberia 1976, Taormina 1978, Avignon 1978, Malta 1978, Cherche Midi 1979, Griechenland 1979, Liberia 1979 …

Reisen waren für Jünger bis in die letzten Jahre eine unerschöpfliche Quelle der Produktion. Das unterschied ihn von Martin Heidegger, der sogar meist die Einladungen von Jünger in die schwäbische Provinz ausschlug – und sein Hütten-Dasein im Schwarzwald mit fernöstlichen Weisheiten von Laotse ausstaffierte. »Nicht zum Tor hinausgehen / und die Welt kennen, / Nicht zum Fenster hinausspähen / und des Himmels Weg sehen: / Geht man sehr weit hinaus, / weiß man sehr wenig. / Darum der Weise: / nicht reist er, / doch er kennt, / nicht guckt er, / doch er rühmt, / nicht handelt er, / doch er vollendet.« [Ernst Jünger/Martin Heidegger, *Briefe 1949–1975*, hrsg. von Günter Figal, Stuttgart 2008, S. 48.] Auf dem Briefpapier des Ozean-Liners ›Hamburg‹ aus dem ostafrikanischen Djibouti konterte Jünger im folgenden Brief am 8. Juli 1965 – schon wieder auf großer Weltreise – Heideggers Selbstgenügsamkeit mit einem kleinen Lob des Reisens: »Besser ist's also, die geistige Ruhe zu gewinnen und in ihr zu verharren, während der Raum sich bewegt.« [Ebd., S. 50.]

Dichtung und Reisen – auch für Jünger bedingte nicht das eine unmittelbar das andere. »Schiller hat weder das Meer noch die Alpen gesehen, doch beide unübertrefflich geschildert; seine Kenntnis war auf tieferes Wissen gegründet: die Elemente lebten in ihm« [SV III,348]. Aber mit diesen inneren Reisen der Phantasie begnügte Jünger sich nicht. Ihn zog es immer wieder heraus; oft an dieselben Orte: Sardinien, Sizilien, die griechischen Inseln, Rhodos und die Dalmatinische Küste, die er Ende der dreißiger Jahre mit seinem Bruder Friedrich Georg zum ersten Mal bereist hatte. Die Enttäuschung konnte dabei nicht ausbleiben. »Zum dritten Mal in Mykene. Jetzt muss man sich drängen und drängen lassen; vom Eingang bis zum Schatzhaus des Atreus stauen sich die Touristenbusse wie auf großstädtischen Bahnhöfen.« [SV II,472.] In Agadir nimmt er im März 1974 die hässlichen Zeichen der Mobilmachung wahr. »Der Massenbetrieb wächst; mit jedem neuen Jahr mehr Menschen, mehr Autos, mehr Hotels« [SV II, 163].

1932 im *Arbeiter* hatte er die Beschleunigung zum ersten Gebot der Zeit erklärt – »Es gibt keinen Ausweg, kein Seitwärts und Rückwärts; es gilt vielmehr, die Wucht und die Geschwindigkeit der Prozesse zu steigern, in denen wir begriffen sind« [SW 8,207] – und alle Bedenken zur romantischen Flucht und bürgerlichen Sentimentalität herabgestuft. Nun meldete sich auf Alanya 1972 der »musische Mensch«. »Als Feind des musischen Menschen und seiner Lebensart erscheint immer deutlicher der Motor oder die hinter ihm wirkende monotone und nivellierende Energie« [SV II,84]. Die Umschmelzung des Lebens in Energie und Rüstung im »Arbeitsgang einer Kette von Kriegen und Bürgerkriegen« [SW 8,32] vor Augen, wirft Jünger im September 1974, wieder in Alanya, einen Blick auf die Nachtseite seiner alten Diagnose aus dem *Arbeiter*. »In Zeiten der Expansion und der Beschleunigung sollten wir nicht dorthin zurückkehren, wo es uns gefiel. [...] Der Tourismus grast die Landschaften ab, in denen er einmal Fuß faßte. Die mechanische Reproduktion bringt Ketten hervor – Ketten von Reisenden, Maschinen, Hotels« [SV II,185]. Auf seinen Reisen suchte Jünger die uniformen Ketten zu sprengen. Orte und Figuren am Rande der touristischen Mobilmachung zogen ihn an. In Marrakesch im Januar 1977 schlug er sich Breschen durch die schmalen und mit Tüchern verhangenen Gassen des Suks. »Die Färber reihten ihre feuchten Wollstränge an Gerüsten auf; Explosionen, vor allem von Rot und Gelb, selbst das Schwarz war in der Sonne beängstigend« [SV II,300]. Auf dem Umschlag der Kladde mit den Reisenotizen aus Liberia und Marrakesch sprießen grelle, pinke Blüten, ein explosiver psychedelischer Cocktail, die Farben der *seventies*: Als hätte Jünger wieder am Rauschpilz genascht – »der Frühlingsstrauß glühte stärker, das war kein natürliches Licht« [SW 11,385].

Der Arbeiter als Blumenkind. Jünger pflegte die Rolle des Aussteigers am Rande der Zivilisation. Zu gewöhnlichen Touristen ging er auf Abstand. »Will man die modernen Reisenden in Typen einteilen, so stellt der Photograph eine Hauptfigur. Er bildet ein Gegenstück zum Chauffeurtyp; beide können sich in einer Person vereinigen. Der Photograph ist voyeur; er ist immerhin auf Momente der Ruhe angewiesen, muß ein Motiv suchen. Er möchte den Augenblick bannen; insofern ist auch etwas Unbefriedigtes in ihm. Er will den Moment nicht genießen, sondern ausnützen. Als Dritten könnte man den Phonomanen nennen, der ohne Tonapparat ebensowenig existieren kann wie der Photograph ohne Kamera. [...] Übrigens werden alle drei Typen unangenehm, wenn man ihnen in die Quere oder ins Schußfeld kommt« [SV II,338]. Auch wenn Jünger auf seinen späten Reisen Abschied vom *Arbeiter* nahm, das nationalistische Projekt der Mobilmachung mit negativen Vorzeichen versah – eines blieb konstant: Weiterhin rasterte er das Feld mit dem Ordnungsbegriff »Typus«. Nur sich selbst reflektierte er im Bild nicht mit, als einen doch auch typischen Reiseschriftsteller, der mit touristischen Vorbehalten ohne technische Apparate auf den Augenschein vertraute. Die positivistischen Tugenden – Ordnung, Bestimmung, Klassifikation – reisten bei Jünger im Gepäck stets mit. Als ihm 1974 in Agadir marokkanische Ordnungshüter auflauern und in die Börse greifen, bringt er den Orient auf den Begriff: »Der Orient war, ist und bleibt ein despotisches Land, gleichviel, was unser Firnis auch verdecken mag« [SV II, 176].

Unter dem Firnis der Reisenotizen schwelte weiter der Krieg. Der Schlachtenkalender warf einen weiten Schatten. Am 2. Dezember 1976 wird Jünger in Liberia von der Erinnerung geweckt. »Die Nacht war heiß. Als ich am Morgen erwachte, fiel mir ein, daß es der Tag der Tankschlacht von Cambrai war. Es sind sechzig Jahre seitdem vergangen – damals griffen wir im grauen Frühlicht an, nachdem wir die eisige Nacht durchwacht hatten« [SV II,282]. In Malta im April 1978 zieht er am Abend im ›Hilton‹ nach einem »Gespräch über ›Ufos‹« [DLA] eine neue Frontlinie: »Wenn die Engländer statt gegen mit den Deutschen gekämpft hätten …« [DLA]. Am Vortag hatte er über den »Zufall 73« [DLA] sinniert – seine alte Regimentsnummer aus dem Ersten Weltkrieg. »Unter den Zahlen spricht mich aus guten Gründen die 73 an. Heut sah ich sie als Autonummer verdoppelt: 7373 – das fiel mir auf. Als ich dann in den Autobus nach Rabat gestiegen war, verteilte die Billets ein Schaffner, in dessen Pullover die Zahl in vielfacher Wiederholung eingestrickt war. Eine Häufung von Zufällen – erfreulich immerhin. Natürlich achten die Augen auf eine bestimmte Kombination. Die Manie, die Quersumme der Autonummern zu ziehen, kann ich nicht ablegen. Ist sie durch drei teilbar, so fühle ich eine Bestätigung.« [SV II,377.] An seinem 73. Geburtstag 1968 in Rom notierte er über die Macht der Ziffer: »Es war nicht einfach gewesen, bei den ›Gibraltars‹ anzukommen; die Freiwilligen belagerten das Kasernentor am Waterlooplatz. Zuvor hatte ich am Welfenplatz bei den 74ern vergeblich angestanden – wie nun, wenn es mir dort geglückt wäre? Alles hätte sich anders gewendet« [SV I,410 f.]

Immer wieder öffnet sich in seinen Tagebüchern der Firnis der zeitlos mythischen Einträge und erlesenen Vergleiche – und gibt den Blick auf den Abgrund des Krieges frei. Im Juni 1968 ist es von Odysseus bis zum eigenen Heldentod nur ein Schnitt: »Ich könnte zufrieden sein, wenn die Lage im Lande nicht wäre – Odysseus im Saal, in dem die Fremden am Werk sind und ihre Lakaien sich wohlfühlen. Hätte eben schon 1914 fallen sollen mit den ersten Freiwilligen« [SV I,491].

Inselsommer 1981 in Rhodos: Ernst Jünger rezitiert mit seinem Verleger Ernst Klett in freier Natur die *Ilias*. Was die Realität des Krieges an den Rand, in die Motto-Spalte seiner Kriegstagebücher gedrängt hatte: die heldischen Gesänge – sie werden nun wieder zu Gehör gebracht. In seinem Reisetagebuch hat Jünger die Etappen der Lektüre und die einzelnen Gesänge verzeichnet. Am 22. Juni 1981 kommt die heroische Lektüre zu einem Ende. »Wir fuhren hinauf zu den Epta Piji (den Sieben Quellen) und lasen dort den letzten Gesang der Ilias – Achill gibt den Leichnam des Hektor frei« [DLA]. Jünger zog es wieder in den romantischen Lektüreraum, den er im Feuer der Materialschlachten einst hatte verglühen sehen. Der Krieger verpuppte sich zum Leser, ohne an Bedeutsamkeit zu verlieren. Arbeit am Mythos. An seinem 100. Geburtstag integrierte er sein Schicksal in das große überzeitliche Kriegerepos: »Wenn ich auf mein Leben zurückblicke, so scheint mir, daß ich es als Leser verbracht habe. Das mag verwunderlich klingen – doch habe ich von Werken und Taten zuerst durch Bücher erfahren, also platonisch – den Ariost habe ich in der Kartentasche mitgeführt –, und bin dann durch die Realität enttäuscht worden. So auch durch die Kriege. Karl Marx hat es auf die Formel gebracht: ›Ist eine *Ilias* möglich mit Schießpulver?‹ Das ist mein Problem« [SV V, 168 f.].

Der *Ilias*-Krieger übersprang den *Arbeiter* und schloss an frühe romantische Lektüren an. Jüngers Ur-Reise war die Flucht in die Fremdenlegion am Vorabend des Ersten Weltkrieges, die in den 1936 veröffentlichten *Afrikanischen Spielen* Literatur geworden war. Beflügelt von den Büchern aus der Leihbibliothek hatte er sich – wie er im *Abenteuerlichen Herz* notierte – Afrika in fiebrigen Träumen im elterlichen Treibhaus als »Inbegriff des Wilden und Ursprünglichen« ausgemalt. Genüsslich wurde in die Reisevorbereitung das Rendezvous mit dem Tod eingeschlossen. »Mit grimmiger Freude las ich, daß Schwarzwasserfieber und Schlafkrankheit den Ankommenden schon an der Küste erwarteten und hohe Opfer forderten. Es schien mir billig, daß der Tod seinen Gürtel zog um ein nur für Männer geschaffenes Land und schon an seinen Pforten jeden zurückschreckte, der nicht ganz entschlossen war. Abbildungen jedoch vom Bau zentralafrikanischer Bahnen oder eine gelegentliche Notiz in der Zeitung über ein gegen den Stich der Tsetsefliege erfundenes Serum pflegten meine Entrüstung zu erwecken; solche Siege des Fortschritts über die Mächte der Natur verstimmten mich sehr« [SW 9,49]. Derlei »Siegen des Fortschritts« stand Jünger auch auf seinen späten Reisen skeptisch gegenüber – auch wenn er nun die Sekurität bürgerlichen Reisens zu schätzen lernte. Am Anfang seiner späteren touristischen afrikanischen Spiele standen die Etappen der Vorsorge. Als Jünger 1966 nach Angola aufbrach, kapitulierte er gleich auf der ersten Seite vor dem Fortschritt. Mit zwei roten Kreuzen – »Pille: x« – markierte er auf der Innenseite des Umschlages seines Reisetagebuchs die Tage für die »Malaria-Proph.« [DLA]. An die Stelle der »Sehnsucht nach der Gefahr« trat die Reise-Prophylaxe. »Liberia winkt. Was früher eine Expedition war, ist heut ein Ausflug; was einst monatelang vorbereitet wurde, besorgt im Handumdrehen ein Reisebüro. Gelbfieberimpfung – diesmal nur geritzt, da die erste, der wir uns vor vierzehn Jahren in Khartum unterzogen, noch vorhalten soll. Malariatabletten, prophylaktisch – bald vielleicht ebenso überflüssig wie die Pockenimpfung schon jetzt. Andererseits wird die Natur im ganzen geschwächt. Die Malaria war einer der Wächter, die weite Zonen mit einem Tabu belegten, das sie in ihrem vegetativ-traumhaften, geschichtslosen Zwielicht erhielt. Nun dringen aktive Kräfte, ihn zu planieren, auch in den Urwald ein.« [SV II,275 f.] Seine frühe romantische Rebellion gegen die Vermessung der Welt kühlte er ab zur Diagnose. Das Treibhaus, in dem Jünger vor dem Ersten Weltkrieg den Ernstfall Afrika geprobt hatte – »manchmal, wenn die glühende Luft über dem Glasdache zitterte, dachte ich mit einem seltsamen Vergnügen, daß es wohl auch in Afrika nicht viel heißer sein könnte« [SW 9,48] –, wurde ihm nach dem Krieg zu einem Topos für die überhitzte publizistische Sphäre. »Ich arbeite nicht gern in Treibhäusern« [DLA] – diese Maxime Talleyrands wurde eine Standardabsageformel auf Presseanfragen.

»So sind an einer bedeutenden Kraft vielleicht das Fesselndste die Widersprüche, in die sie sich wagt« [SW 9,86]. Auch Jünger wird man nur gerecht werden und auf die Spur kommen, wenn man die Spannungen und Widersprüche, die sich durch sein Leben und Werk ziehen – zwischen dem Krieger und Literaten, Zerstörer und Sammler, Gottsucher und Positivisten –, nicht vorschnell und einseitig auflöst. Einerseits hat Jüngers Werk ganz Teil an jenem Aufstand gegen die rational geordnete, wissenschaftlich disziplinierte Welt, die sein Vater idealtypisch repräsentierte: der Chemiker und Apotheker, der bei der Heidelberger Koryphäe Victor Meyer über *Synthesen in der m-Terpenreihe* promoviert hatte. Ernst Georg Jünger taucht in den Erinnerungen seines Sohnes als Paradefigur des 19. Jahrhunderts auf – *beseelt* vom Glauben an die Allmacht der Wissenschaft und die rational historische Durchdringbarkeit der Welt. »Naturwissenschaften – vor allem Chemie – und Geschichte gaben die Grundpfeiler. Auch das Geschichtsbild war positivistisch; es wurde durch die großen Einzelnen bestimmt. Seine besondere Neigung galt Alexander, Cortez, Wallenstein, Napoleon. Dazu die Paladine: die Argonauten, die Diadochen, die Konquistadoren, die Marschälle. Es fiel mir auf, daß der Vater trotz seiner Vorliebe für große Operationen am Ersten Weltkrieg geistig kaum Anteil nahm; er vermißte die logische Prägnanz – das Material wurde zu stark. Eine Ausnahme bildete die Skagerrakschlacht, die er studierte wie eine Schachpartie« [SV IV,41]. Unter dem Schweif des Halley'schen Kometen – den er 1910 im Kreis der Familie zum ersten Mal beobachtet hatte – verbindet Jünger 1986 in Kuala Lumpur mit dem Vater jene geschliffenen, apodiktischen Glaubenssätze des Positivismus, die unseren jüngsten neurowissenschaftlichen *turn* schon vorwegzunehmen scheinen: »Die Theologie ist keine Wissenschaft.« »Gedanken werden durch Kombination und Zerfall von Eiweißmolekülen produziert« [SV IV, 41].

Ernst Jüngers politische und geistige Sprengarbeit im ersten Drittel des Jahrhunderts war gegen diese rationale Logik der Herkunftswelt gerichtet. Wenn er 1929 notiert: »Wir haben stramm nihilistisch einige Jahre mit Dynamit gearbeitet und, auf das unscheinbarste Feigenblatt einer eigentlichen Fragestellung verzichtend, das 19. Jahrhundert – uns selbst – in Grund und Boden geschossen« [SW 9,133], dann war es ein Angriff auf die Vaterwelt, den Positivismus und Historismus, die Naturwissenschaften und die Psychoanalyse. Das *Abenteuerliche Herz* rebellierte gegen die kalte formale Welt der Begriffe und Zeichen – für ihn waren es nicht mehr als »Masken« [SW 9,99], hinter denen sich das eigentliche Geheimnis des Lebens versteckte: »So ist auch der Gedanke tröstlich, daß sich hinter der Wissenschaft noch etwas *anderes* verbirgt als Wissenschaft« [SW 9,100].

Andererseits war Jünger auf der Jagd nach gesteigerter Wirklichkeit. Am Anfang seines Schreibens steht der Kalender- oder Tagebucheintrag – streng gerastert nach Raum und Zeit. Auch wenn Jünger in seinen Bearbeitungsstufen das historische Erlebnis danach immer weiter in Literatur übersetzte – ganz hat er das Band zur Kalender-Wirklichkeit nie durchschnitten. Noch seine literarischen Manuskripte sind übersät mit Blüten und Faltern, meist datiert und mit Fundort versehen; als nehme alle Dichtung nicht nur ihren Ausgang in der historischen Wirklichkeit, sondern ziele letztlich auf die Natur der Dinge. Zeitlebens hatte Jünger bei aller Lust an der Zerstörung eine systematische Ader. Er war ein leidenschaftlicher Sammler – von Käfern, Gesteinen, Sanduhren, Schilderungen von Schiffsuntergängen, Briefen, Autographen, letzten Worten. Schon die Tagebücher aus dem Ersten Krieg sind durchbrochen von Etappen des Bewahrens und Sammelns. »Heut morgen ging ich trotz lebhafter Beschießung in Monchy Käfer sammeln und fing auch etliche schöne Exemplare« [TB 4, 3.2.1916, DLA]. »Heut war wunderbares Frühlingswetter. Ich sammelte in den verwilderten Gärten hinter dem Schützengraben Käfer.« [TB 4, 12.3.1916, DLA.] Für seine Ausbeute vom 29. Januar bis 27. Juli 1916 legte er ein eigenes Heft an: *Fauna coleopterologica douchyensis* – in die er seine Käferfunde auflistete. Das sorgsame Handwerk des Entomologen, das Klassifizieren und Präparieren der Käfer war im Krieg stets durch Einschläge bedroht. »Um ½ 9 stand ich auf, um meine gestern gesammelten Käfer zu präparieren. Ich hatte grade einen schönen Splintkäfer unter der Lupe, als der erste Krach erscholl. Der schöne Käfer entfiel meiner Hand, mit einigen Sätzen war ich im Keller, wo die Hausbewohner schon mit erstaunlicher Geschwindigkeit gelaufen waren. Nun ging es los. ssst-bum! ssst-bum! ssst-bum! bum! bum!« [TB 4, 4.2.1916, DLA.] Jüngers Kriegstagebücher sind durchsplittert von solchen kleinen Szenen ›subtiler Jagden‹ – unter verschärften Bedingungen. Auf einer der letzten Seiten in seinem ersten Kriegstagebuch zeichnet Jünger einen Käferschrank und skizziert eine Schrankordnung. »Eine bestimmte Schrankordnung hat auf einem an die Innenseite der Schranktür geklebtem Zettel zu stehen. Jeder Kasten ist mindestens zweimal monatlich nach Schimmel, Grünspan und Raubinsekten zu untersuchen, jeder Schaden muß unverzüglich beseitigt werden. Der Schrank muß immer verschlossen sein und darf nie Unnötiges enthalten. Die Schutzpräparate sind in bestimmten Zwischenräumen zu erneuern« [TB 1, DLA]. In den Kriegstagebüchern mit den ernüchternden Schilderungen der Monotonie des Grabenkrieges – dem Ausharren im Schlamm und Dreck durchnässter Unterstände – taucht der skizzierte Käferschrank als künstliche Insel auf. Eine präparierte, ›verschlossene‹ Welt, die sorgsam abgedichtet und doch ständig bedroht ist durch die Inversion feindlicher Umwelteinflüsse (»Schimmel«, »Grünspan«, »Raubinsekten«).

Mit der Schrankordnung schließt der erste Band seines Kriegstagebuches. In seinem Erstling, *In Stahlgewittern*, der seinen Ruhm als Kriegsschriftsteller begründete, waren die unmittelbaren Kriegserlebnisse des Kriegsfreiwilligen Ernst Jünger umgeschmolzen zu einem literarischen Text. Die *Stahlgewitter* waren entlang einer eigenen Dramaturgie geschrieben und sorgsam abgedichtet gegen Jüngers konkrete historische Erfahrungswelt. So verweist der Käferschrank am Ende des ersten Kriegstagebuches auch schon auf eine andere von Jünger zeitlebens *präparierte* Welt – die Literatur. Die Schrankordnung spiegelt die ebenso disziplinierte Ordnung seines literarischen Werkes. Jünger hat nicht nur die Kriegserfahrungen in den zwanziger Jahren in literarischen Texten konserviert, sondern auch die »Fassungen« seiner Schriften immer wieder neu umgearbeitet und auf die jeweiligen Lagen zugeschnitten. »Die Schutzpräparate sind in bestimmten Zwischenräumen zu erneuern.«

In seiner heroischen nietzscheanischen Phase setzte Jünger bedingungslos auf die Zerstörung und revolutionäre Umwälzung der Verhältnisse. »Revolution, Revolution! Das ist es, was unaufhörlich gepredigt werden muß, gehässig, systematisch, unerbittlich, und sollte dieses Predigen zehn Jahre lang dauern« [PP 215]. Aber Jünger hatte auch antiquarische Züge. Am 17. Februar 1943 notierte er in seinen *Kaukasischen Aufzeichnungen*: »Vor der Abreise gedenke ich noch einen Teil meiner Manuskripte zu verwahren, wobei außer der Luft- und Brandgefahr die Möglichkeit der Plünderung und der Haussuchung erwogen werden muß. Wenn man bedenkt, wie schwierig ein passendes Versteck sich finden läßt, so wirkt erstaundlich, was alles an alten Papieren durch den Wandel der Zeiten auf uns gekommen ist.« [SW 2,492.] Jünger rettet sein Archiv durch die Kriege und Katastrophen des Jahrhunderts. Hier herrschte Ordnung. Sogar die unübersichtlichen Fronten in der literarischen Welt versuchte Jünger zu begradigen. In einem Brief an seinen Verleger Ernst Klett regte er an, »ein kleines Archiv der Kritiker an(zu)legen, um Freund und Feind unterscheiden zu können.« [Ziti. nach: Heimo Schwilk, »Versuch einer Bilanz. ›Ernst Jünger und sein Verleger Ernst Klett‹«, in: Nataila Zarska/Gerald Diesener/Wojciech Kunicki (Hrsg.), *Ernst Jünger – eine Bilanz*, Leipzig 2010, S. 527.] Als Stratege im Literaturkampf dachte Jünger in Schubladen. Wie so viele aus der jugendbewegten Generation, die gegen das rationale Gehäuse der Elterngeneration rebellierten, war auch der Apothekersohn Jünger in tieferen Schichten vom Weltbild seiner Eltern imprägniert. Schon am Ende seiner Kladden aus dem Ersten Weltkrieg hat Jünger die Stellungen und Schlachten verzeichnet und den chaotischen Grabenkrieg zu systematisieren versucht: »Monchy. 1. Vorgeschichte, Entstehung der Stellung 2. Aussehen. a. Häuser b. Gärten u. Bäume c. Stützpunkte, Barrikaden Bergwerke« [DLA]. An anderen Stellen in seinen Kriegstagebüchern registriert er ein »Zeugnis« über seine »Tauglichkeit im Flugdienst«: »1. Alter: 22 Jahre 2. Körpergewicht: 63 kg 3. Aussehen, Gesamteindruck: leidlich kräftig« [DLA]. Er notiert acht »Hauptpunkte« für eine gelungene Patrouille: »8. Jeder Mann muß wissen daß ihm nur tolles Draufgehen aus der Klemme hilft, also: Parole Blücher!« [DLA], führt Buch über seine »Auslagen« im Krieg: »Milch 0,20« »5 Eier 0,50«, »Kartoffeln 1,50« [DLA], listet seine Lektüre im Graben auf: »1. Paul Remer, Unter fremder Sonne Verlag Schuster u. Löffler, Berlin 2. O. J. Bierbaum, die Schlangendame. Verlag Schuster u. Löffler, Berlin. 3. Kurt Münzer, Zwischen zwei Welten. Verlag Reuß u. Itta, Konstanz« [DLA]. Auch in der revolutionären Bürgerkriegslandschaft der Zwischenkriegszeit bewahrte Jünger Ordnung. So sehr der kämpferische *Arbeiter* mit der bürgerlichen Welt des Verstehens und der Hermeneutik brechen wollte, am Ende seines eigenen Essays steht die didaktische »Übersicht«. In der positivistischen Etappe, im Hinterland seiner Texte wird der Pedant hinter dem Anarchen sichtbar: die Logik der Karteikarte.

Das Archiv kreiert eigene Systematiken. In einer Mappe mit nachgelassenen Prosa-Stücken stoßen wir auf eine Karteikarte mit einem Diagramm über die vier Elemente »Wasser, Luft, Erde und Feuer«, einschließlich diverser Zwischenstufen (»Schaum«, »Nebel«, »Sumpf«, »Magma«, »Glast«), datiert auf den 21.11.1934. In unmittelbarer Nachbarschaft zu der Karteikarte findet sich ein Kategoriensystem über Grundbegriffe der politischen Ordnung (»Volk, Nation, Staat, Reich«), eine Skizze zu einem von Jünger im Frühjahr 1934 geplanten Essay über die »vier Worte« des Politischen. Wie auf seinen Käferkarteikarten fragt Jünger hier nach der Herkunft der Begriffe.

Er fächert das Feld auf nach »Definition«, »Gliederung«, »Sprache«, bis zu den Kategorien »Kultus«, »Kunst«, »Krieg«. Die Systematik des Käferforschers wandert in die Welt des Politischen. Umgekehrt hat Jünger später Karteikarten – auch mit Funden um 1933 aus den Berliner Sümpfen –, genutzt, um darauf flüchtige Gedanken zu notieren. »Diese Leute verlieren nicht. Sie verlieren jeden Krieg mit« [DLA]. Welche semantische Beute bietet sich nun ein Jahr nach der nationalsozialistischen Machtergreifung dem politischen Entomologen? Wie in dem Diagramm mit den vier Elementen verliert sich auch in Jüngers politischer Sphärologie um 1933 vieles im Nebel. Zu den alten Begriffen ›Nation‹, ›Staat‹ und ›Reich‹ fiel Jünger wenig ein, viele Kästchen in dem Ordnungsschema bleiben leer; allein die Säule ›Volk‹ wird mit Einträgen gefüttert. Jüngers *elementarer* Zugriff auf das Jahr 1933 bleibt Fragment. Auch das auf den 21. April 1934 datierte Manuskript zu den »vier Worten« bricht nach drei Seiten abrupt ab. Die revolutionäre Schwellenzeit der dreißiger Jahre verlangte nach gröberen Rastern als semantischen Jagden.

Der Schatten des Positivismus fällt auf alles, über alles führt Jünger Buch, überall legt er Listen an: Lektüre-, Besucher-, Telefon-, Korrespondenz-, Weihnachtsgeschenklisten. Manche Reisetagebücher aus der späten Zeit sind umlagert von positivistischen Etappen, vorne die Prophylaxe-Pillen und die Reiseapotheke, hinten die Liste der Korrespondenzen, abgehakt oder angekreuzt, manchmal geordnet nach »Family«, »Friends« und »Allgemein«. »[I]ch bin Ihnen noch den Gegengruss für die entzückende Karte aus Korfu schuldig«, so retournierte Carl Schmitt pflichtschuldig am 22. September 1976 [Ernst Jünger/Carl Schmitt, *Briefe 1930–1983*, hrsg. von Helmuth Kiesel, Stuttgart 1999, S. 420]. Die gewaltige Korrespondenz zog eine eigene Bürokratie nach sich, vom Eingang und der Ablage, über die Hierarchie der Beantwortung, von der Standardabfertigung des *Secretarius* aufwärts bis zum handschriftlichen Brief vom »Chef«. Auf seine Reisen nahm er Postkarten mit, über seine Korrespondenzpartner legte er Dossiers an. Ganze Bücher füllte er über seine Briefschulden. Ein Dichter der ständigen Selbstkontrolle: In sein Tagebuch 1954 notiert er sein Kampfgewicht – vor und nach Etappen »starker Arbeit« [DLA]. Einer Kladde mit Briefkonzepten aus den späten siebzigern gehen Ball- und Atemübungen voran: »Im Liegen: Rechten Arm über die Seite nach hinten führen, dabei Brustkorb nach oben dehnen und einatmen. Arm über vorne herunter und ausatmen. Dann linker Arm. Dann beide« [DLA].

Sogar über den Rausch führt Jünger ordentlich Buch. In seinem Reisetagebuch nach Liberia vermerkt er die abendlichen Flaschen Rotwein (»28. 11. 1 Fl. Rot, Bitter Lemon Gin, 1. Bier«) (»2. 12 1 Bitter Lemon und Gin; 1 Beaujolais«) [DLA]. Und schon im Krieg behielt er die Übersicht: »Am Nachmittag brachte ich den Weinkeller unseres Quartiers in Ordnung – auch eine Arbeit pour le Roi de Prusse, da unser Bleiben wohl nur noch nach Tagen zählt« [SW 2,169]. In der Etappe des Zweiten Weltkrieges schlug am 13. Juni 1940 die Stunde der Weinprobe. Mit einem »Kaffeehauskellner vom Montmartre« ordnet Jünger während des Vorrückens auf Paris im Hinterland den Weinkeller. »Wir plauderten, indem er die Flaschen, die hastige Zecher aus den Regalen gerissen hatten, wieder an ihren Platz räumte und ich ein Verzeichnis anlegte, ein wenig über Weine, Austern, Vorgerichte und die Bouillabaisse.« [SW 2,169.] In seinem Tagebuch sind die Weine mit knappen Bemerkungen untereinander tabellarisch aufgelistet: »Beaune 1929: Rund, stark, ein wenig herb, mit Nachwürze.« »Bourdeaux ordinaire: Hiervon ein grosser Vorrat an der Wand aufgestellt. Reiner, mittelschwerer Tischwein« [DLA]. Im Archiv liegen die Listen und Tabellen nebeneinander: die Patrouille-Ordnungen und Gefechtsstellungen aus dem Ersten Weltkrieg neben einer Skizze über den Fliegeralarm aus dem Zweiten Weltkrieg, der militärisch durchstrukturierte Tagesplan aus dem Hotel ›Majestic‹ 1940 neben den in Wilflingen eingegangenen Weihnachtsgeschenken, Kontobücher aus dem Dritten Reich neben italienischen Sprachlernbüchern, die Käferkarteikarten mit seltenen Prachtexemplaren neben den Telefon- und Besucherlisten zu den großen Geburtstagen (»29. 3 Vorm Kohl 14.30 Bundeswehr«). Alles wurde durch die Registrierungsmaschine eines Jahrhundertarchivs erfasst.

So ganz ist Jünger der positivistischen Vaterwelt nie entkommen. Wenn Jünger in seinen Manuskripten Wörterbäume abklopfte und auf subtile Jagd nach ausgefallenen und prägnanten Begriffen ging, stand dahinter auch der passionierte Käferforscher, der kleine Junge, der zu Weihnachten 1908 vom Vater die erste Fangausrüstung und das Bestimmungsbuch geschenkt bekommen hatte. In den zwanziger Jahren studierte Jünger – als kleines akademisches Parallelunternehmen neben der ausufernden politischen Publizistik – ein paar Semester in Leipzig und Neapel Zoologie. Der unter dem Mikroskop auf logische Prägnanz geeichte Zoologe und der Dichter mit dem »magischen Schlüssel« der Stereoskopie – die positivistische Oberfläche und der Tiefensinn lagen bei Jünger ständig miteinander im Kampf: bis in die Bearbeitungsstufen seiner Manuskripte hinein, in denen Jünger die historische Oberfläche der Tagebuch-Einträge mit elementaren Einsichten zu durchstechen versuchte. Am 23. Dezember 1944 notiert der Bibelleser Jünger in sein Tagebuch: »Wir müssen uns in unserer Eigenschaft als Rationalisten überwinden lassen, und dieser Ringkampf findet heute statt. Gott tritt den Gegenbeweis gegen uns an« [DLA].

VI. 25. August 1918 – in der Nähe des Dorfes Favreuil wird Leutnant Jünger in den letzten Kriegstagen mit einem Lungenschuss niedergestreckt. »Ich stand gerade vor einem 50 m langem Graben, als ich einen gewaltigen Schlag vor die Brust bekam und mit der Empfindung, durch und durch geschossen zu sein, hinstürzte« [TB 14b, DLA]. Schwer verwundet rafft er sich auf und schlägt sich durch das englische Feuer, während ringsum die Deutschen kapitulieren. »Leider konnte ich kein Gewehr regieren, um die ganze Lumpenbagage zusammenzuknallen« [DLA]. Die Kriegstagebücher enden mit einer abgründigen Szene: Ein Gefreiter bietet sich an, den verwundeten Leutnant durch das Feuer zu tragen. Huckepack durchstreift Jünger die Zone des Kopfschusses. »Ich hörte ein leises metallisches Sirren und merkte, wie Hengstmann unter mir zusammenbrach. Ein Schuß durch den Kopf hatte ihn niedergeworfen. Ich löste mich von dem Erstarrenden, der noch meine Schenkel umklammert hatte und kroch, von Geschossen umzischt, hinter die nächste Bodenwelle. Es ist doch ein merkwürdiges Gefühl, wenn ein Mensch, der einem körperlich so nahe ist, unter dem Leibe weggeschossen wird. Es ist dies wohl die nächste Form, in der der Tod an einem vorbeistreichen kann« [DLA]. Vom ersten Riss im Oberschenkel durch einen Granatsplitter, der ihm im April 1915 mehrere Wochen Heimaturlaub verschaffte, bis zum Brustschuss im August 1918 – immer näher hat der Krieg Jünger an den Tod herangeführt: Als habe ein Dramaturg sich dieses Schicksal als Grenzerlebnis im Krieg ausgedacht und dabei schützend die Hand über ihn gehalten. Unser Held überlebt und entkommt dem Inferno, während sein soldatischer Sherpa unter seinem Hintern weggeschossen wird.

In den *Stahlgewittern* hat Jünger den Erzählfluss der Kriegstagebücher angehalten. In den ›Augenblick‹ des Brustschusses schiebt er eine Meditation ein. »Nun hatte es mich endlich erwischt. Gleichzeitig mit der Wahrnehmung des Treffers fühlte ich, wie das Geschoß ins Leben schnitt. Schon an der Straße vor Mory hatte ich die Hand des Todes gespürt – diesmal griff er fester und deutlicher zu. Als ich schwer auf die Sohle des Grabens schlug, hatte ich die Überzeugung, daß es unwiderruflich zu Ende war. Und seltsamerweise gehört dieser Augenblick zu den ganz wenigen, von denen ich sagen kann, daß sie wirklich glücklich gewesen sind. In ihm begriff ich, wie durch einen Blitz erleuchtet, mein Leben in seiner innersten Gestalt. Ich spürte ein ungläubiges Erstaunen darüber, daß es gerade hier zu Ende sein sollte, aber dieses Erstaunen war von einer sehr heiteren Art. Dann hörte ich das Feuer immer schwächer werden, als sänke ich wie ein Stein tief unter die Oberfläche eines brausenden Wassers hinab. Dort war weder Krieg noch Feindschaft mehr« [SW 1,293]. An der Schwelle zum Tod verdichtet sich noch einmal das Leben. In den *Stahlgewittern* verklebt Jünger den fast tödlichen Brustschuss mit Sinn – der glückliche Augenblick, das Leben in seiner innersten Gestalt, der ewige Frieden. Für solch nachträgliche Meditationen war in der Hektik der Schlacht kein Platz. Das Kriegstagebuch vermerkt nach dem fast tödlichen Schuss: »Ich raffte mich gleich wieder auf und sprang in das Grabenstück, in dem ich seiner Schmalheit wegen nur auf der Seite liegen konnte« [DLA]. Wo sich in den Tagebüchern die Aktionen überlagern, da springt Jünger im literarischen Aufguss aus der Zeit. Im ›Augenblick‹ des Todes wird das Leben noch einmal zu einer Schleife gebunden. Eine letzte Reflexion blitzt auf, eine letzte Empfindung – ein letztes Wort.

Ganz am Ende der Kriegstagebücher steht eine Lektüreliste. »3. Laurence Sterne Leben und Meinungen des Herrn Tristam Shandy«. Jünger hatte die Lektüre im Unterstand bei »schönem warmen Wetter« [DLA] kurz vor der letzten Schlacht aufgenommen. In seinem romantischen *Abenteuerlichen Herzen* schildert er den Brustschuss als eine Episode zwischen der Lektüre von Sternes skurillem Heldenroman: »Nach vielen Unterbrechungen und nachdem ich einige Kapitel gelesen hatte, erhielten wir endlich Marschbefehl; ich steckte das Buch ein und lag bereits bei Sonnenuntergang mit einer Verwundung da. Im Lazarett nahm ich die Lektüre wieder auf, gleichsam als ob alles Dazwischenliegende nur ein Traum gewesen wäre oder irgendwie zum Inhalte des Buches selbst gehörte« [SW 9,37 f.]. Die Sphären des Realen und Literarischen tauschen sich aus. Der romantische Anschluss an die Lektüre des Krieges war gelegt. In der Lektüreliste schimmert Jüngers Jahrhundertproblem auf: »Ist eine Ilias möglich mit Schießpulver?« [SV V, 169.] Das letzte Wort behält in den Tagebüchern die Literatur.

In den Lektürerahmen fügt Jünger auf der vorletzten Seite der *Stahlgewitter* eine Sammlung ein. Eine letzte positivistische Etappe im Krieg, Jünger zählt im Lazarett seine Verwundungen zusammen: »Von Kleinigkeiten wie von Prellschüssen und Rissen abgesehen, hatte ich im ganzen mindestens vierzehn Treffer aufgefangen, nämlich fünf Gewehrgeschosse, zwei Granatsplitter, eine Schrapnellkugel, vier Handgranaten- und zwei Gewehrgeschoßsplitter, die mit Ein- und Ausschüssen gerade zwanzig Narben zurückließen« [SW 1,299]. Während er in den Tagebüchern seine subjektive Perspektive bei der Schilderung der »Taten der Infanteristen« noch als Problem ausstellte – »leider muß ich dabei von mir selbst ausgehen« [DLA] – läuft in den *Stahlgewittern* am Ende alles auf ihn zu. Das »Goldene Verwundetenabzeichen« ist hier nur der Trommelwirbel für das eigentliche letzte Wort. Am 22. September 1918 erhält Jünger von seinem Divisionskommandeur General von Busse ein Telegramm: »Seine Majestät der Kaiser hat Ihnen den Orden Pour le mérite verliehen. Ich beglückwünsche Sie im Namen der ganzen Division« [SW 1,300].

Der Orden »Pour le mérite« als letztes Wort. Auch die Erstausgabe der *Stahlgewitter* (1920) hat eine Rahmung. Am Anfang prunkt das Porträtfoto des hochdekorierten Stoßtruppführers im dandyesken Pelzmantel. Am Ende steht das Glückwunschtelegramm zum höchsten preußischen Kriegsorden, den König Friedrich II. 1840 gestiftet hatte. Der »blaue Max« wurde mit der Zeit zum mythischen Stern der heroischen Jünger-Rezeption. Wurde er im Ersten Weltkrieg noch 685 Mal vergeben, so stand Jünger seit 1984 dem Orden alleine vor. »Wenn mir jetzt einer zur großen Armee geht, muß ich den Kranz bestellen, die Bundeswehr anrufen und anderes mehr« [DLA]. Am 29. Mai 1984 trägt er den vorletzten Ritter zu Grabe: »Lieber Otto von der Linde – als letzter Kanzler und nunmehr einziger Ritter des Ordens bringe ich Ihnen diesen Kranz mit der Schleife des Pour le Mérite als Gruß Ihrer toten Kameraden und in der Hoffnung auf ein Wiedersehen« [SV III,364]. Noch in der Bundesrepublik erhält Jünger einen Ehrensold von 25 DM. Dagegen wurde seine Aufnahme in die zivile Friedensklasse des Ordens für Wissenschaft und Künste abgelehnt – was Johannes Gross in seinem »Notizbuch« im *Magazin* der *Frankfurter Allgemeinen Zeitung* glossierte. Aus Überlingen schreibt Jünger am 9. Mai 1994 an den konservativen Aphoristiker: »Ihre Glosse zum ›Pour le Mérite‹ trifft ein Paradoxon meiner Existenz insofern, als ich der Letzte bin, der zur preußischen Krone noch ein legitimes Verhältnis besitzt« [DLA]. Jünger als der letzte Ritter des Kaisers. Am Ende seines wirkmächtigsten Buches steht eine preußische Auszeichnung. Das letzte Wort ist Dekor.

Wie der magische Nullpunkt ist auch das letzte Wort eines jener Grenzphänomene, an denen »zugleich nichts und alles ist« [SW 9,162], zugleich Augenblick und Ewigkeit, Leben, Tod und Literatur. Jünger hat diese symbolischen Passagen, in denen die »Muster der Realität« [SW 22,721] sich aufzulösen scheinen, immer wieder aufgesucht, ob er sie nun »Nullpunkt«, »Linie«, »Zeitmauer« oder »letztes Wort« nannte. Im Ersten Weltkrieg streifte er ganz existenziell die Zone des letzten Wortes. In seiner publizistischen Mobilmachungsphase der Zwischenkriegszeit zog er einen »breiten, roten Schlußstrich« [SW 8,59] unter die bürgerliche Zeit und sprach apodiktische letzte Worte. Im aktionistischen Furor der zwanziger Jahre wollte er mit einem Schwerthieb die Worte durchschlagen und die Tinte in Blut auflösen. Im Vorwort der 5. Auflage der *Stahlgewitter* 1924 dekretierte er: »Eine Zeit von einer Brutalität, von der wir uns noch gar keine Vorstellung machen können, zieht herauf, ja wir sind schon mitten darin. Vor dem Ereignis wird jede Debatte zu Scham, über den ganzen Wust von Redensarten, die uns fruchtlos ermüden, über Krämer, Literaten und Schwächlinge wird die Aufforderung zur Tat in das neue Europa fegen, eine reißende Flutwelle mit blutrotem Kamm. Denn der Friede weilt nicht beim Feiglinge, sondern beim Schwert« [PP 43 f.]. Im

Zweiten Weltkrieg werden immer mehr Einträge mit Bibelsprüchen und humanen Bedenken umkleidet. Im Pariser Kommandostab verfasst er als Verwaltungsreferent eine Dokumentation zur Geiselfrage und übersetzt letzte Abschiedsworte. [Vgl. Sven Olaf Berggötz, »Ernst Jünger und die Geiseln. Die Denkschrift von Ernst Jünger über die Geiselerschießungen in Frankreich 1941/42«, in: *Vierteljahreshefte für Zeitgeschichte* 51 (2003), S. 405–472.] So überträgt er einen Brief von Maurice Gardette an seine Frau vom 22. Oktober 1941: »Es ist ein letztes Lebewohl, dass ich Euch allen zusende. In einigen Augenblicken werde ich erschossen werden, nach bald 23 Leidensmonaten. Am 19. Dezember 1939 als deutscher Agent verhaftet, mache ich mich als guter Franzose bereit, für die Freiheit zu sterben« [DLA]. Am Horizont der *Strahlungen* taucht ein humanes letztes Wort auf. Nach dem Krieg arbeitet er an der letzten »Fassung« seiner Schriften und sammelt letzte Worte. Im letzten Wort kreuzen sich noch einmal die Linien und literarischen Verfahren unseres Jahrhundertautors – die Sammlung, die unermüdliche Textarbeit, das dezisionistische Schlusswort, die humanistische Schleife, das Dekor der Stilblüte, der Anschluss an den Nachruhm.

In Paris in einer jener geselligen Mittagsrunden, in denen sich der deutsche Kommandostab mit der Pariser Intelligenz mischte, wird Jünger am 8. Oktober 1941 das letzte delikate Wort Mirbeaus zugesteckt. »Ich unterhielt mich mit ihm [Sacha Guitry] über Mirbeau, von dem er mir erzählte, daß er in seinen Armen gestorben sei, ihm noch ins Ohr flüsternd: ›Ne collaborez jamais!‹, was ich für meine Sammlung letzter Worte aufzeichne. Gemeint war die Mitautorschaft an Lustspielen, denn damals hatte das Wort noch nicht den heutigen Hautgoût« [SW 2,260 f.]. Schon diese Anekdote aus der Pariser Besatzungszeit entfaltet das besondere Ingenium des letzten Wortes. Es ist ein historisch kaum verbürgtes Wort, das zwischen trivialer Pointe und historischem Vermächtnis changiert und dabei oft mehr von den Spielen und Kämpfen der Nachwelt erzählt als von dem verblichenen Autor und vermeintlichem Urheber.

Im Schatten der vielen Toten des Krieges, aber in der Mitte seines eigenen Lebens beginnt Jünger in der Nachkriegszeit systematisch mit seiner Sammlung letzter Worte. Eigens hatte er sich Postkarten drucken lassen, auf deren Rückseite die Sparten »Autor«, »Letztes Wort« und »Quelle« schon vorab tabellarisch eingefügt waren. Die Stereoskopie des Dichters mit der Aufladung des letzten Wortes durchmischt sich hier mit der Ordnungspassion des subtilen Jägers. Jünger rückt den letzten Worten mit dem Besteck des Käferforschers zu Leibe. »Autor« und »Quelle«, es sind die Grundbegriffe des historischen 19. Jahrhunderts, mit denen Jünger seine Sammlung zu systematisieren versucht. Zwar entzieht sich das letzte Wort diesen historischen Geboten, wie Jünger eingesteht; in seiner eigenen Sammlung aber ist das

»Vetorecht der Quellen« (Reinhart Koselleck) noch nicht außer Kraft gesetzt. Der Tod wird auf die Karteikarte gebannt. Im Hinterland des Archivs nistet sich die positivistische Etappe ein.

Die Postkarten mit der schematischen Registratur waren bereits adressiert (»Ernst Jünger/Wilhelm Hauff-Str. 18/ Ravensburg«), die Fundstellen sollten ihm als Todesbotschaften ins Haus flattern. Die Sentenzenjagd war ein logistisches Unternehmen. Die meisten Karten beschriftete Jünger selbst – bisweilen ergänzte er die Sammlung aber auch um ein letztes Wort, das ihm von seinen Sekretären Armin Mohler, Albert von Schirnding, Heinz Ludwig Arnold oder Freunden, Anhängern und Lesern zugesteckt wurde, die er mit den vorgedruckten Karten versorgt hatte. In *Siebzig verweht* notiert er am 22. Januar 1990: »Rolf Hochhuth sendet Beiträge zu meiner Sammlung Letzter Worte, unter anderen das von Ernst Robert Curtius: ›Aufmachen!‹ Dazu Max Rychner an Carl Jacob Burckhardt: ›Es klingt, als habe der große Philologe noch einmal zitiert. Nichts vom ›letztem Willen‹, nichts über seine Lage, nichts von Abschied. Alles fest und männlich bis zuletzt« [SV IV, 396]. Unmengen von letzten Worten hat Jünger durch alle Zeiten und Räume aufgemacht, auf seine Karteikarten gespießt und in alphabetische Ordnung gebracht, ohne Rücksicht auf den Rang oder seine Wertschätzung der Toten. Blättert man sich in seinem Archiv, wo hunderte von Sentenzen in Karteikästen aufbewahrt sind, nach der Art des Daumenkinos durch die Sammlung, so folgt auf eine vergessene Hamburger Kiezgröße, den Einbrecherkönig »Hannack«, der sich auf dem Schafott noch einmal Luft macht (»Wat dann sin mut, mut sin«), der Feldherr Hannibal (»Ich will den Römern die Furcht vor einem alten Manne nehmen«), gleich darauf der Nobelpreisträger Gerhart Hauptmann, der in seinem Haus in Agnetendorf stirbt, kurz vor der angekündigten Vertreibung aus seiner schlesischen Heimat (»Bin ich noch in meinem Hause?«) [DLA].

Der Tod ist der große Gleichmacher. Was durch Jahrhunderte getrennt war, durch ideologische Lager oder intellektuelle Sphären, es folgt hier aufeinander. Unbeirrte Projektemacher treffen im Angesicht des Todes auf Renegaten des Rationalismus. Der berühmte Mathematiker Thomas Fantet de Lagny, der am Projekt der Verzifferung festhält und auch in der Todesstunde unermüdlich die »Quadratzahl von 12« ausrechnet (»Unverzüglich antwortet der Sterbende: 144«), steht neben dem Philosophen Thomas Hobbes, der in der Entscheidungsstunde das alte rationale Marschgepäck über Bord wirft: »Ich bin daran, einen Sprung ins Finstere zu tun« [DLA]. Der Kritiker Alfred Kerr, der auch auf dem Totenbett nicht aufhören möchte zu höhnen über den »skandalös harmlosen« Hermann Hesse (»Na, du weißt doch … der naturalistische Schweizer mit dem Nobelpreis«), wird ein paar Karten weiter abgelöst von dem Humoristen Karl Valentin, der die Schrecksekunde des Todes weglacht: »Da habe ich ein Leben lang Angst vor dem Sterben gehabt, und jetzt das« [DLA]. Ein aufgeregtes Geplapper ist im unmittelbaren Vorlaufen auf den Tod versammelt – wild ausschlagend zwischen Erhabenheit, Trivialität und letzten, trotzigen Triumphgesten. Der Tod schafft unheimliche Nachbarschaften. Hier haben auch die Nazi-Größen Heinrich Himmler und Hermann Göring (»Ich werde nichts verschweigen«) oder die besiegten Generäle des Dritten Reiches, Keitel und Jodel, ihren letzten Auftritt. Noch einmal stimmen sie ihre Durchhalteparolen an, bringen auf den Trümmern des Reiches Volk und Führer einen Toast oder sinnen den Tag der finalen Abrechnung herbei. Der alte Nazi-»Stürmer« Julius Streicher ruft von seiner Henkerstätte den amerikanischen Soldaten zu: »Auch euch werden die Bolschewiken eines schönen Tages aufhängen. Auf Wiedersehen!« Daneben treten die Kinoheoren der neuen Zeit, deren Gedanken auch in der Todesstunde – wie die »Quelle« *Paris-Presse* am 17. November 1957 mitteilt – von der Wahl des richtigen *drinks* okkupiert werden. »Je n'aurais jamais dû remplacer le whisky par du martini« [DLA]. Jüngers Sammlung letzter Worte ist ebenso kulturhistorisches Varieté wie Schreckenskabinett. Die Poesie, das Dritte Reich und Hollywood – die Anschlüsse überlagern sich. [Vgl. Stephan Schlak, »Ernst Jüngers letzte Worte«, in: *Zeitschrift für Ideengeschichte*, H. 2 (Sommer 2008), S. 5 ff.].

»Man tut einen großen Gang quer durch die Jahrtausende, wenn man das Letzte Wort zur Richtschnur nimmt«, notiert Jünger am 8. Februar 1961 in dem Fragment *Letzte Worte* über seine Sammlung [SW 22,721]. Wie ein letztes Wort bricht dieser essayistische Versuch nach ein paar Seiten ab – genau in dem Augenblick, als er ankündigt, die »Ähnlichkeit« und »Identität« der letzten Worte näher darzulegen. Das Fragment *Letzte Worte* folgt der inneren Logik der Sammlung, die auf die Privilegierung des unbeabsichtigten, gesprochenen Wortes vor der durchreflektierten, geschriebenen letzten Abschiedszeile beruht. »Je stärker und ungebrochener das Bewußtsein, desto fragwürdiger, dürftiger wird, was der Gedanke und was die Sprache der Majestät des Todes entgegenzusetzen hat« [SW 22,725]. Im Idealfall setzt die Berührung mit der Elementarzone des Todes den »Sinn der durchlebten Existenz« frei. »Die Sonne geht unter; noch einmal umfaßt der Blick die durchwanderte Welt im Abendschein. Zugleich beginnt auf der anderen Seite der Vorhang zu zittern; die durch die Erfahrung eingewebten Muster der Realität lösen sich auf. Vielleicht wird hinter ihnen dem brechenden Auge bereits ein Schimmer des ganz Anderen sichtbar, das unsere arme Sprache als das Jenseits zu bezeichnen pflegt« [SW 22,721]. Aber auch Jünger entgeht nicht, dass die Schrecksekunde in der »Vorhalle« des Todes nicht nur Aphorismen und letzte Geistesblitze erzeugt, »weit häufiger begegnen wir indessen der trivialen, der nichtssagenden oder der ganz und gar verworrenen Äußerung. Es gibt kaum einen Gemeinplatz, mit dem sich nicht schon ein Mensch verabschiedete. Es gibt auch keinen Irrtum, keine Ungereimtheit, ja keine Bösartigkeit, auf der er nicht beharrt« [SW 22,722].

Das letzte Wort ist angesiedelt in der Grauzone zwischen Wirklichkeit und Legende. Nirgendwo wird so viel retuschiert wie im Schatten des Todes. Auch wer dem Tod ein ungeschminktes Wort aus vollem ehrlichen Herzen entgegenschleudert, verfügt nicht mehr souverän über das letzte Wort, das ganz in das Belieben der Nachwelt gestellt ist. »Wo viel gesprochen wurde, hat der eine dieses, der andere jenes Wort bewahrt. Dann bildet sich früher oder später die Lesart aus« [SW 22,723]. Meist ist deren Überlieferungslage fraglich, die Quellen trübe. Wer allein auf »Genauigkeit« gepolt ist, den wird das letzte Wort nicht befriedigen. »Als Quelle im Sinne historischer Genauigkeit bleibt das Letzte Wort immer suspekt« [SW 22,723].

Aber gerade der stilisierte Charakter des letzten Wortes mindert seinen Rang nicht. »Trotz aller Kritik an der Überlieferung ist zu vermuten, daß sich unter der Wirrnis der Letzten Worte ein Fundus verbirgt« [SW 22,726]. Mit seiner Sammlung betreibt der intelligente Krieger ein Maskenspiel. Unter der historisch-kritischen Oberfläche mit den schematischen Rubriken »Quelle« und »Autor« bricht er die Lanze für die poetische Wahrheit – »das Wort läßt sich auch dahin ausdeuten, daß die gute Erfindung die bloße Wirklichkeit übersteigt« [SW 22,723]. Jünger ist hier in seinem Fragment *Letzte Worte* von 1961 – lange bevor der *linguistic turn* über strukturalistische Umwege die deutschen Historiker ereilte – ganz Avantgarde der *Metaphistory*. »In jeder großen Geschichtsschreibung wird man daher ein dichterisches Element aufspüren« [SW 22,724]. Die Ausnahmesituation des letzten Wortes enthüllt für Jünger ein überhistorisches Gesetz, den »Vorrang« des Dichters vor dem Historiker. »Wo nach dem schönen Wort von Léon Bloy das Leben in die Substanz der Geschichte eingeht, genügt Genauigkeit nicht mehr. Sie dient als Mittel unter Mitteln auf dem historischen Wege und wird vor seinem Ende wie ein Wanderstab beiseite gestellt« [SW 22,726]. Die Krücke des Positivismus verliert wie das Vetorecht der Quelle im Extremfall des Todes an Bedeutung. Das letzte Wort behält die Dichtung.

Die Suche nach dem letzten Wort ist bei Jünger mehr als ein Spleen und weiteres Sammelobjekt neben all den Käfern, Sanduhren und Schiffsuntergängen: Es ist das Prinzip seiner literarischen Arbeit. Jünger hat seine Texte immer wieder abgeschrieben und neu zusammengeschnitten – in der Hoffnung, dass die Worte und Sätze »besser, schlichter und treffender formuliert« [SW 18,467] werden können. Über seine vielen literarischen »Schleifen« hat Jünger reflektiert. »Das rechte Binden ist nicht nur für das Gedicht, sondern auch in der Prosa wichtig, wenn ich allein an die Sorgfalt denke, die sich hinter dem

Anfügen eines Adjektivs oder dem Einfügen eines Relativsatzes in den Duktus der Sprache verbirgt« [DLA]. Als Textarbeiter war Jünger ein lebenslanger Revisionist. Im 1. Juli 1944 nimmt er sich noch einmal seine Friedensschrift vor: »Ich sehe noch einmal den Aufruf durch, nach meinem Grundsatz, daß man eine Arbeit nicht oft genug abschreiben kann« [SW 3,283]. In seinen Tagebüchern hat er seine Methode der ständigen Revision mit verschiedenen Bildern umrissen. In ein Notizbuch von 1936, in dem er Nachträge aus dem Sommer 1940 eingearbeitet hat, formuliert er seinen Imperativ: »Nota: Das Tagebuch ist noch zu überholen, unter anderem zu metallisieren!« [DLA.] Jünger hat seine Tagebücher in der Überarbeitung mit einer künstlichen Schutzschicht gegen alle persönlichen und psychischen Empfindungen abgedichtet. Am 18. November 1941 formulierte er sein Programm: »Über das Tagebuch. Es trifft doch immer nur eine gewisse Schicht von Vorfällen, die sich in der geistigen und der physischen Sphäre vollziehen. Was uns im Innersten beschäftigt, entzieht sich der Mitteilung, ja fast der eigenen Wahrnehmung« [SW 2,273]. Entgegen diesem veräußerlichten Stilgebot floss in die Tagebücher aus dem Zweiten Weltkrieg aber viel Privates und Intimes ein, von Pariser Amouren bis zum Ehekrach. Die Metallisierung in der Überarbeitung schien umso notwendiger zu sein.

Mit der ›Metallisierung‹ hat Jünger 1940 einen technischen Begriff aus der Welt des *Arbeiters* aufgerufen – die galvanische Maske. Daneben findet Jünger nun aber auch zivile Bilder für seinen Arbeitsprozess. In seinem Tagebuch notiert er am 3. Januar 1943: »Tagebuch: kurze kleine Notizen wie Tee in Krümeln; ich gieße später bei der Abschrift das heiße Wasser auf, das ihnen das Aroma erschließen soll« [DLA]. Seine Notizen von einer Sizilienreise 1929 mit dem philosophischen »Magister« Hugo Fischer, die sich als eine der wenigen Tagebuch-Aufzeichnungen der zwanziger Jahre erhalten haben, gießt er auf zu seinem Reisebuch *Aus der Goldenen Muschel*. Am 23. März 1944 schließt er die Abschrift ab. »Der Text hat sich dabei bedeutend vermehrt. Die kurzen Notizen solcher Reisehefte entfalten sich bei der Revision wie Teeblumen. Sie geben Gerüste der Erinnerung« [SW 3,239]. »Aroma« und das Gerüst der »Teeblumen« – die Werkstatt des *Arbeiters* bildet sich in Paris um zur Teeküche des literarischen Einzelgängers.

Jünger hat sich das letzte Wort nicht abhandeln lassen. Das Werk war ein ständiger Prozess des Aufgießens, Umarbeitens und Vermehrens. »Das Historische soll dem Elementaren und damit auch dem Musischen gegenüber zurücktreten« [SW 18,476]. Gegen diese unhistorische Methode hat Armin Mohler in den sechziger Jahre Einspruch erhoben. Brüsk wies der alte Chef am 22. Oktober 1960 seinen aufmüpfigen Secretarius in die Schranken. »Dann kommen Sie wieder mit der Platitude meiner ›Ungeduld mit den Fakten‹. Erstens ist das kein Vorwurf, sondern ein

Kompliment, denn es ist das Kennzeichen des geistigen Menschen, zwar nicht den Fakten gegenüber ungeduldig zu sein, wohl aber mit den Dummköpfen, die nichts als Fakten sehen« [DLA]. Jünger verteidigt sein Werk gegen die Verabsolutierung der Fakten und die Anmaßungen der Authentizität. Was Jünger über das Genre der letzten Worte in seinem Fragment *Letzte Worte* 1961 notiert, gilt als Gebot auch für sein Werk. »Man tut gut, wenn man sich weder auf seine Originalität noch auf seine Authentizität verläßt« [SW 22,723]. Jüngers veröffentlichte Tagebücher – von dem »Tagebuch eines Stoßtruppführers«, so der Untertitel der ersten Ausgaben seiner *Stahlgewitter*, über die *Strahlungen* bis zum Zyklus *Siebzig verweht* – waren hochliterarisierte Kompositionen. Unermüdlich hat er an den Einträgen und »Fassungen« seiner Schriften herumgearbeitet. Bisweilen beschlichen ihn selbst Zweifel, welcher Gewinn sein »ameisenhafter Trieb« [SW 18,467] abwerfe. Nach Abschluss der zweiten Werkausgabe notiert er am 7. Oktober 1983: »Bei aller Erleichterung frage ich mich, wozu dieses Feilen und Streben nach Perfektion dienen mag. Die Erstfassung hat ihren eigenen Wert. Freilich hat auch sie schon Korrekturen hinter sich. Léautaud, mit dem ich mich über das Thema unterhielt, sagte: ›Wenn ich geschrieben habe: es regnet, dann hat es geregnet – und damit Schluß.‹ [...] Letzthin muß man sich mit dem Unvollkommenen abfinden. Es ist vergänglich, doch der Augenblick zählt. Ihn holt keine Unendlichkeit wieder ein. Wenn die Feder glühte, ist mehr geschehn, als daß sie das Papier schwärzte« [SV III,306 f.]. Gerne hätte er sich beizeiten wohl den Rat zur publizistischen Gelassenheit zu Herzen genommen, den er im »Notizbuch« von Johannes Gross fand. Unter »II./89« fügte er ihn seiner Zettelsammlung zu *Siebzig verweht* hinzu: »Bei dem mühsamen Versuch, eigene Texte zu verbessern, auszubessern, gab mir ein Erfahrener den guten Rat: ›Lassen Sie's geben Sie's in Satz, der Druck adelt‹« [DLA].

Trotzdem hat Jünger die Augenblicke seiner Niederschriften immer neu präpariert. Nicht als Quelle im Sinne historischer Genauigkeit will er seine Schriften verstanden wissen, sondern als Annäherung an das letzte Wort. In seinem Kommentar zur ersten Werkausgabe *Auf eigenen Spuren* schreibt er: »Jedes letzte Wort ist ein vorletztes, ist nicht mehr als ein Anklopfen in der Hoffnung, daß sich einmal die Tür öffne« [SW 18,477]. Jüngers ganzes Werk zielt auf diesen Nullpunkt – angetrieben von der Hoffnung, dieses eine letzte Wort zu finden.

»Morgens im Garten – ein heiterer Vorfrühlingstag. Der Winterling blüht rings um die Laube und unter der Blutbuche; der Winterjasmin ist verblüht. Der Krokus steckt noch kaum die ersten Spitzen heraus. Auf dem Weiher zwei Schwäne, Bläßhühner und viele Enten, im Lebensbaum picken die Grünfinken. Gestern abend war Schlachtfest im ›Löwen‹ – in der Nacht unruhige Träume, unter anderen in Gesellschaft mit Florence Gould. Mir gegenüber ein Nobile in eleganter Kleidung; er gehörte nicht zum Traum, sondern stand greifbar im Raum. Vielleicht macht mich meine intensive Dostojewski-Lektüre für solche Erscheinungen anfällig« [SW 22,214]. Diese Notiz vom 17. März 1996, die in seinem letzten Supplement-Band der Werkausgabe aufgenommen wurde, ist Jüngers letzter datierter Tagebucheintrag. Noch einmal mischen sich in einer charakteristischen Weise die Elemente – eine Impression aus dem Wilflinger Garten tritt neben den Traum und das Lektüreerlebnis. Noch einmal reist er nach Paris zu Florence Gould und in die zeitlose Welt der Literatur. Nach diesem Eintrag soll Jünger seinen Füllfederhalter zugeschraubt und seinen Schreibtisch geräumt haben. Fast beiläufig laufen die Tagebücher aus. Ein besonders markanter Abschluss war dieser letzte publizierte Tagebuch-Eintrag nicht. In den letzten Jahren häuften sich bei dem Hundertjährigen die Anfragen mit Bitten – um Resümees, Bilanzen, letzte Worte. »Welchen Satz hat Ihnen die Weltliteratur geschenkt?« Mit schwarzer Tinte notierte Jünger auf dem Brief des Redakteurs der *Frankfurter Allgemeinen Zeitung*: »Hoff, o du arme Seele, Hoff und sei unverzagt« [DLA]. In einer Beilage führte er aus: »Für die Prüfung zum Einjährigen, der heutigen Mittleren Reife, mußte ich dreizehn Kirchenlieder mit allen Strophen auswendig lernen – Rektor Holle war unerbittlich darin. Unter ihnen war auch des Barockdichters Paul Gerhard schönes ›Befiehl du deine Wege und was Dein Herze kränkt ...‹, das schon als Akrostichon besonders beeindruckt. Mich berührte besonders: Hoff, o du arme Seele, hoff und sei unverzagt ... Hier ist die Substanz des Glauben in einfache Wort gefaßt, die unbemerkt lassen, daß es sich um große Dichtung handelt. Welch eine Fülle von Trost mag dieses Wort gespendet haben in den drei Jahrhunderten, seit dem es in den Gesangbüchern steht. Mich hat es durch mein langes Leben begleitet, dem es in Krieg und Frieden an Gefahren und schwierigen Lagen nicht gemangelt hat. Je näher das Ende heranrückt, desto dringlicher wird die Botschaft dieser Verse, desto gewisser ihre Erfüllung« [DLA].

Die Liedzeile, die Bibelstelle, der Aphorismus – der uralte Jünger suchte nicht mehr den großen Arbeitsplan, sondern die kleine Form. »Die besten Gedanken kommen von selbst: *Einfälle*« [23.1.1996, SW 22,211]. An Johannes Gross schrieb er am 18. Oktober 1985: »Ihre Gedanken sind mir vertraut, denn ich habe sie als Konfekt des Frankfurter Magazins seit langem verfolgt und in meinem Tagebuch, natürlich unter Quellenangabe, daraus einige Anleihen gemacht. Ich halte die Maximen für eine der wenigen Formen, in denen unsere Gegenwart sich literarisch zu repräsentieren vermag. Wir sind in das Atomzeitalter eingetreten; die hohen Geschwindigkeiten mit ihrer Brisanz bringen nicht nur in der Malerei eine neue Optik hervor« [DLA]. Hat Jünger zuvor einzelne Schriften mit göttlichem Beistand versiegelt – »Quod Deus bene vertat« –, so häufen sich nun die losen Enden. Am Ende zersplittert Jüngers diszipliniertes Jahrhundertwerk wieder in Atome, Bruchstücke – »rohe Kristallisation des Erlebnisses« [PP 42]. In seinen Taschenkalendern der späten achtziger und neunziger Jahre finden sich mit krakeliger Schrift, über mehrere Tage hinweg geschrieben, letzte Maximen. »Habe abgelehnt, Gott um Hilfe zu bitten. Das rechnete er mir hoch an!, »Bin anders, tue aber so, als ob ich dazu gehörte«, »Orgasmus als ›kleiner Tod‹! Wozu der Umweg.« »Wer ist heute konservativ? Die Altkommunisten ...«, »In der Masse werden Menschen berechenbar«; »Wen die Götter lieben, der stirbt jung. Also bei Langemarck ...«, »Im Paradies keine Sitzordnung« [DLA]. Lauter letzte Worte. Gespenstige Szenen. Ganz langsam versiegt das Werk des Jahrhundertautors.

Welches letzte Wort aber würde Jünger selbst in der Vorhalle des Todes wählen? Schon zu Lebzeiten wurde darüber gerätselt. Fünf Jahre vor seinem Tod schien ihm die Entscheidung aus dem Mund genommen worden zu sein. »Ein großer Deutscher liegt im Sterben«, posaunte die Berliner BILD am 25. August 1993 exklusiv das baldige Ableben der »umstrittenen, aber fast genialen« Jahrhundertfigur heraus. Jünger ließ die Falschmeldung über Mittelsmänner am Telefon korrigieren. »Von denen muß ich mich ja nicht gerade beerdigen lassen.« Die Absage an den Massenboulevard hätte gut in seine »Sammlung gepaßt«, schreibt der Philosoph Hans Blumenberg. Tatsächlich war Jünger 1993 durch einen Zeckenbiss erkrankt, der ganz eigene Jahrhundert-Phantasien freisetzte. Blumenberg kolportiert in einer Glosse die unter Jünger-Verehrern kursierende Geschichte des Zeckenbisses: »Nicht beim Waldgang hatte die Zecke den Uralten angefallen, wie man erwartet hätte, sondern aus dem häuslichen Gewahrsam auch lebender Bestände der subtilen Jagd hatte ihn, wohl der Mumifizierung gewärtig, die Vergeltung so vieler Opfer erreicht« [Hans Blumenberg, *Der Mann vom Mond. Über Ernst Jünger*, hrsg. von Alexander Schmitz und Marcel Lepper, Frankfurt a. M. 2007, S. 150.] Eine unglaubliche Geschichte – der alte Stoßtruppführer Jünger, heimtückisch an der Zeitmauer zu einem neuen Jahrtausend von der entomologischen Heimatfront zur Strecke gebracht.

Am Ende schien der letzte Ordensritter des Pour le mérite aus der bundesrepublikanischen Zeit gefallen zu sein. Geburtstag um Geburtstag verstrich. Fast schien es, als wollte Ernst Jünger auch über den Tod das letzte Wort behalten. Als Ernst Jünger am 17. Februar 1998 im Kreiskrankenhaus Riedlingen dann doch starb, war es ein leiser Abgang – ohne eine letzte Flaschenpost oder Maxime für die Nachwelt. Ein letztes Wort ist nicht überliefert. Ausgerechnet der Stilist und unermüdliche Arbeiter an seinem Nachruhm hat keine allerletzte Spur hinterlassen. In seinem Fragment *Letzte Worte* schreibt er 1961, dass das letzte Wort weniger gesprochen als »verliehen« wird. In der Todesstunde stand ihm seine zweite Ehefrau

Liselotte, eine alte Marbacher Cotta-Archivarin, bei. Aber das »Stierlein« schwieg bis zuletzt. Mit Ernst Jüngers Tod triumphiert das Archiv über die Legende.

Heike Gfrereis in Verbindung
mit Ellen Strittmatter und Sonja Lehmann

Die Ausstellung

Ernst Jünger (1895–1998)

Der Textarbeiter

An Ernst Jünger scheiden sich immer noch die Geister. Die Ausstellung zeigt das, was er, der mehr als ein Jahrhundert lebte, als Zeugnisse seiner literarischen Arbeit nach Marbach gegeben hat.
Jüngers Kalender und Notizhefte, seine Reise-, Kriegs- und Brieftagebücher schichten sich auf zu einem Papierlager von riesenhaftem Ausmaß. Aus ihm kondensiert er die meisten seiner Werke durch Formatverschiebungen: durch Sublimieren des Stils, Ausmalen von Erlebnissen und Gedanken, Ordnen und Erweitern der Perspektiven, aber auch durch sehr konkrete Vergrößerungen des Papierformats und der Buchvolumina. Ebenso organisch wie mechanisch, so bildlich wie abstrakt verlagert er Schwerpunkte, verschiebt er Linien, blendet er Erfahrungen aus und schneidet Worte weg, überträgt und übersetzt, schreibt ab, um, neu und wieder. Leben und Schreiben erscheinen bei ihm wie ein ewiger Fluss. Die Daten im Kalender und der Name seines Besitzers sind Augenblicke, in denen sich Zeit und Raum kreuzen und Identität, Dauer im Wechsel, stiften.

Eingeschlossen in dieses hier ausgestellte, buchstäblich realisierte ›Lebenswerk‹ sind so auch die Magneten von Jüngers Werk, die den Einen anziehen und den Anderen abstoßen, eine gelassen angehäufte Stil- und Ideengeschichte der Moderne. Die großen historischen Erlebnisse des 20. Jahrhunderts werden ebenso sichtbar wie seine eigenen politischen und intellektuellen Konstellationen und seine zentralen künstlerischen und philosophischen Themen, die um die Frage nach dem Zusammenhang dieser verschiedenen Welten kreisen: Wirklichkeit und Sprache, Ding- und Zeichenwelt, Welt und Metapher, Naturwissenschaft und Poesie, Erleben, Erfinden und Denken, Technik, Arbeit und Kunst, Masse und Individuum, Eigenheit und Universalität, Bruchstück und System, Befund und Deutung, Wahrheit und Manipulation, Ästhetik und Gefahr.
Jedes der Worte, die Jünger wählt und so gern zu Wortgewittern kumuliert, jedes der kleinen Bilder, das er hineinzeichnet oder -klebt, ist ästhetisch so harmlos, wie es doppeldeutig und gefährlich verdächtig ist. Man kann Jünger als Autor für wie als Autor gegen den Krieg lesen, als faschistischen wie als anarchischen Schriftsteller, als Liebhaber der Lebensgefahr und Befürworter des Friedens, als Freund des Todes wie des Lebens. Es gehört zur höheren Ironie der Literatur und charakterisiert auch Jüngers spezielle Mischung aus Ernsthaftigkeit und Humor, Sachlichkeit und Groteske, Leben und Literatur und,

wenn man so will: seine eigentümliche ›Größe‹, solche Diskurse des Entweder-oder in einem Sowohl-als-auch aufzulösen.

Die immer wieder auftauchenden Oberflächenphänomene und Metaphern des Tagebuchwerks führen zu Jüngers konstanten literarischen Verfahren, die alle auch große Themen des 20. Jahrhunderts sind: ›Am Nullpunkt‹ – ›Positivistische Etappe‹ – ›Blüten und Reime‹ – ›Wortgewitter‹ – ›Totale Tinte‹ – ›Ausschneidesysteme‹ – ›Klippen‹ – ›Arbeit am Mythos‹ – ›Götter und Anschlüsse‹ – ›Letzte Worte‹. Diesen zehn Themen sind in der Ausstellung, als ihr dunkler, so abgründiger wie ironischer Grund, Materialbilder zugeordnet: Sedimente aus Jüngers Leben, Ensembles aus seinem Wilflinger Wohnhaus, das nach seinem Tod in eine Gedenkstätte umgewandelt wurde und direkt im Anschluss an die Ausstellung nach umfangreichen Sanierungsarbeiten wieder öffentlich zugänglich sein wird, Dachbodenfunde, Büchernachbarschaften, Schubladenbilder und Wandstücke.

Die Ausstellung ist, betrachtet man sie einfach und der starken Linie nach, eine Einführung in Jüngers langes Leben und umfangreiches Werk für den Jünger-unkundigen Besucher. Sie ist aber auch ein Essay, ein Versuch, die in einem Nachlass erhaltenen Zeugnisse zu unterschiedlichen, doch gleichberechtigten Indizienketten anzuordnen, die sehr verschiedene Arten der monografisch-historischen Lektüre erlauben. Das Bild des Autors Jünger, das sich aus dieser Essay-Ausstellung ergibt, ist das eines Mannes, der – unermüdlich, ein Jahrhundert lang – produziert: Arbeiter am Abgrund der Zeit.

Kalender für das Jahr 1909

	Januar	Februar	März
Sonntag	3 10 17 24 31	7 14 21 28	7 14 21 28
Montag	4 11 18 25	1 8 15 22	1 8 15 22 29
Dienstag	5 12 19 26	2 9 16 23	2 9 16 23 30
Mittwoch	6 13 20 27	3 10 17 24	3 10 17 24 31
Donnerstag	7 14 21 28	4 11 18 25	4 11 18 25
Freitag	1 8 15 22 29	5 12 19 26	5 12 19 26
Sonnabend	2 9 16 23 30	6 13 20 27	6 13 20 27

	April	Mai	Juni
Sonntag	4 11 18 25	2 9 16 23 30	6 13 20 27
Montag	5 12 19 26	3 10 17 24 31	7 14 21 28
Dienstag	6 13 20 27	4 11 18 25	1 8 15 22 29
Mittwoch	7 14 21 28	5 12 19 26	2 9 16 23 30
Donnerstag	1 8 15 22 29	6 13 20 27	3 10 17 24
Freitag	2 9 16 23 30	7 14 21 28	4 11 18 25
Sonnabend	3 10 17 24	1 8 15 22 29	5 12 19 26

	Juli	August	September
Sonntag	4 11 18 25	1 8 15 22 29	5 12 19 26
Montag	5 12 19 26	2 9 16 23 30	6 13 20 27
Dienstag	6 13 20 27	3 10 17 24 31	7 14 21 28
Mittwoch	7 14 21 28	4 11 18 25	1 8 15 22 29
Donnerstag	1 8 15 22 29	5 12 19 26	2 9 16 23 30
Freitag	2 9 16 23 30	6 13 20 27	3 10 17 24
Sonnabend	3 10 17 24 31	7 14 21 28	4 11 18 25

	Oktober	November	Dezember
Sonntag	3 10 17 24 31	7 14 21 28	5 12 19 26
Montag	4 11 18 25	1 8 15 22 39	6 13 20 27
Dienstag	5 12 19 26	2 9 16 23 30	7 14 21 28
Mittwoch	6 13 20 27	3 10 17 24	1 8 15 22 29
Donnerstag	7 14 21 28	4 11 18 25	2 9 16 23 30
Freitag	1 8 15 22 29	5 12 19 26	3 10 17 24 31
Sonnabend	2 9 16 23 30	6 13 20 27	4 11 18 25

Zoll 1 2 3 4

Erdkunde.

Afrika

Flüsse

Der Nil mündet in das mittelländische Meer und ~~entspringt~~ der westliche Arm entspringt aus dem Albert= Edwardsee. Der östliche Quellarm heißt Kagera geht durch den Viktoriasee beide vereinigen sich im Albertsee bei Chartum vereinigt er sich mit dem von Habesch kommenden Bahr el= Abjad (das heißt blauer= Araber Fluß.) und nimmt in Nubien den Atbara

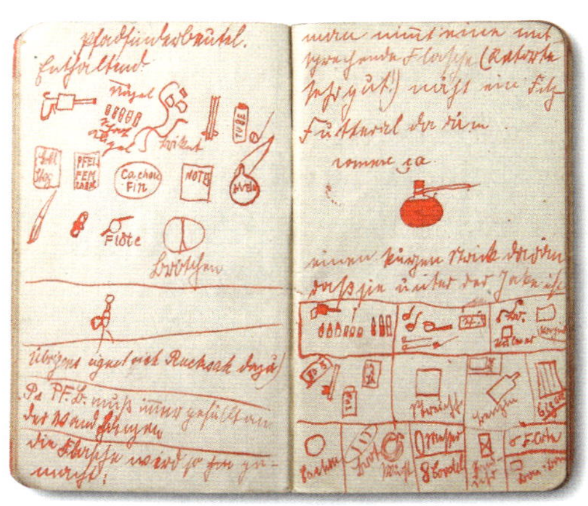

TUBE
NOTE
Flöte

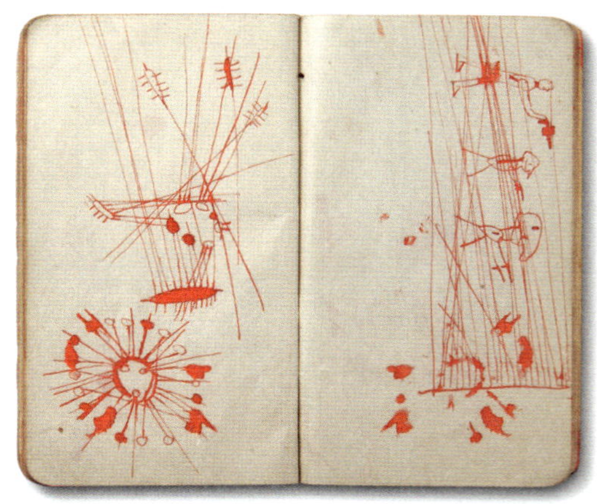

vorhergehende Seite und links
1908/09: Kalender von Friedrich Georg Jünger mit Eintragungen und Zeichnungen seines Bruders Ernst.

1895 Am 29. März als erstes von sieben Kindern des Chemikers Dr. Ernst Georg Jünger und dessen späterer Frau Karoline in Heidelberg geboren.

1901 Einschulung in Hannover; zahlreiche, durch Umzüge und schlechte Leistungen bedingte Schulwechsel bis zum Notabitur im August 1914.

Erstes Erhaltenes Tagebuch, 1908/09: In ein Notizheft mit Kalendarium und Zentimetermaß, worin sein Bruder Friedrich Georg zunächst Informationen für den Erdkundeunterricht gesammelt hat, schreibt der 14-jährige Ernst sein erstes Reisetagebuch. Im Rahmen eines Schüleraustausches ist er im Sommer 1909 bei einer Familie im französischen Buironfosse (in der Picardie) zu Besuch und beginnt, wie in fast allen späteren Reisetagebüchern auch, mit dem Aufbruch von zu Hause: »28. September 1909. Um sechs aufgestanden. Dreiviertel sieben bis acht von Rehburg Stadt nach Wunstorf. Von Wunstorf nach Bückeburg – Minden – Porta – Bad Oeynhausen – Löhne (Westfalen) – Herford – Bielefeld – Gütersloh – Hamm (Umgegend Kohlen, Drahtseilbahnen). Hier quatschen die Leute gern, und sagen immer: ›net wahr‹. Von allen Seiten sieht man große Kohlenbergwerke.« Den Rest des kleinen Hefts füllt er mit einer Reihe verschiedenster Zeichnungen und Kritzeleien, mit comicstripartigen Duell- und Wüstenschlachtdarstellungen, abstrakt ausgemalten Verwundungs- und Todesszenerien und einer ins Bild überführten Auflistung der Gegenstände, die in einen Pfadfinderbeutel gehören, vom Revolver angefangen.

Schon das erste Tagebuch zeigt die für Jüngers Tagebuchschreiben charakteristischen Eigenschaften: das Mischen verschiedenster Eintragungen, das gleichberechtigte Sammeln von Ich-Erzählungen, Notizen zu naturwissenschaftlichen Themen und Listen, von Bruchstücken und größeren Teilen; das Nebeneinander von Schreiben und Zeichen und deren Gebundenheit an die Linien, auf denen man Raum und Zeit durchquert, die Abhängigkeit des Schreibens und Zeichnens vom Reisen – und das Aneignen fremder Dinge, das Weiterschreiben in alten Büchern und Werbe-Kalendern – wie hier im Notizheft des Bruders.

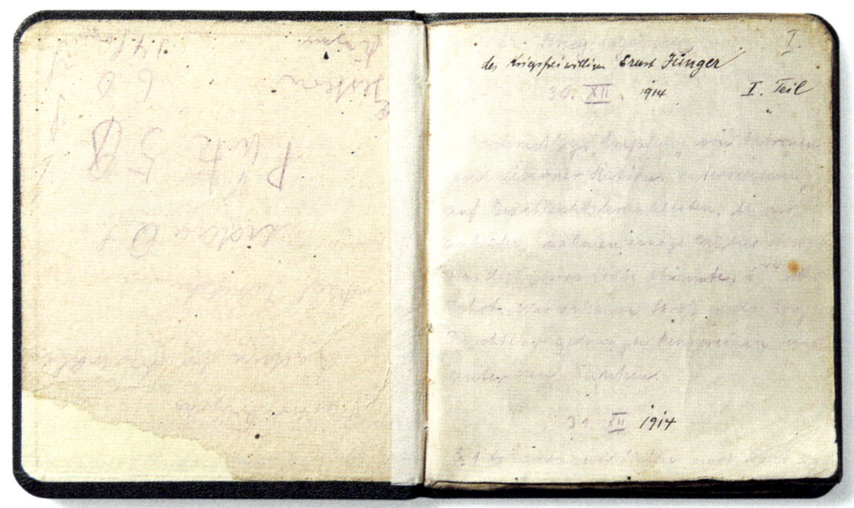
des Kriegsfreiwilligen Ernst Jünger
30. XII. 1914
I. Teil
31. XII. 1914

Eine bestimmte Schrankordnung hat auf einem an die Innen
seite der Schranktür geklebten
Zettel zu stehen. Jeder Kasten ist
mindestens zweimal monatlich
nach Schimmel, Grünspan und
Raubinsekten zu untersuchen,
Jeder Schaden muß unverzüglich
beseitigt werden. Der Schrank muß
immer verschlossen sein, und darf
nie Unnötiges enthalten. Die Schutz
präparate sind in bestimmten Zwischenräumen zu erneuern.

links 1914/15: Ernst Jüngers erstes Kriegstagebuch.

1913 Im November Eintritt in die französische Fremdenlegion, nach sechs Wochen Entlassung aus dem algerischen Ausbildungslager auf Intervention des Vaters.

1914 Im August, kurz nach dem Ausbruch des Ersten Weltkriegs, Meldung als Kriegsfreiwilliger und Immatrikulation an der Universität Heidelberg.

1915 Erste Verwundung, naturwissenschaftliche Studien im Lazarett in Heidelberg, im September Rückkehr als Fähnrich an die Front, im November Beförderung zum Leutnant.

Die ersten Tagebücher aus dem Ersten Weltkrieg (30.12.1914 – 14.1.1916): Der 19-jährige Jünger, der vier Monate nach Kriegsausbruch zum Jahreswechsel 1914/15 zu seiner Truppe stößt, verbindet diese Epoche seines Lebens von Anfang an mit dem Schreiben. Am 30.12. beginnt er das »Kriegstagebuch des Kriegsfreiwilligen Ernst Jünger. I. Teil«: »Nachmittags, Empfang von Patronen und eiserner Ration. Untersuchung auf Geschlechtskrankheiten. Als wir antraten, nahmen einige Mütter Abschied, was doch etwas trübe stimmte. 6.44 Abfahrt. Wir bekamen Stroh in die Wagen. Furchtbar gedrängte Pennerei in und unter den Bänken.« Am Kriegsende wird er fünfzehn kleine Bücher und Hefte mit rund 1500 Seiten gefüllt haben, dazu ein Käfer-Tagebuch. Jedes schickt er, sobald es voll ist, zu den Eltern nach Hause: die ersten zehn mit dunkelgrünem Einband und geprägter Nummerierung, die anderen unterschiedlich in Farbe und Form und von Hand beschriftet.

Längere erzählende Passagen stehen neben unmittelbar während der Kampfhandlungen geschriebenen Einträgen und Notizen aller Art: flüchtig in großen Buchstaben hingeworfene Einkaufs- und Rapportlisten, penible Inhaltsverzeichnisse der Tagebücher für eine Veröffentlichung, präzise Pläne für einen Käferschrank: »Eine bestimmte Schrankordnung hat auf einem an die Innenseite der Schranktür geklebtem Zettel zu stehen. Jeder Kasten ist mindestens zweimal monatlich nach Schimmel, Grünspan und Raubinsekten zu untersuchen« [Ende Mai 1915].
Jüngers Hefte zeugen bei weitem nicht so sichtbar von der Gefahr, wie er es später beschrieben hat: Bleistiftzeichen, »nervöse Stichworte, unleserlich wie die Wellenlinie eines Seismographen, der ein Erdbeben verzeichnet«. Manche Hefte allerdings brechen vor dem Ende ab: »Als ich inmitten der Heidelberger Blütenpracht aus dem Zuge gehoben wurde, dachte ich nicht, daß ich je wieder in den Krieg hinaus müßte.« [26.4.1916]
Wo der Text überhaupt nicht mehr lesbar ist, da scheint Jünger dem Tod unmittelbar in die Augen zu sehen. An einer Stelle zeichnet er eine umfangreiche Textstreichung zu einem Memento mori um: »[...] platzte bei der Kirche ein ganz schweres Shrapnell, das einen Pionier bis zur Unkenntlichkeit auseinanderriß und eine Salve von Splittern durch die Weißbuchenhecke schleuderte, an der ich eben langging. Doch was war das gegen die eben gehabten Schrecken? Un jeu d'enfant!« [28.12.1915]
In einem der letzten Tagebücher (in der nächsten Vitrine) redet sich Jünger die Todesangst durch Streichungen und Formeln

aus: »Das geht aber niemand anders etwas an. Deshalb wird es hier überkleistert. Amico pectus, hosti frontem O si tacuisses, philosophus mansisses [Dem Freund die Brust, dem Feind die Stirn O hättest Du geschwiegen, so wärst Du Philosoph geblieben] Quatsch Quatsch Mist Unsinn erledigt« [18. 3. 1918]. **Eine lange Liste der Gefallenen folgt.**

Aus der Schulzeit 1912/13: ein Deutschaufsatzheft und verschiedene Gedichte: »Noch gut« **bekommt Jünger für den Aufsatz über** »Die Exposition in Goethes *Hermann und Dorothea*« **und wird ermahnt:** »Maßhalten im Schmuck der Rede!« **Beispiele sind angestrichen:** »Durch seine anmutigen Windungen, die immer neue Blicke auf goldig schimmernde Kornfelder und grünumrankte Rebenhügel gewähren, schlängelt sich ein Pfad nach einem kleinen Ackerstädtchen, dessen saubere Häuslein die strahlende Sonne des Hochsommers mit dem Glanze einer anheimelnden, behäbigen Ruhe vergoldet«. **Auch den Schluss** (»Möchte doch jede Familie so mit leiblichen und geistigen Gütern gesegnet sein wie die des wackeren Wirtes«!) **kommentiert der Lehrer ernüchternd:** »Ein wohl kaum erfüllbarer Wunsch.«
Als solle das Leben dem Lehrer Recht geben, wird Jünger über zwei Jahre später, mitten im Ersten Weltkrieg, Goethes idyllisch anmutende Verserzählung wieder einfallen: »Wo ist sie geblieben, die behagliche Kultur des Lebensgenusses, dies breit dahinfließende Leben, das mich in den kleinen Städten Frankreichs so an das Städtchen in ›Hermann und Dorothea‹ erinnerte.« [1. 12. 1915]

Der Schüler Jünger gilt als Dandy und Poet: »Die Kunst ist auch bei uns vertreten / Durch Jünger oder den Poeten. / Auch er soll häufig einen heben / Und dann in höheren Regionen schweben / Das Büffeln läßt ihn ziemlich kühl, / Für Liebe hat er mehr Gefühl. / [...] Jetzt schreibt er diese Verse hier, damit / ihr lustig seid beim Bier«, **führt ihn eine Schülerzeitschrift ein. Die meisten seiner Jugendgedichte hat Jünger später verbrannt. Erhalten hat sich die Reinschrift eines** »Wandervogel«**-Gedichts samt eines auf der Rückseite mit nordafrikanisch anmutenden Figuren geschmückten Entwurfs:** »1. Im Namen aller fahrenden Scholaren / Begrüß' ich Euch, Ihr werten Gäste, / Die Ihr, durch Eure dicht gedrängten Scharen, / Nun rechten Glanz verleiht erst unserm Feste. // 2. Wenn Ihr nun fragt, wie wir dies Jahr verbracht / Und ob das Vöglein seine Flügel reg' geschwungen, / Wir haben manche schöne Fahrt gemacht / Und manches liebe Lied gesungen. // 3. Wir haben uns in Berg und Tal / In Wald und Feld herumgetrieben / Und sind so manches liebe Mal / Im Bauernhaus zur Nacht geblieben. / 4. Wir fanden manche Freundeshand, / Die uns beschirmte allerwegen / Und baute uns am Meeresrand / Ein Haus zum Schutze gegen Wind und Regen. / 5. Nun hoffe ich, daß diesen Tag / Sich jedermann von Freund und Gast / Recht herzlich amüsieren mag, / Befreit von Werktags Müh' und Last.«
Im Manuskript von *Der Legionär* zählt er säuberlich die Silben: »Dort steht der Grenzpfahl! Nun bin ich frei, / Nun sind die Qualen der Knechtschaft vorbei. / Vorbei die Schrecken der Wüstenglut, / Dort ist die Heimat, und alles ist gut. // Stets dacht

ich an dich als der Freiheit Land, / Unterm Zelt, im Gefecht, im Sonnenbrand. [...] // Da spür ich eine Faust im Kragen, / Und eine Heimatstimme hör ich fragen: / Wat liegt denn da? Der kommt aus die Legion. / Det is ja strafbar, komm, mein Sohn. // Ich fahre auf und sehe den Gendarmen. / Jetzt gehts ins Loch, da gibt es kein Erbarmen. / So rauh der süßen Schwärmerei entrissen, / Wird eins mir klar: 's ist hier wie dort beschissen.«

1918 Im August zum sechsten Mal verwundet, im Lazarett in Berlin und Hannover, im September Auszeichnung mit dem Orden »Pour le mérite«.

1919 Zugführer in der neugegründeten Reichswehr.

Tagebücher aus dem Ersten Weltkrieg (26.1.1916 – 10.9. 1918), ein Käfertagebuch (»Fauna Coleopterologica Douchyensis«, begonnen am 29.1.1916) und ein Notizheft von 1919: Der Tod ist in den Heften allgegenwärtig. Sein Gegenspieler sind die frechen Zeichnungen und Formulierungen (»Wenn ich über die grüne Wiese vor mir auf das zerschossene la Baraque sehe, dann muß auch ich, einst so kriegslustiger mir die Frage vorlegen: Wann hat dieser Scheißkrieg ein Ende?«, 24.5.1917), die heldenhaften Widmungen (an die Mutter: »Was auf die weißen Seiten / Mit krauser Schrift ich kritzeln werde / Noch ruht's im dunklen Schoß der Zeiten / Ein kleines Schicksal auf der großen Erde. / [...] Nur Todesnot und Grauen, / Stahlhärte gegen blutge Schmerzen / Wirst du in diesen Blättern schauen, / Und stille Hoffnung wunder Menschenherzen. / [...] Ich kann es wohl ertragen, / Mich reizt die wilde Schönheit der Gefahr. / Hier wirst Du lesen wie ich mich geschlagen, / und wenn ich fiel, daß es in Ehren war«, 26.1.1916) und die alltäglichen Rituale (wie das am 29.1.1916 begonnene Käfertagebuch).

Die Hefte haben starke Anfänge und Enden: »Ein großes Herz fühlt vor dem Tod kein Grauen, / Wann er auch kommt, wenn er nur rühmlich ist« [Ariost, *Rasender Roland*, 7.5.1917]. »Ich wünsche Glück und Kummer / durch Wechsel von Raum und Zeit / dann einen tiefen Schlummer / In Ewigkeit« [mit einem fünfzackigen Stern, 22.10.1916]. Die ›GIBRALTAR-Binde‹, das Zeichen von Jüngers Regiment, ziert vorne ein Heft: »Meine Füsiliere [...] haben in einem Trommelfeuer ausgehalten, wie es bisher die Welt noch nicht gesehn hat. Kaiser Wilhelm II., in Machauld, nach der Schlacht bei Perthes an die Prinz-Albrecht Füsiliere No.73« [1.7.1916].

Oft zeichnet Jünger zum Ende (›Finis‹) Granaten: »Der Spaß hier wird aber wohl nicht allzulange dauern, da wir in nächster Zeit noch einmal vorn ablösen sollen« [30.7.1918]. Neue Hefte anzufangen und alte abzuschließen, zeugt von Mut und Glück. Weiterschreiben ist Weiterleben und Leben Textarbeit: »Die Sprache ist noch vielfach zu trocken, muss durch Dialoge aufgefrischt werden. An Schilderung wichtiger Abschnitte etc. immer ausgeruht herangehen, die 2–3 ersten Morgenstunden ausnutzen« [»Zur Edition des Tagebuchs«, Einlage im Heft vom Januar 1918].

[illegible]

1. ENDE!

[illegible]

…vorstoß und 30 Gefangenen machte eine Wendung, die mir bedeutend klarer ist als unser Bericht.

29.7.15.

Wurden am Morgen abgelöst und kamen nach Morchies in Ruhe. Schön das in dieser Gegend übliche [illegible]. Um Morchies herum liegt mindestens ein [illegible] geschossener Frucht.

30.7.15.

Am Abend kamen wir noch weiter zurück. Wir fuhren mit der Kleinbahn über Quéant, Inchy bis Sauchy-L'Estrée.

Die Komp. wurde in Baracken in einem Waldstückchen bei Sauchy-Cauchy untergebracht. Das erinnert sehr an das Hannoveraner-Lager ein wenig [illegible]. Es ist schönes Wetter und eine schöne Landschaft, denn hier ist eine der wenigen Gegenden der Artois, die Wasser aufweisen. Der Aufenthalt hier wird aber wohl nicht allzu lange dauern, da wir in nächster Zeit [illegible] vorn ablösen sollen.

Finis!

links 1918: Jüngers letzte Kriegstagebücher.

Das letzte Heft hat zwei Schlussworte: Dem »ersten Ende« (»Ich habe 4 Jahre lang als Schütze und Führer gefochten, bin 7 mal verwundet und im Besitze vieler Orden und Ehrenzeichen, die ich an meiner Stelle erringen konnte. Wir Niedersachsen sind nicht leicht zu begeistern aber wenn wir uns eingesetzt haben, dann halten wir fest. Auch mein Herz hängt fest an der Sache, für die ich gekämpft und geblutet habe«) folgt ein zweites: »Ich bin kein Mann der Feder, trotzdem hoffe ich, daß mancher, der dies Buch aus der Hand legt eine Ahnung bekommen hat von dem, was von uns Infanteristen geleistet wurde. Wir haben viel, vielleicht Alles, auch die Ehre verloren. Eins bleibt uns: die ehrenvolle Erinnerung an die herrlichste Armee, die je existiert und an den gewaltigsten Kampf, der je gefochten wurde. Sie hochzuhalten inmitten dieses Zeitalters des Renegatentums und der moralischen Verkümmerung ist stolzeste Pflicht eines jeden, der nicht nur mit Gewehr und Handgranate, sondern auch mit lebendigem Herzen für Deutschlands Sache steht.« [10. 9. 1918].

Nach Kriegsende übt Jünger in der Reichswehr den Krieg im Alltag. »Kaffee holen«, »Posten stehen«, »Mantel« und »150 Patronen« steht neben Notizen zum Schützengraben im einzig erhaltenen Heft dieser Zeit. Die Zahlen sind gerahmt mit Swastiken (1920 wird die Swastika Zeichen der NSDAP), die in vielen Kulturen die Sonne symbolisieren.

1925

Ernst Jünger,
Leisnig i. Sa., Markt 20.

Zoolog. Notizen.

beg. Neapel, 25. 3. 1925

Journal V.

(Schnittfähiges Variables.)

V.1.	Aplysia	Fix. in Flemmings Gemisch Kons. " Alk. 90%	24.3.25.
V.2.	2 Balanoglossus	Fix in Pikr. Ess-Sr. u. Borax Kons. " Alk. 90%	24.3.25.
V.3.	Junge Eledone moschata	Fix. in Sublimat Ausgew. in Jod-Alk. Kons. " Alk. 90%	24.3.25.
V.4.	1 Annelide	Fix. u. Kons. in Alk. 90%	15.3.25
V.5.	Octopus Defilippi	Fix in Sublimat Gew. " Jod-Alk Kons. " Alk. 90%	15.3.25.
V.6.	Octopus vulg.	Fix. in Flemmings Gem. Kons " Alk. 90%	24.3.25.
V.7.	Zoëa-Larve nebst Branchiuren	Fix in Formol 10%	25.3.25.
V.8.	Sepiola o. Sepietta	Fix in Formol 10% + 3 Tropfen Ac. aceticum.	31.3.25.

links 1925: Jüngers zoologische Notizen aus Neapel.

1920 *In Stahlgewittern. Aus dem Tagebuch eines Stoßtruppführers.*
1922 *Der Kampf als inneres Erlebnis.*
1923 *Sturm*; Ausscheiden aus der Reichswehr, Studium der Zoologie und Philosophie in Leipzig.

Das erste Buch: *In Stahlgewittern* (erste Auflage 1920 mit Fotovorlagen für die Bebilderung, Korrekturexemplar der 13. Auflage 1931 für die 14. Auflage 1934 und argentinische Erstausgabe 1922, alle aus Jüngers Nachlass): Aus seinen Kriegstagebüchern erarbeitet Jünger sein erstes Buch: »Der Zweck ist, dem Leser sachlich zu schildern, was ein Infanterist als Schütze und Führer während des großen Krieges inmitten eines berühmten Regiments erlebt, und was er sich dabei gedacht hat. Es ist entstanden aus dem in Form gebrachten Inhalt meiner Kriegstagebücher. Ich habe mich bemüht, meine Impressionen möglichst unmittelbar zu Papier zu bringen, weil ich merkte, wie rasch sich die Eindrücke verwischen und wie sie schon nach wenigen Tagen eine andere Färbung annehmen. Es erforderte Energie, diesen Stapel von Notizbüchern zu füllen, in den kurzen Pausen des Geschehens, nach dem Tagewerk der Front, beim trüben Licht einer Kerze, auf den Treppen schmaler Stollenhälse, in zeltverhangenem Trichter oder feuchten Kellern von Ruinen; indes es hat sich gelohnt. Ich habe mir die Frische der Erlebnisse gewahrt. Der Mensch neigt zur Idealisierung des Geleisteten, zur Vertuschung des Hässlichen, Kleinlichen und Alltäglichen. Unmerklich stempelt er sich zum ›Helden‹«.

Die *Stahlgewitter* sind in hohem Maße künstlerisch durchgearbeitet, auch wenn man sie mit einem Erlebnisbericht verwechseln kann (in Argentinien erscheinen sie, als seien sie ein Lehrbuch, in der ›Bibliothek für den Unteroffizier‹). Alles andere als »unmerklich« inszeniert sich Jünger auch durch die Bildersprache des Buchschmucks als Helden. Als einzige seiner Tagebuchzeichnungen übernimmt er die ›GIBRALTAR-Binde‹ und die Sterne und lässt sie sogar auf den Umschlag der ersten, im Selbstverlag erschienenen Ausgabe drucken: »Das Stammregiment des Füsilier-Regiments 73 [...] verteidigte von 1779–1783 fast 4 Jahre lang unter General Elliot Gibraltar siegreich gegen die Spanier und Franzosen«. Die Sterne, die ebenfalls den Umschlag schmücken, begegnen dem Leser noch vor der ersten Zeile in den Ordenssternen wieder, die der reich dekorierte und stilisierte Jünger auf dem Frontispiz trägt.
Ein Manuskript, das diese Helden-Arbeit am Text zeigt, ist nicht erhalten, dafür zahlreiche Buchausgaben mit jeweils unterschiedlichen, zum Teil deutlich voneinander abweichenden Fassungen. Über Jahre hinweg schreibt Jünger an seinem ersten Buch weiter, als müsse er es an sich immer wieder neu anpassen. 1924 fügt er so zum Beispiel politisch-nationalistische Prophezeiungen hinzu (»Deutschland lebt und Deutschland soll nicht untergehen«), die er für die 14. Auflage 1934 wieder streicht und durch kritische Passagen ersetzt, die den kalten Erzählton persönlicher werden lassen, aber auch verstärken, weil sie die Distanz zwischen Beschriebenem und Beschreibendem vergrößern: »Ein Gespräch, das ich neben mir

erlauschte, machte mich nachdenklich. ›Was fehlt denn dir, Kamerad?‹ ›Ich hab einen Blasenschuß.‹ ›Ach, das macht nichts. Aber daß man so garnicht mehr mitmachen kann – – –‹«.

1925 *Das Wäldchen 125* [tatsächlich 1924], *Feuer und Blut.* Forschungsaufenthalt in Neapel, Heirat mit Gretha von Jeinsen (›Perpetua‹).
1926 Studienabbruch, Geburt des Sohnes Ernst (Ernstel), freier Schriftsteller.
1927 Umzug nach Berlin.
1929 *Das Abenteuerliche Herz. Aufzeichnungen bei Tag und Nacht.*

Zoologische Notizen (begonnen 25.3.1925) und Reisetagebuch (18.4.–5.5.1929): Aus den zwanziger Jahren haben sich weder die Manuskripte von Jüngers Büchern, seinen zahlreichen nationalrevolutionären Zeitschriftenartikeln und Vorworten zu Kriegserinnerungsbüchern und Fotobänden noch seine Tagebücher erhalten, weil er sie nach einer Hausdurchsuchung durch die Gestapo nach eigener Aussage 1933 verbrannt hat.
Einzig zwei Hefte sind dem Autodafé entgangen. Im ersten führt er Buch über zoologische Präparate, die er an der zur Erforschung der Meeresfauna von Anton Dohrn eingerichteten ›Stazione Zoologica‹ anfertigt. Jüngers Spezialgebiet ist die Anatomie der Tintenfische. Im zweiten Heft hält er stichwortartig eine von Neapel aus unternommene Reise nach Sizilien fest: »Während der Hinfahrt nach Palermo imitiere ich im Traum den Dr. Hielscher [der mit Jünger befreundete Nationalrevolutionär Friedrich Hielscher], ›Der Sinn des Lebens liegt in der Zerschrotung unserer individuellen Existenz‹ Am Vormittag Spaziergang mit Fischer durch die Gärten um Parzana, da maurische Pracht der Vegetation. Lange schwarze Nattern«. Außen notiert er, auf die bei Palermo gelegene Kreuzfahrerstadt Monreale und die Fahrt auf hoher See anspielend: »mon reale / alto mare«.
15 Jahre später, 1944, veröffentlicht Jünger die Einträge aus dem kleinen italienischen Schreibheft unter dem Titel *Aus der goldenen Muschel*. Eigennamen und erklärungsbedürftige Stellen lässt er weg, dafür beschreibt er ausführlicher und deutet die Vorkommnisse: »Vormittags nach der Landung Spaziergang mit dem Magister in den Gärten von Partana und ihrer maurischen Pracht. Durch die Terrassenbeete glitten lange schwarze Nattern wie Ahnungen dahin«.

***Der Kampf als inneres Erlebnis* (Erstausgabe 1922), *Wäldchen 125. Eine Chronik aus den Grabenkämpfen 1918, Feuer und Blut. Ein kleiner Ausschnitt aus einer großen Schlacht* (Korrekturexemplare für die Werkausgabe 1961) und das erste erhaltene Prosa-Manuskript, *Das Abenteuerliche Herz* (zweite Fassung 1938 mit Teilen der ersten Fassung 1929):** Nach den *Stahlgewittern* kondensiert Jünger aus seinen Weltkriegs-Heften weitere Kriegsbücher, für ihn in vielerlei Hinsicht die logische Fortsetzung: »Als ich diese Blätter geschrieben hatte, dachte ich, damit in bescheidener Weise einen Querschnitt durch das seelische Erlebnis des Frontsoldaten in einer ganz persönlichen Fassung gegeben zu haben, als Gegenstück zu einem kurz vorher veröffentlichten Buche, in welchem der Schwerpunkt auf das tatsächliche Erlebnis gelegt worden war« [*Der Kampf als inneres Erlebnis*]. Der »Querschnitt durch die seelischen Erlebnisse« fordert in allen drei Büchern eine neue Komposition: Jünger wechselt vom sachlichen zum expressionistisch-psychologisierenden Stil, konzentriert sich auf Ausschnitte, legt Wert auf Verallgemeinerbarkeit und theoretische Reflexion, ersetzt den Bericht durch Prophezeiungen und weist den an die Vergangenheit gebundenen Tagebüchern eine zukünftige Funktion zu.

Auch im *Abenteuerlichen Herz* nimmt Jünger Episoden aus den *Stahlgewittern* wieder auf und verknüpft sie mit ihren anderen Fortsetzungen. Teile der Sammlung kleiner Prosastücke, Essays, Lektüre- und Traumerinnerungen erscheinen schon 1927 unter dem Pseudonym »Hans Sturm« in der von ihm mitherausgegebenen »Kampfschrift für deutsche Nationalisten«, dem *Arminius*. Sein Alter Ego charakterisiert er 1923 in der Erzählung *Sturm*: »Viel lieber hätte er sich entweder als einen Mann der reinen Tat gesehen, der sich des Hirnes nur als Mittel bediente, oder als einen Denkenden, dem die Außenwelt lediglich als ein zu Betrachtendes von Bedeutung war.« Der Blick des intelligenten Kriegers erlaubt ihm ein Denk- und Schreibverfahren, das auf magische, durch Analogien und nicht kausale Zusammenhänge entstandene Beziehungen zielt: »Drei Zustände gibt es, die Schlüssel zu allen Erlebnissen sind: den Rausch, den Schlaf und den Tod. [...] Betrachte das Tier, als ob es ein Mensch wäre, und den Menschen als ein besonderes Tier. Betrachte das Leben als einen Traum unter tausend Träumen und jeden Traum als einen besonderen Aufschluß der Wirklichkeit. Dies alles vermagst du, wenn du über den magischen Schlüssel verfügst. Denn das eigentliche Leben breitet sich unter diesen seinen Formen aus, in die es sich zersplittert, um sich seiner selbst im Vielfältigen bewußt zu werden, und in denen es sich verschlingt, um sich an sich selbst zu sättigen«.

Die Arbeit am Text spiegelt diese Philosophie des Zersplitterns, Vervielfältigens und Zerstörens. Das *Abenteuerliche Herz* ist das erste von vielen Jünger-Manuskripten, das ein Aggregatzustand ist, der in andere Formen überführt wird (von der Handschrift zum Typoskript hin zum ›Typogramm‹ und den Vorstufen des Drucks), nicht aber ein statisches, in einen linear-chronologischen Entstehungsprozess eingebundenes Dokument. Das Kapitel etwa, das den mit ›erste Fassung‹ überschriebenen Stapel aus Handschriften- und ausgerissenen Druckseiten eröffnet, taucht erst in der zweiten Fassung und dann mittendrin auf: »Zu den Dingen, die mir in den Läden merkwürdig erscheinen, gehört der eigensinnige Hang der Kaufleute, die Ware, auch wenn sie an sich schon so vorzüglich verpackt ist wie etwa eine Schokoladentafel, noch mit einer besonderen Umhüllung zu versehen« [»In den Kaufläden I«].

KONTOBUCH
FÜR
1.1.1934
KE 110 P 144 Blatt
KE
DIE BLAUE KE-SERIE DIE BLAUE KE-SERIE

links 1934–40: Jüngers Kontobuch mit Aufzeichnungen.

1930 *Die totale Mobilmachung* (im von ihm herausgegebenen Sammelband *Krieg und Krieger*).

1932 *Der Arbeiter.*

1933 Erneute Ablehnung eines von der NSDAP angetragenen Reichstagsmandats und der Berufung in die Deutsche Akademie für Dichtung, Hausdurchsuchung durch die Gestapo, Umzug nach Goslar.

1934 *Blätter und Steine,* Geburt des zweiten Sohns Alexander.

Kontobuch (begonnen am 1.1.1934, genutzt bis 1940): Neben seinen Einkünften aus Publikationen notiert Jünger, der 1936 aus dem hessischen Goslar ins schwäbische Überlingen und 1939 ins niedersächsische Kirchhorst zieht, auch die Maße einer Wohnung, um Gardinen und Teppichböden zu bestellen, ebenso die Tapetennummern für Ess-, Schlaf-, Arbeits- und Wohnzimmer, Küche, Flur und Bibliothek.

Manuskripte: *Der Arbeiter. Herrschaft und Gestalt* (mit Entwurf, 1.–3. Plan zum Vorwort und »Vorarbeiten 2. Band«) und *Blätter und Steine* (Teil der 1. und 2. Fassung mit *Über den Schmerz, Lob der Vokale, Dalmatinischer Aufenthalt, Epigramme*): Jünger schreibt die ersten Skizzen und die Urfassung seines theoretischen Textes in fünf DIN-A5-Schulhefte. Der proteushafte Charakter, den er in der Arbeiterwelt entdeckt (»Es gibt hier keine Festigkeit der Formen; alle Formen werden ununterbrochen durch eine dynamische Unruhe modelliert«), bestimmt auch seine offensichtliche Text-Arbeit. Anders als die Nummerierung suggeriert, hält Jünger in den Schulheften keine aufeinander aufbauenden Texte oder gar die spätere Folge fest. Der Zusammenhang ist noch lose. Stichwort-, Thesen- und Titelcluster tauchen immer wieder auf, zu Bataillonen gruppierte und hin- und hergeschobene Wort- und Zahlenkolonnen. Manche Stellen sind rot angestrichen oder dazugefügt, als habe ein Lehrer den Text korrigiert, manche in Bleistift an den Rand gezwängt, als gälte es, die zentralen Ideen des romantisch-bürgerlichen Menschenbilds auch optisch zu schwächen: »I Der Typus II Die Technik III Die Gesellschaft IV Die Kultur V Die Innere (Politik) VI Die Äussere (Politik)«, steht rot und abgezählt in einem Kasten, daneben in Bleistift: »Genie«, »Schöpfer-Tum«, »Liebe, »Stil (Sprache)«, »Leidenschaft«. Immer wieder tritt auch auf den DIN-A4-Seiten der parallel zu den Arbeitsheften angelegten Reinschrift materialiter und nicht nur programmatisch die Welt des romantischen, »abenteuerlichen Herzens« gegen die nüchterne Welt der Arbeiter an: »In vino error!«, ›Im Wein liegt der Fehler!‹, kommentiert Jünger eine am 14.5.1932 durchgestrichene Passage der späteren Fassung samt ins Blatt gebranntem Loch. Wenige Seiten zuvor hat er noch den Rausch, den Wahnsinn und das Reisen in exotische Länder interpretiert: »Alles dies sind Formen der Flucht, in denen der Einzelne, nachdem er den Umkreis der geistigen und körperlichen Welt nach einem Ausweg durchlaufen hat, die Waffen streckt«.

Mon reale

alto mare

QUADERNO

di ....

per ....

Pompeji

Cartoleria Roma - A. Giannitrapani

PALERMO

Corso Vitt. Em. 225 & Via Roma 1-3

c. 1857 9-928

QUADERNO

DI Rhodos, II.

PER

SCUOLA .... CLASSE ....

ANNO ....

GRANDE CARTOLERIA

LEON CODRON

VECCHIO MERCATO N. 24

RODI—EGEO

vorhergehende Seiten Jüngers Reisetagebücher von 1929 (Sizilien) und 1938 (Rhodos).

Zu einem Abschnitt, in dem er Beispiele dafür sammelt, dass der Arbeiterstaat sich mancherorts schon in allen Konsequenzen verwirklicht, zeichnet Jünger ein Hakenkreuz, allerdings spiegelverkehrt zum Parteizeichen der NSDAP. An einer anderen Stelle baut er daraus labyrinthartige Gebilde. Der materiell sichtbare Teil des Manuskripts ist der behaupteten Laufrichtung der historischen Entwicklung entgegengesetzt. Die alte Welt der Kultur unterwandert die neue der Arbeit. Allein schon die Anfangs- und Schlussformeln konterkarieren mit ihren poetisch-theologischen Formulierungen das Bild vom Arbeiter: Das winzig klein in die linke obere Ecke gesetzte Hölderlin-Zitat »Bestehendes wohl zu deuten« eröffnet am 18.10.1930 die Reinschrift, in den Schulheften folgt dem »Definitiv abgeschlossen: Donnerstag, 11. August 1932 2 Uhr Nachmittags« die Formel »Quod Deus bene vertat!«, ›Was Gott zum Besten wenden wolle!‹

Zur zweiten Auflage der Essaysammlung *Blätter und Steine* legt Jünger selbst einen »Schlüssel« bei, der es zum Guten wenden soll und »den Keim zu einem selbständigen Zusammenhang« der einzelnen Kapitel enthält. »Gott allein ist uns allen gemeinsam«, findet sich in diesem ›Epigrammatischen Anhang‹ ebenso wie das Motto seines Ex libris (»In Stürmen gereift«) oder die Begründung für eine Arbeit am Text, die auf Ändern und Ausschneiden zielt (»Wer zur Ordnung vordringen will, muß sich auf die Kunst des Vergessens einlassen«, »Das Duell verfeinert die Sitten wie die Censur den Stil«).

1935 Zweimonatige Norwegenreise.

1936 *Afrikanische Spiele*, Reisen nach Brasilien und Gran Canaria, Umzug nach Überlingen am Bodensee.

1938 *Das Abenteuerliche Herz. Figuren und Capriccios* (2. Fassung des Werks von 1929).

1939 *Auf den Marmorklippen*, Umzug nach Kirchhorst bei Hannover, im August Einberufung als Hauptmann, übernimmt Abschnitte des Westwalls am Oberrhein.

Tagebücher und Reisetagebücher (Norwegen, »Brasil«, Rhodos) 1935–39: Von Mitte der dreißiger Jahre an werden die überlieferten Tagebücher, die Jünger als Fundus für seine literarischen Texte dienen, immer zahlreicher. Er füllt meist parallel unterschiedliche Tagebuchformate und -gattungen: Taschen- und Tischkalender, Schul- und Notizhefte, gebundene Kladden, Reise-, Garten- und Käfertagebücher. In den vierziger Jahren kommen die ebenfalls in gebundene Hefte eingetragenen Briefkonzepte dazu. Die Grenzen zwischen den unterschiedlichen Arten sind fließend, sie mischen bunt sachliche Notizen, Merklisten, Rechnungen, erzählende und essayistische Einträge, Traumberichte und zoologische Aufschriebe, kombiniert mit Fundstücken: Fährtickets, Blätter, Blumen und (später) alles, was sich pressen und kleben lässt, sogar Libellen und Schlangen.

Im Unterschied zu den Weltkriegs-Tagebüchern sammelt Jünger jetzt verstärkt romantisch-surrealistische Themen und poetische Wendungen. Die imaginäre Welt dominiert über die reale. Die Hefte der Brasilienreise, in deren zweites er die rote Blüte eines Flammenbaums aus Rio klebt, beginnt er am 19.10.1936 in Goslar: »Stadtwall in den Farben des Herbstlaubes. Gegen 1 Uhr in Hamburg. Suche nach den Alkohol-Geistern. Nachmittags einsamer Schlaf im Hotel-Zimmer; seine Dämonologie. Abends Spechts Weinstuben; Ziegler, Weinreich, A. E. Günther und Dr. Stapel. Verlief ausnahmsweise harmonisch. Gespräch über den Tod.«

Häufig finden sich Spuren der literarischen Auswertung direkt in den Tagebüchern. Sie werden zum Teil in andere Formate abgeschrieben, in neue Hefte übertragen oder auch im Nachhinein ergänzt und mit Seitenzahlen versehen. Neujahr ist ein idealer Lese- und Schreibtag, Zeit für Rückblicke und Neuausrichtungen: »Jetzt, mit 41 Jahren, fühle ich mich noch in einem sehr kindlichen Zustande, in keiner Weise kristallisiert. An meiner Bewegung durch diese Welt fällt mir als merkwürdig auf, daß ich eigentlich Tag für Tag wie im Nebel dahingleite. Wenn ich dagegen den zurückgelegten Abschnitt im Ganzen betrachte, erscheint er mir als sinnvolle Bahn – fast als ob ich einen mir noch unsichtbaren Punkt morgendlich ansteure« [Überlingen, 1. 1. 1937].

Ein Tagebuch, das er am 9. 7. 1939 beendete, nimmt er am 1.1.1947 wieder in die Hand, um es zu einem positiven Abschluss zu bringen. Der Mühe der literarischen Arbeit (»Marmor-Klippen. Merkwürdig, wie mir bei der Arbeit das Ganze aus den Augen kommt. [...] Das ›Packen‹ der Sätze, deren Teile mir meist sogleich geläufig sind. Doch macht es mir viel Mühe, sie in den Satz als wie in eine Schachtel einzupacken – mit denkbar bester Ökonomie. Im idealen Satz muss jedes Wort den Anteil von Schwere und Akzent besitzen, auf den es Anspruch hat«) steht das Tagebuchschreiben entgegen: »Man läßt Lichtspuren auf dem Wellenspiel gelebter Tage das sonst schnell dunkel wird. Auch will ich es mehr als Genuß, denn als Verpflichtung auffassen«.

Manuskripte: *Afrikanische Spiele* (mit Lebenszeugnissen‹ aus der Legionärszeit) und *Auf den Marmorklippen*: Jüngers veröffentlichte Texte speisen sich aus den Tagebüchern und bewahren diesen Charakter auch im Manuskript. Häufig mischt er unter die Manuskripte Kalenderblätter, Heftausrisse, Notizzettel und Karteikarten und klebt auch hier zunehmend Fundstücke ein, zunächst zur Ausschmückung besonderer Stellen, später nahezu durchgängig. Meist sind die an einen zeitlichen und räumlichen Verlauf gebunden: »beg. Sommer 1933, wiederb. 26. 8. 1934, beendet: 29. 2. 1936« oder »beg. Überlingen, i. d. letzten Tagen des Februar 1939, fortgeführt während des März in Leisnig u. beendet in Kirchhorst, den 28. VI. 1939.« In der Druckausgabe der *Marmorklippen* fügt er noch hinzu: »Durchgesehen im September beim Heer«.

Im Kontrast zu dieser bewussten zeitlichen Verortung steht der Werkcharakter, den Jünger seinen Manuskripten gern verleiht. Das Manuskript der Erzählung *Afrikanische Spiele* (ein Rückgriff auf seine Zeit in der Fremdenlegion) ist noch lose und in der Vorstufe nahezu so winzig wie der Brief vom 9.12.1913, den der achtzehnjährige Ernst nach einem Fluchtversuch von seinem Vater erhält (»Mit alten Leuten die Dienstvorschriften übertreten, ist die größte Dummheit, die Du machen kannst«). 1942 lässt er für die *Marmorklippen* erstmals einen ledernen Schuber anfertigen, der das Manuskript zum Buch macht, mit Titel auf dem Rücken und dem geprägten Rautenzweig, der auf das Haus des Erzählers anspielt: »Sonst aber lebten wir in unserer Rautenklause tagaus, tagein in großer Eingezogenheit. Die Klause stand am Rand der Marmorklippen, inmitten einer der Felseninseln, wie man sie hier und dort das Rebenland durchbrechen sieht. [...] Zu allen Zeiten aber säumten Haus und Garten die silbergrünen Rautenbüsche, denen bei hohem Sonnenstande wirbelnd ein krauser Duft entstieg.«

Jüngers Texte sind im Manuskript doppeldeutig: tagebuchhaft, biografisch, zeitgebunden und offen, aber auch überzeitlich, allgemein, abgeschlossen und zur Vollendung stilisiert. Der Ambivalenz des Manuskripts entspricht auch die Geschichte, die Jünger in den *Marmorklippen* erzählt und die von ihren Lesern komplementär interpretiert wurde: als Ausdruck eines totalitären, das Leben radikal unterordnenden Kunstbegriffs oder als Widerstandsbuch, dessen Personen (etwa der »Oberförster« als Hitler oder die beiden Brüder, von denen der eine in seiner Bibliothek, der andere im Garten und Pflanzensammeln aufgeht, als zwei Figurationen des Autors), Orte und Ereignisse sich zeitgeschichtlich entschlüsseln lassen.

JUILLET
Mercredi 22
Jeudi 23
Vendredi 24
JUILLET
Samedi 25
Dimanche 26
Lundi 27

AGENDA
MODERNE
1943

vorhergehende Seite und links Kalender Jüngers von 1942 und 1943.

1941 Mit dem Regiment nach Paris; ab Juni im Stab des Militärbefehlshabers von Frankreich.

1942 Publikationsverbot nach der Veröffentlichung von *Gärten und Straßen*, Inspektionsreise an die Front im Kaukasus.

1944 Jüngers Sohn Ernst wird wegen Bildung eines Widerstandskreises verhaftet, zur »Frontbewährung« verurteilt und fällt bei Carrara; Jünger kehrt von Paris nach Kirchhorst zurück, nach der Bitte um »Überstellung in die Führungsreserve« aufgrund eines Magenleidens wird er im Oktober aus dem Heeresdienst entlassen.

Kalender, Tagebücher, Adressbuch und »Briefkonzepte« aus dem Zweiten Weltkrieg (1940–45): Die Tagebücher werden zunehmend selbst zum Werk. Sie scheinen durch wiederkehrende Motive Teil eines künstlich und bedeutsam anmutenden Geflechts und dem Zufall der Zeit enthoben. Manche (wie das Heft von 1943, in das er 1953 als Zeichen von Leben und Tod für den Bruder Friedrich Georg ein Gras und für den gestorbenen Felix eine Blume einklebt, oder auch das 1943 angelegte Adressbuch, das er nüchtern durch einen Punkt mit Kreis für ›ausgebombt‹ und bei seinem eigenen Sohn durch das Kreuzzeichen für ›tot‹ aktualisiert) ergänzt Jünger noch Jahre später. Die Ähnlichkeiten scheinen, wenn nicht absichtsvoll, so doch schicksalhaft: »Traum. Halb in einem fließenden Wasser stehend, hielt ich mit zwei dünnen Stützen ein Wesen von mir ab, in dem sich der Körper einer Ratte mit einem Schlangenkopf u. Schlangenschwanz verband. Ich konnte es in der Schwebe halten, so daß die Strömung es nicht an mich trieb, doch lösten sich hin und wieder kleine, schwarze Parasiten von ihm ab und glitten, mit den Beinen tastend, dicht an mir vorbei. Endlich befreite mich aus dieser Lage ein Knüppelhieb, der über meine Schulter hinweg ins Wasser klatschte, und dem Wesen den Garaus machte, das nun bäuchlings stromabwärts trieb. Er rührte von einem Bauern her, der hinter mir hemdärmlig im Ufergras saß und mir gutmütig zunickte. Statt ihm zu danken, wandte ich mich von ihm, nachdem ich ihm zugerufen hatte: ›Don't disturb me!‹« [2. 2. 1940 in ein Heft, auf dessen Deckel ein ›T‹ eingeritzt ist.] Zwei Wochen später zeichnet Jünger in den hinteren Heftdeckel einen Schlangenkopf, der oberhalb des Kiefers in einen Menschenschädel übergeht. Zur Schnecke und zum Unendlichkeitszeichen, einer liegenden 8, geschlungen, taucht die Schlange in einem Tischkalender wieder auf: »In Gesellschaft von Sophie bei Gruel, Rue St. Honoré, der ein Etui für das Manuscr. v Marmorklippen bestellt, dazu ein Zeichen mit einem Rautenzweig, der es zieren soll.« [3. 1. 1940]
Jünger schickt die Tagebücher von der Front nach Hause (»da unsere Bewegung doch den Anschein hat, daß sie auf's Feuer zielt. Ich führe daher nur noch dieses Heftchen mit« [15. 5. 1940]) und legt zu ihnen »Nachträge« an: »2.) Zu einer Stelle (Bourges) an der ich sage, daß die Erinnerungen wie Stücke gesunkener Schiffe wiederkehren: sie treffen oft auch mit ähnlicher Wucht an der Oberfläche auf.« In ein Notizbuch mit Kalender von 1936, in dem er Nachträge aus dem Sommer

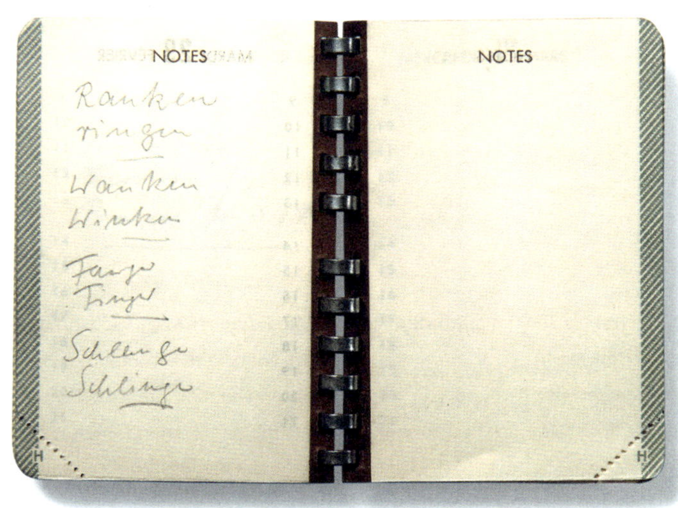
NOTES
Ranken
ringen
Wanken
Winken
Fangen
Fingen
Schlengen
Schlingen
NOTES

NOTES
NOTES

links 1944: Kalender von Jünger.

1940 abgearbeitet hat, schreibt er oben links das Programm: »Nota: Das Tagebuch ist noch zu überholen, unter anderem zu metallisieren!« Am 3.1.1943 (drei Tage, nachdem er am letzten Tag des Jahres das Büchlein umgedreht und von der anderen Seite begonnen hat) bestimmt er dieselbe Technik mit einer Metapher, die Kälte und Härte durch Hitze verflüssigt: »Tagebuch: kurze kleine Notizen wie Tee in Krümeln; ich gieße später bei der Abschrift das heiße Wasser auf, das ihnen das Aroma erschließen soll.«

Die kleinen Kalender sind anders als die größeren Formate noch unaufgegossen: »3.30 Picasso« steht samt Wegskizze beim 22.7.1942. In den *Strahlungen* wird daraus: »An seine schmale Tür war ein Blatt Papier geheftet, auf das mit Blaustift das Wörtchen: ›Ici‹ geschrieben stand. Nachdem ich geklingelt hatte, öffnete mir ein kleiner Mann in einfachem Arbeitskittel, Picasso selbst. Ich war ihm schon einmal flüchtig begegnet, und wieder hatte ich den Eindruck, einen Magier zu sehen – einen Eindruck, der damals noch durch ein spitzes grünes Hütchen gesteigert worden war«.

Manuskripte: *Strahlungen* und *Der Friede. Ein Wort an die Jugend Europas. Ein Wort an die Jugend der Welt* (mit dem ersten Manuskriptschuber, den nicht mehr Jünger, sondern sein Sammler Hans Peter des Coudres für ihn herstellen lässt): Aus den Kriegstagebüchern entsteht wieder ein umfangreicheres Werk: die 1949 erschienenen *Strahlungen* mit den Kapiteln »Das erste Pariser Tagebuch«, »Kaukasische Aufzeichnungen«, »Das zweite Pariser Tagebuch« und »Kirchhorster Blätter«.

Wieder entspricht das Manuskript bei weitem nicht der Druckfassung. Die Texte sind in Bewegung. Mit »Dies einfügen auf S. 81« wandert der Eintrag vom 6.12.1941, in dem Jünger kaum verhüllt seine Affäre mit der verheirateten Pariser Kinderärztin Sophie Ravoux schildert, um einen Tag nach hinten: »Als ich in der Nacht erwachte, fühlte ich, wie Charmille mit ganz zarten, schlanken Fingerspitzen mich abtastete. Sie zog zuerst die Hände nach, jeden Finger einzeln, besonders dort, wo die Nägel ansetzen. Dann nahm sie die Teile des Gesichts auf, die Augenlider, die Augenwinkel, die Jochbögen. Das war sehr angenehm, bezeichnend für dieses Wesen und seine Geistigkeit. Sie übte eine feine Meßkunst an mir aus; fast schien es, als ob sie mich verändern wollte, denn sie bewegte die Finger wie über eine Paste, einen feinen Teig. Dann legte sie die Hand auf meine Stirne und flüsterte mir ins Ohr: ›Mein armer Freund, mit der Freiheit ist es vorbei.‹«

Manchmal sortiert Jünger ausgerissene Kalenderseiten einfach bei anderen Daten ein. Der ursprüngliche Eintrag vom 7.12.1941 liegt in den *Strahlungen* beim Januar 1942, statt Sophie trifft Jünger nun den französischen Schriftsteller Céline, »groß, stark, ein wenig plump, doch lebhaft in der Diskussion oder vielmehr im Monolog. [...] man hat den Eindruck, daß er auf ein unbekanntes Ziel zuschreitet. ›Ich habe den Tod immer neben mir‹, dabei deutet er neben seinen Sessel wie auf ein Hündchen, das dort liegt. Sprach sein Befremden, sein

Erstaunen darüber aus, daß wir die JN [im Druck: Juden] nicht erschießen, aufhängen, ausrotten. [...]. Es war mir lehrreich, ihn derart zwei Stunden sprechen zu hören, weil die ungeheure Stärke des Nihilismus ihn umleuchtete. Diese Menschen hören nur eine Melodie, doch diese ungemein eindringlich. Sie gleichen eisernen Maschinen, die ihren Weg verfolgen, bis man sie zerbricht«.

Auch die Entstehungsdaten auf den Manuskripten folgen nicht unbedingt der Logik der echten Kalender: »concip. Winter 1941 / beg. 27.7.1943 Paris, Majestic / bee. 30.10.1943, 12^{45}«, steht auf dem *Friedens*-Manuskript, während im Kalender (der kleinen ›Agenda Moderne‹ mit dem Zusatz »Encore un!«) für den 27.7. nur der Bereitschaftsdienst und eine Maxime verzeichnet sind: »Die Popularität wird i. Allgemeinen um so stabiler sein, in je späterem Alter man sie erlangt«.

Optisch hebt Jünger den Unterschied zwischen authentischem und literarischem Tagebuch immer mehr auf. In den *Strahlungen* finden sich zum ersten Mal Einmischungen in größerem Umfang: Blüten und Fundstücke wie das Mistelzweigblatt vom 25.12.1943 oder noch einmal die Schlange mit dem Menschenschädel. Als wolle er das Büchlein mit dem ›T‹ im Nachhinein gerade deswegen seinem literarischen Werk ferner rücken, ernüchtert er es zum militärischen Format: »Da ich Derartiges noch nie so sah, so deutlich und so wach gesehen habe, zeichne ich es sogleich mit kurzen Strichen auf einen Meldeblock, der mir zu Händen liegt, und stoße dabei auf feine, sinnvolle Einzelheiten in der Anatomie, die sich dem ungeübten Stift entziehen. Auch fallen mir Züge des Leidens auf – mechanisch, stumpf und tief in sich verloren, wie sie solchen Wesen eigen sind.«

1945 *Der Friede. Ein Wort an die Jugend Europas und an die Jugend der Welt*, Ernennung zum Kommandanten des Volkssturm in Kirchhorst, nach Kriegsende Publikationsverbot in der englischen Besatzungszone.

1948 Umzug nach Ravensburg (französische Besatzungszone).

1949 *Strahlungen, Helipolis*.

Kalender, Tagebücher, Reisenotizen und »Stichworte« 1944–48: Wenn auch die kleinen Taschenkalender mit ihrer schlampigen Schrift der Realität am nächsten scheinen, so sind sie nicht deren einfaches Abbild. Jünger weiß, dass seine Hefte nichts enthalten dürfen, was in Feindeshänden gefährlich wäre: »Sto/OR hat um Ablösung gebeten. Zur Zeit [darüber: 8.00 OB!] nicht möglich. General bedauert das, Angelegenheit sei eilig. Effenberger überzählig. Stellenbesetzungsliste wurde durchgesprochen. Wasilschenko, durch Wöller [?] geändert. General will nach Möglichkeit christliche [?] Offz. behalten. Sodann 799 trinkt Wasser. Möglichst [?] den gelegentlichen Strich machen, da bei weiterem Bohren Unzufriedenheit zu gross. Strafbefugnisse mögl. wie in deutschen Truppen. Andere Strafe wie Strafe wie Strafexerzieren. Dies hat V. Z. Zeit d[?] durch Befehl unterbunden« [20.7.1944, Tag des Hitler-Attentats, über das Jünger informiert war, in einem Hérmes-Kalender].

Im Krieg ist das Spiel mit den eingesammelten Kleeblättern, Reimwörtern und Gedichten ein romantisches Tarngewand, Ablenkung und vielleicht auch Geheimcode. Seit 1944 nehmen die Zitate aus Bibel und Dichtung zu: »Mühelos aber empfingen nur wenige die Freude / die von allen Werken dem Leben ein Licht ist« [Pindar, Juni 1941], »Novalis in den ›Hymnen an die Nacht‹ über das Jenseits ›Die Lieb ist frey gegeben / Und keine Trennung mehr. / Es wogt das volle Leben / Wie ein unendlich Meer –‹ [...] Hierzu die überlegene Antwort Jesu, Markus 12, auf die Frage der Sadduzäer, mit wem sich das Weib, das viele Männer hatte, nach dem Tode vereinen wird. Wir dringen zum höchsten geistigen Element der Liebe vor, von dem irdische Berührung nur Gleichnis ist« [26.3.1945].

Je kleiner das Heft, desto gefährlicher die Entstehung: »Beginn eines kleinen Heftes statt des grossen Journales, wie immer in gefährlichen Verhältnissen. Vorgestern auf der Plattform von Sacré Coeur, um einen Abschiedsblick auf die große Stadt zu tun. Ich sah die Steine in der heißen Sonne zittern wie in der Erwartung neuer historischer Umarmungen« [10.8.1944, vier Tage bevor er Paris verlässt].

Als Volkssturmkommandant kann Jünger wieder zu größeren Formaten greifen, selbst wenn er den Notfall vorbereitet: »Verlesung der Namen / Wer hat gedient [...] Kann Gewehr handhaben? / Sanitäter / Armbinde! [...] Übungs-Handgranaten!«

Nach Kriegsende werden die Hefte auffälliger. Am 18.8.1945 eröffnet Jünger ein altes Kontobuch von 1832 mit einem Blatt von Goethes Urpflanze, dem Ginkgo, am 14.10. ein »meergrünes Rosenkranz-Tagebuch« mit den filigranen Blättern des Feuerahorns, am 26.10. ein Heft mit einem Käferbild (›Pachymerus margine punctatus Wolff‹, einem ›gepunkteten Samenkäfer‹) neben einer Merkliste für eine Reise: »Kamm-Bürste / Seifen, Haaröl! / Handtuch! / Zahnbürste, Rasierzeug / Klingen, 3 / [...] Notizbuch, Adressbuch! / Lebensmittelmarken!«

Die ›Agenda Bijou‹ von 1946 liefert mit »Golkonda von reinstem Wasser« (sehr klarer Diamant aus dem indischen Goldgebiet Golkonda) dem Roman *Heliopolis* den Wortschmuck: »Da blitzten sie alle, die hohen Lichter, nach denen Sklavenheere den blauen Grund durchwühlen, den Staub der Wüsten sieben, den Schwemmsand der Ströme seihen – [...] Kein Ophir, kein Golkonda brachte sie hervor.«

Blatt aus den *Strahlungen*« vom 13.5.1945 (Kapitel »Kirchhorster Blätter«) und Notizen und Manuskripte zu *Heliopolis*: Fünf Tage nach der deutschen Kapitulation nimmt im Manuskript der *Strahlungen*, in denen Jünger das erlesene Aussehen der echten Tagebücher fingiert (»das rote Nashorntagebuch« oder »das Schlangenhaut-Journal«), eine Streichung ein ornamental-exotisches Ausmaß an: Palmenbögen und zu Kreisen stilisierte Wellenbänder überlagern das Blatt, ein Vogel und ein Seestern markieren Himmel und Meer.

Anderthalb Jahre später entwirft Jünger am 14.1.1947 ein ähnliches Bild auf der ersten Manuskriptseite seines utopischen

centauro
BLUE N.° 1

T. B.

links Jüngers Notizheft-Formate aus den vierziger und siebziger Jahren.

Romans *Heliopolis*: »Es war dunkel im Raume, den ein sanftes Schlingern wiegte, ein feines Beben erschütterte. In seiner Höhe kreiste kaleidoskopisch ein Lichtspiel von Linien. Silberne Funken zerstreuten sich, blinkend und zitternd, um sich tastend wiederzufinden und zu Wellen zu vereinigen. Sie sandten Ovale und Strahlenkreise aus, die an den Rändern verblaßten, bis sie sich wieder zum Anfang wandten [...]. So folgten sich die Figuren wie auf einem Teppich, der in rastlosen Würfen entrollt und wieder gebogen wird. Stets wechselnd, niemals sich wiederholend, glichen sie sich doch wie Schlüssel zu denselben Räumen oder wie das Motiv aus einer Ouvertüre, das sich durch eine Handlung webt. Sie wiegten die Sinne ein. Ein feines Brausen taktierte sie, das an den Schlag entfernter Brandungen erinnerte, und an den Rhythmus von Strudeln, die man an der Felsenküste hört. Fischschuppen glänzten, ein Möwenflügel durchschnitt die Salzluft, Medusen spannten und lockerten die Schirme, die Wedel einer Kokospalme wellten sich im Wind. Perlmuscheln öffneten sich dem Licht. In submarinen Gärten fluteten die braunen und grünen Tange, die purpurnen Schöpfe der Seerosen. Der feine weiße Kristallsand von Dünen stäubte auf«.

Noch zwei Wochen vorher, am Neujahrstag 1947, hat Jünger in einem ganz anderen Format begonnen und schnell abgebrochen, das aufgrund seiner auffälligen Materialität Assoziationen herbeizitiert, die dieser Szene vollkommen entgegengesetzt sind: Wald und nicht Meer, Reich der Dunkelheit und nicht Sonnenstaat – ein in Holzfurnier gebundenes Heft, das ein Hirschkäfer ziert. Ein Zitat von Søren Kierkegaard, das Jünger am Heiligen Abend 1946 auf einen Zettel schrieb und diesem Buch beigelegt hat, begründet den radikalen Format- und Materialwechsel metaphysisch: »Gott schafft alles aus Nichts / und alles – was Gott brauchen will / macht er erst zunichte«.

„Trüblü"

Olten

Real turtle en tasse

Orange pressé

14.10.

links 1951: Notizheft von Ernst Jünger.

1950 *Über die Linie*, Umzug nach Wilflingen, Reise nach Paris und Antibes.
1951 *Der Waldgang.*
1952 *Besuch auf Godenholm.*
1953 *Der gordische Knoten.*
1954 *Das Sanduhrbuch*, erste Reise nach Sardinien.

Kalender, Notizhefte, Adressbuch (1951 begonnen), Reisetagebücher (Schweiz, Carrara, Antibes, Florenz) 1950–55 und ein Herbarium von 1954/55: Besitzen die Tagebücher in den beiden Weltkriegen einen deutlichen Werkcharakter, so verliert sich dieser in Friedenszeiten. Die Hefte müssen im Todesfall des Autors nicht das Werk ersetzen. Auf literarische Projekte (wie *Über die Linie* oder die Übersetzung der *Maximen* von Antoine de Rivarol) wird in den Kalendern nun häufiger verwiesen, als an ihnen gearbeitet. Die Lust am Zufall und Gekritzel, an gezeichneten einfachen Symbolen und burlesken Szenen nimmt zu: Augen, Tintenfische oder die zur Textgliederung so scharenhaft eingesetzten, jetzt zu Blumen umgeformten Sternchen.

Jünger hält zwar immer noch über den Zeitlauf hinweg die Fäden zusammen, klebt Blumen und Blätter vom Grab seines 1944 gefallenen und 1952 nach Wilflingen überführten Sohnes Ernst ein, nimmt liegengelassene Projekte wieder auf und füllt halbleere oder von anderen begonnene Hefte – wie das Notizbuch von 1946 (das schon ein Mal umfunktioniert wurde, indem er »Heliopolis« durch »Notizen zum Pariser Tagebuch« ersetzte) oder das im frühen 19. Jahrhundert angefangene Exzerpt aus einem Werk des Naturwissenschaftlers Moritz Borkhausen über »100 deutsche Holzarten«. Doch er konzentriert sich – auch in den Zeichnungen sichtbar – wie nie zuvor auf die Arbeit im und am Augenblick. »Ich schaue mir. Ich betrachte mir. Ich sehe mir an«, variiert er auf Berlinerisch die Arten des Sehens [2.2.1952].

Mit dem neuen Tagebuchstil entdeckt Jünger auch eine neue literarische Gattung für sich: die Sammlung von Aphorismen, Maximen und Kürzestprosastücken. In einem Notizbuch mit »Stücken zu ›Sgrafitti‹« verwirft er deren Gegenstück, den von Grund auf durchkomponierten Text, in dem alles mit allem ursächlich zusammenhängt, indem er dessen Metapher auf Augenfälligkeit prüft: »Stil: ›verzweigtes Wurzelwerk‹ ist besser zu vermeiden, obwohl logisch einwandfrei. Das Unbehagen, das solche Wendungen erwecken, beruht eher auf einer Trübung der Symbolsprache« [8.3.1951].

Manuskripte *Der Waldgang, Besuch auf Godenholm* und *Der gordische Knoten*: Jünger entfaltet wie schon aus den Tagebüchern des Ersten Weltkriegs auch aus denen des Zweiten Weltkriegs und der Nachkriegszeit unterschiedliche Publikationen, wobei er auch im Manuskript Wert darauf legt, die literarischen Projekte aus dem individuellen Lebenszusammenhang auszugliedern: »Wurde zunächst im ›Journal‹ von S. 861–965 begonnen und nummeriert. Ist aber selbständiges Mscr.«, steht auf der Mappe zum *Gordischen Knoten*, einem

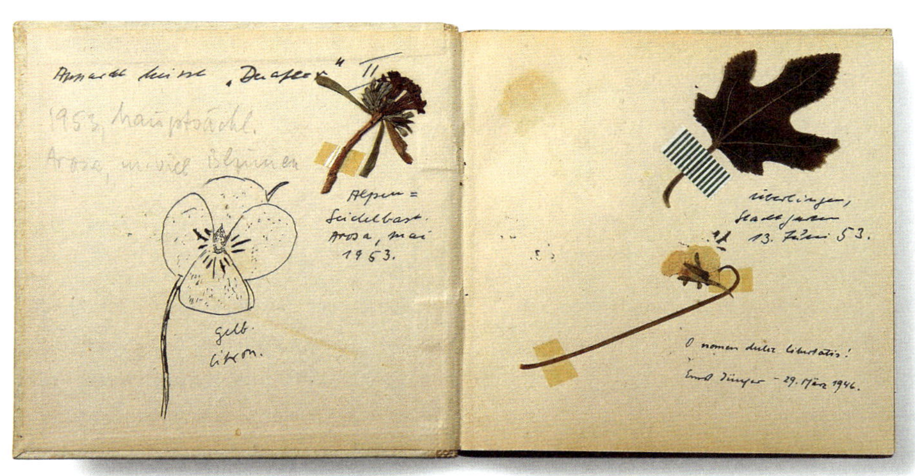
Alpen=
Seidelbast.
Arosa, Mai
1953.
gelb
citron.
Überlingen,
Stadtgarten
13. Juni 53.
O nomen dulce libertatis!
Ernst Jünger – 29. März 1946.

Rankt sich in
den Lebensbaum.
(11.9.1948.)
Überlingen, 1.9.1956.
Kapuziner-Kresse der
alten Form, aus F.S.'s
Garten.

links Kalender von Jünger aus den vierziger Jahren, weiterbearbeitet in den fünfziger Jahren.

Verkaufserfolg der fünfziger Jahre, in dem er über die für ihn schicksalhaft notwendige ›Prüfung‹ des Abendlandes durch den Osten räsoniert.

Auch im *Waldgang* stellt Jünger schon im Manuskript die mythisch-zyklische Zeit und nicht die historische Entwicklung ins Zentrum: Aus drei Schwüngen lässt er auf der Folgeseite drei springende, delphinartige Wesen aus dem Textfluss auftauchen. Das Manuskript wird zum Meer, zum durch Ebbe und Flut zyklisch bestimmten Element. Das freie und serielle Ornament ist das Pendant zu Jüngers ›Waldgänger‹: »Er lässt sich durch keine Übermacht das Gesetz vorschreiben, weder propagandistisch noch durch Gewalt. Und er gedenkt sich zu verteidigen, indem er nicht nur Mittel und Ideen der Zeit verwendet, sondern zugleich den Zugang offen hält zu Mächten, die den zeitlichen überlegen und niemals rein in Bewegung aufzulösen sind.«

Für den Roman *Besuch auf Godenholm* verwendet Jünger wie bei *Heliopolis* ein in Holzfurnier gebundenes Buch, dieses Mal mit Blütenranken verziert und auch voll geschrieben, obwohl es mehrere Anfänge besitzt: Zu dem am 11.4.1950 begonnenen Text klebt er eine Blüte vom 3.11.1956, dazu sucht er mit unterschiedlichen Tinten den richtigen Titel (»Ein Abend auf Godenholm / Das Gastmahl auf Godenholm / Besuch auf Godenholm«, »Hoch im Norden / Nordlichter / Am Nordwege«) und schreibt gleich den zweiten Satz doppelt auf: »Sie fuhren über die schmale Enge von Preston nach Godenholm. Das Meer war grau und von so unbewegter Glätte, daß selbst am Saum der Klippen keine Bewegung zu spüren war. Schwärme von Wasservögeln ruhten reglos, als ob sie schliefen, auf der Flut. Das Meer war grau und von so unbewegter Glätte, daß selbst am Saum der Klippen keine Bewegung zu spüren war«.

1956 *Rivarol, Gläserne Bienen.*

1958 Reise in die USA.

1959 *An der Zeitmauer*, Reise nach Griechenland.

Taschenkalender, Adressbücher, Notizhefte, Reisetagebücher (Sardinien, »Italienische Studien«), ornithologische Notizen, Herbarium 1954–60: Jünger sammelt in seinen Tagebüchern alles, was transportabel ist, nicht nur Blüten und Blätter (unter anderem eines, das er am 8.10.1958 auf der Marbacher Schillerhöhe mitgenommen hat), sondern auch magische Zeichen, sardische Worte, Rezepte wie das für einen Käse-Auflauf (»Schweizer Käse, Weissbrot in Schnitten und wie Ziegelsteine nebeneinander, 1/2 l Milch, 2 Eier vermischen, darübergiessen u. backen (mit Oberhitze). Schnitte muss v. unten her schön braun werden«, [11.8.1956]), Kalendersprüche und Horoskopankündigungen (»Nicht so unbeteiligt sein. Man steht Ihnen hilfreich zur Seite, wenn Sie nur wollen« [Silvester 1956/57]), Eintrittskarten, gezeichnete Spinnen, Kunstpostkarten, Fotos und Grafiken wie die drei Vexierbilder von M.C. Escher, die er 1957 deutet: »Verwandlung von Fischen u. Vögel« und »links: Magische Verwandlung von rennenden Schulknaben«.

FISH AND FOWL in duplicate formation merge into one pattern. Shapes of the birds are gradually formed in the spaces that separate the rows of fish.

Mauritz Escher

Verwandlung von Fischen in Vögel.

RUNNING BOY cheerily turns into tiles which then become part of houses.

SPHERE was drawn in three views as if it were being deflated into a flat disc.

Links: Magische Verwandlung von rennenden Schulknaben.

links 1957: Tagebuch von Ernst Jünger.

Manuskript und ›Anmerkungen‹ zu *An der Zeitmauer*: Jünger schreibt verschiedene Bücher über die Zeit, die für ihn eng mit räumlichen Schwellen verbunden ist: Mauern, Linien, Klippen oder auch das Nadelöhr einer Sanduhr. An diesen Schwellen öffnet sich für ihn der Blick in eine andere Welt, eine dritte, wenn nicht vierte Dimension.

Diese kosmisch-mythische Vertikale, die sich am Anfang und Ende der Horizontlinie einer zeitlichen Entwicklung abzeichnet, prägt auf verschiedene Weise auch das Manuskript der *Zeitmauer*. Jünger unterstreicht schon den Titel mit einem Korrekturzeichen, das jedoch ohne Referenz bleibt und so zum Bild wird: eine horizontale, von zwei Vertikalen begrenzte Linie. Dazu importiert er durch die Wahl besonderer Beschreibmaterialien unterschiedliche historische Zeiten und Horizontvorstellungen. Das Schulheft für die ›Anmerkungen‹ knüpft an das Manuskript des *Arbeiters* an, als dessen Fortsetzung Jünger die *Zeitmauer* versteht: »Während der *Arbeiter* sich mit soziologischen Fakten beschäftigte, untersuche ich nun jenen Abschnitt des Planes, der die historischen Maßstäbe und die im Geschichtsraum gesammelten Erfahrungen verlässt«. Die Kalenderblätter, die sich durch das Manuskript durchziehen – allesamt Abbildungen christlicher Motive –, markieren Himmelsschwellen und Zeitenwenden: eine Frau mit verbunden Augen (Allegorie der Synagoge vom Straßburger Münster), die Hand Mariens oder die ›Herabkunft des Geistes über die Völker‹ aus einem mittelalterlichen Kodex.

Schon der erste Satz, geschrieben am 26.1.1957 in Marbach, führt die Zeit eng und staut sie: »In der vorliegenden Schrift sind zwei nicht nur zeitlich einander folgende, sondern auch thematisch verschiedene Arbeiten verschmolzen. [...] Die erste Fassung wurde mit dem Neuen Jahr 1957 begonnen und in ihren ersten Tagen abgeschlossen; um diese Zeit steigt die Flut astrologischer Deutungen und Vorhersagen besonders stark an«.

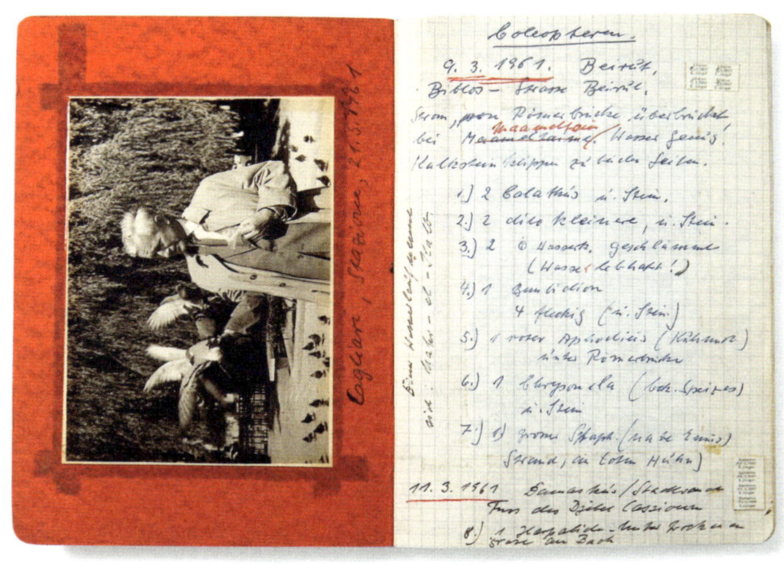
Coleopteren.
9. 3. 1961. Beirut,
11. 3. 1961

Riedlingen, 1960
27. 4. 61.

links 1961: »Briefkonzepte« von Jünger.

1960 *Sgraffiti, Der Weltstaat*, Tod von Gretha Jünger.
1961 Reisen nach Syrien, Jordanien, den Libanon und Frankreich.
1962 Heirat mit Liselotte Lohrer (›Stierlein‹), Reisen nach Ägypten, in den Sudan, auf die Halbinsel Sinai, in die Steiermark, nach Spanien.
1963 *Typus, Name, Gestalt.*

Kalender, Notizhefte, »Konzepte«, Reisetagebücher (Damaskus, Ägypten, Sardinien, Benicasim, Xylokastron) und »Coleopteren« 1959–65: »Die Zeit eilt, teilt, heilt«, schreibt Jünger am 30.6.1963 in Heppenheim in seinen Kalender und setzt sie so folgerichtig auch in seinen Aufschrieben in Szene. Vieles ist flüchtig für den Augenblick notiert, anderes dient wie Scrabble und Schiffe-Versenken dem Zeitvertreib. Ein Kalenderblatt zitiert an einem Freitag, den 13. September 1963, Shakespeare: »Was wir wissen, ist des Zufalls Spiel, nur der Gedank' ist unser, nicht das Ziel«.

Die voranschreitende Zeit reibt sich an Inseln, an denen der Blick hängen bleibt: Vermischungen von Zeiten und Räumen oder auch Zeit und Ort enthobener Formulare und Muster. Ein Foto aus Cagliari klebt neben einem Eintrag zu Damaskus, archaische Vasenbilder neben griechischen Blüten. 1964 verkehrt ein Neujahrsgruß die Verhältnisse: »Du glaubst zu nadeln, und Du wirst genadelt«, steht unter der Zeichnung, auf der ein Insekt Menschen aufspießt. 1960 legt Jünger in ein Tagebuch einen kleinen Kalender ein, ein Geschenk der Teefirma Meßmer, um Zeit und Raum zu bemessen – für Jünger Erinnerung an seine 18 Jahre zuvor gefundene Metapher: »Tagebuch: kurze kleine Notizen wie Tee in Krümeln; ich gieße später bei der Abschrift das heiße Wasser auf, das ihnen das Aroma erschließen soll«.

›Aufgegossen‹ und abgeschrieben für ein publizierbares Reisetagebuch wird aus dem Eintrag vom 9.3.1961 (»Biblos. Blaue und rote Anemonen zwischen dem hellen Kalksteinen. [...] Blutige Opfer. Einmal im Jahr nur Menschen, an den übrigen Tagen durch Tiere ersetzt. Immer wieder ist T. das eigentliche Opfer des Menschen, das Tier ›bedeutet‹ ihn nur, wie das Lamm beim Abendmahl«): »Byblos. Das Wort soll mit ›Buch‹ zusammenhängen, erinnert an den Papyrushandel mit Ägypten; der phönikische Name ›Gabal‹ soll zusammenhängen mit dem arabischen ›Djebal‹ (Berg). Am Strande große rosa Muscheln, Signalhörner. Auf dem Trümmerfeld. Tempel, die man nacheinander ausgrub, hat man nebeneinander aufgebaut. Spätere Ausgräber benennen vielleicht den dort herrschenden Stil den ›archäologischen‹. Die Opfergaben wurden in Metallen und Metallbildern dargebracht. Man tauschte sie gegen Naturalien ein. Goldschmiede und Juweliere waren also die nächsten am Tempel. Einmal im Jahre wurde ein Mensch geopfert, an den übrigen Tagen traten Tiere an seine Stelle ein. Immer wieder ist ›Er‹ das eigentliche Opfer, alles andere Dargebrachte ›bedeutet‹ ihn«.

Manchmal (wie bei dem Text zum Bild der »CARUSSA GRAZIARUM«) übernimmt Jünger auch nahezu unverändert: »Dieses Bild einer Schlangenkönigin (?), die einen Menschen verschlingt, kommt häufig in den Malereien und Skulpturen vor. [...] Motto der Kartäuser: ›Ora et labora‹. Jede Zelle hat einen Eingang mit Loggia und Gärtchen, mit Eßraum und Arbeitsraum und einem Schlafraum im ersten Stock. [...] Die Kartäuser wurden sehr alt, trotzdem heißt es, daß die Lebenszeit ihnen schnell verstrich« [4. 9. 1963, Sardinien].

Sgraffiti **(Typoskript), mit verwendeten und abgelegten Maximen zu ›Leben und Tod‹,** ***Herbst in Pontresina*****;** ***Der Baum*****;** ***Typus, Name, Gestalt*****;** ***Gesteine*** **(Manuskripte) und Korrekturexemplare zum 7. und 9. Band der ersten Werkausgabe:** ›Werk‹ und ›Fassung‹ sind bei Jünger kein Gegensatzpaar; die beiden Manuskriptformen verhalten sich bei ihm nicht wie ›fest‹ und ›flüssig‹, ›ewig‹ und ›vergänglich‹, ›vollendet‹ und ›vorläufig‹, ›absolut« und ›relativ‹.

Manuskripte verwandelt er durch Schuber, besonderes Papier, Schmuckelemente und seine zum Logo stilisierten Initialen in buchartige Körper, denen die Vergänglichkeit eingeschrieben und -geklebt ist. Signatur, Datenreihe und die Serie der zwangsläufig dazugehörigen nächsten Textstufen – die funktionsbestimmenden Büromappen (›Typogramm‹, ›Typoskript‹, ›Satzvorlage‹, ›Abschrift‹, ›Copie‹) – binden sie an die Augenblicke einer individuellen Biografie. Pergament, geschöpftes Papier und Leder sind Zierrat der Bibliophilie, doch die getrockneten Blüten verlieren ihre Farbe und werden brüchig, der Tesa ebenso (dass er auch Papier schädigt, wusste Jünger in den späteren Jahren).

Auch Jüngers Werkausgaben sind Fassungen. In der ersten Ausgabe seiner ›Gesammelten Werke‹, die 1960–65 im Ernst Klett Verlag erscheint, verändert er auch bei schon lange publizierten Texten den Wortlaut, zum Teil kürzt er radikal. Im *Abenteuerlichen Herz* begradigt er eine zu künstlich verdrehte Formulierung (»eine Erhöhung, die der Mensch empfindet, wenn dessen Auge in den Blickpunkt des Schicksals rückt«): »wenn er das Schicksal zu erkennen glaubt«. In den *Marmorklippen* lässt er auf Anraten seiner späteren Frau Liselotte (»Dr. L«) die klangähnlichen ›Marmortreppen‹ durch ›Marmorstufen‹ ersetzen.

Gern wählt Jünger Titel, die auf Phänomene anspielen, in denen Dauer, Ursprünglichkeit, Verwitterung und Auslöschung zusammenspielen: ›Bäume‹, ›Gesteine‹, ›Steine und Blätter‹, ›Stahlgewitter‹, ›Marmorklippen‹ oder ›Strahlungen‹. Selbst das *Abenteuerliche Herz*, als Anklang an das Märchenmotiv des steinernen und kalten Herzens, gehört in diese Reihe. Ebenso *Sgraffiti*, wie Jünger seine nach *Mantrana* (1958) zweite Epigrammsammlung letztlich nennt (statt »Standflächen«). Ein Sgraffito ist ein in frischen Putz gekratztes Bild, eine besonders in der Renaissance und im Art déco beliebte Technik. Auch Epigramme sind ursprünglich geritzte oder gemeißelte Inschriften und für Jünger an den fruchtbaren, ›frischen‹ Augenblick gebunden: »Eine Alhambra aus Epigrammen: musivische Arbeit, bei der ein Teilchen die anderen ergänzt. Wenn sie zerstört werden, nehmen die Steinchen Juwelencharakter an. Barbaren tragen sie als Talisman«.

Verwendete Textbausteine sammelt Jünger daher genauso wie (noch) nicht verwendete. Sie zielen, und seien sie noch bescheiden auf Karteikarten getippt und in einfache Kuverts gesteckt, als Talismane auf das Höchste, was sich denken lässt: »Sollte es nicht zur Zusammensetzung kommen, so bliebe eine Sammlung von Sinnsprüchen über Leben und Tod«.

1965 Abschluss der zehnbändigen Werkausgabe, Beginn des Tagebuchwerks *Siebzig verweht*, Reisen nach Ostasien (Stationen u. a. in Ägypten, Malaysia, Singapur, Hongkong, Japan, Formosa).

1966 Reisen nach Korsika und Angola.

1967 *Subtile Jagden*, Reise in die Pyrenäen, nach Paris und die Lüneburger Heide.

1968 Reise nach Rom als Ehrengast der Villa Massimo, nach Elba, Island, Amriswil und Straßburg.

1969 *Federbälle*, Reisen nach Juist, ins Piemont und nach Marokko.

Kalender, Notizhefte, Reisetagebücher (Rom, Island, Angola, Giramondo), »Konzepte«, »Coleopteren« 1965–69: Eine Woche nach seinem 70. Geburtstag, am 30.3.1965, schreibt Jünger in ein Briefkonzeptheft: »Das biblische Alter ist erreicht – merkwürdig genug für einen, der in der Jugend niemals das dreißigste Jahr zu erleben gehofft hatte. Noch kurz vor meinem 23. Geburtstag, am 29. März 1918, hätte ich mit dem Teufel paktiert: ›Gib mir dreißig Jahre, die aber sicher, und damit Punktum!‹« Er kann nicht ahnen, dass aus dem Projekt, das damit beginnt und für das Lebensende geplant ist, wieder ein ganzes Lebenswerk entwächst. Die Arbeit an *Siebzig verweht*, einer Sammlung kurzer Betrachtungen, begleitet ihn die nächsten dreißig Jahre bis kurz vor seinen Tod 1998. Zwischen 1980 und 1997 erscheint sie in fünf Teilen.

Anders als in vielen anderen Reisetagebüchern ist hier der Innendeckel bis auf eine bibliothekarische Anmerkung von anderer Art leer gelassen. Weder Blatt noch Bild markieren diesen Neuanfang, bei dem Jünger in Gedanken zurück in seine Jugend und aus ihr wieder in die Gegenwart reist: »In der Jugend ist eine trübe Grundstimmung häufig, als ob der Herbst seine Schatten vorauswürfe. Die Welt ist neblig, dunkle Blöcke ragen hervor. Allmählich wird die Sicht klarer; auch Leben muß gelernt werden. Kann ich eine Erfahrung anläßlich eines Datums mitteilen? Vielleicht diese: Die großen Abschnitte der Geschichte beginnen mit einer neuen Religion und jene im Leben des Einzelnen mit einem neuen Gebet. Das ist eine Wahrheit, aber kein Rezept. Beter und Träumer ist jeder, auch wenn er es nicht weiß. Er vergißt, was er im Schlaf getrieben und im Namenlosen verrichtet hat. Wenn es ernst wird, zerbricht auch die Form des Gebets«.

Die technischen Verfahren, die Jünger einsetzt, um allmählich in und mit den Tagebüchern zu einem publizierbaren Buch zu kommen, sind immer noch dieselben: Notieren, Nachtragen, Einfügen, Abschreiben, ›Aufgießen‹. Die Lebenshaltung, die

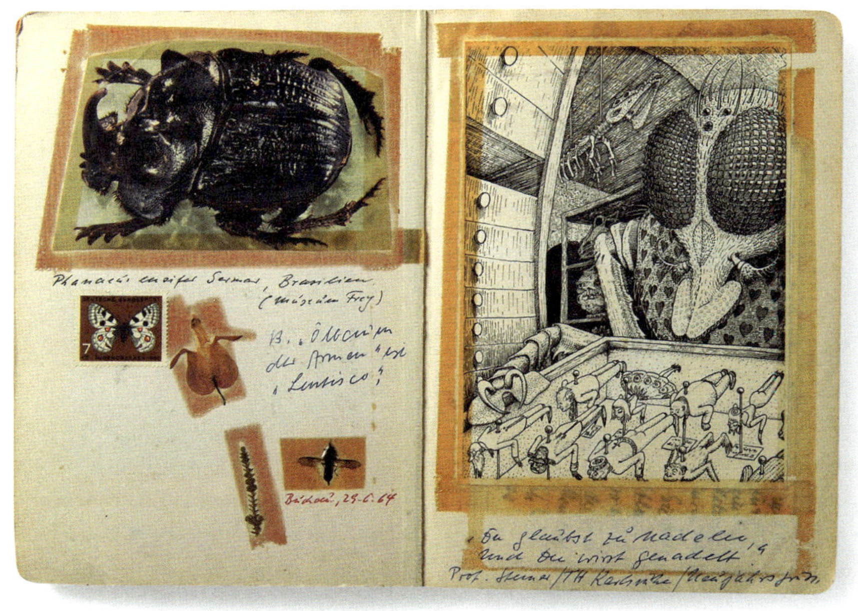

30.6.63

Die Zeit
eilt,
teilt,
heilt

links Jüngers Käfertagebuch (1964/65) und Notizheft (1963).

von nun an alles bestimmt, ist zunehmend die einer lakonisch mit dem Alter kokettierenden Ironie: »Zum ersten Mal elektrisch rasiert, mit Unterrichtung des Stierleins« [30.12.1967, über eine Eintrittskarte des Gesangvereins ›Frohsinn‹].

Subtile Jagden **(Manuskript und Arbeitsexemplar) und *Annäherungen. Über Drogen und Rausch* (Manuskript):** Drei Tage nach dem Gala-Abend auf dem Kreuzfahrtschiff ›Principe Perfeito‹ schließt Jünger ein Manuskript ab, in dem seine entomologische und bibliophile Sammelleidenschaft im Zentrum steht. Schon das Titelblatt, das er anfertigt, ist ein Sammlerblatt und Zeugnis einer dritten ›feinsinnigen‹ Jagd, der Jagd nach den verschiedensten Textstufen, wenn unter der Blüte einer »Schwarzen Malve; Garten, 30.8.1966« steht: »Begonnen: 21.1.1964 in Wilflingen / Beendet: 10.12.1966 an Bord des ›Principe Perfeito‹ / Typogramm beendet: 7.4.1967«. (Jünger bereitet den Druck durch ›Typogramme‹ vor: Typoskripte, die zum Wortlaut den Bildwert der Texte festhalten und betonen). Mag auch noch so häufig das Wort ›Ende‹ fallen, bei Jünger ist nie etwas abgeschlossen. So heißt es 1938 in der zweiten Fassung des *Abenteuerlichen Herzens*: »Der Palast der Leser ist dauerhafter als jeder andere«. Und der Autor ist sein erster Leser. Mit jedem Schreib-Ende ist so ein Übergang in eine andere Form verbunden. Von *Über den Rausch*, in dem er seine mit Albert Hofmann durchgeführten LSD-Experimente beschreibt und 1970 unter dem Titel *Annäherungen. Drogen und Rausch* publiziert, existieren zahlreiche Manuskript-Varianten: Stapel, die wie die *Subtilen Jagden* ihre eigene Entstehung thematisieren (»Nach opulentem Mahl im Garten, 9.X.1967«, »Prächtiges Herbst-Wetter«); gebundene Hefte und Mappen mit Entwürfen, Nachträgen, Vorworten, Material (»Nicht Verwendetes oder noch zu Verwendendes«) und »Parerga« (›Beiwerk‹).

Das nach opulentem Mahl im Garten verfasste Manuskript beginnt: »Einige praktische Erfahrungen mögen sich den Gedanken über die Theorie des Rausches anschließen. Spannung und Entspannung, Verdichtung und Lähmung, Kompression und Betäubung kennzeichnen die Ambivalenz des Rausches und seines Lebensgefühls. Die Möglichkeit des Exzesses ist immer gegeben – excellere heißt ›herausgehen‹ und hier ist es die Norm, die verlassen wird. Was nun in praxi als Exzess gilt, hängt von der Norm ab, die mit dem Wechsel der Umwelt eine mehr oder minder beschränkte Toleranz gewährt. Im technischen Raum, in dem die Uhren eine immer größere Rolle spielen, ist diese Toleranz sehr knapp geworden; die Maschine duldet kein noch so flüchtiges Herausgehen aus der meßbaren Zeit. Sie fordert Askese und verträgt sich nicht mit der Droge, die zum Genuß konsumiert wird – im Gegenteil: dort, wo drogiert wird, soll die Normalität erhöht werden. Das gilt für den Großteil aller Tabletten und Pillen, durch die psychische und physische Verstimmungen korrigiert werden«.

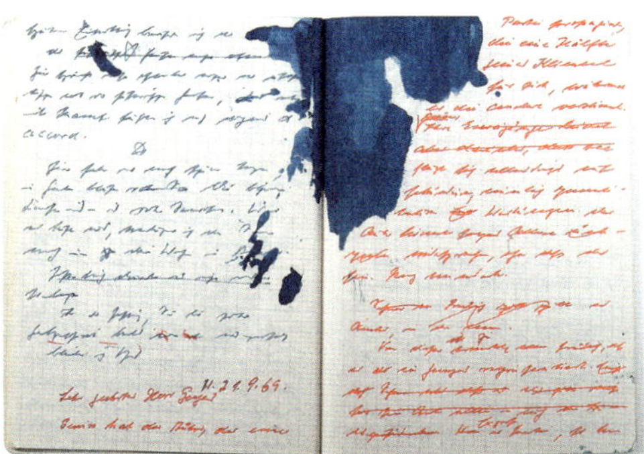

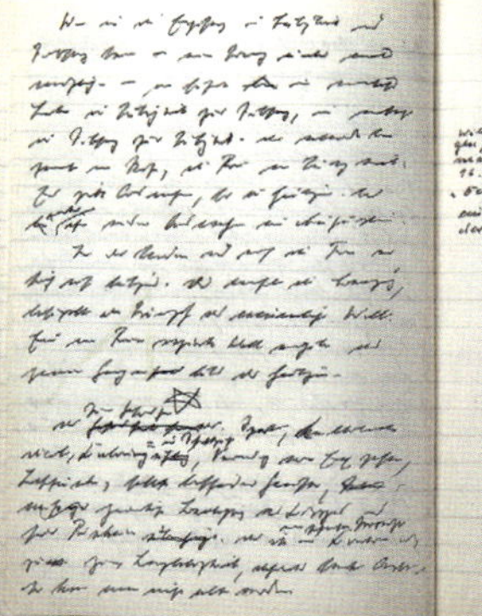

links Jüngers Reisetagebücher, »Briefkonzepte« und Arbeitshefte aus den siebziger Jahren.

1970 *Annäherungen. Drogen und Rausch*, Reisen nach den Kanarischen Inseln und Paris.

1972 Reisen nach Paris, Laon, Tunesien, Alanya (Türkei).

1973 *Die Zwille*, Reisen nach Ceylon, Paris, Djerba und in die Schweiz.

1974 *Zahlen und Götter. Philemon und Baucis. Zwei Essays.*

Taschenkalender, Notizhefte, Reisetagebücher (Kreta, Alanya, Djerba, Ceylon, Agadir, Gran Canaria, Hammamet, Paris und Pressac), »Konzepte« und »Coleopteren« 1969–75: Einen großen Platz nehmen in Jüngers verschiedenen Tagebuchformaten Personen- und Adresslisten ein, in denen die Gäste für Weihnachtsfeste und Geburtstage oder wie am 6.7.1970 der Empfängerkreis von Belegexemplaren festgehalten wird – meist eine bunte Mischung aus Verwandten, Freunden und Verehrern: An Jüngers Sammler Hans Peter des Coudres werden die *Annäherungen* ebenso verschickt wie an den Sohn Alexander und die Witwe des Sohnes Ernst, den Sekretär Heinz-Ludwig Arnold, den LSD-Freund Albert Hofmann und den Philosophen Martin Heidegger, den Jünger seit den dreißiger Jahren kennt und dessen Tod 1975 er in seinem Adressbuch mit einem Kreuz vermerkt.

Jünger wirft in unterschiedlichen Bereichen seine Netze aus und setzt die Beute in Beziehung zueinander. Auch wenn er Käfer sammelt. Zu den im Juni 1970 in Las Palmas gesammelten Marienkäfern ergänzt er: »145 Am Swimming-Pool, zwei Coccinella; den ersten brachte Stierlein aus dem Wasser mit, den zweiten sah ich fliegend im Gras. Der kleine Adonia vanegata schwarze Punkte auf der Fd. – Beinchen fehlt bei dem kleineren Stück. Vergleichen mit den Exemplaren der Oase Faran (Sinai).« Die Aussicht durch Palmen schmückt den Käferfund 78 am 30.3.1973 in Ceylon: »Unter Kuhfladen: Zwei Mondhörner, männlich und weiblich«.

Auch nach der Veröffentlichung der *Subtilen Jagden* arbeitet Jünger in Tat und Theorie an diesem Buch weiter: »[Be-]sondere Berufs-Gefahren von Entomologen (z.B. Agadir) Sturz in den Felsen. Schema der Genüße der ›Subtilen Jagden‹: Örtliche / Geographie / Puzzle // Zeitlich: Die Erinnerung (das Journal) // (S. Casablanca) // Das System (Verbindung von Zeit und Ort sowohl logisch wie durch Bilder) // Wenn Jeder diese Genüsse kennte, gäbs bald keine Käfer mehr« [Gran Canaria, Juni/Juli 1970].

Den entomologisch-botanischen Exkursionen und eingeklebten Sammlerstücken folgen oft abrupt Ausflüge in die Sprachphilosophie: »Auch in der Sprache vermitteln die Moleküle eher – ›das Schiff der Wüste‹, ›der Zahn der Zeit‹, Schiff, Zahn und Zeit sind beständiger« [Hammamet, 4.4.1972].

Zweite Maschinenabschrift von *Zahlen und Götter*, Manuskript von *Die Zwille* und Ordnerablage zu *Siebzig verweht* (1966–70, 1971–75): »Sind Begegnungen heute noch möglich?« Jünger, der Naturwissenschaftler, Krieger und Arbeiter, versucht in vielen seiner Texte die Erfahrungen des Wunderbaren und Mythischen, Göttlichen und Höheren dem Leser

Ceylon
Journal.
März 1973
LEINETAL SPEZIAL · GES. GESCH.

links 1973: Jüngers Reisetagebuch (Ceylon).

durch deren auffällige Negation nahezubringen, die immer wieder den Verdacht erzeugt, es gäbe sie doch. Aufklärung und Technik sind für ihn nur die zweite Tür ins Paradies. Auch bei seiner Textarbeit betreibt er diese Arbeit am Mythos durch bedeutsames Zerstören des Mythos konsequent bis in die kleinsten Zeichen. Aus getippten, die Abschnitte voneinander trennenden Pluszeichen werden im Buch wieder Sternenzeichen. Wörter ersetzt er, wo möglich, durch Zahlen, was umso auffälliger ist, wenn der Text – wie *Zahlen und Götter* – eben davon auch noch handelt: »Die Zahl als Ziffer ist den Göttern feindlich, und ihr Triumph bedeutet deren Sturz.« Steht in der »2. Abschrift (in 3 Exe.)« von *Zahlen und Göttern* noch das Wort als Überschrift, so triumphiert in der Buchausgabe die Zahl: Aus dem Kapitel »Götter« wird »Zweiter Teil«.

Wie schon im Manuskript des *Arbeiters* verwendet Jünger auch in dem der *Zwille*, seine mit einem Hanfblatt geschmückten Kindheitserinnerungen, verschiedene Zeitrechnungen: Der am 20.6.1971 in Wilflingen begonnenen und ebendort am 6.8.1972 um 14 Uhr beendeten Niederschrift ist ein »Q.D.B.V.« nachgesetzt: ›Quod Deus Bene Vertat‹, ›Was Gott zum Besten wenden möge‹.

1977 *Eumeswil*, Reisen nach Marokko, Paris und Sizilien.

1978 Beginn der 18-bändigen Edition der *Sämtlichen Werke*.

1979 Reisen nach Liberia, Griechenland, Verdun und Paris.

Taschenkalender, Adressbuch, Notizbücher, Reisetagebücher (Agadir, San Pietro, Liberia, Korfu, Taormina, Malta, Paris, »Cherche Midi«, Griechenland), »Konzepte« und »Coleopteren« 1975–79: Jünger hat seine Tagebücher immer wieder in die Hand genommen, nicht nur als Grundlage seiner Werke, Ergänzung und eigenen Ort seiner Sammlungen, sondern auch als vielseitige Erinnerungshilfe. Säuberlich, als trage er ein Rezept in ein Kochbuch ein, schreibt er sich im September 1978 zwischen Briefentwürfen gymnastische Übungen im Liegen und mit Ball vor: »Liege = Atmungen / a. Unternabel = Atmung / Daumen unter Nabel / Ausatmen: Hu oder Uh (Gaumen!) / b. Flanken = Atmung / Finger an Rippe / Seitliche Dehnung! / O, A oder Ha Seufzen / c. Brust-Atmung. Heben der Brust bis zum Schlüsselbein. Ausatmen: Phi / d. Alles zusammen / Immer: Nase ein, Mund aus / Atem soll zuletzt bis 18 vorhalten.«

Wie Kochbücher und Familienbibeln sind Jüngers Tagebücher Generationen überdauernde Zeitreisekoffer. Im Reisetagebuch »Cherche Midi« klebt er drei an verschiedenen Tagen gesammelte vierblättrige Kleeblätter ein (»Wilflingen, Feldmark 16.7.1979 Dem lieben Stierlein ein besonders Grosses«, »Wilflingen, 8. Juli 1979, am Grab von Heinrich Andres, dem ich sagte:

Griechenland
1. V. 1979 – 9. 5. 79
10
80 g/qm holzfrei

links 1979: Jüngers Reisetagebuch (Griechenland).

›Du könntest mir ein Vierblatt gönnen.‹«, »Am gleichen Ort. 10.7.79«). Neben einer Landkarte von Skandinavien erinnert er sich auf Sardinien an seinen Vater: »Am Ufer, 17.9.78, heute kein Bad, weil das gestrige vollkommen war. Neptun zeigt sich günstig: ich hatte früher hier auf Sardinien auch mit seinen Wettern und Ungeheuern zu tun. Dem Vater war er unheimlich. Es wurde ihm sogar unbehaglich, wenn er über eine Brücke ging«.

Im afrikanischen Liberia schwenkt er am 11.3.1979 unerwartet 91 Jahre zurück: »Heinrich Wölfflin [ein berühmter Kunsthistoriker] notiert am 30. November 1888 in seinem Pariser Tagebuch: ›Es muß irgendwo in der Welt ein großes Glück erschienen sein, sonst wäre ich nicht so fröhlich wie heut.‹ Ein liebenswerter Zug. Das heißt, das eigene Glück in der Harmonie der Welt finden. Es gibt auch die negative Wahrnehmung. 1938, im Nebel an den Waldrändern von Überlingen umherirrend, fühlte ich eine Bedrückung – als ob irgendwo in dunklen Höhlen etwas Unerhörtes ausgebrütet würde – das war, kurz bevor ich mit der Niederschrift ›Marmorklippen‹ begann. Wölfflin am 12. Dezember 1888 über das Unvermögen der Philosophen, ›letzte Fragen‹ zu lösen: ›Wir sind auf eine kurze Zeit Zuschauer eines ungeheuren Schauspiels, dessen tiefster Sinn uns verschlossen ist. Das ist alles, was wir wissen …‹ Der musische Mensch erkennt, daß ihm das Bild mehr geben kann als die Idee. Dieses Unvermögen wohnt aber auch der Kunst inne: mehr als Annäherung kann nicht erreicht werden«.

Eumeswil **(Manuskript und Typogramm) und *Siebzig verweht* (Ordnerablage 1968–78 und Notizen im Blindband zu den 1978 in den *Sämtlichen Werken* erschienenen *Annäherungen*):** Jünger, dessen Manuskripte immer durchgängiger mit Blüten und Blättern geschmückt sind, verwendet diese nicht nach einem einheitlichen System. Manchmal, aber nicht immer, passen sie zum Seiteninhalt; oder er hat sie zu Bildern oder augenfälligen Serien arrangiert. Sie werden sowohl im Voraus – um nicht auf weiße Blätter schreiben zu müssen – als auch im Nachhinein auf Manuskripte geklebt. Sie werden von ihm um- oder überschrieben oder überwuchern wie im Manuskript von *Eumeswil* den Text, als sollten sie einen der Sätze beweisen, der sich darin findet: »Eines der Symbole geschichtsloser Räume ist die Deponie. Der Raum wird durch den Abraum bedroht. Der Schutt wird nicht mehr bewältigt wie in den Kulturen; er überwächst die Bildungen.«

»Es gibt ein archivarisches Gewissen, dem man sich selbst zum Opfer bringen muß«, lässt Jünger den fiktiven Erzähler von *Eumeswil* sagen, der in einer Art postmodernem Bildungsroman die Papiere seines Bruders herausgibt und auch unveröffentlichbare und unzusammenhängende Zeugnisse nicht verbrennt, sondern nur deponiert: »Den Hauptteil der Papiere bildet eine Menge datierter und undatierter Zettel: Abrechnungen und Notizen aus seiner nächtlichen Tätigkeit, dazwischen Passagen in Hieroglyphenstil. Und dann die Aufzeichnungen, zu denen ich den Epilog schreibe. Sie sind besser zu lesen, wenngleich die Handschrift oft flüchtig ist.«

W. 23. X. 1982

Inhaltsverzeichnis

W. 26. X 82

links Jüngers »Briefkonzepte« (1980) und Reisetagebuch (Venedig, 1982).

1980 *Siebzig verweht I*, Reise nach Paris und Griechenland.
1981 *Siebzig verweht II*, Reisen nach Singapur und Griechenland (Rhodos).
1982 Besuch des argentinischen Schriftstellers Jorge Luis Borges in Wilflingen, Dalmatienreise.
1983 *Aladins Problem*, Reise nach Portugal, Abschluss der ›Sämtlichen Werke‹, Besuch des italienischen Schriftstellers Alberto Moravia in Wilflingen.
1984 *Autor und Autorschaft*, Teilnahme an der deutsch-französischen Versöhnungsfeier in Verdun auf Einladung von François Mitterrand und Helmut Kohl.

Taschenkalender, Adressbuch, Notizhefte, Reisetagebücher (Venedig, Griechenland, Orebič, Portugal, Rhodos, Santorin), »Konzepte«, »Colepteren« 1980–84: »Dieu nous donne les noix mais il ne nous les casse pas«, ›Gott hat uns die Nüsse geschenkt, aber er knackt sie nicht für uns‹ [19.3.1980]. Mit den Worten, die Jünger in seinen Tagebüchern ausschüttet, verhält es sich ähnlich: »Für die geistige Beute der subtilen Jagd«, hat jemand in ein Heft geschrieben, bevor er es ihm schenkte. Diese Beute in ihrer Fülle zu entschlüsseln, das ist ein nahezu unmögliches Unterfangen. Selbst wenn die oft durch Schreibgeschwindigkeit oder Schreibort verzogenen und verwackelten Wörter lesbar sind, so ist mit ihnen noch lange kein verständlicher Sinn verbunden und der Kontext geklärt.
Manches Mal macht es uns Jünger scheinbar leicht, etwa dann, wenn er ein Fundstück wie die Habicht-Feder mit einem konkreten Augenblick verbindet – »3.8.80 Wald, am Tag, an dem ich mein Pariser Messer wiederfand« – oder uns Zitate oder Aphorismen zuspielt: »Wenn das Werk gelingt, in die Mitte rückt, setzt es Bezugspunkte an« [1981], »Zu erreichen ist ein Stand, der über den Weltuntergang hinausreicht – das hat man schon immer gewusst. Schwindet dieses Bewusstsein, wächst auch die physische Gefahr« (9.1.1982, »Stuttgart, Hauptbahnhof unter Freunden«), »Im Auto / Rhön / Zu Nominalismusstreit / ›Das Sein wird in seinem Umfang und innerem Wesen erst als ein Gewordenes erkannt.‹ Alexander von Humboldt [22.6.1984]«. Solche Einträge suggerieren, sie seien wenigstens zwei Mal da, besäßen eine für uns entschlüsselbare Referenz, ein Gegenstück in Jüngers Werken und auch in der dauerhaften und überindividuellen Kulturgeschichte. »Pariser Messer« mutet genauso als stehende, wenn auch private Wendung an wie »Nominalismusstreit«.
Auch die rätselhafte Formulierung »W. 26.X.82 Schildkröten ›beigesetzt‹ (»Ebene Dahlienknollen«), eingetragen in das Reisetagebuch »Venedig«, lässt sich verstehen, wenn man weiß, dass Jünger Landschildkröten besaß, die er in seinem Wilflinger Garten über den Winter brachte, indem er sie in die Erde eingrub. Doch was ist gemeint mit Einträgen wie »Mensch à travers«, »Stress aber würde wenn nötig – kein Zusatz, sondern ein anderes Gefühl« oder »Dichotomie: Jedes organische Wesen ist Zwilling – dessen Existenz mit der ersten Teilung beginnt«? Findet sich der Schlüssel in einem Brief an Carl Schmitt, entworfen am 25.11.1979, worin er auf Schmitts

Formulierung Bezug nimmt, dass alles »nach Identität [schreit]«? »Nur der sucht sie, dem sie verloren ging und der sich im Spiegelbild nicht wiedererkennt. Es ist merkwürdig, daß bei dem ungeheuren Anfluten von Erlebnissen kaum je eine lesbare Biographie zustande kommt. Der Mensch formt nicht mehr die Tatsachen, sondern er wird durch sie deformiert«.

Manuskripte: *Autor und Autorschaft*, *Aladins Problem* und Ablage und »Meine Auslese« zu den *Federbällen*: 1981, zwölf Jahre, nachdem Jünger den Privatdruck der *Federbälle* Martin Heidegger zum 80. Geburtstag geschenkt hat, arbeitet er an diesen ›Sprachnotizen‹, einer Sammlung eigener Aphorismen und Zeitungsfunde, immer noch. Er legt ab, wählt aus, sortiert Neues dazu. »Stierlein vorlegen, zur Vermeidung von Wiederholungen« ist auf die »Auslese« geschrieben, die vor allem Kuriositäten aus der Literatur und den gehobenen Tageszeitungen zusammenstellt.

»Wer ›grundlos‹ oder ›unmöglich‹ steigert, verrät sich als Auftrumpfer. Verstöße finden sich vor allem in der politischen Prosa, aber auch die Expressionisten taten sich hervor. Der Steigerung widersprechen auch Wörter, die ein non plus ultra ausdrücken wie ewig, göttlich, absolut. [...] Bei Becher stößt man auf ›enormest‹ – derartiges zieht wie Blasenpflaster heftig, aber nur eine Weile lang«. So Jünger über das Wort ›zentralest‹ im *Merkur*, der »Deutschen Zeitschrift für europäisches Denken«. Dazu ergänzt er später: »Bei Goethe in den ›Wahlverwandtschaften‹ findet sich ›am wiederholtesten‹!« Lehnt Jünger den falschen Superlativ ab oder bewundert er ihn? Jünger ist kein Autor, der immer wieder neue Geschichten erfindet. Er ist ein Wiederholer, kreist seine Themen in unterschiedlichen Gattungen ein an der Grenze zwischen Literatur und Philosophie, Erzählung, Essay, Aphorismus und Tagebuch, ohne sie exakt zu bestimmen; konfrontiert Technik und Geist, Krieg, Jagd und Literatur, Realität und Traum, Leben und Tod, ohne sich für eine Alternative zu entscheiden und Partei zu ergreifen. Die ersten publizierten *Federbälle* beginnen mit einem Eintrag, der Kälte gegenüber sich selbst und Achtung vor allem, was ist, zusammenbringt: »Beim Frühstück. Föhn. Mißstimmung unterhöhlt die Realität der Dinge und ruft auch Zweifel an der Realität der Worte wach. Wir arbeiten mit der Sprache wie mit Lehm, der allmählich härter wird und endlich abbröckelt. Flugwild wird mit mehr oder minder glücklichen Treffern zur Strecke gebracht, oft nur gestreift. Unter schattenhaften Verwandlungen lebt es in der Sprache fort«.

Das Kunstwerk und seinen Schöpfer definiert Jünger in *Autor und Autorschaft* ähnlich. Beide jagten nur schattenhaften Verwandlungen einer Idee hinterher, ohne sie je zu erlegen. Als wolle Jünger dieser Differenz zwischen Konzept und Realisation, übergreifender Idee und Zerstreuung in Teile zumindest im äußeren Anspruch entgegenwirken, hat er für das Manuskript von *Autor und Autorschaft* rot gebundene Bücher gewählt. Doch schnell wird das Bestreben durch Parallelaktionen unterhöhlt – Jünger schreibt nicht linear, sondern synchron und vernetzt, und in diesem Fall sogar entgegen der sonstigen

Logik. Ein erster Teil ist schon 1981 in den *Sämtlichen Werken* erschienen, 1984 kommt eine neue Version als eigenständige Publikation heraus. Den ersten Manuskript-Band beginnt er jedoch erst am 24.1.1982 und ›legt‹ ihn am 27.10.1985 ›ab‹, während er den Anfang an der ›Fortsetzung‹ auf den 6.12.1984 und am ›Nachtrag‹ auf den 6.9.1982 datiert.
Ein Zusatz im ›Nachtrag‹ begründet dieses Unterwandern gewöhnlicher Entstehungsgeschichten und dieses Auflösen klarer Werk- und Textkonturen: »Hierzu auch Heraklit: Wenn die Welt im Feuer aufginge, würde man die Dinge in ihrem Rauch wahrnehmen können«.

1985 *Eine gefährliche Begegnung*, Besuch von François Mitterrand und Helmut Kohl in Wilflingen, Reisen nach Zypern und Paris.
1986 Reisen nach Malaysia, Sumatra und ins Tessin.
1987 *Zwei Mal Halley*.
1988 Reise nach Paris und auf die Seychellen.
1989 Reise nach Madrid und Mauritius.

Taschenkalender, Notizhefte, Reisetagebücher (Seychellen), »Korrespondenzen«, »Coleopteren« 1985–92: Das als Postkarte gedruckte Foto, das 1982 gemacht wurde, als der argentinische Dichter Jorge Luis Borges Jünger in Wilflingen besuchte, ziert häufig die Tagebücher. In *Siebzig verweht* schildert er den Besuch des vier Jahre Jüngeren, als sei er einem Uralten aus einer anderen Welt, einer ursprünglichen Welt der Dichtung begegnet: »Wir hatten die Freude und Ehre, Jorge Luis Borges hier zu bewirten – die Begegnung mit einem Dichter ist fast so selten geworden wie jene mit einem beinahe ausgestorbenen oder sogar mythischen Tier, dem Einhorn etwa. [...] Borges rezitierte auf deutsch Angelus Silesius, auch altenglische Verse; dabei wurde seine Sprache deutlicher, als ob er auf seine Jugend zurückgriffe. [...] Borges hat seit sechzig Jahren meine Entwicklung verfolgt. Als erstes meiner Bücher las er ›Bajo la Tormenta de Acero‹, das 1922 im Auftrag der argentinischen Armee übersetzt wurde. ›Das war für mich eine vulkanische Eruption.‹«
Borges verkörpert für Jünger ein altes Dichter-Modell, in dem sich verschiedene Typen vereinen: Poeta vates und Poeta doctus, der Dichter als Seher und als Gelehrter. Er selbst ist das nie, war und ist immer ein Schriftsteller der Aktion, Krieger, Jäger, Gärtner. Neben ein Foto des Wilflinger Gartens notiert er am 12.4.1986 zu seinen Käferfunden: »183 Wieder Anflug auf der Terrasse. Dieses Mal waren die Schmetterlinge in Überzahl. Das Schnarren der großen Zikaden, wenn man sie in den Fingern hält.«
Jünger ruft die Zikaden, die Begleiter der antiken Dichter und Philosophen und die Töchter der Göttin ›Erinnerung‹, der Mnemosyne, nicht an. Er spießt sie auf. Ähnlich geht er auch mit seinen Tagebucheinträgen um, in denen sich zunehmend auf engstem Raum Kurzberichte, Bonmots und Privatsymbole wie ›Schere‹ und ›Stern‹ oder auch der mit Schweif gezeich-

Dezember '85 / Januar '86

SA 8.27 MA 19.32
SU 16.22 MU 10.56

1. Woche

30 Montag — und großen [illegible]
Firmen.

31 Dienstag — Silvester — 14. IV.
Regentag

1 Mittwoch — Neujahr — Nachts großen Frieden
Käfer retten[illegible]

2 Donnerstag — Wespe
Hirschkäfer 15. IV.
W-Dürfner wachs

3 Freitag — [illegible] – Der Komet
Wolken auch – [illegible]

4 Sonnabend — [illegible] Traumgarten
Trapez

5 Sonntag — [illegible]
Speichel
Wache

SA 8.26 MA 3.44
SU 16.30 MU 12.47

Januar

2. Woche — Heilige Drei Könige

6 Montag — Der Wasserfall
Der Papstturm.

7 Dienstag — Abends Regen

8 Mittwoch — Beobachtet Lupus

9 Donnerstag — Der Arzt, den man

10 Freitag — nur im Traum besucht. Man ver-

11 Sonnabend — gißt ihn, kennt
aber das Haus

12 Sonntag — wieder, das Mobi-
liar, wenn man
[illegible] besucht

September

SA 5.43 MA 19.02
SU 18.56 MU 4.52

37. Woche

7 Montag — 2. VII.
Sirenen.

8 Dienstag — Prospekt[illegible]
Gloire – Celebrities

9 Mittwoch — Stendhal

10 Donnerstag — 3. Place
Heine, Zweiter

11 Freitag — Band I
Zola

12 Sonnabend — Balzac
Stendhal

13 Sonntag

SA 5.54 MA 21.16
SU 18.40 MU 14.33

September

38. Woche

14 Montag — Nachm.
Carnac

15 Dienstag — unterwegs Artikel
über Katzen!

16 Mittwoch — [illegible] etwas gesehen
19. VII.

17 Donnerstag — 15 Schildkröten

18 Freitag — Schwärmer
16. Coccinelle
Fenster

19 Sonnabend — [illegible] 15 Schildkröten
16 Coccinelle
20. [illegible]

20 Sonntag — am Fenster

links Kalender von Jünger mit Eintrag zum Halley'schen Kometen (1985/86) und Kalender von 1987.

nete und auf den 15.4.1986 datierte, allerdings im Kalender auf den Jahreswechsel 1985/96 vorgezogene Halley'sche Komet mischen.
»Können Götter herunterkommen. Oder nur die Verehrung. Dionysis in den Spelunken. Aphrodite im Bordell« [15.9.1986]. »Schere. Ich trete in die Rolle des Vaters ein« [Juni/Juli 1987]. »Weiter an der ›Schere‹. Die Abneigung der Griechen gegen das Experiment schwächt sich ab in Alexandria. Wir fliegen am Mittwoch zur Preisverleihung nach Rom. Das sind Unterbrechungen. Die Reise durch die innere Welt wird zunehmend wichtiger« [27.8.1987]. »Orgasmus als ›kleiner Tod!‹ gut wozu der Umweg? [Januar 1988]. »Annäherung ich nähere mich dem Ziel. Wenn ein Ziel fehlt, wird in minimierten [?] oder [metaphysischen [?] Umständen, keine Bewegung, die hier [?] in andere, vielleicht sogar konträre Richtung führt. Das ist der Unterschied zwischen dem Jäger, der spürt und jenem, der wartet, der auf dem Anstand steht« [Januar/Februar 1988]. »Tiere können Götter werden, Menschen nur Halbgötter« [August/September 1988].

***Eine gefährliche Begegnung* (›Bruchstücke‹ der Satzvorlage und Materialien), *Zwei Mal Halley* (Erstes Blatt des Typogramms und der Satzvorlage), *Die Schere* (Manuskript und »Notizen, Korrekturen, Ergänzungen«), Ordnerablage zu *Siebzig verweht* (1984–87, 1985–89) und »Notizen zu III«:** Am Roman *Eine gefährliche Begegnung*, einer geschichtsphilosophisch aufgeladenen Liebes- und Kriminalgeschichte aus der Zeit um 1900, hat Jünger so lang wie an keinem anderen Text gearbeitet. Schon 1949 beginnt er damit, Teile werden 1954 und 1973 veröffentlicht und 1983 für die *Sämtlichen Werke* erweitert, wo sie mit »Wird fortgesetzt« enden. 1985 dann werden sie vollständig in einer Einzelausgabe publiziert, von der es im Nachlass allerdings nur noch ›Bruchstücke‹ der Satzvorlage gibt: Auseinandergeschnittenes, Zusammengeklebtes, Vereinzeltes.
Am 7.10.1983 berichtet er im Tagebuch über den Abschluss der *Sämtlichen Werke*: »Ein Glas Sekt am Vormittag. Soeben setzten wir den Schlusspunkt zum letzten Bande der Gesamtausgabe II., nach drei telephonischen Korrekturen mit Frau Schirmer, unserer treuen Korrektorin vom Cotta-Verlag. Bei aller Erleichterung frage ich mich, wozu dieses Feilen und Streben nach Perfektion dienen mag. Die erste Fassung hat auch ihren Wert. Allerdings hat auch sie oft schon Korrekturen hinter sich«. Jünger, dessen Frau Liselotte im Cotta-Archiv des Deutschen Literaturarchivs in Marbach arbeitete, reduziert den Doppel-Namen seines Verlags Klett-Cotta auf jenen Verlag, in dem auch Goethe seine *Sämtlichen Werke* in einer ›Ausgabe letzter Hand‹ herausbrachte und darin den *Faust II* abbrach: »Ist fortzusetzten.«
Der zerstreute, nur auf Augenblicke und potenzielle Enden konzentrierte Stil der Tagebücher findet sich in den Manuskripten wieder. Sie sind geprägt von einem alles imaginär in Anführungszeichen setzenden und durch Sternchen als kleine Erleuchtungen auffassenden Stil. Im Typogramm zu *Zwei Mal Halley*, seinem Buch über die Reise zum Halle'yschen Ko-

meten nach Malaysia, leuchten diese Fixpunkte sogar gelb auf, anders als im Kalendertagebuch, in dem er die ›Erscheinung‹ am Tag von Epiphanias einträgt, bewusst ohne Schweif: »Diesmal schien er mir etwas größer, doch ebenso wenig imponierend wie damals – schweiflos, diffus, etwa wie ein Garnknäuel. Er stand auch höher – unter dem südlichen Sternbild des Triangulums, mit dem er ein gestrecktes Trapez bildete. Kometen stellen wir uns vor, wie die alten Maler sie über den Stall von Bethlehem setzten und wie sie in der Tat nach glaubwürdigen Überlieferungen in erschreckender Größe erschienen sind. Die meisten Photos, die ich gesehen habe, wenigstens die von der Erde aus aufgenommenen, trügen, denn wer lange genug belichtet, kann jedem Gestirn einen Schweif von beliebiger Länge anhängen.«.

Im Manuskript der *Schere* und den »Notizen, Korrekturen, Ergänzungen« gibt es auf jeder Seite eine Einklebung, die Larvenhülle der Libelle, »deren Schlüpfen wir beobachteten. 20. 5. 1988« oder den auf der Rückseite zur Beutelratte umgezeichnete Blütenzweig eines ›Tränenden Herzens‹. Zum Teil übertippt Jünger die Einklebungen sogar mit der Schreibmaschine und verwandelt sie in Kippfiguren: Sie grundieren den Text, aber die Buchstaben sind auch ihre Verzierung.

Januar

SA 8.16 MA 18.02
SU 16.50 MU 8.22

4. Woche

20 Montag
Bedauern

21 Dienstag
mich Zeit
genosse zu

22 Mittwoch
sein gewesen

23 Donnerstag
Fantasie
Kabinett

24 Freitag
Sympathie

25 Sonnabend
Zwischen Herr

26 Sonntag

Januar/Februar

SA 8.08 MA 2.14
SU 17.02 MU 10.53

5. Woche

27 Montag
Vom Blick

28 Dienstag
Getroffen und

29 Mittwoch
Kunst!

30 Donnerstag

ITALIA 200

31 Freitag

1 Sonnabend

2 Sonntag

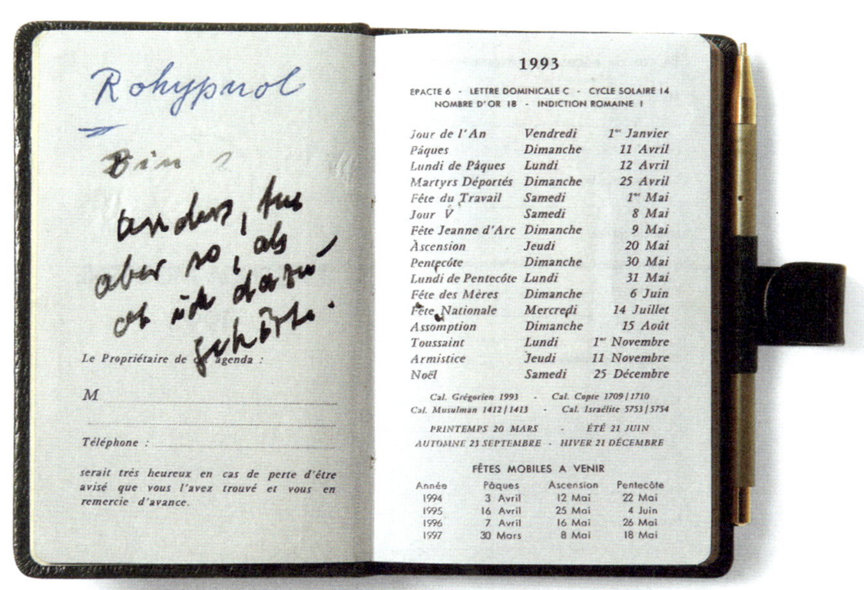

1993

Dezember

10 Montag · 11 Dienstag · 12 Mittwoch · 13 Donnerstag · 14 Freitag · 15 Sonnabend · 16 Sonntag

Dezember

17 Montag · 18 Dienstag · 19 Mittwoch · 20 Donnerstag · 21 Freitag · 22 Sonnabend · 23 Sonntag

vorhergehende Seite und links Jüngers Kalender aus den neunziger Jahren.

1990 *Die Schere, Zeitsprünge. Träume*, Besuch Helmut Kohls mit dem spanischen Ministerpräsidenten Felipe Gonzáles in Wilflingen, Reisen nach Frankreich, Kreta und in die Schweiz.

1993 *Siebzig verweht III*, erneuter Besuch von François Mitterrand und Helmut Kohl in Wilflingen, Jüngers zweiter Sohn Alexander nimmt sich das Leben.

Taschenkalender, Adressbuch, Notizblöcke und -hefte, Reisetagebuch (Mauritius) und »Coleopteren« 1990–94: Während die Käfer- und Reisetagebücher Jüngers, die nach Marbach gegeben worden sind, zwar weniger, aber nicht ausführlicher und blasser werden, so häufen sich bei den kleineren Formaten Abbrüche. Zum Teil gibt es in den Kalendern nur einen Eintrag, oft steht auf einem Block nicht mal mehr ein Satz. Die Datierung fällt immer schwerer, weil sie entweder fehlt, Jünger sich verschreibt oder auch, weil er mehr noch als früher Dinge aus verschiedenen Zeiten zusammenbringt. Mit Jüngers hohem Alter mag das weniger zu tun haben (bis 1996 hat er an *Siebzig verweht* gearbeitet) als mit seiner Sehnsucht nach dem letzten Wort – und nach dem ersten. Sein Sekretär Armin Mohler erzählt in seinen Erinnerungen eine Anekdote: »Obwohl Jünger mit dem Tod noch nicht rechnet, spricht er dennoch am 19. Februar 1950 über ein mögliches letztes Wort. Der Sekretär schlägt für Ernst Jünger einen militärischen Gruß vor: ›Melde mich zur Stelle!‹ Jünger ist damit nicht einverstanden. Sein kühnes letztes Wort lautet: ›Bitte vorbeitreten zu dürfen‹!« Neben Einkauflisten und Lektürenotizen (zu Gabriel Gárcia Marquez: »Erstaunlich wie viele Substantive er in einen Satz packen kann. Aber auch knappe anschauliche Bilder! ›Kurz darauf brach ein Unwetter mit Wasser und Donner herein. Es war, als hätte die Stadt Schiffbruch erlitten‹«) tauchen immer wieder solche letzten Worte auf: »Vom Blitz getroffen und kurirt« [Januar/Februar 1992]. »Santé / Hund schlägt an, / am zeitlosen teilnehmen« [um 1992]. »Rohypnol [Schlafmittel]. Bin anders, tue aber so, als ob ich dazugehörte« [1993]. »Man kann eine gute Sache so weit treiben, daß sie ein Schaden wird!« [1993], »Onthophagus [Mistkäferart; Unterfamilie der Blatthornkäfer, Vorbild der ägyptischen Skarabäen] auf Mauer // Bosco Gurin Tessin« [25. 4. 1994]. »Theodolinde [Jüngers Katze] lag tot zwischen den Herakleum-Stauden – sie folgte Karolinchen. Ich brachte beide in einen großen Ameisenhügel am Waldrande« [1. 6. 1994].

Der Exponent **(Anfangsseite aus Manuskript und Typogramm),** ***Aus den Tagebüchern 1992*** **(Satzvorlage) und Ordnerablage zu** ***Siebzig verweht*** **(1981–91, 1984–91, 1982–92, 1981–93, 1980–94):** Das am 28.10.1991 aufgezeichnete Ende von Jüngers kleinem Essay *Der Exponent* könnte ein ideales letztes Wort sein, wenn er es nicht immer wieder in unterschiedlichen Fassungen wiederholen würde. Selbst für die Erklärung der nur durch eine Unbekannte und eine Determinante sehr klaren Todesformel findet er unterschiedliche Varianten: »Im Augenblick des Todes exponiert ein jeder sich absolut. Seine Potenz wird imaginär. Wenn wir für den sich selber Unbekannten die Grundzahl ›x‹ einsetzen, so gilt für diesen Augenblick die Formel: x^{∞}«.

In den Ordnern zu *Siebzig verweht* bewahrt Jünger Annäherungen an dieses »X« auf: »Nach der Zecke [Jünger erkrankt 1995 an Borreliose] haben sich meine Träume geändert – ungefähr derart, als ob ich aus der Bibliothek ein Buch herausgreife und das Kapitel eines Romans läse. [...] Wir existieren nicht nur in der realen, sondern auch in einer Welt, in der wir möglich sind. Wir schöpfen mit dem Becher aus dem Meer«.

Immer mehr wandert der Stil der Tagebücher hinein in Jüngers literarisches Werk. Von *Siebzig verweht* existieren keine Manuskripte mehr, nur noch kleine Ordner, in denen einzelne, zum Teil unter zwei verschiedenen Daten beschriebene Zettel ungeordnet und ohne erkennbare Systematik abgeheftet wurden. Selbst die Chronologie ist nicht eingehalten und die Zeiten mischen sich. Anders als Jüngers Träume »nach der Zecke« sind diese ›Diarien‹ keine zusammenhängende Erzählung mehr.

1995 *Siebzig verweht IV*, Feier des 100. Geburtstages in Anwesenheit u. a. von Bundespräsident Roman Herzog, Bundeskanzler Helmut Kohl und Ministerpräsident Erwin Teufel.

1997 *Siebzig verweht V*.

1998 Jünger stirbt am 17. Februar in Riedlingen.

***Siebzig verweht V* endet am 17.3.1996, wenige Tage vor Jüngers 101. Geburtstag:** »Morgens im Garten – ein heiterer Vorfrühlingstag. Der Winterling blüht rings um die Laube und unter der Blutbuche; der Winterjasmin ist verblüht. Der Krokus steckt noch kaum die ersten Spitzen heraus. Auf dem Weiher zwei Schwäne, Bläßhühner und viele Enten, im Lebensbaum picken die Grünfinken. Gestern abend war Schlachtfest im ›Löwen‹ – in der Nacht unruhige Träume, unter anderen in Gesellschaft mit Florence Gould. Mir gegenüber ein Nobile in eleganter Kleidung; er gehörte nicht zum Traum, sondern stand greifbar im Raum. Vielleicht macht mich meine intensive Dostojewski-Lektüre für solche Erscheinungen anfällig.« Danach soll Jünger den Füller zugeschraubt und den Schreibtisch abgeräumt haben.

Es passt zu diesem Traum, in dem das Geträumte Realität und unsere normale Logik auf den Kopf gestellt wird, dass Jüngers letztes Wort nicht sicher überliefert und auf Monate nach seinem Tod datiert ist. Quer und mit anderer Farbe steht in einem Kalender von 1990: »Habe abgelehnt, Gott um Hilfe zu bitten. Das rechnete er mir hoch an! 12.7.98«.

Anders als in den Ablagen zu den Diarien, wo die Sentenz ohne Datum aufgeschrieben wurde, ist sie im Kalender mit einem Anagramm seines Todestags (»12.7.98« statt 17.2.98) datiert und die 0 von »1990« schon einmal zur Unendlichkeitsschleife verzogen.

Ordnerablage *Siebzig verweht* (1985–95): »Ich könnte mir jetzt leisten, meinen Stil zu festigen – etwa durch Streichung von Floskeln wie ›ungefähr‹ u. ›etwa‹. Natürlich nicht in den bestehenden Texten, sondern in den anstehenden«, findet sich unter dem 12.4.1994 in den *Siebzig verweht*-Ordnern. Die letzte, ganz hinten im »DIAR Ablage 9« abgeheftete Seite ist so doppeldeutig und doppelzeitlich wie das letzte Wort im Kalender. Sie wurde am 24.11.1991 für eine Aufzeichnung benutzt (»Ihm ist eine Laus über die Leber gekrochen. Hier bringt das ›r‹ die Stabilität herein. Das ›kr‹ setzt einem unbestimmten Mißbehagen den Akzent.«) und ist der zerschnittene Teil eines anderen Stücks aus *Siebzig verweht*: »Von Schopenhauer wird die Welt als Spielfeld des blinden Willens betrachtet; sie ist titanisch – zwar ewigem Wechsel unterworfen, doch vergänglicher Natur: ›Denn alles, was entsteht, / Ist wert, dass es zugrunde geht‹«.

Haltungen

1897: Ernst Jünger im Alter von zwei Jahren.

links Ernst Jünger als Fremdenlegionär (1913).

oben Ernst Jünger im Ersten Weltkrieg, an den Händen verletzt.

Ernst Jünger (rechts) mit Kameraden (1917).

Jünger in den Gräben von Monchy.

rechts Ernst Jünger im Ersten Weltkrieg (1917).

Ernst Jünger in Paris (1942).
Foto: Florence Henri.

rechts Ernst Jünger in Singapur (1981).

links Ernst Jünger mit Siam-Kater Peri in Wilflingen (1975). Foto: Rupert Leser.

Jünger mit Nymphensittich Felix (1995).

Ernst Jünger am Strand von Liberia (1979).
Foto: Albert Hofmann.

links Von Jüngers Schreibtisch: »Optische Instrumente sind Angriffswaffen«.

Am Nullpunkt

Wenn die Welt im Feuer aufginge, würde man die Dinge in ihrem Rauch wahrnehmen können«, zitiert Jünger in seinem Manuskript zu *Autor und Autorschaft* den griechischen Philosophen Heraklit.
Er selbst führt seine Texte immer wieder an den Rand der Auflösung. Er schreibt sie um und fügt sie neu zusammen, überführt sie in andere Aggregatzustände, wechselt Formate und Materialien, begrenzt die literarische Sprache mit Ziffern, mit der Mathematik und der Zeitrechnung, durchsetzt den Textfluss mit Sternen, Blumen und Blättern, Larven und Schlangen, Granaten, Kugeln und Wortfundstücken.
Weniger aus Sammellust und Variationsfreude als aus einer Sehnsucht, das Leben zu erkennen. Jedes Mal werden aufs Neue die Linien zwischen Literatur und Leben gezogen und der Horizont zwischen seiner imaginären und der realen Welt abgesteckt, um an den einen magischen Punkt zu kommen, der wahr zu sein scheint, weil an ihm Nichts und Alles, Tod und Leben, Grausamkeit und Schönheit zusammentreffen.

Der Erste Weltkrieg setzt Jüngers unaufhörliche Textarbeit in Gang: »Der Sinn dieser Anstrengung kann natürlich nicht darin liegen, die Ereignisse zu verändern, sondern darin, in immer schärferer Erfassung die Struktur der ungeheuren Landschaft zu überliefern, in die ich als Neunzehnjähriger verstrickt wurde, und mit der mehr als ein persönliches Schicksal – mit der die Veränderung der historischen Welt beginnt« (an Hans Peter des Coudres, 29. 2. 1960).
Dieses Zielen auf den Nullpunkt – der bei Jünger immer räumlich, nie zeitlich zu verstehen ist, als Schwelle und nicht als Wende – bestimmt seine Lebens- und Schreibhaltung. Im Krieg bringt sie ihn in Lebensgefahr, im Frieden an paradoxe Stellen wie diejenige, die er in Heideggers *Sein und Zeit* anstreicht: »Im Dunkel ist in einer betonten Weise ›nichts‹ zu sehen, obwohl gerade die Welt *noch* und *aufdringlicher* da ist«.

LUFT- UND NACHTAUFNAHMEN

Markierte Stellen in Ernst Jüngers Lese-Exemplaren von Martin Heideggers *Sein und Zeit* (»gekauft März 1954«) und Goethes *Farbenlehre* (»Von den farbigen Schatten«). Darunter: Luftaufnahme auf dem Frontispiz der Erstausgabe von Jüngers *Wäldchen 125* (1925, tatsächlich: 1924) und ein Nachtfoto mit den Lichtpunkten fliegender Granatsplitter in der spanischen Erst-

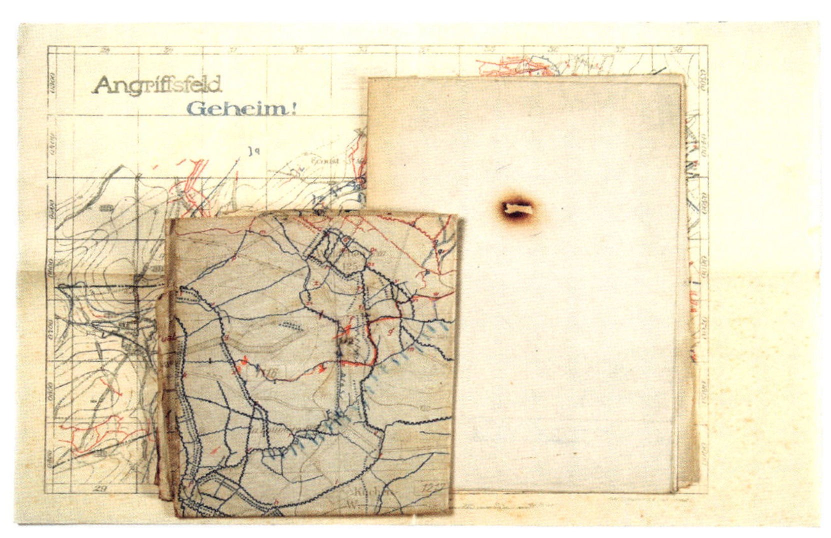
Angriffsfeld
Geheim!

GIBRALTAR

links Karten aus dem Ersten Weltkrieg von Jüngers Dachboden und Jüngers »Gibraltarbinden«.

veröffentlichung der *Stahlgewitter* (1930). Auf dem Vitrinenboden: vier von Jüngers Karten aus dem ersten Weltkrieg, mit dem ›Wäldchen 125‹, dem Vermerk ›Streng geheim‹, einem Brandloch und einer kleinen Auflistung gefundener Käfer.

ERKENNUNGSZEICHEN UND UNSCHÄRFEZONEN

Ernst Jünger als Dreijähriger und 1913 in der Fremdenlegion. Daneben und darunter: Teile seiner Fotosammlung aus dem Ersten Weltkrieg mit Bildern von ihm und seinen Kameraden, Schützengräben und unterschiedlichen Aufnahmen von der Front (von der Ruhe am Horizont vor dem Sturm bis zu Sperrgebieten und verwüsteten Dörfern). Dazu Jüngers Orden ›Pour le mérite‹, seine ›GIBRALTAR-Binden‹, das Zeichen seines Regiments, und Abschrift eines Briefs an seine Schwester Hanna vom 13.5.1915 (»Zum Glück hatte ich noch ein dickes Portemonnaie in der Hosentasche – dadurch wurde die Wucht des Granatsplitters aufgehalten«). Auf dem Vitrinenboden: Karteikarte aus den Vorarbeiten zum zweiten Band des *Arbeiters* (um 1955, »Tabu. Mekka. Foto. Die optischen Instrumente sind Angriffswaffen«) und letzte Dinge von Jüngers Schreibtisch – Lupe, Mikroskop, Notizblock, Stempel, Tesa, Löschpapierroller, Kiste mit vorpräparierten Käfern und Schere.

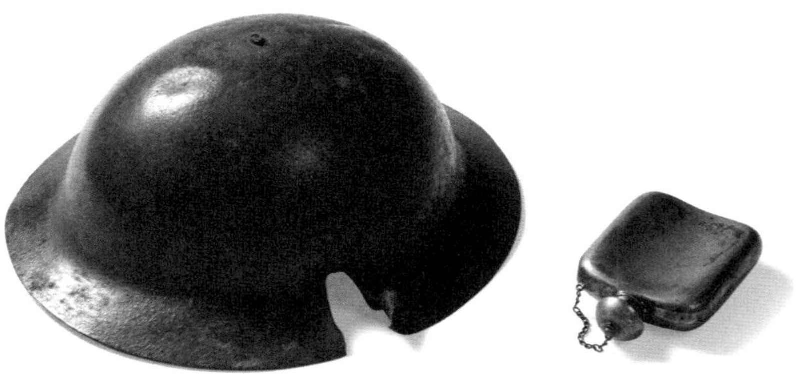

links Stahlhelm und »Whiskeyflasche« des von Jünger getöteten englischen Offiziers und Jüngers eigener Stahlhelm.

Positivistische Etappe

Eine bestimmte Schrankordnung hat auf einem an die Innenseite der Schranktür geklebtem Zettel zu stehen. Jeder Kasten ist mindestens zweimal monatlich nach Schimmel, Grünspan und Raubinsekten zu untersuchen«.

Jünger, der im ersten seiner Kriegstagebücher seinen idealen Käferschrank entwirft, arbeitet als Schriftsteller nie aus dem Nichts. Der Ursprung seiner Welt liegt in der Sammlung: Tagebücher und Manuskripte, Briefe, Bücher, Blüten und Käfer, Schlangen, Muscheln und Sanduhren, Steine und Orden, alles Dinge, in denen die Zeit sich gesammelt hat, Zeitreisegefäße, Souvenirs vom Nullpunkt, die von ihm meist datiert und verortet wurden. Er sucht seine Front im Rückzug.

Jünger gebraucht seine Sammlung, überschreibt Blumen und Blätter und schreibt und klebt selbst in seine kostbare barocke Buchsammlung: »Wir arbeiten mit der Sprache wie mit Lehm, der allmählich härter wird und endlich abbröckelt«. Er zielt auf die Gegenwart, nicht auf die Konservierung des Vergangenen. Auch bei seinen eigenen Texten: »Schwächen würde ich sie gerade, wenn ich sie als historische Dokumente und museal behandelte« (an K. U. Leistikow, 27. 2. 1961).

Überschreiben und Einkleben nehmen, als Bestandteil des anarchischen Sammelns, denselben Stellenwert ein wie das Abtöten, das Pressen und Aufspießen. Sie zeugen von einer Achtung vor dem Lebendigen und Vergänglichen, die von der Verachtung nicht scharf zu trennen ist. Beides gehört zu der besonderen Art des Jünger'schen Sammelns: Wille zur Macht über das Ganze und Fähigkeit zur Demut, Hingabe an die Anarchie der Masse und der Zeit.

SAMMELWERKE

Jünger auf Käferjagd in Mauritius (1989), Käferbeschreibung in der *Entomologischen Zeitschrift* (gebundene Artikel von G. Kraatz 1883–93) und Erwähnung von Jüngers Aufenthalt im neapolitanischen Institut für Meeresforschung 1925 (Klaus Dohrn, *Von Bürgern und Weltbürgern. Eine Familiengeschichte*, 1963). Auf dem Vitrinenboden: Stahlhelm und Metallflasche eines englischen Offiziers – »Der Offizier hatte einen Schuß ins Auge bekommen, der an der anderen Schläfe wieder herausgekommen war. Sein Stahlhelm war durchschossen« (14. 6. 1917, der in den Kriegstagebüchern als Cognacflasche bezeichnete Flachmann wird in einem Brief an den Bruder Friedrich Georg stilisiert: »flache, mit schottischem Whisky gefüllte Metallflasche. Im Dunkel neben ihm stehend, brachten wir dem Toten, der uns eingeschenkt hatte, die Libation«). Dahinter Bücherreihe mit Lexika, über die Jünger diesen und seinen eigenen Stahlhelm gelegt hat. Einzelvitrine zum Ausstellungsbeginn: Jüngers Stahlhelm aus dem Ersten Weltkrieg: »Dann wusch ich mich im Stahlhelm und putzte meine Zähne um mich wieder wie neugeboren zu fühlen. [...] Mitten in diesem Taumel wurde ich durch einen furchtbaren Schlag auf den Rücken geworfen. Ich nahm den Stahlhelm ab und erblickte zu meinem Schrecken zwei ziemliche Löcher darin. Ich faßte an den Kopf, ob das Gehirn noch intakt war. Zum Glück nur Blut« [Kriegstagebuch 28.7. und 1.12.1917].

MARKIERT

»Orchideen« (Jünger mit »Menzels, Klett, Nebel, Donaueschingen 11.6.1957«). Daneben und darunter: fremde und eigene Benutzungsspuren in Jüngers wertvollen Barockausgaben.

Blüten und Reime

Regelmäßiges Sparen führt zum Ziel: / denn viele Wenig macht ein Viel!«, wirbt der Jahreskalender, den Jünger von der Volksbank Riedlingen für 1968 erhält.
Der Zahl der darin gesammelten Blüten und Reime nach sind Jüngers Tagebücher und Manuskripte ideelle Wertanlagen. Sie versprechen ein Übermaß an verwitterten kulturellen und privaten Bedeutungen, erinnern an die Sprache der Liebe und Freundschaft, an Erinnerungs- und Totengabe, Orakel und Zauberspruch, Poesie und Gebet und ihre einfachste Form: das Poesiealbum.
Blüte und Reim stellen Beziehungen auch zwischen weit auseinanderliegenden Elementen her. ›Sag es mit Blumen‹. ›Mach Dir einen Reim darauf‹. »Das Volk der Dichter und Denker, Richter und Henker, Wichte und Stänker«, reimt Jünger am 9. Juli 1968 in seinem Tagebuch. Das Sammeln von »viele Wenig« ist eine magische, aber auch bescheidene Form der Weltaneignung.

Die Ausdauer, mit der Jünger sammelt, nährt sich vom Reiz der Wiederholung. Seine positivistischen Etappen haben dasselbe Ziel wie seine poetischen Experimente, seine Aufzeichnungen von Traum- und Rausch-, Kriegs- und Todeserlebnissen oder auch der Genuss in Augenblicken höchster Gefahr wie in jener, nur im gedruckten Tagebuch überlieferten Szene, in der er am 27. Mai 1944 mit einem Glas Burgunder in der Hand auf Paris schaut: »Die Stadt mit ihren roten Türmen und Kuppen lag in gewaltiger Schönheit, gleich einem Blüten-Kelche, der zur tödlichen Befruchtung überflogen wird«.
Durch das ununterbrochene Neukombinieren der Teile und die Vielfalt der Anordnungsmuster bleibt der Rausch, in den die Wiederholung versetzen kann, kontrolliert. In den Jünger'schen Käferkästen – oft Schlachtfelder bataillonartig aufgestellter gepanzerter Wesen oder himmelbedeckende Formationen von Flügeltieren – zeugen die durchlöcherten karierten Papiere von der Freiheit des Willens und der Beweglichkeit des Geistes.

MONOTONE FORMATE

Zwei Zettelkästen mit vollen und leeren Karteikarten zu gefundenen Käfern und Stichworten zum geplanten zweiten Band des *Arbeiters* (um 1955; der Eintrag »Monotonie. Fordert die Droge heraus« wird gerahmt von: »Aber der Rausch wird be-

159

Ling Chih. Ganoderma lucidum.
(Leyss) Karst.
ALBERT HOFMANN Talisman für langes,glückliches
Leben . Fundort : Rämelwald über Rittimatte,
1971

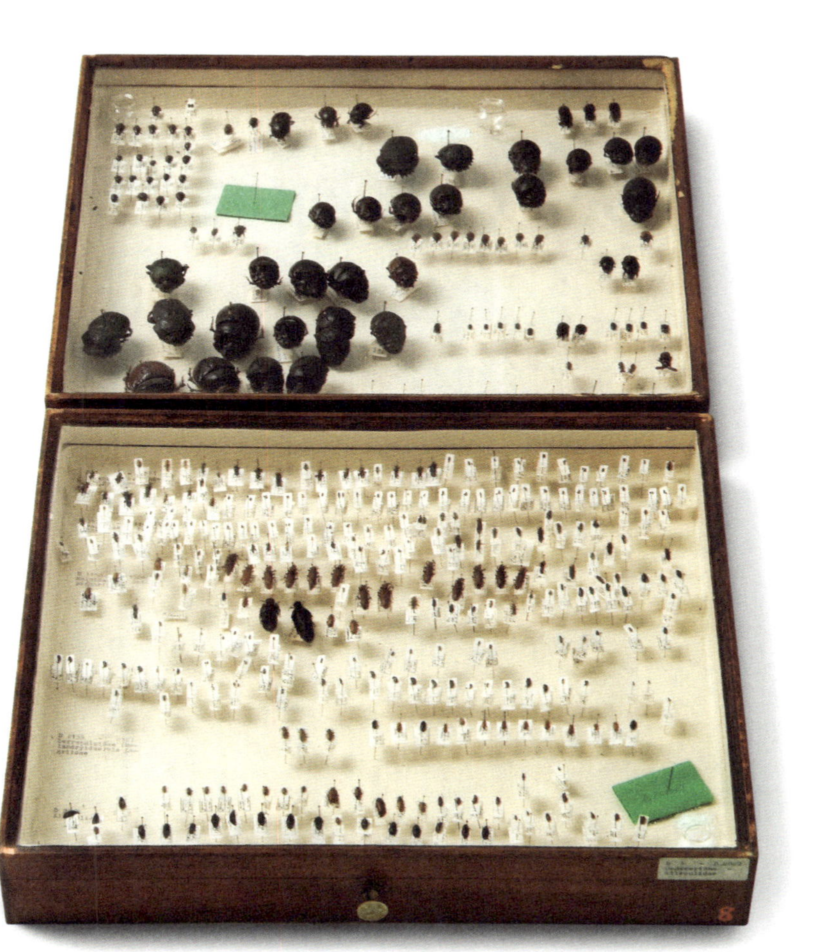

vorhergehende Seiten und links Zwei von Jüngers Zettelkästen, ein chinesischer Glückspilz und Teile von Jüngers Käfersammlung.

straft. Wo gibt's erlaubte Entspannung« und »Sind Bestrebungen im Gange, Sexus und anderes zu atropieren [auszehren] – in der Art der staatenbildenden Insekten«). Darunter: Aus Jüngers Käferkästen: »Zikaden« und »Exoten 2«.

BLÜTENLESE

Jünger zwischen Blättern am Strand, »Liberia März 1979«, fotografiert von Albert Hofmann, der gemeinsam mit Jünger LSD im Selbstversuch angewandt und ihm auch 1971 den chinesischen Glückspilz geschenkt hat. Dahinter: Mitteilung über Einstellung des Verfahrens wegen ›Vergehen gegen das Opiumgesetz‹ (Landgericht Ravensburg, 1.6.1971). Darunter: ›Eingeschossene‹ karierte Seite im Korrekturexemplar des *Abenteuerlichen Herzens* (1929), markierte Stellen in Albert Hofmanns LSD – *Mein Sorgenkind* (1979) und in Schillers *Gedichten* (*Sämtliche Werke*, Bd.1, 1835). Dazu von Jünger beschriftete Rückseite eines Bildes: »werf nichts weg / mach was draus!« Auf dem Vitrinenboden: Zwei von Jüngers Käferkästen: »Oedemeridae Alleculidae« (Scheinböcke und Pflanzkäfer) und »Angola 2«.

Traveller de Luxe
AEG
OLYMPIA

Splitter, in der Nacht
v. 10/11. Oktober 1940
in Kirchhorst durch
unsere Haustür ge-
schlagen.

links Jüngers Reiseschreibmaschine und Granatsplitter aus dem Zweiten Weltkrieg.

Wortgewitter

Maßhalten im Schmuck der Rede!« – Jüngers Deutschlehrer ist nicht sein einziger Kritiker. »Sprachlich unsicher, charakterlich unbedeutend«, urteilt Gottfried Benn: »Ich finde bei ihm enorm viel inneren Kitsch und was er als ›Angriff‹ gesehen haben möchte, ist mehr Vorwölbung u. Blähung bei ihm als Front«.
Jünger hält nicht Maß – weder im Schmuck der Rede noch in deren Umfängen, Fassungen und weltanschaulich-ideologieanfälligen Inhalten, die Klaus Mann bedauert: »Daß er schreiben kann, erst das macht ihn gefährlich«.
Er strapaziert die Sprache und ihren Schmuck, häuft Farbadjektive und Komposita und liebt den erlesenen Vergleich: »Ich sah die Steine in der heißen Sonne zittern wie in der Erwartung neuer historischer Umarmungen« [10.8.1944]. Als ›magischen Realismus‹ bezeichnet man diesen Stil, der die sprachmagischen Denkweisen des Symbolismus und Expressionismus, des Mythos und der Volkskultur in die sachlich-realistischen Gattungen (wie Tagebuch, Bericht, Essay und Erzählung) einschleust. Die Erfahrung des Kriegs oder auch der Drogen lassen diesen Stil glaubhaft und nicht artifiziell scheinen: »Nunmehr begann der Pilz zu wirken, der Frühlingsstrauß glühte stärker, das war kein natürliches Licht« (*Annäherungen. Drogen und Rausch*).
Jüngers Buchzeichen gibt seiner eigenen Textarbeit das Motto: »In Stürmen gereift«. Auf dem mit Metall und Perlmutt verzierten Becher, aus dem er seine Stifte holt, ist ein Bambus dargestellt. ›Auf Biegen und Brechen‹. Seine Bibliothek schmücken zwei Körbe mit Strandfunden und -käufen, in denen er auch Granatsplitter und Schrapnellkugeln aus dem Ersten Weltkrieg versenkt haben soll: bewehrte Muscheln, abgebrochene Tentakeln, hochgetürmte Zellen, glänzende Einlagerungen und raue Einfurchungen.
Die von Benn monierte ›Blähung‹ ist in dieser Logik ein Zeichen der Gärung. Ihr Ziel ist der bewegte, sich einer Idee annähernde, über Maß gedehnte oder auch beschossene und zerschrotete, nicht der vollkommene Text: »Ich könnte mir jetzt leisten, meinen Stil zu festigen – etwa durch Streichung von Floskeln wie ›ungefähr‹ u. ›etwa‹«, tippt der Achtundneunzigjährige auf einen von tausenden *Siebzig Verweht*-Zetteln.

STÜRMEN

Stilkritischer Leserbrief von Feldwebel Etscheit vom 16.3. 1944 und Anfang des X. Kapitels in den *Marmor-Klippen* (»Seinem Sohn Ernst 7.8.1941«) und im französischen Exem-

links Einer von Jüngers Muschelkörben.

plar (1942) von Paul Celan, in dem dieser deutsche Vokabeln lernt. Dahinter: Exlibris von Ernst Jünger (in *De Tintinnabulis*, 1689, »Das Werk wird gerühmt von Huysmans, in La-Bas«) und seinem Vater. Darunter: gebundene Fotokopien von Jüngers als Fortsetzungsgeschichte im *Hannoveranischen Kurier* 1923 veröffentlichter Novelle *Der Sturm* und von ihm in Berlin um 1920 kommentiertes Exemplar von Kurt Schwitters *Anna Blume* (1919, mit dem Verweis auf die Ausstellung von Schwitters' Merzbildern in der Galerie ›Der Sturm‹). Auf dem Vitrinenboden: Schildpattdose (aus dem Panzer einer Schildkröte) mit dem Granatsplitter, der »in der Nacht vom 10./11. Okt. 1940 in Kirchhorst durch unsere Haustür« schlug – für Jünger auch eine Metapher für die Arbeit am Text: »Wer zu lesen versteht, wittert aus mancher Seite Prosa, daß sie in der Handschrift einem von weggemähten Worten bedeckten Schlachtfelde geglichen haben muß. Gedruckt erinnert sie an eine von Schüssen durchsiebte Scheibe, die man so überklebt hat, daß uns die Treffer, die ins Zentrum schlugen, noch sichtbar sind«. Daneben der in einer Plastikdose aufbewahrter Klapperschlangeschwanz (»Klappern und rasseln. Es liegt in der Natur der Sprache, dass sie der hörbaren Welt dichter anliegt als der sichtbaren«). Dahinter Jüngers Schreibzeug und seine Reiseschreibmaschine aus Wilflingen.

RAUSCHEN

»Die Tasten schlagen zurück und dem Adressaten ins Gehirn« (Brief an Carl Schmitt, 3.12.1937). Daneben zwei von Jünger markierte Seiten, beide in Büchern von Gottfried Benn: *Altern als Problem des Künstlers und Doppelleben* (»Der Mensch muß neu zusammengesetzt werden aus Redensarten, Sprichwörtern, sinnlosen Bezügen, Spitzfindigkeiten, breit basiert –: Ein Mensch in Anführungsstrichen«). Auf dem Vitrinenboden: Einer von mehreren Muschelkörben aus der Bibliothek (»Die Muschel in lichtlosen Tiefen trägt Muster von einer Schönheit, derer wir nur durch Zufall gewahr werden. Dabei ist die Schale nur erstarrter Mörtel, ähnlich der Kapsel unseres Schädels, die das Hirn mit seinen Phosphoreszenzen schützt. Das Perlmutt ist der Innenseite imprägniert. Es spiegelt, was sich dort an unerhörten Träumen produziert«, 20. 5. 1974) und die dahinter stehende Bücherreihe aus Wilflingen, aus der auch die beiden oben ausgestellten Werke Benns entnommen sind.

NIGHTFLIGHT
AFTER SHAVE BALM
BAUME APRES RASAGE

links Aus Jüngers Badezimmer.

Totale Tinte

Das geht aber niemand anders etwas an. Deshalb wird es hier überkleistert«. – Bis zur Unkenntlichkeit sind manche Stellen in Jüngers Tagebüchern und Manuskripten durchgestrichen oder mit Tintenklecksen eingefärbt. Es liegt in der Natur des Lesers, hier Geheimnisse zu vermuten, sehr private oder gefährliche politische Auslassungen. »Das Politische ist die Lustseuche der Schriftsteller«, hat Jünger über diesen Gegenstand und das mit ihm verbundene Risiko der Selbstauslöschung geurteilt.

Jüngers Poetik zielt auf die Auslöschung des Autors. Seine Sätze sind oft ohne ›Ich‹ gebildet und wenn, so sind der Erzähler und seine Helden seine leicht entschlüsselbaren, auf wenige Merkmale reduzierten Stellvertreter. Die Traumberichte schaffen das Autoren-Ich als wirkmächtigste Instanz ohnehin ab. Er wählt Publikationsformen, die der Literatur fern stehen, publiziert Universalthemen unter Allerweltshelden-Namen: in den zwanziger und frühen dreißiger Jahren Fotobände wie *Die Unvergessenen* und *Die veränderte Welt* oder die rechte Kampfschriftreihe *Arminius*, in der er unter dem Pseudonym Hans Sturm agiert. Die *Stahlgewitter* erscheinen im Stahlhelm-Verlag, *Heliopolis* im Heliopolis-Verlag.

Die Stoßrichtung ist eine doppelte: Wie viele Auflösungsformen und Wechselgesichter kann sich ein Autor leisten? Welchen Bedeutungswandel halten seine Worte aus? Jünger träumt von der Universalbibliothek, in der alle Bücher in einem einzigen schon vorhanden und aufgehoben sind und ein Autor nur der Traum eines anderen ist.

AUFLÖSUNG DES EINEN

»Jeder Autor hat einen Sinn, in welchem alle entgegengesetzten Stellen sich vertragen, oder er hat überhaupt keinen Sinn« – Ende des Vorworts zu *Blätter und Steine* (2. Ausgabe, 1941). Dahinter: Tintengekleckste Doppelfiguren, vom Senior zum Junior gewandert: *Die ganze göttliche Heilige Schrift* (1803, vom Vater dem Sohn vererbt). Daneben: der Ritter von der traurigen Gestalt – *Brief eines Nationalisten* von Hans Sturm alias Ernst Jünger (*Arminius. Kampfschrift für deutsche Nationalisten*, 1926). Darunter: Fotoseiten in von Jünger herausgegebenen bzw. mit einem Vorwort versehenen Bänden (»Die Technik zeichnet das Gesicht der Erde«, *Die veränderte Welt 1918–1932*, 1933, und »Französische Sturmtruppe bei Louvement«, *Das Antlitz des Weltkrieges*, 1930) und markierte Stelle

links Jüngers Sanduhren-Sammlung.

in Schillers *Die Schaubühne als eine moralische Anstalt betrachtet* (*Sämtliche Werke*, Bd. 10, 1836): »Die Schaubühne ist der gemeinschaftliche Kanal, in welchen von dem denkenden bessern Theile des Volks das Licht der Weisheit herunter strömt, und von da aus in mildern Strahlen durch den ganzen Staat sich verbreitet«. Auf allen Böden: Auswahl von Jüngers umfangreicher Publizistik aus den zwanziger Jahren, die er selbst aufgehoben hat – ein Bruchteil. Neben der *Totalen Mobilmachung* (2. Aufl., 1934) und den Heften des von ihm mitherausgegebenen *Arminius* (1926/27) die Bände *Die Unvergessenen* (1929), *Der Kampf um das Reich* (1929), *Krieg und Krieger* (1930) sowie Artikel in den *Süddeutschen Monatsheften* (*Über die Judenfrage* [1930]) und *Ja und Nein. Blätter für deutsches Schrifttum* (1930).

IN DIE BÜCHER EINGEHEN

Ausgabe der Bibel (1939), die Jünger in Paris (3.9.1941–28.5.1944) und 1945 in Kirchhorst, jeweils mit Versdatierungen, las. Aufgeschlagen die Seite, die er am 1.3.1942 in Paris und am [?].3.1945 in Kirchhorst las. Daneben angestrichene Stelle in Hölderlins *Hyperion* (»beg, Mykene 20. IV. 1980«, »S. 61: die eigene Kriegsgeschichte!«) und Brief an Hans Paeschke (22.10.1968, über verschiedene Formen der Weltaneignung, die bei aller Sachlichkeit über die Realität hinausgehen und metaphysische Selbstauflösungen sind: »Meine Fernprognose ist günstig, die nahe ungünstig«). Darunter: Schutzumschlag des ersten Jahrgangs des *Antaios* (1960), eine von Jünger und Mircea Eliade gemeinsam herausgegebene Zeitschrift, die sich »um eine Betrachtungsweise, deren Keim und Kern zwei Mächte von außerordentlichem Rang und großer, oft untergründiger Reichweite sind, nämlich *Mythos* und *Symbol*« bemüht. Daneben: »›Der Widerspruch bewegt die Welt‹, alle Dinge sind sich selbst widersprechend – wir sind eben, sogar bis in die Logik hinein, Pessimisten« (Friedrich Nietzsche, *Der Wanderer und seine Schatten. Morgenröte, Schriften*, Bd. 4, 1922, markiert an einem 16.4. [um 1970]). Auf dem Vitrinenboden: *Luftfahrt tut Not* (hrsg. von Ernst Jünger, 1935), ›Nightflight‹ (After Shave Balm von Joop) aus Jüngers Badezimmer und Teile von Jüngers Sanduhrensammlung.

LEITZ
Schlangen
LEITZ
Aüs-schnitte 1
LEITZ
Aüs-schnitte 2
LEITZ
Käfer 15
LEITZ
REISEN
LEITZ
Gross-Schreibung Orthographie
LEITZ
Pour le Mérite aktuell

links Jüngers Ablageordner.

Ausschneidesysteme

Dies einfügen auf S. 81«. – Jünger ist ein Textarbeiter, der immer die imaginäre oder reale Schere in der Hand hält. Er setzt seine Werke aus anderen zusammen, überträgt immer wieder in andere Formate und verwertet auch das Weggeschnittene und Unverwendete weiter.

In den achtziger Jahren tritt die Schere, die seinem letzten eigenständigen Buch den Titel gibt, in seinen Kalendern neben seine anderen bevorzugten Symbole: Pentagramm, Auge, Horn (für das ›Stierlein‹), Mars- und Venuszeichen (für ›männlich‹ bzw. ›weiblich‹) und die Schlange. »Das Werk wird abgestreift wie eine Schlangenhaut. Aber wie auch bei der Schlange schärft sich nach jeder Häutung der Blick«. [4. 11. 1989]

Resteverwertung und ›Cut and Paste‹ – die Verfahren von Jüngers Textherstellung sind so postmodern wie sein Begriff von Autorschaft, ohne dass sich seinen Lesern diese Postmodernität aufdrängt. Die Schnittkanten und Löcher auf der Textoberfläche füllt er mit Sternchen, zumeist Pentagrammen.

Die Bilder, die den schreibenden Jünger zeigen, erinnern an vormediale Weisen der Literaturherstellung, an die Textmanufaktur, nicht an die Textfabrik: Schreiben mit der Feder, Schreiben durch Zeigen, Schreiben als Abschreiben. Mit Vorliebe lässt er sich mit Assistenzfiguren und märchenhaften Ko-Autoren fotografieren: Katze, Blume (›Tränendes Herz‹) und Vogel.

WIEDERVORLAGE

Jünger mit Büchern und beim Schreiben (Paris 1942, um 1955, 1971, mit Siam-Kater Peri und neben einer Sanduhr in die Luft »schneidend« 1975, in Singapur auf dem Hotelbalkon 1981 und mit Nymphensittich Felix im November 1995). Darunter: »Daß ein Bild als Ganzes erscheint, ist ein Wunder über die optischen Voraussetzungen hinaus. Meist sehen wir episodisch, Stückwerk, Ausschnitte. Wir folgen den Zwecken und Absichten« (Ausschnitt aus der Ablage zu *Autor und Autorschaft*, um 1970). Daneben: von Martin Heidegger analysierte Formulierung im *Arbeiter* (1932, »Von der Arbeit als Lebensart«, Leihgabe Hermann Heidegger). Auf dem Vitrinenboden: Brief an Carl Schmitt (15.9.1940, über das Ordnen von Briefen: »[ich] walte so gleich Chronos im halb verstaubten Reiche der mehr oder weniger flüchtigen Beziehungen«) und leere, mehrfach umgenutzte Mappe: »Kleines System später: ›Sinn und Bedeutung‹ 1. und 2. Fassung und Entwürfe (Dazu: ›Entrefilet‹ Dr. A. Weideli geschenkt)«, durchgestrichen: »Strahlungen II«.

ABLAGE

Selbstgemachtes Lesezeichen: ein datierter und beschriebener, aber nicht eindeutig ausgerichteter ›Wegweiser‹ in Johann Georg Hamanns *Schriften* (4. Teil, 1823, »Platonischer Beweis vom menschlichen Ursprung der Sprache«). Darunter: Durchstreichen als Zeichen der Weiterverwendung – Verse von Hölderlin in Norbert von Hellingraths *Hölderlin-Vermächtnis* (1936). Auf dem Vitrinenboden: Kopie aus Wilhelm Buschs *Tobias Knopp*, von Jünger eingelegt in die *Strahlungen* (1949). Auf allen Böden: dehnbare Symbole – Jüngers persönliche Ordner aus Wilflingen, mit Loseblatt-Sammlungen zu Käfern, Schlangen (daraus die verschiedenen Ausschnitte), Reisen, Orthografie und Ausschnitten allgemeiner Art.

Klippen

Wer zur Ordnung vordringen will, muß sich auf die Kunst des Vergessens einlassen«. – Jüngers Schreibmanufaktur ist bestimmt durch Abbrüche und Wiederaufnahmen, die ›Klippe‹ eine seiner liebsten Metaphern: »beg. Überlingen, i.d. letzten Tagen des Februar 1939, fortgeführt während des März in Leisnig u. beendet in Kirchhorst, den 28.VI.1939« steht auf dem Manuskript der *Marmorklippen*. »Das Meer war grau und von so unbewegter Glätte, daß selbst am Saum der Klippen keine Bewegung zu spüren war. Schwärme von Wasservögeln ruhten reglos, als ob sie schliefen, auf der Flut«, beginnt der *Besuch auf Godenholm*.

Die Orte, die der Autor Jünger in seinen Texten (wie auf seinen Reisen) aufsucht, sind äquatoriale Linien, Umschlagplätze, Nullpunkte, Wendekreise. Er sammelt Geschichten von Schiffbrüchen und markiert auch in den Büchern seiner Bibliothek Klippen, Stellen, an denen zwei Extreme aufeinandertreffen.

Die meisten Klippen, die sich in seinen Tagebüchern und Manuskripten auftürmen, überspringt oder umschifft Jünger. In seinem Leben gibt es nicht vieles, was nicht den Weg in die Literatur geschafft hätte. Und den ins Archiv. Die Lücken (bei den Tagebüchern, Manuskripten und publizistischen Texten in den zwanziger Jahren, bei den Briefen in den dreißiger und vierziger Jahren) sind der Vorsicht geschuldet. Jünger ist ein Strandwanderer, kein Klippenspringer. Er geht seine Wege bis ans Ende. Erst die späten Hefte sind mehr leer als voll. Sein Werk ist nicht wie dasjenige Kafkas ein Werk der unvollendeten Romane, sondern eins der Schlussformeln: »Was Gott zum Besten wenden möge«.

KIPP-PUNKTE

Über metaphorische und wirkliche Klippen und Schiffbrüche – Briefe an Carl Schmitt [10.2.1945] und Dolf Sternberger [25.6.1980]. Darunter: Zum Segelschiff verwandelte Signatur im Manuskript des von Jünger nicht beendeten Dramas *Prinzessin Tarakonowa* (1953), markierte Seite in Goethes *Unterhaltungen deutscher Ausgewanderter*, zwei Fotos (1985 beim Baden im Meer und um 1980 mit Dreispitz aus Papier) und Schreiben an die Deutsche Akademie für Dichtung (16.11.1932: »Die Eigenart meiner Arbeit liegt in ihrem wesentlich soldatischen Charakter, den ich durch akademische Bindungen nicht beeinträchtigen will«). Auf dem Boden: Konfrontation mit den ersten und letzten Dingen – Rudolf Schlichters Tuschezeichnung *Atlantis vor dem Untergang* (1934), die Jünger seit Goslar durch alle Umzüge hinweg begleitet hat und zuletzt in Wilflingen über einer Sammlung mit Versteinerungen hing. Über die Bauten auf dem Bild schreibt Jünger in den *Strahlungen I* [8.4.1940]: »Der Eindruck rührt daher, daß die Phantasie die Werke in Stellvertretung des abgeschnittenen Gebirges sieht. Da wirkt die volle Macht des Urgesteins im Bauwerk mit.«

NICHT-ÖFFENTLICHES

»Wenn man da schon einsteigt, dann muss man auch zu Ende gehen« – Brief an Hans Paeschke, 3.7.1963, über Pornografie. Daneben Briefe an Ernst Niekisch (8.2.1946, über dessen vernichtete Briefe: »Daraus ersah ich, daß dieses Convolut, das ich gern sekretiert gesehen hätte, bei Ihnen oder an dritter Stelle der Polizei zur Beute gefallen war. Schon Mitscherlich hatte mir, nachdem er aus Nürnberg entlassen worden war, die Nachricht mitgebracht, daß der Untersuchungsrichter durchaus auf nähere Bekanntschaft mit mir begierig gewesen war«) und an »Herrn Christ« (12.3.1971): »Der Gedanke, rezente Schlachtfelder nach Relikten zu durchforschen, würde Jean Paul und Laurence Sterne begeistert haben. Liebhaber und Kenner des Spleens überhaupt. [...] Also halten Sie mich weiter über den ahasverischen Rundgang über die ausgeglühten Gefilde auf dem Laufenden. Und vergessen Sie nicht: Guillemont. Meine Schrapnellkugel werden Sie dort nicht finden, denn ich nahm sie auf den Operationstisch«. In den *Stahlgewittern* zählt Jünger bis ins Detail andere ›Relikte‹ auf: »Ich stellte fest, dass ich im ganzen mindestens vierzehn Treffer, nämlich fünf Gewehrgeschosse, zwei Granatsplitter, eine Schrapnellkugel, vier Handgranaten- und zwei Gewehrgeschoss-Splitter aufgefangen hatte, die mit Ein- und Ausschüssen gerade zwanzig Narben hinterlassen hatten«. Darunter: Auffälliger, aber nicht näher entschlüsselbarer Wegweiser zu einem weiblichen Teufel [4.8.1942] – Lesezeichen in Jacques Cazottes *Le diable amoureux* (*Der verliebte Teufel*, mit Notiz auf dem Exlibris: »Nachdem ich den Ring der schwarzen Fürstin vom Pont des Arts in die Seine geworfen habe, 5.55 Uhr, Deutsche Zeit«), wo die reizende Biondetta den jungen Hauptmann Don Alvaro zu allerlei Dummheiten und auch zur ›schwarzen‹ Magie verführt: »Der erste Mensch war ein Gemisch aus Lehm und Wasser. Warum sollte da eine Frau nicht aus Tau, Erddämpfen und Lichtstrahlen erschaffen sein, aus Resten eines verdichteten Regenbogens?« Daneben: Jüngers ›Tatbericht gegen Unbekannt‹, der einen Vergewaltigungsfall aufnimmt, mit Notiz zu ›Beweismitteln‹ [30.6.1940] – eines der wenigen, nicht in Literatur verwandelten Dokumente, die sich im Archiv finden. Auf dem Vitrinenboden: unveröffentlichte Briefe an die Eltern (»ca. 1903–1946«) sowie ein Karton »Ernstel« aus Wilflingen (am 13.1.1945, einen Tag, nachdem er vom Tod seines Sohnes erfahren hatte, verzeichnet Jünger: »War heute in der kleinen Bodenkammer, die ich ihm abgetreten hatte und in der noch ganz seine Aura war. Trat leise ein, als in ein Heiligtum. Fand unter seinen Papieren dort ein Tagebüchlein, beginnend mit dem Motto: ›Der kommt am weitesten, der nicht weiß, wohin die Reise geht‹.«).

links Meeresschildkröte aus Jüngers Wilflinger Wohnhaus.

Arbeit am Mythos

Jüngers Reisetagebuch von 1929 beginnt mit einem geträumten und einem Anderen in den Mund gelegten Aphorismus: »Während der Hinfahrt nach Palermo imitiere ich im Traum den Dr. Hielscher, ›Der Sinn des Lebens liegt in der Zerschrotung unserer individuellen Existenz‹«.
›Zerschroten unserer individuellen Existenz‹, das könnte als Programm über Jüngers Schreiben stehen. Seine Texte sparen oft das ›Ich‹ aus. Er liebt eine Sprache der Vergleiche, die jeden Stein und jedes Tier, jede Zahl und jeden Buchstaben bedeutsam werden lassen und magisch aufladen: »Vormittags nach der Landung Spaziergang mit dem Magister in den Gärten von Partana und ihrer maurischen Pracht. Durch die Terrassenbeete glitten lange schwarze Nattern wie Ahnungen dahin«, so geht der veröffentlichte Tagebuchtext weiter.
Der Erzähler gibt – wie der Autor, der sich gern vor Horizonten und zerklüfteten Landschaften fotografieren lässt und Masken trägt – seine Herrschaft auf. Die Texte fallen in Einzelteile auseinander, sind kein zentralperspektivisch arrangiertes Ganzes, sondern ein ›stereoskopisches‹ Nebeneinander bedeutsamer Zeichen. Ihre Motive führen zurück in eine mythische Welt: »Drei Zustände gibt es, die Schlüssel zu allen Erlebnissen sind: den Rausch, den Schlaf und den Tod«.

FLÄCHENSEHEN

Karteikarte aus Hans Blumenbergs Vorarbeiten zu *Arbeit am Mythos* (1979) mit einem Zitat aus Jüngers *Marmorklippen*: »[…] ›*Wir kannten noch nicht die volle Herrschaft, die dem Menschen verliehen ist.*‹ Ist das nicht ein Satz, der den Mythos voll definiert, daß er die Herrschaft des Menschen noch nicht kennt? aber auch nicht zu erkunden & zu erproben vermag, wie wiss Erfg es tun wird.« Daneben: Fotos von Jüngers Griechenlandurlaub (um 1960), Jünger am Meer (um 1924) und Jüngers Fotografie des Gemäldes, das Rudolf Schlichter 1937 von ihm malte. Darunter: Zeitungsausschnitt aus Jüngers Materialien zu Rudolf Schlichters Jünger-Bildnissen und Schlichters Skizzenbuch (um 1935/40, aufgeschlagen: über Felsen hinabfließendes Wasser). Auf dem Vitrinenboden: Meeresschildkröte, die in Wilflingen neben dem Eingang zur Bibliothek hängt, und Jüngers Kiste mit Kunstpostkarten (aufgeklappt: zwei Bilder von Paul Klee).

links Mexikanische Goldmaske aus Jüngers Wohnhaus.

MASKEN DES AUTORS

Karteikarte vom 21.11.1934, auf der Jünger die vier Elemente durch atmosphärisch-mythische Erscheinungen (»Schaum«, »Glast«, »Sumpf« und »Magma«) in Verbindung zueinander setzt. Dazu von Jünger aufgelistete und markierte Stelle in Carl Schmitts *Glossarium. Aufzeichnungen aus den Jahren 1947–51* (1991, »beg. 8.4.1984«). Darunter und auf dem Vitrinenboden: Foto von Jünger vor der Zeus-Grotte auf Kreta (1971) und ein ›Wand-Stück‹ aus der großen Bibliothek in Wilflingen: Drei Käferbilder (alles nach Jünger benannte Exemplare: Eurias juengerianae, Trochydora juengeri, Pyralis juengeri) mit zwei Fotos von Jünger (auf Ceylon 1973 und in der Toskana bei Montecatini 1956), mexikanischer Goldblechmaske und Delphinrippe.

links Von Jüngers Fensterbank: verstorbene Freunde.

Götter und Anschlüsse I

Können Götter herunterkommen. Oder nur die Verehrung. Dionysos in den Spelunken. Aphrodite im Bordell« [15.9.1986]. Jünger wirft seine Netze, in denen er wenigstens die Spuren der herabkommenden Götter einzufangen versucht, in alle Richtungen aus. Er zielt auf die Ferne und das Fremde ebenso wie in die Höhe und Tiefe, in die Vergangenheit, Gegenwart und Zukunft.

Jüngers zahlreiche Adressverzeichnisse, Briefkonzepte und Widmungsexemplare versammeln die unterschiedlichsten Menschen mit den verschiedensten Professionen: Familienmitglieder, unbekannte und bekannte Freunde, Leser, Besucher und Schenker, Tote und Lebende, berühmte Schriftsteller, Philosophen und Staatsmänner. Picasso und Céline, Borges und Moravia standen auf seiner Besucherliste, Gonzales, Mitterrand und Kohl, Heiner Müller und Martin Heidegger. Ein geplantes Treffen mit Hitler wurde kurzfristig abgesagt.

Zu den menschlich-sozialen Netzwerken kommen die geografischen, die historischen und überzeitlichen Netzwerke. Jünger ist der meistgereiste Schriftsteller des 20. Jahrhunderts, kaum einen Zipfel der Welt, an dem er nicht war. Er entwirft mit seinen Büchern, seiner Bibliothek, seiner Wohnungseinrichtung (seien es die Kirchenväter in seinem Regal oder die Fensterecke mit den Fotos der verstorbenen Freunde) einen Kosmos, in dem alles auf ihn weist und er dennoch an vieles Anschluss findet. Jünger sammelt Menschen und Orte, Geschichte und Geschichten. Zumeist in Verbindung mit Ziffern, mit Datumsangaben, Adress- und Telefonnummern oder merkwürdigen Strichlisten, als wolle er sicherstellen, dass die Götter in seinem imaginären Reich nur eine imaginäre, aber keine reale Bedeutung haben: »Die Zahl als Ziffer ist den Göttern feindlich, und ihr Triumph bedeutet deren Sturz.«

DIE TOTEN UND DIE LEBENDEN

Aus Jüngers Bibliothek: Zweig eines Lebensbaums, »gepflückt am Grabe Baudelaires, Paris-Montparnasse, 27.7.1942«, und Eintrag von Friedrich Georg Klopstock in den von ihm herausgegebenen *Hinterlassenen Schriften* (1759) seiner Frau Meta, die 1758 mit dreißig Jahren gestorben war: »Wie wahrscheinlich ist es, daß wir uns wiedersehn werden, wie traurig auch gestern unser Abschied war: Wie gewiß ist es, daß wir

O.
21.6.

links Utensilien von Jüngers Regalbrett mit den Bänden der »Kirchenväter«.

unsre Meta wiedersehn werden. Was ist dieses Leben mehr, als einige Stunden. Nach einigen Stunden werden wir unsre Meta wiedersehn«. Daneben: Widmungen an und von Gottfried Benn (in *Heliopolis*, 30.11.1949, *Goethe und die Naturwissenschaften*, Dezember 1949, *Frühe Lyrik und Dramen*, 28.11.1952). Dahinter Widmungsexemplare von Julien Green (*Adrienne Mesurat*, 1943), Joseph Kardinal Ratzinger (*Ein neues Lied für den Herrn*, »Rom am Fest Peter und Paul 1995«), Ulla Hahn (*Epikurs Garten*, 1995) und Friedrich Dürrenmatt (*Stoffe*, 1983). Auf dem Vitrinenboden: Hinten beschriftete Fotos verstorbener Freunde von der Fensterbank in Wilflingen, davon ausgewählt: Alfred Andersch, Schriftsteller / Dr. med. Franz Bart, Chefarzt am Krankenhaus Saulgau / Dr. med. Margret Blersch, die Hausärztin / Josef Breitbach, Schriftsteller / Franz Freiherr Cotta v. Cottendorf, Dotternhausen / Dr. Hans-Peter des Coudres, Hambg., Bibliotheksdirektor, Bibliograph E. J.s / Henry Furst, Schriftsteller, Übersetzer E. J.s ins Italienische, überführte Ernstel nach Wilflingen / Der Gefreite Hengstmann, der 18 den schwerverwund. E. J. aus d. Feuer trug u. unter ihm erschossen wurde / Monsignore Dr. h. c. Adolf Horion, der ›Käferpapst‹, Überlingen / Clemens Freiherr von Hornstein, Forstmann und Autor / Martin v. Katte, Gutsbesitzer (vertrieben) und Dichter / Oskar Kius, Oberst, Kamerad a. d. 1. Weltkrieg, vgl. Stahlgewitter / Ernst Klett, ›der‹ Verleger Ernst Jüngers / Karl-Richard Koßmann, Fahnenjunker in d. Komp. E. J.s in der Reichswehr, im 2. Weltkrieg Stabschef d. O'befehlshabers Paris, Chef E. J. / Horst Janssen, Zeichner und Graphiker / Karl Anton Mayer, d. legendäre Landrat von Saulgau / Gerhard Nebel, Schriftsteller / Günther Neske, Verleger einiger Werke E. J.s / Karl Rickert, der Charles Benoit d. Fremdenlegion (Afrikan. Spiele) / Ernst von Salomon, Schriftsteller, Winsen a. d. Luhe / Friedrich Freiherr Schenk von Stauffenberg, d. Hausbesitzer und Nachbar / Universitätsprof. Dr. Carl Schmitt, Staatsrechtslehrer / Friedrich Sieburg, berühmter Journalist und Literat / General Dr. Hans Speidel, holte E. J. in d. Stab d. Oberbefehlshabers Frankreich in Paris / Umm-el-Banine, Kaukasierin, französ. Schriftstellerin, Anlaufstelle f. d. frz. Leser E. J.s / Claus Valentiner, Student, gefallen (vgl. Strahlungen).

VERTIKALE UND HORIZONTALE VERBINDUNGEN

Flügelwesen und Schlangen: Brief an Hans Paeschke, Pfingstsonntag 1970, und Beginn von Friedrich Nietzsches *Also sprach Zarathustra*. Darunter: tote Dinge von dem Regalbrett, auf das Jünger die »Bibliothek der Kirchenväter« gestellt hat, u. a. auch zwei Ringe von Handgranaten. Auf dem Vitrinenboden: Beim Stichwort ›Schlange‹ markierte Seite im *General-, Personen- und Sachregister zur Bibliothek der Kirchenväter* (Kempten 1885 – »Überall dort, wo altes und ältestes Gesetz, wo reine Erdkraft waltet, im Mythos und in den frühen Kulten, wird man auf Ehrfurcht vor der Schlange, wenn nicht auf Verehrung stoßen; und ebensowenig wird man eine Ordnung finden, in der sie fehlt. Keine Höhe ist ohne Tiefe denkbar; die Schlange gehört zum Kreuz«) **und zwei Geschenke von Alfred Kubin für Jünger mit Adler, Raupe und Schmetterling** (Zeichnungen in *Die andere Seite*, 1941, und Federlithografie *Begegnung im Walde*, 1932; in Kubins eigener Deutung »stößt der oft wie verwirrte aber dennoch zäh am Prinzip festhaltende Alternde auf sein ›Geheimnis‹ eben den ›seltsamen Vogel‹«).

Götter und Anschlüsse II

Alles dies sind Formen der Flucht, in denen der Einzelne, nachdem er den Umkreis der geistigen und körperlichen Welt nach einem Ausweg durchlaufen hat, die Waffen streckt« (*Der Arbeiter*, 1932).
Jünger hat diese Formen der Flucht, den Rausch und das Reisen in ferne Länder, nicht gemieden. Er hat sie systematisch gesucht und die Welt mit Linien überzogen, die den unterschiedlichsten Wegen folgen – denen der Front, der Eroberer und Kolonialisten, der Käfer, Kometen und Rauschmittel: »An ›Drogen und Rausch‹ sitze ich seit langem, bin aber immer noch in Europa (Wein und Bier) – der Orient (Opium und Haschisch) und Mexiko (Kakteen und Pilze) werden mich bis in den Winter hinein beschäftigen« (über *Annäherungen. Drogen und Rausch* an Hans Paeschke, 22. 10. 1968).
Jünger reist und probiert aus, erkundet und sammelt, aber er tauscht nichts ein und bleibt sich selber treu. Das gilt von seinem Umgang mit Orten und Dingen wie mit Menschen. Sie alle fügt er ein in sein System, das er in seinem Wilflinger Wohnhaus nahezu ein halbes Jahrhundert lang institutionalisiert. Exotische Muscheln liegen in den Körben neben europäischen, Seeigel neben Seesternen und Granatensplittern, an den Wänden hängen Luft- und Wasserwesen nebeneinander. Die Briefe und Geschenke anderer tragen seine Signatur. Jeder Ort auf der Welt hat Platz in seinen Kalender- und Schulheftformaten, auch die Fotos, die ihn ganz bei sich zeigen – schreibend, auf der ›subtilen Jagd‹ nach Käfern, in Wüsten und vor Bergen, mit Falken und Schlangen.
Das Sammeln von Reiseorten und Briefschreibern ist mit Risiken, zumindest mit Anstrengung verbunden. 12 147 Briefe an Jünger sind bislang in seinem Marbacher Nachlass erfasst, 380 von ihm durch die Nachlässe seiner Briefpartner eingegangen. Seine Briefentwürfe in den Heften und, zerschnitten, in den Diarien zu Siebzig verweht sind ungezählt. Gezeigt wird eine kleine Auswahl, die auch ohne Kommentar verständlich und lesbar ist, gereiht nach dem Alphabet der Absender und Adressaten.
Gezeigt werden Briefe von Gottfried Benn, Max Bense, Werner Best, dem Grafen von Brandenburg, Paul Celan, Louis-Férdinand Celine, Emile Cioran, Günter Eich, Max Ernst, Hubert Fichte, Martin Heidegger, Rudolf Heß, Herrmann Hesse, Walter Kempowski, Alfred Kubin, Heinrich Lübke, Golo Mann. René Magritte, Armin Mohler, Heiner Müller, Eugen Roth, Ernst von Salomon, Rudolf Schlichter, Carl Schmitt und Dolf Sternberger.

Katovit N
N1

links Letzte Dinge: Jüngers Nachttischschublade.

Letzte Worte

Als ich inmitten der Heidelberger Blütenpracht aus dem Zuge gehoben wurde, dachte ich nicht, daß ich je wieder in den Krieg hinaus müßte.« Jünger hat jahrzehntelang ›Letzte Worte‹ gesammelt, überlieferte, manches Mal heldenhafte, oft auch banale oder komische Sätze von Sterbenden, die auf den Tod warten oder von ihm überrascht werden. Jüngers eigene Tagebücher und Manuskripte sind voller Enden, von denen jedes ein letztes sein könnte. Er rechnet ein Leben lang mit dem Tod und bewahrt bis zuletzt Haltung. Er ist vorsorglich bereit. Bedacht darauf, dass aus allen vorläufigen Dingen endgültige, bedeutsam letzte werden könnten. Der letzte Satz erhält allein durch den Tod einen vollkommenen Sinn: »Im Augenblick des Todes exponiert ein jeder sich absolut. Seine Potenz wird imaginär«.

Dem entgegen steht seine Poetik des Verflüssigens, sein Verfahren der Ablage und Wiederaufnahme, des Umformatierens und Adaptierens, des Nicht-Sterben-Lassen-Wollens. Sein eigenes allerletztes Wort ist nicht überliefert. Der Traum vom letzten Wort wird durch die Sehnsucht nach dem ersten unterlaufen. Er besitzt eine apotropäische, den Tod gerade abwendende Funktion. In ein kaum beschriebenes Buch, eine Vorarbeit zu *Heliopolis*, steckt Jünger einen Zettel mit einem Kierkegaard-Zitat »Gott schafft alles aus Nichts / und alles – was Gott brauchen will / macht er erst zunichte«.

WEITERGABEN

Schlangen und Gold, letzte Worte und Linien – von Jünger markierte Seite in Friedrich Nietzsches *Sämtlichen Werken* (Bd. 12, *Nachgelassene Fragmente*). Darunter: *Letzte Worte – Ein Fragment* (Satzvorlage für den Supplement-Band 22 der *Sämtlichen Werke*, am 9.12.2003 freigegeben) und letzte Worte von Martin Heidegger: »Worte Hölderlins, entnommen dem IV. Band seiner Werke, den Norbert von Hellingrath gestaltet hat – langsam und schlicht zu sprechen als letzter Gruß an meinem Grab« (Jünger erhielt von Elfriede Heidegger eine Kopie, dazu die entsprechenden Gedichtstellen, am fünften und letzten Platz Verse der dritten Strophe von *Brot und Wein*).

„Letzte Worte"

L. W.

links Umschlag, in dem Ernst Jünger ›Letzte Worte‹ gesammelt hat.

SAMMLUNGEN

Kuvert mit »Letzten Worten«. Dahinter: Jünger 1934, 1996 und 1997 (die beiden Fotos rechts sind die spätesten in seinem Marbacher Nachlass). Darunter: Karteikarten mit letzten Worten und Zitaten zu Farben, Seite aus dem Entwurf der *Denkschrift zur Geiselfrage* (1941/42, mit den letzten Worten der Delinquenten vor der Hinrichtung). Auf dem Vitrinenboden: Schublade von Jüngers Nachttisch, in dem immer etwas zum Schreiben lag.

Detlev Schöttker

Postalische Jagden. Ernst Jüngers Präsenz in der deutschen Literatur und Publizistik nach 1945

In einem Schreiben an Carl Schmitt ist Ernst Jünger im Oktober 1972 auf eine Briefsammlung eingegangen, die er in seinem Haus in Wilflingen verwahrte: »Tausende von Briefen, zum Teil brisanten Inhalts, liegen in meinem Archiv. Beruhigend ist für mich die Tatsache, daß ich in meiner Frau eine zuverlässige Verwalterin im Haus habe. Sie ist Archivarin und hat lange Jahre hindurch die Cotta'sche Handschriftensammlung betreut.« Über die Verwendung der Briefe hatte Jünger ebenfalls nachgedacht: »Ich lasse diese Briefe schlummern: quieta non movere. Es fehlt nicht an Neugierigen. Die Edition von Briefwechseln zu Lebzeiten ist wenig ratsam; post mortem sollte man zuverlässige Betreuer haben, so weit das möglich ist«. [Ernst Jünger / Carl Schmitt, *Briefe 1930–1983*, hrsg., komm. und mit einem Nachw. von Helmuth Kiesel, Stuttgart 1999, S. 384.]

Nach Schmitts Besuch in Wilflingen im Sommer 1974 scheint Jünger allerdings Geschmack an einer Publikation der Briefe gefunden zu haben. Denn zu Weihnachten des Jahres heißt es in einem weiteren Schreiben: »Der Gedanke einer Bergung unseres langjährigen Briefwechsels durch einen Privatdruck ist sehr anziehend. An mir soll er nicht scheitern, obwohl viel zu bedenken wäre.« [Ebd. S. 406 f.] Warum Jünger die Idee nicht weiterverfolgte, ist unbekannt, aber nachvollziehbar, wenn man den politisch konflikthaltigen Stoff und vor allem den Umfang berücksichtigt. Unabhängig davon arbeitete Jünger an einer Vervollständigung seiner Briefsammlung. Verwahrt hat er sie in Kästen des Deutschen Literaturarchivs, die er in einem seiner beiden Arbeitszimmer stapelte. Zusammengekommen sind bis zu seinem Tod 170 Behälter mit Zehntausenden von Briefen.

Sichtet man die Sammlung für die deutsche Literatur und Publizistik nach 1945, dann zeigt sich, dass Jünger als Ansprechpartner von Autoren über Jahrzehnte hinweg eine zentrale Rolle spielte. In dieser Hinsicht trat er die Nachfolge von Stefan George an [vgl. Ulrich Raulff, *Kreis ohne Meister. Stefan Georges Nachleben*, München 2009]. Im Gegensatz zu diesem aber hat Jünger die Rezeption seines Werkes langfristig selbst organisieren können und nicht nur eine kleine Gruppe intellektueller Schöngeister, sondern sehr unterschiedliche Menschen um sich versammelt, die er wegen ihrer großen Zahl zum Teil nur durch Briefe kannte: deutschlandfreundliche Exilanten, stille Widerständler, orientierungslose Kriegsheimkehrer, Protagonisten der geistigen Erneuerung, Historiker der zerrütteten Moderne und politisch unvoreingenommene Jungautoren gehörten zu seinen Briefpartnern.

BRIEFPOLITIK: KOMMUNIKATION UND RUHMBILDUNG

Jüngers wichtigster poetologischer Text, der *Sizilianische Brief an den Mann im Mond* aus dem Jahr 1930 zeigt, dass er mit der Form des literarischen Briefs gut vertraut war. In pragmatischen Briefen hatte Jünger dagegen keine poetischen Ansprüche. Hier ging es um die Herstellung und Fortsetzung persönlicher Kontakte, den Austausch von Ideen und die Verbreitung von Werken, also das Alltagsgeschäft des Schriftstellers. Umfang und Vielseitigkeit der Korrespondenzen haben allerdings dazu beigetragen, dass Jünger die dokumentarische Bedeutung zunehmend in den Blick nahm. Schon 1949 sprach Carl Schmitt in seinem *Glossarium*, das 1991 aus dem Nachlass erschien, von einer »Fruktifizierung des eigenen Briefwechsels«. Jünger ginge es nicht um ein »schriftliches Gespräch«, sondern schiele »nach der Rotationspresse«. [Vgl. dazu Helmuth Kiesel, »›Fruktifizierung des eigenen Briefwechsels‹. Zu einem Vorwurf Carl Schmitts an Ernst Jünger«, in: Detlev Schöttker (Hrsg.), *Adressat: Nachwelt. Briefkultur und Ruhmbildung*, München 2008, S. 209–216.] Zu diesem Verwertungsprinzip gehört auch die Vorbereitung des eigenen Nachlebens. Diese Absicht geht aus einem Schreiben an Gerhard Nebel vom 15. August 1948 hervor. Jünger verwendet hier den Begriff der »posthumen Existenz« und bezieht sich dabei auf eine Äußerung seines Korrespondenzpartners, der die Auffassung vertreten hatte, dass ein Briefwechsel »erst erscheinen« dürfe, »wenn wenigstens ein Partner gestorben« sei. Damit traf er ins Zentrum von Jüngers damaligen Überlegungen, so dass dieser in grundsätzlicher Weise dazu Stellung nahm: »Ihre Betrachtung über die Briefe und ihre Sekretierung berühren einen Gegenstand, mit dem ich mich lebhaft beschäftige. Eins der berühmten Beispiele ist der Briefwechsel zwischen Goethe und Schiller [...]. Unsere heutige Lage ist aber insofern eine ganz andere, als wir in das Zeitalter des Vogels Phönix eingetreten sind, der mit dem Leviathan in der Vernichtung der Manuskripte konkurriert. So ist es höchst fraglich geworden, ob Freundeshand jemals unseren Nachlaß ordnen, ja ob von einem solchen Nachlaß überhaupt die Rede sein wird. Insofern befinden sich alle Aufzeichnungen in ständiger Gefahr. Der Druck stellt demgegenüber eine Sicherung dar. Auch ist er insofern entschuldbar, wenn es uns gelüstet, als eigene Erbschaftsverwalter aufzutreten, als wir gewissermaßen eine posthume Existenz führen, denn wir haben Weltuntergänge erlebt. Als einen solchen Einschnitt sehe ich den Frühling 1945 an. Es ging da mehr zugrunde, als nur das tausendjährige Reich.« [Ernst Jünger / Gerhard Nebel, *Briefe 1938–1974*, hrsg., komm. und mit einem Nachw. von Ulrich Fröschle und Michael Neumann, Stuttgart 2003, S. 223 f.]

Jünger arbeitete zu dieser Zeit bereits an einer Publikation seiner Briefe, die den vorläufigen Titel *Brief-Journal* trug. Im Nachlass gibt es Abschriften eines nicht erhaltenen ersten Bandes mit Briefen für die Jahre 1918 bis 1923 sowie eine vollständige maschinenschriftliche Fassung des zweiten Bandes mit Briefen von 1928 bis 1945. Obwohl Jünger das Projekt wieder fallen ließ, investierte er viel Zeit in die Pflege seines Briefwechsels. »Ich nehme«, so heißt es zum Beispiel 1978 in einer Tagebucheintragung auf Sardinien, »immer einen Pack Briefe mit, um sie unterwegs, auch während eines Aufenthalts im Flughafen, zu beantworten oder wenigsten zu bestätigen« [SW 5,416].

Dies war mehr als eine Geste der Höflichkeit. Vielmehr bilden Jüngers Briefe neben den Tagebüchern, Essays und Romanen einen eigenen Werkkomplex, der die anderen an Umfang deutlich übertrifft. Nimmt man die seit den neunziger Jahren publizierten Briefwechsel mit Carl Schmitt, Martin Heidegger, Gerhard Nebel, Friedrich Hielscher, Rudolf Schlichter, Stefan Andres, Gottfried Benn und Margret Boveri zur Hand, bekommt man einen Eindruck von Umfang und Bedeutung der Sammlung. Dennoch handelt es sich hier nur um einen kleinen Teil jener Korrespondenzen, die Jünger zusammengetragen und für die spätere Erschließung vorbereitet hat, so dass man von einer kalkulierten Ruhmbildung durch Briefe sprechen kann. Diese Idee reicht durch Leseransprachen am Schluss von Werken wie in Horaz' *Carmina* oder Ovids *Metamorphosen* in die römische Antike zurück, wurde von Petrarca – vor allem im *Brief an die Nachwelt* – in der Frühen Neuzeit erneuert und ragt durch Nietzsches Konzeption eines zeitübergreifenden »hohen Geistergesprächs«, die er in seiner Schrift *Vom Nutzen und Nachteil der Historie* als »Aufgabe der Geschichte« bezeichnet, in die Moderne hinein. [Vgl. Detlev Schöttker, »Der literarische Souverän. Autorpräsenz als Voraussetzung von Kanonpräsenz«, in: Heinz Ludwig Arnold / Hermann Korte (Hrsg.), *Literarische Kanonbildung*, München 2002, S. 277–290.]

Jünger hat auf die Bedeutung persönlicher Texte für das Nachleben eines Schriftstellers mehrfach hingewiesen. Tagebücher bezeichnete er 1979 in *Siebzig verweht* als »Flaschenpost an einen unbekannten Empfänger, eine Mitteilung für Nachgeborene« [SW 5,501]. Eine Notiz in dem Band *Autor und Autorschaft* (1984) lautet: »Tagebücher, Briefwechsel: Das fünfte Rad am Wagen und vielleicht das einzige, das posthum weiterläuft« [SW 19,199]. Was hier prägnant formuliert ist, hatte Jünger bereits in einem längeren Text dargelegt, der in der zweiten Hälfte der vierziger Jahre während der Arbeit am *Brief-Journal* entstand und Bestandteil seines Romans *Heliopolis* (1949) werden sollte, dann aber ausgegliedert wurde und 1951 als separate Schrift unter dem Titel *Das Haus der Briefe* erschien. »Wenn wir also darauf sinnen«, so heißt es hier, »was Menschen an Bleibendem hinterlassen, bietet sich der Brief als bestes Zeugnis an« [SW 16,353].

Jünger übernahm hier Goethes Auffassung. In seinem Buch *Winckelmann und sein Jahrhundert* (1805) meinte dieser, Briefe seien »Blätter für die Nachwelt« und umso wichtiger, »je mehr dem Schreibenden nur der Augenblick« vorgeschwebt habe. [*Goethes Werke* (Weimarer Ausgabe), Abt. 1, Bd. 46, S. 11; vgl. dazu Detlev Schöttker, »Archive der Subjektivität. Modelle brieflicher Überlieferung bei Goethe, Ernst Jünger und Walter Kempowski«, in: ders. (Hrsg.), *Adressat: Nachwelt. Briefkultur und Ruhmbildung*, München 2008, S. 19–36.] Im *Haus der Briefe* lässt Jünger die Idee von einer der Figuren im historiografischen Sinne wie folgt erläutern: »Die Briefsammlung gilt also hier als Raster des Geschichtsbildes. Wenn eine Stelle im Geschichtsplan aufgefallen war und schärfer betrachtet werden sollte, gab das Archiv die Mittel, die feinsten Züge wiederherzustellen, die sonst die Zeit verwischt. Um jedes bedeutende Ereignis, um jeden großen Menschen bewegt sich ja eine Unzahl von Mitspielern« [SW 16,355].

Jüngers Briefarchiv folgt dieser Idee. Er hat nicht nur umfangreiche Korrespondenzen mit bekannteren Zeitgenossen, sondern auch kleinere Briefwechsel und einzelne Briefe archiviert, die erst in Kombination mit anderen Bedeutung ergeben. Ergänzt sind die nach Autoren alphabetisch geordneten Briefkonvolute durch Dokumente, die Jünger – unter Mitwirkung von Privatsekretären und seiner Frau – aus Zeitungen ausschnitt oder Zusendungen entnahm. Zu ihnen gehören Texte der Korrespondenzpartner, Rezensionen ihrer Werke, Verlagsprospekte, Fotos, Todesanzeigen und Ähnliches. Dieses Material sollte die öffentliche Bedeutung seiner Briefpartner – und damit die eigene – belegen und übertrifft an Umfang zum Teil einzelne Korrespondenzen. Während in publizistischen Beiträgen in erster Linie Kontroversen betont werden, hat Jünger in seinem Briefarchiv Freundschaften und Formen der Verehrung dokumentiert, die nicht selten ein anderes Bild seiner Biografie und Wirkung ergeben als rezeptionsgeschichtliche Studien. [Vgl. Hans-Peter Schwarz, »Exkurs II: Das Jünger-Bild in der Kritik«, in: ders., *Der konservative Anarchist. Politik und Zeitkritik Ernst Jüngers*, Freiburg i. Br. 1962, S. 254–262; Norbert Dietka, *Ernst Jünger nach 1945. Das Jünger-Bild der bundesdeutschen Kritik (1945 bis 1985)*, Frankfurt a. M. (u. a.) 1987; Roswitha Schieb, »Die Rezeption Ernst Jüngers nach 1945«, in: *Jahrbuch der deutschen Schillergesellschaft 40* (1996), S. 348–361.]

WIRKUNG AUS DEM EXIL: ANNÄHERUNGEN AUS OST UND WEST

Schon vor Ende des Zweiten Weltkrieges wurde Jünger Ansprechpartner für emigrierte Autoren. Sie kannten seine frühen Bücher und Artikel, waren darüber informiert, dass er nicht Mitglied der NSDAP war, sondern Distanz zur nationalsozialistischen Führung hielt und auch Kontakt zu deutschen Widerstandskreisen hatte. Die Annäherung der Exilautoren steht im Gegensatz zur linken Kritik seit Ende der sechziger Jahre, die Jünger nur bedingt zur so genannten Inneren Emigration rechnete, weil er als Offizier im besetzten Paris gedient hatte, wo er unter anderem für die Briefzensur zuständig war, aber natürlich auch von der Verhaftung und Erschießung von Widerstandskämpfern sowie der Deportation französischer Juden wusste. [Vgl. die unterschiedlichen Darstellungen von Gerhard Heller / Jean Grand, *In einem besetzten Land. Leutnant Heller und die Zensur in Frankreich 1940–1944*, Bergisch-Gladbach 1985, und Bernhard Brunner, *Der Frankreich-Komplex. Die nationalsozialistischen Verbrechen in Frankreich und die Justiz der Bundesrepublik Deutschland*, Frankfurt a. M. 2007.] Zwar unterscheiden sich die späteren Haltungen der Emigranten zu Jünger in Europa und den USA von denen in der Sowjetunion, doch gab es Annäherungen von beiden Seiten.

Im Oktober 1943 forderte Johannes R. Becher, der seit 1935 als Chefredakteur der *Internationalen Literatur / Deutsche Blätter* in Moskau lebte und Mitbegründer des ›Nationalkomitees Freies Deutschland‹ war, Jünger im Rundfunk zur »totalen Mobilmachung des Geistes« auf, spielte also auf dessen Schrift *Die totale Mobilmachung* von 1931 an, die er, wie Aufzeichnungen belegen, ebenso kannte wie andere Werke. [Vgl. Wolfgang Kunicki, *Projektionen des Geschichtlichen. Ernst Jüngers Arbeiten an den Fassungen von* In Stahlgewittern, Frankfurt a. M. 1993, S. 337–347.] Zwar hörte Jünger von der Initiative offenbar erst fünfzig Jahre später, obwohl der Moskauer Sender auch in Deutschland und Frankreich zu empfangen war, nahm dazu aber im fünften Band von *Siebzig verweht* am 23. März 1993 ausführlicher Stellung: »Erst jetzt, nach Öffnung der russischen Archive, ist mir ein Aufruf bekannt geworden, den Johannes R. Becher, später Kulturminister der ehemaligen DDR, mir aus meiner Berliner Zeit bekannt, am 23. Oktober 1943 von Moskau aus durch Rundfunk an mich gerichtet hat. Er forderte mich auf, im Westen darauf hinzuwirken, daß der Krieg beendet werde, er wolle es im Osten tun. Darin der Satz: ›Getrennt sind wir marschiert viele Jahre lang, nun gilt es, vereint zu schlagen‹. Damit überschätzte er freilich meine Möglichkeiten«. [SW 22,120.]

Seit 1946 gab es neben Kritik (unter anderem in Artikeln von Paul Rilla und Wolfgang Harich) weitere Signale der Annäherung aus der Sowjetischen Besatzungszone. Im Mai hatte Becher im ›Kulturbund zur demokratischen Erneuerung Deutschlands‹ eine Diskussion über Jüngers Schrift *Der Friede* initiiert, die Jünger 1943 abgeschlossen und ab 1944 an Freunde als Kettenbrief zu schicken versucht hatte. Dabei erhielt Jünger Unterstützung von Ernst Niekisch, einem seiner ehemaligen Freunde im Kreis der Nationalbolschewisten, der 1939 wegen seiner Schriften gegen Hitler vom Volksgerichtshof zu lebenslangem Zuchthaus verurteilt worden war und 1945 der

KPD beitrat. In einem Brief vom 21. Juni 1946 sandte Niekisch Jünger »vertraulich« das Protokoll der Diskussion im ›Kulturbund‹, nachdem beide seit Februar wieder miteinander korrespondierten, und schrieb dazu: »Meine Taktik ist (und damit habe ich mich nunmehr gegen Becher durchgesetzt), dass Ihre Sache in der Öffentlichkeit diskutiert wird. Darauf wollte ich hinaus, weil ich überzeugt bin, dass Ihnen daraus mehr Nutzen als Schaden erwachsen wird.« [DLA.]

Im März 1953 versuchte Becher noch einmal mit Jünger in Kontakt zu kommen. Denn ein Brief, den Bodo Uhse als Redakteur der Monatsschrift *Aufbau* an ihn richtete, war zweifellos mit Becher abgesprochen. Uhse bat Jünger um Stellungnahme zu einer Erklärung von Schriftstellern beim Wiener Völkerkongress, die sich gegen die Gefahr eines neuen Krieges richtete. Doch lehnte Jünger die Bitte ab und nannte dafür Becher als Grund, wie eine handschriftliche Notiz am oberen rechten Rand zeigt, in der es heißt: »Sind die Leute, die mir unter Anführung von Becher den G'schuss geben wollen. Da ist Sympathiekundgebung etwas viel verlangt«. [DLA.]

Im Oktober 1943 veröffentlichte Karl Otto Paetel, der in New York als Journalist lebte, in der in Santiago de Chile erscheinenden Zeitschrift *Deutsche Blätter* den Artikel *Ernst und Friedrich Georg Jüngers politische Wandlung*, der große Beachtung fand. Mit dem Begriff der Wandlung wird hier bereits jene Pathosformel der Nachkriegszeit verwendet, die auch für Jünger seit den fünfziger Jahren im intellektuellen, nicht im rhetorischen Sinne an Bedeutung gewann. Paetel gehörte seit den zwanziger Jahren wie Niekisch zu den führenden Vertretern des Nationalbolschewismus, floh 1935 nach mehreren Inhaftierungen aus Deutschland und ging schließlich 1940/41 in die USA. Anlass seines Artikels war Jüngers Roman *Auf den Marmorklippen*, der nach Erscheinen im Jahr 1939 – auf bisher unbekannten Wegen – auch in die USA gelangt war. Das Buch, so Paetel, sei eine »politische Kampfansage gegen das Hitlersystem«. Am Schluss wird der Beitrag zu einem Plädoyer gegen die These von der Kollektivschuld der Deutschen, die in den USA diskutiert wurde und erhebliche Bedeutung für die Kriegsführung der alliierten Streitkräfte hatte: »Vielleicht kann wirklich nur derjenige, der jahrelang in der Luft der Diktatur gelebt hat, in der jede menschliche Äusserung der Prüfung der totalen Partei unterliegt, ermessen, was Hinweise wie diese dem lesenden Deutschen heute bedeuten! Ernst Jüngers *Marmorklippen* sind kein Aufruf zu einer ›Underground-Bewegung‹. Der Verfasser wird als deutscher Offizier heute irgendwo in Russland seine Pflicht tun, nachdem er als Hauptmann den Feldzug gegen Westen mitgemacht. Aber die rebellischen Sätze dieses Buches sind der Protest des in Deutschland heimatlos gewordenen Geistes gegen Unkultur, Barbarei und den Missbrauch formgebender Losungen [...]. Sie sind das Sprachrohr von hunderttausenden deutscher Menschen.« [Karl Otto Paetel, »Ernst und Friedrich Georg Jüngers politische Wandlung«, in: *Deutsche Blätter* 1 (1943), H. 10, S. 22–27, hier S. 22 und 27.]

Wie Paetel hatte auch Margret Boveri die *Marmorklippen* zu Beginn der vierziger Jahre gelesen. Im Oktober 1940 war sie als Korrespondentin der *Frankfurter Zeitung* nach New York gekommen [vgl. Margret Boveri, *Verzweigungen. Eine Autobiographie*, hrsg. und mit einem Nachw. von Uwe Johnson, München/Zürich 1977], hier aber Anfang Dezember 1941 infolge des Krieges interniert worden. 1942 gelangte sie wieder nach Europa, wo sie unter anderem als Mitarbeiterin der deutschen Botschaften in Lissabon und Madrid arbeitete, bis sie 1944 die Rückreise nach Berlin antrat – eine abenteuerliche, noch heute nicht vollständig aufgeklärte Biografie. Am 19. Juli 1946 schrieb sie aus Berlin an Jünger: »Seit vier Jahren, seitdem ich zum ersten Mal ein Buch von Ihnen las, habe ich in Gedanken viele Briefe an Sie geschrieben, Briefe der Auseinandersetzung und Fragen, aber vor allem der Bewunderung und des Danks.« [Margret Boveri / Ernst Jünger, *Briefwechsel aus den Jahren 1946 bis 1973*, hrsg., mit einem Vorw. vers. und komm. von Roland Berbig, Tobias Bock und Walter Kühn, Berlin 2008, S. 37.]

Paetel hatte sich am 10. Mai 1946 ebenfalls an Jünger gewandt, nachdem in New York sein Buch *Ernst Jünger. Die Wandlung eines deutschen Dichters und Patrioten* erschienen war. Es ging ihm ebenfalls um die Erläuterung seiner publizistischen Strategie: »Ich habe mein Bestes getan, um Ihr Werk dem deutschen Antinationalsozialismus im Exil und auch im Ausland verstaendlich zu machen, selbst wenn es unzulaengliche Mittel waren! Hoffentlich erreicht Sie irgendwas davon irgendwann! [...] Sie haben uns hier draussen den Glauben an die drinnen am Leben erhalten: Dank!« [DLA.]

Paetels Jünger-Beiträge zirkulierten unter deutschen Emigranten in den USA und Europa. In einem Brief vom 25. März 1947, dem ersten, den er aus seinem Exilort Positano an Jünger richtete, bezog sich auch Stefan Andres auf das Buch. »Paetel«, so Andres, »schickte mir sein Buch über den mir lieben Gegenstand. Sie kennen es ja gewiß. Ich besprach es soeben.« [Ernst Jünger / Stefan Andres, *Briefe 1937–1970*, hrsg., komm. und mit einem Nachw. von Günther Nicolin, Stuttgart 2007, S. 14. Nach Auskunft des Herausgebers existiert ein Typoskript der Besprechung.] Andres hatte, bevor er nach Italien auswanderte, im August 1937 aus München einen Brief an Jünger gerichtet und ihm die Novelle *El Greco malt den Großinquisitor* übersandt. Jünger antwortete darauf mit einer Äußerung, deren Tendenz Andres nicht verborgen geblieben sein dürfte: »Bei dem allgemeinen Verfall, in dem sich die Sprache befindet, bereitet mir die Lektüre einen besonderen Genuß.« [Ebd., S. 8.]

Auch Carl Zuckmayer verwies auf Paetels Jünger-Artikel der *Deutschen Blätter*, als er 1943/44 für den US-amerikanischen Geheimdienst ›Office of Strategic Services‹ einen Bericht über 150 deutsche Künstler, Publizisten und

Schriftsteller verfasste, die in Deutschland geblieben waren. Kein Autor wird darin so positiv beurteilt wie Jünger, den Zuckmayer nach eigener Aussage »nicht persönlich« kannte. »Ernst Jüngers Kriegverherrlichung«, so schreibt er, »hat nichts mit Aggression und Weltbeherrschungsplänen zu tun – sein Herrenideal nichts mit demagogischem Unsinn à la Herren-›Rasse‹. Ohne Pazifist oder Demokrat zu sein, ist es ihm bestimmt ernst mit der Vorstellung einer Weltgestaltung vom Geist her und durch das Medium der höchstentwickelten und höchstdisziplinierten Persönlichkeit«. [Carl Zuckmayer, *Geheimreport*, hrsg. von Gunther Nickel und Johanna Schrön, Göttingen 2002, S. 102.]
Im Juni 1948 traf Zuckmayer in München bei einer internationalen Jugendkundgebung Stefan Andres und andere Autoren, die Jünger einen Kartengruß mit individuellem Zusatz schickten. Zuckmayer schrieb: »Ich verehre Sie und hoffe Sie bald zu treffen.« [Ernst Jünger/Stefan Andres, *Briefe 1937–1970*, hrsg., komm. und mit einem Nachw. von Günther Nicolin, Stuttgart 2007, S. 43.] Trotz eines sporadischen Briefwechsels zwischen 1960 und 1972 kam es nie zu einem Treffen. [Vgl. Gunther Nickel, »Ihnen bisher nicht begegnet zu sein, empfinde ich als einen der grössten Mängel in meinem Leben«. Der Briefwechsel zwischen Carl Zuckmayer und Ernst Jünger«, in: *Zuckmayer-Jahrbuch* 2 (1999), S. 515–547.] Einem Brief Jüngers an Gerhard Nebel Anfang August 1948 kann man allerdings entnehmen, dass er über die Geste des Kartengrußes – vor allem über Zuckmayers Worte – erfreut war: »Unter den Autoren, die mich anläßlich einer Münchner Tagung ihrer Sympathie versicherten, war übrigens auch Zuckmayer – vielleicht der einzige von der ›anderen Seite‹, dem eine gewisse Elementarkraft zuzutrauen ist.« [Ernst Jünger/Gerhard Nebel, *Briefe 1938–1974*, hrsg., komm. und mit einem Nachw. von Ulrich Fröschle und Michael Neumann, Stuttgart 2003, S. 217.]
Hannah Arendt, die 1940 mit ihrem Ehemann Heinrich Blücher über Paris nach New York emigriert war, kannte Werke Jüngers ebenfalls seit der Exilzeit. Blücher erinnert sie in einem Brief vom 29. Januar 1950 daran, dass er sie mehrfach auf Jüngers Formel »hoher und grausamer Genuß« aufmerksam gemacht habe [Hannah Arendt / Heinrich Blücher, *Briefe 1936–1968*, hrsg. vom Lotte Köhler, München/Zürich 1996, S. 198]. Anlass war Blüchers Korrespondenz mit Karl Jaspers, den Arendt während ihrer Deutschland-Reise 1950 in Basel besuchte. Jaspers hatte 1948 einen Ruf an die dortige Universität angenommen und war für seine positive Einstellung zu Jünger bekannt. Dies geht auch aus einem Brief von Golo Mann hervor. Er selbst hatte zwar 1934 als Emigrant einen kritischen Beitrag über Jünger in der von seinem Bruder Klaus herausgegebenen Exil-Zeitschrift *Die Sammlung* veröffentlicht [Golo Mann, »Ernst Jünger. Ein Philosoph des neuen Deutschland«, in: *Die Sammlung* 1 (1934), H. 5, S. 249–259], Autor und Werk später aber zunehmend positiv beurteilt. Am 28. Dezember 1951 schreibt Golo Mann an Jünger, nachdem er ihn zuvor in Wilflingen besucht hatte: »Neulich verbrachte ich einen

Abend bei meinem alten Lehrer, Jaspers, der mit viel Sympathie und Respekt von Ihnen sprach, obwohl er doch zu Ihren Kritikern gehörte.« [Golo Mann, *Briefe 1932–1992*, hrsg. von Tilmann Lahme und Kathrin Lüssi, Göttingen 2006, S. 109 f.]
Unklar ist, ob Arendt von den Kontakten zwischen Jünger und Heidegger, den sie 1950 in Freiburg besucht hatte, wusste [vgl. Hannah Arendt / Martin Heidegger, *Briefe 1925 bis 1975*, aus den Nachlässen hrsg. von Ursula Ludz, 3., durchges. und erw. Aufl., Frankfurt a. M. 2002]. Über Jünger aber dürfte sie von Jaspers informiert worden sein. In einem Bericht über ihre Deutschland-Reise, der 1950 in der Zeitschrift *Commentary* veröffentlicht wurde, geht sie auf Jünger und die 1949 erschienenen *Strahlungen* in ungewöhnlich positiver Weise ein: »Ernst Jüngers Kriegstagebücher liefern vielleicht den besten und ehrlichsten Beweis für die Schwierigkeiten, denen das Individuum ausgesetzt ist, wenn es seine moralischen Wertvorstellungen und seinen Wahrheitsbegriff ungebrochen in einer Welt erhalten möchte, in der Wahrheit und Moral jeglichen erkennbaren Ausdruck verloren haben. Trotz des unleugbaren Einflusses, den Jüngers frühe Arbeiten auf bestimmte Mitglieder der nazistischen Intelligenz ausübten, war er vom ersten bis zum letzten Tag des Regimes ein aktiver Nazigegner und bewies damit, daß der etwas altmodische Ehrbegriff, der einst im preußischen Offizierskorps geläufig war, für individuellen Widerstand völlig ausreichte.« [Hannah Arendt, *Besuch in Deutschland*, Berlin 1993, S. 47.]

VEREHRER AUS SCHUTT UND ASCHE: GRUPPE 47

Wie im Exil ist *Auf den Marmorklippen* auch in Deutschland als Werk des inneren Widerstands gelesen worden. Dolf Sternberger, der 1934 in die Redaktion der *Frankfurter Zeitung* eingetreten war und ihr bis zum Verbot im Jahr 1943 angehörte, hat die Wirkung des Buches 1980 geschildert: »Die Lektüre erregte und bewegte uns außerordentlich. Es war wie ein Signal, das plötzlich aus der Düsternis aufschießt und die Gegend erhellt. Es bot Stärkung und wirkte als Mittel der Verständigung unter denen, die gegen Bedrohung oder Versuchung der Tyrannei sich festigten.« [Dolf Sternberger, »Eine Muse konnte nicht schweigen. Auf den Marmorklippen wiedergelesen«, in: ders., *Gang zwischen den Meistern*, Frankfurt a. M. 1987, S. 306–318, hier S. 306.] Sternberger und Jünger hatten sich 1941 in Paris kennengelernt, wie aus einer Eintragung in der Erstausgabe der *Strahlungen* vom 1. November 1941 hervorgeht, die später gestrichen wurde: »Abends im George V., wo an der Tafelrunde auch Nebel und Sternberger als Gäste teilnehmen. Dieser letztere, mir durch seine Aufsätze bereits bekannt, erschien zunächst blasiert, gebeugt und teilnahmslos, wachte dann aber auf seltsame Weise auf, vom Wein und vom Gespräch wie durch ein Elixier belebt«. [Ernst Jünger, *Strahlungen*, Tübingen 1949, S. 61.]
Die Darstellung Sternbergers wird durch Briefe von Autoren bestätigt, die den Krieg als junge Soldaten erlebt

hatten. Einige von ihnen gehörten zu den frühen Mitgliedern der Gruppe 47. Jünger war hier in mehrfacher Hinsicht gegenwärtig, was durch das von der Literaturgeschichtsschreibung kolportierte Bekenntnis zum Neuanfang in Verlautbarungen der Gruppe weitgehend verdeckt wurde. So bezeichnet Wolfdietrich Schnurre den Autor in einem Brief vom 20. Dezember 1945 als »geistigen« Lehrer und bat zugleich um ein Exemplar der *Marmorklippen*, nachdem er seinen Besitz offenbar verloren hatte: »Es ist wahr: die Kraft, auch mit 26 Jahren noch, nach einer restlos geschändeten, einer hingemordeten Jugend, an einen Wiederbeginn zu glauben, kann zum Großteil nur aus der Bereitschaft des eigenen Herzens kommen, aber auch trägt dazu bei die geistige Führerschaft derer, die den Weg schon gefunden haben. Und daher ist mir ihr Buch so sehr wertvoll geworden. Denn es zeigt die geistige Haltung derer, die bleiben werden. Und das sind die Wenigsten heut. – Darf ich Sie nun, von ganzen Herzen bitten, mir, falls Sie noch über ein überzähliges Exemplar der ›Marmorklippen‹ (oder evtl. auch der ›Bunten Steine‹) verfügen, eins herzusenden? [...] Ich habe meine sämtlichen Bücher verloren. Und gerade daher scheint mir dies Buch – die ›Marmorklippen‹ – dazu angetan, wieder den Grundstein zu legen zu einer neuen Büchersammlung.« [DLA.]

Sieht man von Hans Werner Richter ab, der die Einladungen zu den jährlichen Treffen verschickte und die Diskussionen leitete, dann repräsentiert Schnurre die Gruppe wie kein anderer. Im Oktober 1947 eröffnete er das erste Treffen mit einer Lesung seiner Erzählung *Das Begräbnis*, und damit beendete er auch das letzte Treffen einiger ehemaliger Mitglieder im Jahr 1977. Auch Helmut Heißenbüttel, der 1955 ebenfalls Mitglied der Gruppe wurde, verknüpfte in seinem Brief vom 28. Mai 1946 einen Bericht über seine Kriegserlebnisse mit einem Bekenntnis zu Jüngers Werk: »Seitdem, das war vor nicht ganz vier Jahren, ich war damals einundzwanzig Jahre alt, ist mir Ihr Werk, auch in den übrigen veröffentlichten Büchern, zum ständigen Begleiter geworden. Die tiefste Erfahrung machte ich jedoch, als ich nach dem Waffenstillstand im vorigen Jahre (ich bin im Rußlandfeldzug armamputiert und studierte bereits seit mehreren Semestern) zu Hause in einer nordwestdeutschen Kleinstadt saß und im Augenblick wie vor den Kopf geschlagen war. Denn für mich war mit der Tatsache des Waffenstillstands wirklich etwas wie ein Zusammenbruch geschehen. [...] Da fand ich, glücklich und als eine fast unbegreifliche Bestätigung, in Ihren Büchern eine Beruhigung, einen geheimen Sinn, einen Trost oder wie man es nennen will.« [DLA.]

Unbekannt waren den Mitgliedern der Gruppe 47 vermutlich jene Beiträge, die Jünger seit Mitte der zwanziger Jahre für die nationalistische Presse verfasst hatte und der Ideologie des Nationalsozialismus Ideen lieferten. [Vgl. Karl Prümm, *Die Literatur des Soldatischen Nationalismus der*

20er Jahre (1918–1993). Gruppenideologie und Epochenproblematik, 2 Bde., Kronberg i. Ts.; Louis Dupeux, »Der ›Neue Nationalismus‹ Ernst Jüngers 1925–1937. Vom heroischen Soldatentum zur politisch-metaphysischen Totalität«, in: Peter Koslowski (Hrsg.), *Die großen Jagden des Mythos. Ernst Jünger in Frankreich*. München 1996, S. 15–40.] Ebenso verborgen blieb ihnen wohl auch, dass Jünger von führenden Politikern der NSDAP in den zwanziger Jahren umworben worden war, was für ihn – trotz seiner Distanzierung seit 1933 – einen gewissen Schutz bedeutete. [Vgl. Heimo Schwilk, »Ernst Jünger – Adolf Hitler: Die Briefe«, in: *Welt am Sonntag*, 17. 1. 1999, S. 31 f; ders., »Ernst Jünger und der Widerstand«, in: *Die Welt*, 24. 1. 1999, S. 31 f.] Zwar hatte Jünger, anders als die meisten Mitglieder der Gruppe 47, den Krieg ohne gefährliche militärische Einsätze überstanden, doch haben seine Bewunderer zwischen dem deutschen Offizier mit exklusivem Lebensstil in Paris und der eigenen Soldatenexistenz nicht unterschieden, zumal Jünger diese Erfahrungen im Ersten Weltkrieg gemacht hatte.

Jüngers Präsenz in der Gruppe 47 wird auch in Beiträgen der Zeitschrift *Der Ruf* deutlich, die seit August 1946 von Alfred Andersch und Hans Werner Richter herausgegeben wurde. [Vgl. allgemein Heinz Ludwig Arnold, *Die Gruppe 47*, Hamburg 2004.] Zwar sind Texte von Jünger im *Ruf* erst erschienen, als die Herausgeber wegen Differenzen mit der US-amerikanischen Lizenzierungsstelle von ihrer Funktion zurückgetreten waren und Erich Kuby an ihre Stelle rückte. Doch ist auch Kuby ein Risiko eingegangen, da Jünger bis 1949 Publikationsverbot hatte. Dies war sicher der Grund, warum die Texte nur in Form von Zitaten gedruckt wurden und der Name des Verfassers in den Inhaltsverzeichnissen der Zeitschrift nicht auftaucht: Im November-Heft von 1947 (Nr. 22) finden sich sieben Sätze aus den *Marmorklippen* in typografisch auffälliger Form als Ergänzung zu Fedor Panferows Erzählung *Die Audienz* und im Januar-Heft von 1948 (Nr. 2) mehrere Abschnitte aus Jüngers Abhandlung *Sprache und Körperbau*, die 1947 im Züricher ›Verlag der Arche‹ erschienen ist.

In einem undatierten Brief an Jünger, der vermutlich Mitte November 1947 geschrieben wurde, hat Kuby über die Zitate aus den *Marmorklippen* berichtet: »Ich glaube es Ihnen schuldig zu sein, es nicht dem Zufall zu ueberlassen, ob Ihnen die letzte Ausgabe meines Blaettchens in die Haende gespielt wird, in der wir von einigen Zitaten aus den Marmorklippen einen Gebrauch gemacht haben, von dem schwer zu sagen ist, ob er Ihren Zorn weckt oder Duldung findet. Derartige Verdeutlichung ist Missbrauch – kein Zweifel.« [DLA.] In seiner Einleitung zu den Texten aus *Sprache und Körperbau* kritisiert Kuby unter dem Pseudonym Alexander Parlach mit deutlichen Worten das Publikationsverbot gegen Jünger und dessen Ausgrenzung aus dem literarischen Leben: »Es geht nicht an, daß einer der wenigen deutschen Autoren, durch deren Schriften die zeitgenössische deutsche Literatur überhaupt noch außerhalb unserer Grenzen in Erscheinung tritt, dessen Bücher in der Schweiz, in Frankreich und für deutsche Kriegsgefangene in England gedruckt werden, um den eine internationale Diskussion im Gange ist, in seinem eigenen Land ein Gespensterdasein führt.« [Alexander Parlach (d. i. Erich Kuby), »Ernst Jünger«, in: *Der Ruf*, Nr. 2, 15. 1. 1948, S. 9.]

Im April 1948 veröffentlichte Armin Mohler, ein Basler Doktorand, der wenig später Sekretär Jüngers wurde, in der Zeitschrift *Der Ruf* einen längeren Artikel über Jüngers Tagebücher aus der Zeit der Besatzung von Paris, die unter dem Titel *Strahlungen* ein Jahr später erschienen sind. [Armin Mohler, »Ernst Jünger und sein Kriegstagebuch *Strahlungen*, in: *Der Ruf*, Nr. 7, 1. 4. 1948, S. 9 f.] Dabei ging er ausführlich auf Jüngers Distanz zum Nationalsozialismus ein und führte damit eine Argumentationslinie weiter, die Paetel als Biograf begonnen hatte. Beide wurden von Jünger brieflich mit Informationen versorgt, die sie selbst nicht kennen oder ermitteln konnten. [Vgl. Esther Mirian, »›Ich möchte nur, daß unterbliebe, was zur Minderung meines Ansehens beitragen könnte‹. Ernst Jünger und seine Biographen Karl Otto Paetel und Armin Mohler«, in: Bernhard Fetz / Hannes Schweiger (Hrsg.), *Spiegel und Maske. Konstruktionen biographischer Wahrheit*, Wien 2006, S. 207–225, hier S. 211.]

Auch Alfred Andersch, der als Mitherausgeber des *Ruf* zu den Gründungsmitgliedern der Gruppe 47 gehörte, machte sich zum Anwalt von Jünger, wovon ein umfangreicher, bisher nicht veröffentlichter Briefwechsel zeugt. Er brachte Texte von Jünger im Rundfunk, für den er in wechselnden Positionen seit Ende der vierziger Jahre tätig war, und schrieb mehrere Beiträge über sein Vorbild – angefangen von der Broschüre *Deutsche Literatur in der Entscheidung* (1948) bis hin zur so genannten *Amriswiler Rede auf Ernst Jünger* (1973). [Vgl. u. a. Hans-Ulrich Treichel, »Alfred Andersch und Ernst Jünger. Zur Problemgeschichte einer Anziehungskraft«, in: Justus Fetscher / Eberhard Lämmert / Jürgen Schutte (Hrsg.), *Die Gruppe 47 in der Geschichte der Bundesrepublik*. Würzburg 1991, S. 95–107; Klaus R. Scherpe, »Ästhetische Militanz. Alfred Andersch und Ernst Jünger«, in: Hans-Harald Müller/ Harro Segeberg (Hrsg.), *Ernst Jünger im 20. Jahrhundert*. München 1995, S. 155–179.] Doch ist Anderschs Engagement kein singuläres Phänomen, wie in der Literatur meist dargestellt, sondern Ausdruck der geistigen Präsenz Jüngers in der Gruppe 47.

Weniger freundlich sind Mitglieder der Gruppe mit Paul Celan umgegangen, der in den sechziger Jahren durch die *Todesfuge* zu einem der wichtigsten Repräsentanten der Holocaust-Literatur geworden ist. Im Juni 1952 trug er auf einem Treffen der Gruppe 47 seine Gedichte vor. Hans Werner Richter vertrat anschließend die Auffassung, dass die *Todesfuge*, die bis dahin nur in einer unzureichenden deutschen Druckfassung von 1948 veröffentlicht war, »in Goebbelschem Ton geschrieben« sei, ohne dass sich dagegen nennenswerter Protest erhoben hätte, wie durch mehrere Quellen belegt ist. [Vgl. Klaus Briegleb, »Ingeborg Bachmann, Paul Celan und Ihr (Nicht-)Ort in der Gruppe 47«, in: Bernhard Böschenstein/Sigrid Weigel (Hrsg.), *Ingeborg Bachmann und Paul Celan. Poetische Korrespondenzen*, Frankfurt a. M. 1997, S. 29–81.] Anderer Auffassung war Willi Koch, der als Lektor der Deutschen Verlags-Anstalt bei dem Treffen dabei war und Celan nachträglich bat, ihm seine Gedichte zu schicken. Bereits Ende des Jahres sind sie unter dem Titel *Mohn und Gedächtnis* in seinem Verlag erschienen. [Vgl. Joachim Seng, »Flaschenpost ins Land der Täter. Paul Celans *Mohn und Gedächtnis* in Deutschland«, in: Paul Celan, *Mohn und Gedächtnis*, Stuttgart/München 2000, S. 77–83.]

Ein Jahr vor seinem Auftritt bei der Gruppe 47 hatte Celan Kontakt zu Jünger aufgenommen und in einem längeren Brief vom 11. Juni 1951 um Hilfe bei der Publikation seiner Gedichte gebeten. Er schreibt unter anderem: »Wie schwer ist es doch, diesen Zeilen die Richtung zu geben, die in Ihre Nähe weist! Im Grunde können sie wohl nur die Hoffnung umschreiben, Sie möchten das beigeschlossene Manuskript an einer Stelle aufschlagen, die Ihrem Entgegenkommen zu danken weiß.« [DLA.] Celans Brief hat nach seiner Veröffentlichung in der *Frankfurter Allgemeinen Zeitung* im Jahr 2005 Aufsehen erregt und Beiträge provoziert, die den damaligen Kommentar von Tobias Wimbauer ergänzen oder korrigieren. [Tobias Wimbauer, »In Dankbarkeit und Verehrung. Hilfe kommt aus Wilflingen: Ein Brief von Paul Celan an Ernst Jünger«, in: *Frankfurter Allgemeine Zeitung*, 8. 1. 2005, S. 33. Vgl. zu den Reaktionen Theo Buck, *Celan schreibt an Jünger. Zu einem Brief und den Reaktionen, die er auslöste.* Aachen 2005.] Inzwischen hat sich die Faktenlage durch neue Publikationen und Archivfunde noch einmal verändert.

Celan, so zeigt die Veröffentlichung seines Briefwechsels mit Klaus Demus, hatte nicht eigenständig gehandelt, sondern auf die Initiative seines Freundes reagiert, den er als Studenten der Kunstgeschichte 1948 in Wien kennengelernt hatte, bevor er wenig später nach Paris übersiedelte. Bereits im September 1950 wurde Celan von Demus gedrängt, Gedichte an Jünger zu schicken, was er in Briefen vom Oktober und Dezember zweimal wiederholte. [Vgl. Paul Celan / Klaus und Nani Demus, *Briefwechsel*, hrsg. und komm. von Joachim Seng, Frankfurt a. M. 2009, S. 34, 37, 47 f., 60 und 63.] Am 18. Mai 1951 schrieb Demus selbst an Jünger, da er über dessen geplanten Aufenthalt in Paris informiert war: »Ich bitte Sie inständigst, opfern Sie eine Stunde, erlauben Sie Paul Celan, Ihnen vorzulesen oder Ihnen sein Manuskript zu bringen, und helfen Sie ihm, in Deutschland einen Verleger zu finden«. [DLA.] Die Initiative hatte allerdings keinen konkreten Erfolg. Aus Antibes, wohin Jünger von Paris aus fuhr, teilte er Celan in einem Brief vom 19. Juni 1951 zunächst mit: »Sehr geehrter Herr Celan, / Ihre Gedichte gefallen mir in der Tat gut. Ich werde sie mit nach Wilflingen nehmen, wohin ich am Sonntag abfahre. Dort werde ich mit Dr. Mohler besprechen, was dafür getan werden kann. Sie wissen ja ohne Zweifel, daß gerade Gedichte den Verlegern eher Schrecken einflößen. Doch lassen Sie sich nicht entmutigen. / Ihr Ernst Jünger« [DLA].

Mohler nahm die Hinweise auf und schrieb am 7. August 1951 an Celan, dessen Gedichte er aus einem Abdruck in der Zürcher Zeitung *Die Tat* von 1948 kannte: »Sehr geehrter Herr Celan, / dass mit gleicher Post das Manuskript Ihres Gedichtbandes an Sie zurückgeht, zeigt Ihnen schon, dass ich Ihnen keinen guten Bericht geben kann. Ernst Jünger hatte damals Paris schon verlassen, und die Verse wurden ihm nach Antibes nachgeschickt. Er hat dort in ihnen gelesen und gleich den eigenen Ton erkannt. Darum hat er sich nach seiner Rückkehr nach Wilflingen darum bemüht, vorsprechende Verleger dafür zu interessieren, und auch mir hat er aufgetragen, nach einer Druckmöglichkeit mich umzusehen. Ich tat das umso lieber, als ich von Abdrucken Rychners her bereits von Ihnen wusste und Ihr Namen einen guten Klang hatte. Aber leider scheint es zur Zeit unmöglich zu sein, ohne Druckkostenzuschuss irgendwo einen Versband unterzubringen. Die Verleger suchen verzweifelt nach Bestseller-Romanen im Stil des ›Fragebogens‹ und die Buchhändler halten sich mit dem Verkauf von Illustrierten über Wasser. Wie es um die Dichtung verlegerisch steht, mag Ihnen die Tatsache zeigen, dass ein Wilhelm Lehmann mit seinem neuesten Manuskript von Verleger zu Verleger ziehen muß, ohne Erfolg. Dies also bei einem unserer Grössten, bei einem Mann, der Dreivierteln aller Lyrik, die heute in den literarischen Beilagen erscheint, Pate gestanden hat ... Ernst Jünger bedauert sehr, dass er Ihnen keinen besseren Bescheid geben kann, und er bedauert es auch, dass er Sie in Paris nicht mehr gesehen hat. Entschuldigen Sie, dass ich Ihnen erst heute Bescheid gebe – ich hoffe immer noch, Ihnen etwas Besseres berichten zu können. / Mit freundlichen Grüßen, auch von Seiten Ernst Jüngers, bin ich / Ihr Armin Mohler« [DLA].

Nachdem Mohler Mitte der fünfziger Jahre als Zeitungskorrespondent nach Paris gegangen war, gab es weitere Kontakte mit Celan. Im Dezember 1960 verteidigte ihn Mohler in einem Artikel für die *Tat*, als Celan im April von der Witwe Iwan Golls wegen angeblichen Plagiats an den Gedichten ihres verstorbenen Mannes öffentlich angegriffen wurde. Auch hier ging es um den Band *Mohn und Gedächtnis*. [Vgl. Barbara Wiedemann (Hrsg.), *Paul Celan – Die Goll-Affäre. Dokumente zu einer Infamie*, Frankfurt a. M. 2000, S. 251 ff.] Mohlers Artikel gehörte – nach ersten publizistischen Interventionen von Peter Szondi und Hans Magnus Enzensberger sowie Marie Luise Kaschnitz, Ingeborg Bachmann und Klaus Demus, die gemeinsam Stellung bezogen hatten – zu den ersten ausführlichen Reaktionen in der Affäre. Er enthält zugleich einen verkappten Vorwurf an die Mitglieder der Gruppe 47 wegen des fehlenden Beistands für Celan: »Es wäre eigentlich die Aufgabe von

Celans deutschen ›Kollegen‹, sich schützend vor ihn zu stellen [...]. Aber die Schadenfreude scheint zu überwiegen; Celan bekommt nun zu spüren, daß er ein stolzer Einzelgänger ist, der die üblichen Cliquenbildungen meidet.« [Armin Mohler, *»Zu einer Kampagne. Ein notwendiges Wort«*, in: ebd., S. 307–311, hier S. 308.]

Während Richters Stellung zu Jünger bis heute unklar geblieben ist, haben andere Mitglieder der Gruppe 47 Ende der sechziger Jahre offen gegen ihn Stellung bezogen. Forum war ein Heft der von Horst Bingel herausgegebenen *Streit-Zeit-Schrift*, das im September 1968 mit knapp 25 Beiträgen zu Jünger erschien. Neben Wolfgang Weyrauch und Erich Fried ging hier auch Helmut Heißenbüttel auf Distanz. »Die scheinbare Sachlichkeit der Jüngerschen Prosa«, so schreibt er, »ist orientiert an Lageberichten und Spähtruppmeldungen«. [Helmut Heißenbüttel, »Selbstkritik in Sachen Jünger«, in: *Streit-Zeit-Schrift* (1968), H. VI/2, S. 10–16, hier S. 15 f.] Jünger hatte von der Publikation erfahren und darin eine künftige antiquarische Kostbarkeit gewittert. Am 6. Juli 1968 heißt es ironisierend in *Siebzig verweht*: »Wie ich in der Zeitung lese, will ein ›Streitverlag‹ zur Messe ein Pamphlet gegen mich in dreißigtausend Exemplaren herausgeben. Ein zwanzigköpfiges Rudel spitzt die Feder dafür. Das könnte vielleicht in fünfzig Jahren eine bibliophile Rarität werden« [SW 4,496 f.].

Dass die Mehrheit der Beiträge in dem Heft durchaus positiv war oder dokumentarischen Charakter hatte, interessierte Jünger nicht. Aber auch der Kreis der Jünger-Kritiker in der Gruppe 47 blieb klein, wie weitere Beiträge zeigen, die in Büchern mehrfach nachgedruckt wurden: darunter Siegried Lenz' *Spiegel*-Essay zum 70. Geburtstag 1965, Artikel von Joachim Kaiser in der *Süddeutschen Zeitung* seit 1970 und ein Lesebericht von Heinrich Böll in der *Frankfurter Allgemeinen Zeitung* zum 80. Geburtstag 1975. [Nachweise zu Erst- und Nachdrucken bei Nicolai Riedel, *Ernst Jünger-Bibliographie. Wissenschaftliche und essayistische Beiträge zu seinem Werk (1928–2002)*, Stuttgart/Weimar 2003.] Trotz mancher Vorbehalte dominiert hier Zustimmung auf der Basis großer Werkkenntnis. Die These vom ›Nicht-Verhältnis‹ zwischen den Mitgliedern der Gruppe 47 und Jünger, die Henrich von Nußbaum 1968 in der *Streit-Zeit-Schrift* vertreten hatte und die seither weitergetragen wurde [Henrich von Nußbaum, »Fehlanzeige. Jünger und die Gruppe 47«, in: *Streit-Zeit-Schrift* (1968), H. VI/2, S. 35–45], wäre demnach durch die These zu ersetzen, dass es ein Spektrum zwischen Verehrung und Akzeptanz gab, das allerdings noch viele weiße Flecken hat – wie im Falle von Hans Magnus Enzensberger, der von 1955 bis 1958 mit Andersch beim Radio-Essay Stuttgart zusammenarbeitete und dessen Jünger-Verehrung kannte. [Vgl. Helmut Heißenbüttel, »Enzensberger war Jünger-Adept«, in: ebd., S. 23.]

ORGANISATION DES ÖFFENTLICHEN ERFOLGS: DIE FREUNDE

1949, ein Jahr vor der Gründung des Suhrkamp Verlags, den er nach mehrjähriger Lektorentätigkeit 1959 übernahm, hat Siegfried Unseld Ernst Jünger in Ravensburg besucht. In einem nachträglichen Brief vom 20. April 1949 kündigte er die Übersendung eines Geburtstagsartikels »in zwei schwäbischen Zeitungen« an. Mehr als der Brief zeugt der Artikel von der Anziehungskraft, die Jünger auf Leser mit unterschiedlichen Lebenswegen ausübte. »Man wird ohne Uebertreibung feststellen«, so Unseld, dass Jünger »in der mächtigen Geistigkeit seiner Gedanken und in der kristallenen Klarheit seines Ausdrucks zu den Größten des zeitgenössischen deutschen Schrifttums« gehöre [Siegfried Unseld, »Ernst Jünger. Zu seinem 54. Geburtstag«, in: *Neue Württembergische Zeitung* (Göppingen), 2.4.1949; ein zweiter Abdruck war nicht nachweisbar]. Zwar hat die Wirkung Jüngers nicht immer solche publizistischen oder archivarischen Spuren hinterlassen, war aber auch in anderen Fällen nachhaltig.

Jünger hat zu dieser Wirksamkeit durch Briefpolitik beigetragen. Bereits 1946 hatte er drei *Briefe an die Freunde* verschickt, die formal an mehrere offene Briefe für die nationalistische Presse anschließen [vgl. Ernst Jünger, *Politische Publizistik 1919 bis 1933*, hrsg., komm. und mit einem Nachw. von Sven Olaf Berggötz, Stuttgart 2001], und um Unterstützung für die Verbreitung seiner Arbeiten gebeten. Mit Blick auf die noch ungedruckte Schrift *Der Friede* betonte Jünger im ersten Brief, dass »der einzelne« imstande sei, »ohne Maschinen, ohne Drucker, ohne Presse, ohne Propaganda, ohne politische Unterstützung Ideen schneller und gründlicher verbreiten zu lassen als andere die im vollen Genusse dieser Mittel« seien [Ernst Jünger, »Briefe an die Freunde (1946)«, hrsg. von Piet Tommissen, in: *Etappe* (2000), H. 15, S. 137–153, hier S. 139].

In Basel bildete sich daraufhin eine Gruppe, zu der neben Armin Mohler der Chemiker Albert Hofmann gehörte, der als Erfinder des LSD mit Jünger Drogen-Experimente durchgeführt hat. [Vgl. Kiesel, S. 541 ff., und Schwilk, S. 437 ff.] 1948 kam Karl Jaspers hinzu, der an die Universität Basel berufen wurde und ein Jahr später Gutachter von Mohlers Dissertation *Die konservative Revolution* (1950) war. Auch bei Schülern und Freunden wie Hannah Arendt und Golo Mann dürfte Jaspers ein gutes Wort für Jünger eingelegt haben. Seit 1963 gehörte Rolf Hochhuth, der sich aus Bewunderung für Jaspers in der Nähe von Basel niedergelassen hatte, zum Umkreis und beteiligte sich an der Organisation von Jüngers Erfolg, die durch einen Briefwechsel begleitet wurde. In den achtziger und neunziger Jahren publizierte Hochhuth – neben einem Fernsehfilm – mehrere Beiträge, in denen er sich als intimer Kenner von Person und Werk vorstellte. [Vgl. u. a. Rolf Hochhuth, »Besuch bei Jünger«, in: ders., *Täter und Denker. Profile und Probleme von Cäsar bis Jünger*, Reinbek 1990, S. 347–369.]

Nachdem 1949 der Druck der *Strahlungen* genehmigt und das Publikationsverbot aufgehoben worden war, nahm Jünger die Verbreitung seiner Werke selbst in die Hand. Seit 1949 initiierte er Briefwechsel mit Schriftstellern, die sich zunächst zu Hitler bekannt hatten und später vom Nationalsozialismus distanzierten. Zu ihnen gehören Gottfried Benn, der allerdings zurückhaltend reagierte [vgl. Gottfried Benn / Ernst Jünger, *Briefwechsel 1949–1956*, hrsg., komm. und mit einem Nachw. von Holger Hof, Stuttgart 2006], und Martin Heidegger, den Jünger bereits 1948 auf Initiative des Verlegers Vittorio Klostermann in seinem Domizil in Todtnauberg besucht hatte [vgl. Ernst Jünger / Martin Heidegger, *Briefe 1949–1875*, hrsg., komm. und mit einem Nachw. von Günter Figal und Simone Maier, Stuttgart / Frankfurt a. M. 2008]. Seit 1949 versandte Jünger Exemplare seiner Bücher an Kollegen, die ihm dankten und dabei ihre Vertrautheit mit dem Werk bekundeten wie Heimito von Doderer 1951 oder Günter Eich 1953. Auch diese beiden Empfänger waren mit Bedacht gewählt, da sie sich ebenfalls mit den Nationalsozialisten arrangiert hatten, ohne ihre literarische Unabhängigkeit aufzugeben: Doderer war 1936 als Mitglied der NSDAP von Österreich nach Deutschland übergesiedelt, das er bald wieder verließ, während Eich seit 1933 einer der erfolgreichsten deutschen Rundfunkautoren war.

Bereits zu Beginn des Jahres 1950 hatte Jünger einen ersten publizistischen Durchbruch, als der *Spiegel* einen längeren Beitrag über ihn brachte und den Autor überdies auf dem Titel zeigte [(Anonym), »Jünger – Der Traum von der Technik«, in: *Der Spiegel*, Nr. 4, 26. 1. 1950, S. 37–40]. Jünger ist hier in Schlips und Kragen mit Mikroskop und Büchern zu sehen, wird also als naturwissenschaftlich orienierter Autor präsentiert, wie es seinem neuen Selbstverständnis entsprach. Die Bildunterschrift lautet: »Dreißigtausend Käfer – Ernst Jünger, Jäger und Capitano«. Der Beitrag selbst geht auf die *Strahlungen* und den zeitgleich erschienenen Roman *Heliopolis* ein, befasst sich mit Jüngers Rolle im Nationalsozialismus und berichtet über seinen Freundeskreis. Vorgestellt wird ein Schriftsteller, der ein Jahr nach Gründung der Bundesrepublik im literarischen Leben etabliert war. Zwar blieb der Verfasser anonym, doch war Rudolf Augstein als Herausgeber und Chefredakteur des *Spiegel* maßgeblich daran beteiligt, wie ein persönlicher Dankesbrief zeigt, den er mit Erscheinen des Heftes am 26. Januar 1950 an Jünger schickte [DLA].

Seit Ende der vierziger Jahre bemühten sich Herausgeber von Literatur- und Kulturzeitschriften, die Jünger zum Teil aus den dreißiger Jahren kannte, um Beiträge aus seiner Feder. Mitte Dezember 1947 stellte ihm Hans Paeschke, der seit 1937 Redakteur der *Deutschen Zukunft* und ab 1939 der *Neuen Rundschau* war, die Konzeption einer neuen Zeitschrift mit dem Namen *Merkur* vor; Anfang Mai 1949 übermittelte Franz Borkenau, der im Exil in Australien interniert war und inzwischen Professor für

Geschichte in Marburg, den Wunsch des Herausgebers Melvin Lasky zur Mitarbeit am *Monat*, der von US-amerikanischen Geldgebern finanziert wurde; und im September 1954 bat Walter Höllerer um Beiträge für die neu gegründete Zeitschrift *Akzente*, die zum wichtigsten Organ der Gruppe 47 wurde.

Die längsten und intensivsten Kontakte hatte Jünger seit den frühen fünfziger Jahren zum *Merkur*. Paeschke und sein Mitherausgeber Joachim Moras baten in Briefen immer wieder um Beiträge oder Vorabdrucke und beauftragen Kritiker mit Besprechungen, die Jünger wohl gesonnen waren oder von ihm vorgeschlagen wurden wie Margret Boveri oder Golo Mann. Bis 1978, als Paeschke die Herausgeberschaft der Zeitschrift an Hans Schwab-Felisch übergab, sind zwar nur 15 Texte von Jünger, dafür aber knapp 25 Beiträge zu seinen Werken im *Merkur* erschienen, darunter wegweisende Darstellungen wie Thomas Kielingers Aufsatz *Ernst Jünger und der europäische Surrealismus* [Nr. 329 (1975)]. [Vgl. die späteren Beiträge von Michael Klett, Richard Burger und Karl Heinz Bohrer zum 100. Geburtstag, Nr. 553 (1995), sowie zum Tod Jüngers, Nr. 590 (1998)].

Von den großen Tageszeitungen hat vor allem die *Frankfurter Allgemeine Zeitung* seit den fünfziger Jahren für die Verbreitung von Jüngers Werken durch Vorabdrucke, Artikel und Rezensionen gesorgt. Zu mehreren leitenden Redakteuren hatte Jünger gute Kontakte durch persönliche Beziehungen, die von Briefwechseln begleitet wurden: Mit dem fast gleichaltrigen Friedrich Sieburg, Leiter der wöchentlichen Literaturbeilage von 1956 bis 1964, war Jünger eng befreundet; gute Verbindungen bestanden zu Karl Korn, von 1949 bis 1973 als Mitherausgeber für den Kulturteil verantwortlich, sowie zu dessen Nachfolgern Joachim Fest und Frank Schirrmacher. Zu zwei anderen leitenden Redakteuren des Literaturblatts, Karl Heinz Bohrer und seinem Nachfolger Marcel Reich-Ranicki, gab es zwar keine Kontakte; doch schrieb Bohrer ein grundlegendes Buch über Jüngers Frühwerk, das 1978 unter dem Titel *Die Ästhetik des Schreckens* erschien, während Reich-Ranicki Distanz hielt, ohne Besprechungen zu verhindern, wie er 1989 in einem Interview mit dem *Spiegel* betont hat: »Ich habe nie im Leben eine Kritik über Ernst Jünger geschrieben. Das ist nicht meine Welt.« [»Ich habe manipuliert, selbstverständlich!‹ Kritiker Marcel Reich-Ranicki über seine Rolle im Literaturbetrieb und seinen Abgang von der FAZ«, in: *Der Spiegel* (1989), H. 1, S. 140–146, hier S. 143. Jünger hat das Interview aufgehoben und mit Anstreichungen versehen.]

Die Verleihung des Bremer Literaturpreises im Jahr 1956, über die Jünger am 30. Dezember 1955 in einem Brief von Rudolf Alexander Schröder, dem zuständigen Vertrauensmann, informiert wurde, war die erste öffentliche Ehrung, die zu größerer Aufmerksamkeit führte. Sie hatte auch postalische Folgen. In einem Schreiben an Friedrich Sieburg vom 15. Januar 1956 beklagte Jünger die zunehmende Belastung durch Briefe: »Ich würde öfter von mir hören lassen, aber meine Post nimmt ständig zu. Das ist auch eines der Mittel, durch die man heute nolens volens zum Funktionär gemacht wird, eine der Transmissionen, die in den entlegendsten Ort reichen« [DLA.]. Mohler hat Jüngers postalische Aktivitäten in einer Festschrift zum 60. Geburtstag beschrieben: »Da sind die üblichen Anfragen nach Lesungen vor literarischen Vereinen. Der Rundfunk möchte ein Tonband besprochen haben. [...] Dies alles wandert zum Sekretär. Der noch immer ansehnliche Rest des Stapels wird an den Mittagstisch mitgenommen und, nicht zur Freude der Hausfrau, zwischen Suppe und Gemüse geöffnet.« [Armin Mohler (Hrsg.), *Die Schleife. Dokumente zum Weg von Ernst Jünger*, Zürich 1955, S. 123.] Jean Améry, der nach seiner Verhaftung im belgischen Widerstand 1943 in die Konzentrationslager Auschwitz und Bergen-Belsen deportiert wurde, hat die Wirkung Jüngers zu Beginn der fünfziger Jahre in einem Porträt seines Buches *Köpfe und Karrieren* anschaulich werden lassen. Zwar wird hier das Erfolgsprinzip, das sich in den Illustrierten der fünfziger Jahre durchgesetzt hatte, zum Element der Kulturgeschichtsschreibung, doch hat Améry die analytische Perspektive nicht aufgegeben, wenn er über Jünger schreibt: »Aber das Vieldeutige seiner Person, die Hoffnung der Welt auf Botschaften aus dem ›anderen Deutschland‹ verbreiten seinen Ruhm. Junge Menschen pilgern zu ihm. Da und dort nennt man ihn den ›heimlichen Kaiser‹. [...] Vielleicht ist es der stärkste Beweis für seine dichterische Geltung, daß er keinen gleichgültig ließ.« [Jean Améry, »Totale Demobilisierung. Ernst Jünger«, in: ders., *Karrieren und Köpfe. Bildnisse berühmter Zeitgenossen*, Zürich 1955, S. 83–87, hier S. 86 f.]

ANNÄHERUNGEN AUF DISTANZ: GELEHRTE REZEPTION

Amérys Argument – Jüngers Bedeutung zeige sich darin, »daß er keinen gleichgültig ließ« – gilt auch für eine neue Generation von Intellektuellen. Mitte der fünfziger Jahre setzte eine erste Interpretationswelle zu Werken von Jünger ein, die sich zunehmend auf andere Länder, vor allem Frankreich, ausdehnte. [Vgl. Steffen Martus, *Ernst Jünger*, Stuttgart/Weimar Metzler 2001.] Nicht persönliche Betroffenheit, sondern ästhetische Kategorien rücken nun in den Mittelpunkt der Aneignung. Erkennbar wird dieser Übergang auch in den Briefen an Jünger.

So betont der französische Germanist Robert Minder, der seit 1933 vielen jüdischen Emigranten in Frankreich geholfen und Jünger im Juli 1949 in Ravensburg besucht hatte [vgl. Anne Kwaschik, *Auf der Suche nach der deutschen Mentalität. Der Kulturhistoriker und Essayist Robert Minder*, Göttingen 2008, S. 146], nach der anschließenden zweiten Lektüre von Jüngers *Auf den Marmorklippen* den allegorischen Charakter des Romans, der freilich nicht allegorisch wirke, sondern sehr lebendig sei. [DLA]

Wie Minder so haben sich in erster Linie solche Vertreter akademischer Disziplinen mit Schriften Jüngers beschäftigt, die eine stilbewusste Schreibweise pflegten. 1952 publizierte der Kölner Germanist Rainer Gruenter, der seit 1946 mit Jünger korrespondierte, als Doktorand den ersten wissenschaftlichen Aufsatz über dessen Werk und verwendete hier die Kategorie des »Dandysmus«, um die Darstellungsweise der Kälte und Distanz in einen literaturhistorischen Zusammenhang zu stellen [Rainer Gruenter, »Formen des Dandysmus. Eine problemgeschichtliche Studie über Ernst Jünger«, in: *Euphorion* 46 (1952), S. 170–201]. Seit 1949 schrieb Hans Blumenberg Kommentare zu Schriften von Jünger, von denen seit 1955 einige publiziert wurden, nahm aber keinen Kontakt zu ihm auf [vgl. Hans Blumenberg, Der Mann vom Mond. Über Ernst Jünger, hrsg. von Alexander Schmitz und Marcel Lepper, Frankfurt a. M. 2007]. Auch Martin Heidegger, der sich seit 1934 mit dem *Arbeiter* beschäftigte, wie zahlreiche Aufzeichnungen im Nachlass zeigen [vgl. Martin Heidegger, *Zu Ernst Jünger*, hrsg. von Peter Trawny, Frankfurt a. M. 2004 (Gesamtausgabe, Bd. 90)], veröffentlichte 1955 in der von Mohler herausgegeben Festschrift zum 60. Geburtstag einen Beitrag, in dem er auf Jüngers Schrift *Über die Linie* reagierte, die dieser einige Jahre zuvor Heidegger gewidmet hatte. [Vgl. Günter Figal, »Der metaphysische Charakter der Moderne. Ernst Jüngers Schrift *Über die Linie* (1950) und Martin Heideggers Kritik *Über Die Linie* (1955)«, in: Hans-Harald Müller / Harro Segeberg (Hrsg.), *Ernst Jünger im 20. Jahrhundert*, München 1995, S. 181–197.]

Die Jünger-Kritik der Nachkriegszeit beginnt mit Georg Lukács' Buch *Die Zerstörung der Vernunft* (1954). Nach Lukács' Auffassung repräsentiert der *Arbeiter* eine »militant gewordene Lebensphilosophie«, die nur »wenige Schritte von der ›nationalsozialistischen Weltanschauung‹ entfernt« sei [Georg Lukács, *Die Zerstörung der Vernunft*, Bd. 2: *Irrationalismus und Imperialismus*, Darmstadt/Neuwied 1974, S. 203], so dass er das Buch zu deren ideologischen Vorläufern rechnet. Dennoch urteilt Lukács differenzierter als sein literarisches Vorbild Thomas Mann, der in einem Brief vom Dezember 1945 an seine Gönnerin Agnes E. Meyer meinte, Jünger sei »ein Wegbereiter und eiskalter Wollüstling der Barbarei«. Die Formulierung wurde zum geflügelten Wort und hat zu Jüngers negativem Image seit den sechziger Jahren erheblich mehr beigetragen als ideologiekritische Auseinandersetzungen mit seinem Werk. [Vgl. Lothar Bluhm, »›ein geistiger Wegbereiter und eiskalter Wollüstling der Barbarei‹. Thomas Mann über Ernst Jünger«, in: *Wirkendes Wort* 46 (1996), S. 424–445.]

Den Anfang der kritischen Auseinandersetzung markiert Christian Graf von Krockows Buch *Die Entscheidung. Eine Untersuchung über Ernst Jünger, Carl Schmitt, Martin Heidegger* [Stuttgart 1958], in dem die dezisionistischen Strukturen im Denken von Jünger, Schmitt und Heidegger herausgearbeitet werden. Krockow, der Jünger das Buch »Mit vorzüglicher Hochachtung« geschickt hatte, vermied politische Angriffe und argumentierte philosophisch, so dass

Jünger davon ausging, es handele sich um einen Schüler von Carl Schmitt. Durch briefliche und publizistische Reaktionen unsicher geworden, hakte er am 6. Januar 1959 bei diesem wegen des »Krokodils« nach: »Ein Graf Krockow sandte mir sein Buch ›Die Entscheidung‹, das den Untertitel ›Eine Untersuchung über Carl Schmitt, Ernst Jünger, Martin Heidegger‹ führt. Nun fehlt mir die Zeit, derartiges alles zu lesen, ich habe vielmehr eine große Kiste dafür, deren Inhalt ich hin und wieder an Liebhaber abgebe. So bereichere ich Ihre Sammlung und entlastete mich. Dem Grafen schrieb ich einen Dankesbrief, und zwar vor allem deshalb, weil ich ihn für einen Ihrer Schüler hielt. [...] Andererseits erregen Briefe von Lesern und Zeitungsartikel in mir den Verdacht, daß es sich um eine unfreundliche Publikation handeln könnte. Dann hätte mir aber Graf Krockow schwerlich sein Opus übersandt – es sei denn er wäre ein Krokodil. Dann hätte ich mich zu Unrecht bedankt. Ich werde Martin Heidegger in München sehen und mich nach seinem Eindruck erkundigen.« [Ernst Jünger / Carl Schmitt, *Briefe 1930–1983*, hrsg., komm. und mit einem Nachw. von Helmuth Kiesel, Stuttgart 1999, S. 363 f.] Offenbar hat Jünger auch die spätere Rezeption des Buches beobachtet. Denn auf einen Artikel der *Hannoverschen Allgemeinen Zeitung* mit einem Porträt Krockows vom 29. November 1995, der ihm vermutlich zugeschickt worden war, schrieb er: »der vierzigjährige Verfolger!« [DLA.]

Glühende Verehrer allerdings gab es weiterhin. Unter ihnen nimmt ein Gymnasiast, der hartnäckig mit Jünger ins Gespräch zu kommen versuchte, eine besondere Rolle ein. In seinem ersten Brief vom 30. Dezember 1958 heißt es: »Ich habe einen ausgezeichneten Deutschlehrer, Herrn Studienrat Immig, der Ihnen ja durch seine Korrespondenz mit Ihnen bekannt ist. Er ist ein großer Freund Ihrer Schriften, und unsere Klasse hat durch ihn viel von Ihnen erhalten. Weil ich in einem Jahr als Abiturfacharbeit über Ihre Bücher referieren will, habe ich eine ganze Reihe Ihrer Kriegstagebücher, Reisetagebücher und erzählenden Werke von meinen Eltern bekommen.« [DLA.] Verfasser dieser Zeilen war Heinz Ludwig Arnold, der 1961 Sekretär Jüngers wurde, nachdem er mit Albert von Schirnding, seinem Vorgänger, an einer Neuausgabe der Sentenzen-Sammlung *Mantrana* (1964) gearbeitet hatte. 1966 hat Arnold eine Jünger-Biografie mit dem Titel *Genius der Deutschen* verfasst, löste sich aber später von seinem Vorbild, wie die Schrift *Krieger, Anarch, Waldgänger* (1990) zeigt, und wurde als Herausgeber der Zeitschrift *Text + Kritik*, des *Kritischen Lexikons der deutschsprachigen Gegenwartsliteratur* sowie zahlreicher Monografien, Sammelbände und Anthologien zu einem der wichtigsten Sachwalter deutschsprachiger Autoren. Arnolds Distanzierung dürfte allerdings nicht nur Ausdruck einer persönlichen Auseinandersetzung, sondern auch eines Stimmungswechsels gewesen sein, den die deutsche Literatur seit den sechziger Jahren durchgemacht hat und zu einer kritischen Jünger-Rezeption führte.

Dennoch blieb Jünger auch über weitere Jahrzehnte Ansprechpartner von Autoren unterschiedlicher Ausrichtung, wie Briefe von Hubert Fichte (1960), Eugen Gomringer (1963), Hans-Georg Gadamer (1973), Klaus Modick (1982) oder Helmut Krausser (1992) zeigen [DLA]. Gemeinsam ist ihnen, dass sie Jünger unbefangener gegenübertraten als ihre Vorgänger. Ein Brief Hans Mayers vom 28. Mai 1979 lässt dies deutlich werden. Er reagiert hier auf die Information eines Studenten, der ihm mitgeteilt hatte, dass er in einem Fernsehbeitrag zum 80. Geburtstag als »Feind« Jüngers bezeichnet worden sei. In der Tat hatte Mayer 1955 als junger, marxistisch orientierter Literaturprofessor in Leipzig in der Festschrift zum 70. Geburtstag von Ernst Bloch einen kritischen Beitrag zu einigen Formulierungen Jüngers veröffentlicht, den er zwei Jahre später in eines seiner Bücher aufnahm [Hans Mayer, »Bemerkungen zu einer Maxime Ernst Jüngers«, in: ders., *Deutsche Literatur und Weltliteratur. Reden und Aufsätze*, Berlin 1957, S. 690–698]. Doch wollte er als Tübinger Professor, der an den Traditionen des Marxismus festhielt, die Behauptung einer Feindschaft nicht auf sich beruhen lassen: »Wo wäre ein Anlass zur Feindschaft? Ich erinnere mich, einen kritischen Text im Jahre 1955 geschrieben und publiziert zu haben: ›Bemerkungen zu einer Maxime Ernst Jüngers‹. Das ging gegen einige Thesen in den ›Afrikanischen Spielen‹ und erweiterte dann den polemischen Ansatz zur Kritik an ›Heliopolis‹. Das war alles. Zwischen ›Feinden‹ pflegt es anders zuzugehen. Natürlich stehe ich zu Ihnen im Gegensatz: durch Herkunft, Erfahrung, Lebenslauf, Vorlieben und Aversionen. Vielleicht hängt das damit zusammen, dass der Aussenseiter, der existentielle nämlich, nicht gleichzeitig Anarch sein kann. […] Ich hätte den Bericht über jene Fernsehsendung ignorieren können. Diesmal aber war es mir wichtig, das Missverständnis zu beseitigen.« [DLA.]

Als Mayer den Brief schrieb, entfaltete Bohrers *Ästhetik des Schreckens* ihre Wirkung, die die alten Gewissheiten einer klaren Frontlinie zwischen linken und rechten Autoren langfristig auflöste. Bohrer stellte Jüngers frühe Schriften in den Horizont einer antirationalistischen Moderne, während dieser mit einem kontemplativen Spätwerk eine neue konservative Anhängerschaft gewonnen hatte. [Vgl. Horst Seferens, *»Leute von übermorgen und von vorgestern«. Ernst Jüngers Ikonographie der Gegenaufklärung und die deutsche Rechte nach 1945*, Bodenheim 1998.] Die Lebensform des zurückgezogenen Individualisten, die Jünger in seiner Schrift *Der Waldgang* (1951) entworfen hatte, war in den fünfziger und frühen sechziger Jahren zum Identifikationsmuster geworden, in das sich auch andere Mitstreiter gut einfügten wie Carl Schmitt im sauerländischen Plettenberg oder Heidegger mit seiner Hütte in Todtnauberg. [Vgl. Dirk van Laak, *Gespräche in der Sicherheit des*

Schweigens. Carl Schmitt in der politischen Geistesgeschichte der frühen Bundesrepublik, Berlin 1993; Daniel Morat, *Von der Tat zur Gelassenheit. Konservatives Denken bei Martin Heidegger, Ernst Jünger und Friedrich Georg Jünger 1920–1960*, Göttingen 2007.]
Bohrer weckte dagegen den Krieger und Anarchen aus Jüngers Vergangenheit zu neuem Leben, was dem Betroffenen in doppelter Hinsicht nicht behagte. Am 27. August 1978 schrieb er dem Verleger Carl Hanser: »Angesichts unseres freundschaftlichen Verkehrs hat es mich etwas beunruhigt, erst durch die Presse erfahren zu haben, dass bei Ihnen ein offenbar umfangreiches Buch über mein Werk erschienen ist. Die Tatsache hätte doch wohl einer Benachrichtigung oder die Zusendung eines Exemplars für mein Archiv verdient. Vielleicht hätte auch der Autor sich an mich wenden können, obwohl ich nicht sagen will, dass mir damit ein Gefallen getan worden wäre, da ich in dieser Hinsicht schon über Gebühr in Anspruch genommen bin.« [DLA.]

Das gewünschte Buch kam in Jüngers Bibliothek, weist aber keine eingreifenden Lesespuren auf. Ob ein Gespräch für den Verfasser nützlich gewesen wäre, mag dahin gestellt bleiben. Bohrer ging es jedenfalls nicht um Biografie und Werkgeschichte, sondern um eine historische Ästhetik. Nicht Klassizismus, sondern pessimistische Romantik, nicht Sachlichkeit, sondern rebellischer Surrealismus, lauten die literaturhistorischen Koordinaten für Jüngers Frühwerk. Begriffe wie ›Grauen‹, ›Schmerz‹, ›Gewalt‹, aber auch ›Kampf‹, ›Traum‹ und ›Vision‹, standen im Mittelpunkt, so dass die Thesen unter den Repräsentanten der Studentenbewegung, die inzwischen zu etablierten Linksintellektuellen geworden waren, für Aufruhr sorgten. [Vgl. Nicolai Riedel, *Ernst Jünger-Bibliographie. Wissenschaftliche und essayistische Beiträge zu seinem Werk (1928–2002)*, Stuttgart/Weimar 2003, S. 23.]

Die umfangreichste Besprechung erschien 1979 in den *Berliner Heften* und stammt von Helmut Lethen und Heinz-Dieter Kittsteiner [Heinz-Dieter Kittsteiner / Helmut Lethen, »›Jetzt zieht Leutnand Jünger seinen Mantel aus.‹ Überlegungen zur Ästhetik des Schreckens«, in: *Berliner Hefte* (1979), H. 11, S. 20–50]. Ihre gemeinsamen Überlegungen griff Lethen in mehreren Studien auf, in denen er – wie vor allem in den *Verhaltenslehren der Kälte* [Frankfurt a. M. 1994] – zu zeigen versuchte, dass Jüngers frühe Schriften nicht nur der französischen Moderne, sondern auch den kulturellen Strömungen in Deutschland verpflichtet waren. Damit wurden Vergleiche zu Benjamin, Brecht und anderen linken Autoren möglich. [Vgl. z.B. Helmut Lethen, »Zwei Barbaren. Über einige Denkmotive von Ernst Jünger und Bertolt Brecht in der Weimarer Republik (1984)«, in: ders., *Unheimliche Nachbarschaften*, Freiburg i. Br. 2009, S. 99–122.] Helmuth Kiesel hat die Entwicklung, die mit Bohrers Buch einsetzte, deshalb zurecht als »Re-Integration Jüngers in das Korpus der Moderne« bezeichnet [Helmuth Kiesel, »Tendenzen der publizistischen und wissenschaftlichen Auseinandersetzung mit Ernst Jünger und

seinem Werk«, in: Natalia Zarska / Gerald Diesener / Kunicki Wojciech (Hrsg.), *Ernst Jünger – eine Bilanz*, Leipzig 2010, S. 512–519].
Zwar bezogen Jüngers Kritiker ihre Argumente weiterhin aus Benjamins Besprechung des Sammelbandes *Krieg und Krieger*, die 1930 unter dem Titel *Theorien des deutschen Faschismus* in der Zeitschrift *Die Gesellschaft* erschienen ist; doch zielte Benjamins These, dass die Ästhetisierung der Politik zum Krieg führe, nur auf einen Teil des Werkes, den Jünger bald darauf hinter sich ließ. In der Tat gab es seit Ende der zwanziger Jahre neben dem nationalistischen Publizisten den surrealistisch orientierten Schriftsteller, der mit dem *Abenteuerlichen Herzen* (1929) ein Buch veröffentlichte, dass der ein Jahr zuvor erschienenen *Einbahnstraße* Benjamins formal und inhaltlich wegen der anthropologisch orientierten Aphoristik durchaus ähnlich war. Auch Martin Meyer, der 1983 brieflichen und persönlichen Kontakt zu Jünger gesucht hatte, ist auf solche Überschneidungen mit Werken der Zeitgenossen in seinem 1990 erschienenen Buch eingegangen [Ernst Jünger, München 1990].

ALTE FRONTEN UND POSTALISCHE UNSTERBLICHKEITEN

Jünger selbst hat auf den Wandel der Rezeption seiner Werke nicht ausdrücklich reagiert, sondern an der Auffassung festgehalten, dauerhaft Zielscheibe liberaler und linker Kritik zu sein. Einer der Gründe lag darin, dass die Protagonisten des Rezeptionswandels wie Bohrer und Lethen keinen Kontakt zu ihm gesucht haben – sie kommen auch in Jüngers Tagebüchern nicht vor –, ein anderer, dass die alten politischen Gegensätze in der Öffentlichkeit mehrfach aufgebrochen sind. Deutlich wurde dies vor allem nach der Entscheidung der Stadt Frankfurt, Jünger 1982 den Goethe-Preis zu verleihen, gegen die sich in der Öffentlichkeit heftiger Protest entwickelte. [Vgl. Lutz Hagestedt, »Ambivalenzen des Ruhms. Ernst Jüngers Autorschaft im Zeichen des Goethepreises«, in: ders. (Hrsg.), *Ernst Jünger. Politik, Mythos, Kunst*, Berlin 2004, S. 167–179.] *Kälte und Kitsch. Vom erotischen Vergnügen an Gewalt und Tod: die Herrenreiterprosa eines deutschen Dichters,* so lautet zum Beispiel die Überschrift eines Artikels von Fritz J. Raddatz, der am 27. August 1982, kurz vor der Verleihung des Preises, in der *Zeit* erschien und die bekannte Kritik an Jünger noch einmal wiederholte. Prominente Befürworter, zu denen auch Joschka Fischer gehörte, der seine »eigene linksradikale Biographie« mit der nationalistischen Kampfphase Jüngers verglich [vgl. Joschka Fischer, »Der Kampf als inneres Erlebnis. Wider den moralisierenden Saubermann in der Kulturpolitik«, in: *Pflasterstrand*, Nr. 139, 28. 8.–10. 9. 1982, S. 13–15, hier S. 15], konnten gegen die dominante publizistische Stellung, die das Feuilleton der *Zeit* in den achtziger Jahren hatte, wenig ausrichten.

Noch massiver ist Jünger 1991 von Rudolf Augstein im *Spiegel* angegriffen worden. Anlass war Ernst Noltes Buch *Geschichtsdenken im 20. Jahrhundert*, zu der Augstein eine Besprechung schrieb, die Jünger aufbewahrt hat. In einer Bildunterschrift zu einem Artikel wurde er neben Schmitt und Heidegger als »Vorreiter oder Steigbügelhalter des Nationalsozialismus« bezeichnet. Während Nolte selbst den frühen Schriften Jüngers nur ein kurzes Kapitel widmete, werden sie von Augstein in den Mittelpunkt gestellt. »Wer hier«, so heißt es über Noltes Darstellung, »nicht aufbegehrt, sondern scheinbar objektiv referiert, dessen Werk sollte man an die Wand knallen« [Rudolf Augstein, »Ernst Noltes Erinnerungen«, in: *Der Spiegel*, Nr. 44, 28.10.1991, S. 101]. Vergessen oder nicht verwunden hatte Augstein offenbar ein Angebot an Jünger, im *Spiegel* einen Beitrag über Hitler zu schreiben, das dieser im Februar 1989 mit der Begründung ablehnte, er habe seine »Meinung gesagt, als die Leute da waren« [DLA].

1993 versuchte Walter Jens, ebenfalls ehemaliges Mitglied der Gruppe 47, in seiner Funktion als Übergangspräsident der Berliner Akademie der Künste (West) den Chefredakteur der Zeitschrift *Sinn und Form*, Sebastian Kleinschmidt, ablösen zu lassen, nachdem dieser im ersten Heft des Jahrgangs 1993 Auszüge aus Jüngers Tagebüchern publiziert hatte. Jünger hat auch diese Affäre beobachtet, wie Briefe an Johannes Gross und Frank Schirrmacher zeigen, die er 1994 und 1995 in *Siebzig verweht* aufnahm [SW 22,144 f. und SW 22,166]. Ob er den Vorgang aber tatsächlich »mit einem gewissen posthumen Humor« aufnahm, wie er an Gross schreibt, oder nicht doch Enttäuschung vorherrschte, wie zwischen den Zeilen deutlich wird, ist zweitrangig. Denn auch in diesem Fall hat Jünger die Unterstützung, die er fand, in seinen Tagebüchern nicht gewürdigt. Sie kam von Heiner Müller, der sich in seiner Funktion als Übergangspräsident der Berliner Akademie der Künste (Ost), die Träger von *Sinn und Form* war, gegen den Vorstoß von Jens aussprach und sich damit durchsetzen konnte. [Vgl. Friedrich Dieckmann, »Jünger lesen oder Die Schwierigkeit zu erben«, in: *Sinn und Form* 45 (1993), H. 3, S. 518–524.]

An Müllers Stellungnahme gegen Jens Initiative, die von mehreren Zeitungen veröffentlicht wurde, wird die Wiederkehr vorausgehender Argumentationsmuster deutlich, mit denen sich bereits Erich Kuby gegen die Ausgrenzung Jüngers gewandt hatte. Müller schreibt unter anderem: »Einen 97jährigen Schriftsteller auf die Äußerungen seiner Jugendzeit festzulegen und mit dieser Begründung einer Leserschaft fernzuhalten, die gerade erst andern Bevormundungen entrückt ist, wäre ein Verfahren, das sich mit dem Geist einer unabhängigen Literaturzeitschrift weder bei Ernst Jünger noch in irgendeinem andern Fall verträgt.« [»Heiner Müller antwortet Walter Jens. Stellungnahme zum Abdruck von Ernst Jüngers Tagebüchern in der Akademie-Zeitschrift *Sinn und Form*«, in: *Der Tagesspiegel*, 12. 2. 1993, S. 14.]

Fünf Jahre zuvor hatte Müller mit Jünger Kontakt aufgenommen, um seiner Bewunderung Ausdruck zu geben, so dass sein Brief vom 16. Juli 1987 Ähnlichkeiten mit den Verehrer-Briefen der Kriegsheimkehrer aufweist, zu denen er selbst gehörte: »Seit ich, nach 3 Tagen amerikanischer Gefangenschaft und 8 Tagen Heimweg durch die sowjetische Besatzungszone, auf einem Dachboden in Waren/Müritz, wo die noch ungesäuberte Kriegsbibliothek ausgelagert war, BLÄTTER UND STEINE fand und stahl, [...] gehören Ihre Arbeiten für mich zu den Wegmarken des Jahrhunderts. Ist es möglich, Sie vor der nächsten Wiederkehr des Halleyschen Kometen zu sehen und zu sprechen? Mir läge sehr viel daran.« [DLA.] Jünger hat dem Besuchswunsch zugestimmt und Müller Mitte Februar 1988 empfangen, worüber dieser in einem Kapitel seiner Autobiografie *Krieg ohne Schlacht* (1992) berichtete. Doch war er nicht der einzige Autor und nicht der einzige literarisch ambitionierte Politiker, der Jünger auch in den achtziger und neunziger Jahren die Aufwartung machte. Jorge Luis Borges (1982), Alberto Moravia (1983), Helmut Kohl und François Mitterand (beide 1985) waren ebenfalls in Wilflingen und haben dazu beigetragen, dass die Oberförsterei, in der Jünger fast 50 Jahre wohnte, zu einem mythischen Ort geworden ist. Dies machen auch die Fotos in Heimo Schwilks Band *Ernst Jünger. Leben und Werk in Bildern und Texten* [Stuttgart 1988] deutlich. Bereits 1955 hatte Mohler das Haus in der Festschrift zum 60. Geburtstag Jüngers als sagenumwobenen Ort beschrieben.

Auch Jünger selbst hat sein Leben in Wilflingen in den Tagebuch-Aufzeichnungen von *Siebzig verweht* häufig zum Thema gemacht und dabei auch aus seinen Korrespondenzen zitiert. Nicht selten ersetzen Auszüge aus Briefen oder ganze Briefe die Aufzeichnungen selbst. Doch waren es nicht die spektakulären Korrespondenzen, die Jünger dokumentieren wollte, sondern seinen Alltag als Autor und Elemente seiner Biografie. Dazu gehören Briefe an Freunde, die in der Öffentlichkeit nicht bekannt waren, oder Erinnerungen an Weggenossen wie in der geträumten Verarbeitung eines Briefwechsels vom Juli 1995, den er 1975 mit Gershom Scholem über dessen Bruder Werner, einen seiner Mitschüler in Hannover, geführt hatte [SW 22, 181 f.; vgl. Detlev Schöttker, »Vielleicht kommen wir ohne Wunder nicht aus«. Zum Briefwechsel Jünger – Scholem«, in: *Sinn und Form* 61 (2009), H. 3, S. 293–308 (mit Abdruck des Briefwechsels)].

Andere Briefe, die seinen Ruhm hätten bezeugen können, hat Jünger unerwähnt gelassen. Zu ihnen gehört Karl Heinz Bohrers Einladung vom Dezember 1989, das *Merkur*-Heft Nr. 500 »mit einem Essay einzuleiten«, um das »aufregende Jahrhundert am Ende der Epoche« Revue passieren zu lassen [DLA], oder Walter Kempowskis Bitte vom September 1991 zu einer Eintragung »in das beigefügte Album« [DLA], worauf Jünger am 26. November mit dem Gestus eines Gleichen unter Gleichen schrieb: »Hoffentlich entsprach meine bescheidene Eintragung Ihren

Erwartungen. Sie hat mich insofern ein wenig in Verlegenheit versetzt, als Stammbücher außer Mode gekommen sind. Dafür kommen, wie Sie selbst auch erfahren haben werden, fast täglich Wünsche von Autographensammlern mit der Post«. [DLA]

Wie viele solcher Wünsche Jünger nach seinem 100. Geburtstag im März 1995, der einen Höhepunkt an Aufmerksamkeit brachte, erreicht haben, ist nicht zu ermitteln. Die Briefmarke aber, die die Deutsche Bundespost wenige Monate nach seinem Tod im Februar 1998 ausgab, bildet – nicht zuletzt durch die Überblendung zweier Porträts, die den jungen und alten Autor zeigen – den philatelistischen Abschluss einer postalisch geprägten Lebensgeschichte, die im 20. Jahrhundert einzigartig sein dürfte. Jünger hat dies vorausgesehen. »Heute«, so zitiert er am 17. November 1973 in *Siebzig verweht* aus einem Brief an Martin Heidegger, »gibt es nichts Schändlicheres als Ehrungen. Wenn man erst auf den Hund gekommen ist, kommt man auch auf die Briefmarken« [SW 5,157].

Ein französischer Verehrer hat diese Eintragung zwanzig Jahre später zum Anlass genommen, Jünger einen Brief »mit einer Marke« zu schicken, die sein »Photo« trage, wie der Betroffene am 5. April 1993 im letzten Band von *Siebzig verweht* berichtet. Nicht ohne Stolz spricht Jünger hier von einem »versierten Leser« [SW 22,124] – handelt es sich doch, so ist erklärend hinzuzufügen, um eine jener »Belustigungen der Jagd« beim Lesen von »Briefen« [SW 9,87], über die Jünger bereits 1929 im *Abenteuerlichen Herzen* berichtet hatte.

Erwähnte Briefe und Briefzitate mit dem Quellennachweis [DLA] sind unveröffentlicht und stammen aus dem Nachlass Jüngers im Deutschen Literaturarchiv. Ich danke Anja Hübner für Transkriptionen, den Rechteinhabern für die Genehmigung von Zitaten, für Hilfen außerdem Heike Gfrereis, Dietmar Jaegle, Michael Kardamitsis, Marcel Lepper, Henning Marmulla, Ulrich Raulff, Nicolai Riedel, Anneka Viering, den Mitarbeitern der Handschriften-Abteilung und nicht zuletzt vor allem Stephan Schlak. Die Archivarbeiten wurden durch das Ernst-Jünger-Stipendium des Baden-Württembergischen Ministerpräsidenten gefördert.

Helmut Lethen
im Gespräch mit Stephan Schlak

Herr Lethen, in Ihrem kulturwissenschaftlichen Klassiker Verhaltenslehren der Kälte. Lebensversuche zwischen den Kriegen [Frankfurt a. M. 1994] *haben Sie beschrieben, wie Ernst Jünger sich im Milieu der Sachlichkeit mit dem kalten Blick gegen die Zumutungen der Moral und des Mitleids gepanzert hat. Nun taucht aus dem Archiv der junge Tagebuchschreiber aus dem Ersten Weltkrieg wieder auf. Müssen wir unser Bild vom heroischen Stoßtruppführer revidieren?*

Dieser junge Stoßtruppführer kommt aus der Tiefe des 19. Jahrhunderts. Den wilhelminischen Schulranzen hat er noch nicht ganz abgeworfen. Im Juni 1916 notiert er nach einem Gasangriff: »Aha! Chlor! Ein Atemzug genügte, um Erinnerungen an die Physikstunden ehemaliger Zeiten zu erwecken. Also Maske vor.« Ich hatte bisher Jüngers These aus dem *Abenteuerlichen Herzen* für richtig gehalten, das 19. Jahrhundert sei im Weltkrieg an der Flamme des 20. Jahrhunderts verbrannt. Die Tagebücher widerlegen es. Man erlebt den Apothekersohn aus dem Hannoverschen als einen Abenteurer mit extrem hoher motorischer Intelligenz, der mit dem Habitus und den Kulturen der Evidenz der Naturwissenschaften des 19. Jahrhunderts groß geworden ist. Der Denkstil der harten Disziplinen des vergangenen Jahrhunderts, die, wie Gottfried Benn zur gleichen Zeit bemerkte, die ›Wirklichkeit‹ erfanden, um die Metaphysik abzuschaffen, regiert seinen Stil. Die ›Sachlichkeit‹ seiner Protokollsätze, auf die er sich schon 1917 beruft, wirken wie eine Registriermaschine. Die Tagebücher sind übersät mit Zahlenangaben, es ist nicht nur ihre Rasterung durch die kalendarische Zeit, die permanente Totenzählung, Entfernungsangaben, Minenzahl etc. Gegner, die er zur Strecke bringt – »kann ich mir ruhig auf mein Konto schreiben«.

Jünger probt den kalten Blick – im Angesicht des Schreckens. Am Vorabend des Weltkrieges war er noch in die Fremdenlegion nach Afrika ausgebüxt. Wie sehr sind die romantischen Energien und Leidenschaften in den Tagebuch-Einträgen schon ausgekühlt?

Die oft berufene ›Kälte‹ seiner Beschreibungen stammt aus dem Archiv der Naturwissenschaften im 19. Jahrhundert. Gottfried Benn notiert über die Kultur der Evidenz, die damals auch Jüngers Denkstil prägte: »Es sammelte sich noch einmal in diesen Jahren die ganze Summe der induktiven Epoche, ihre Methoden,

Gesinnungen, ihr Jargon [...], die Kälte des Denkens, Nüchternheit, letzte Schärfe des Begriffs, Bereithalten für jedes Urteil«. Das lässt sich besonders gut an den Körperbildern seiner Notizen ablesen, die er mit der Unpersönlichkeit des Mediziners, mit der Gelassenheit des Pathologen wahrnehmen will: »Der Anblick der von Granaten Zerrissenen hat mich vollkommen kalt gelassen«, »Ein großes Stück von der Schädeldecke war ganz weiß ohne Haare und Hirn, nur etliche kleine Äderchen waren zu sehen. Ein Mann hob es auf und meinte, daß es aussähe wie ein Stück Käse«. »Im übrigen ertrugen meine Nerven den Anblick ohne Erregung, aber der Gedanke, daß in diesen Köpfen auch Gedanken, Wünsche und Hoffnungen lebendig gewesen waren, erweckte in mir dieselbe Rührung, die man beim Anblick alter Burgruinen empfindet«.
Überrascht hat mich auch, dass der Nervendiskurs der wilhelminischen Zeit so präsent ist und die Kolonialträume des Jungen noch nicht ausgeträumt sind. Nach dem Buch von Karl Heinz Bohrer über die *Ästhetik des Schreckens* hatte ich erwartet, dass der Bilderschatz der Dekadenz Zugaben in den späteren Fassungen des *Stahlgewitters* sein würden. Die ästhetische Lust an der Grausamkeit, das makabre Spiel – das ist in den Tagebüchern alles schon vorhanden. »Heut nachmittag fand ich in der Nähe der Latrine von der Festung Altenburg zwei noch zusammenhängende Finger und Mittelhandknochen. Ich hob sie auf und hatte den geschmackvollen Plan, sie zu einer Zigarettenspitze umarbeiten zu lassen. Jedoch es klebte, genau wie an der Leiche im Stacheldrahtverhau bei Combres noch grünlich verwestes Fleisch zwischen den Gelenken, deshalb stand ich von meinem Vorhaben ab.« Der Griff in das Beschreibungsarsenal des Ästhetizismus soll empathieresistent machen. Jünger arbeitet mit der Kategorie des ›Interessanten‹, die die Gleichgültigkeit seiner ästhetischen Faszination an die unterschiedlichsten Phänomene heftet: »Interessant ist auch die sog. Totenschlucht, die ihren Namen wirklich rechtfertigt, denn es liegen noch eine Menge Engländerleichen darin«. »Für mich besonders interessant, daß das Gestein, in dem der Graben geführt ist, von Fossilien wimmelt«. »Interessant« sind die Manöver der englischen Flugzeuge, die er aus dem Schützengraben beobachtet; »interessant« ist das Grauen.

Dabei verrutscht die Maske der Gleichgültigkeit immer wieder und gibt den Blick frei auf den jungen Leutnant, der sensibel das Entsetzen über den Krieg registriert. »Was soll das Morden und immer wieder Morden?« Wie erklären Sie sich dieses Nebeneinander von Beobachtung und Empörung, von Zahl und sentimentaler Schleife?

Es gibt ein Foto in Jüngers Foto- und Essayband *Das Antlitz des Weltkrieges* von 1930, das mich immer ergriffen hat: Ein menschenleeres Schlachtfeld, hohe Horizontlinie unter unermesslich grauem Himmel, ein verlassener Schützengraben, der sich von rechts unten diagonal durch das Bild zieht, auf der rückwärtigen Deckung lang auf dem Rücken hingestreckt ein toter Soldat. Wenn ich mit Roland Barthes nach einem *punctum* des Fotos suchte, so wären es die nackten Füße des Soldaten (links am oberen Rand kaum sichtbar der nackte Oberkörper des Stiefelräubers). Es ist der Anblick der nackten Füße, der alle Koordinaten des Wissens zerreißt. Ernst Jünger versieht dieses Foto mit der Unterschrift: »Eroberte Stellung. Die Zahl der im Stiche gelassenen Gewehre deutet die Stärke der Grabenbesatzung an«. Die Zahlenmanie bezwingt jede melancholische Anwandlung. 19. Jahrhundert.

Die Tagebücher sind Dokumente der Vermischung. Die Granaten-Zeichnung steht neben der ausgeschnittenen Todesanzeige gefallener Kameraden, die Editionsskizze neben der Gefechtsübung, das Widmungsgedicht an die Mutter neben einem Heldenzitat von Ariost. Noch scheint das erste Gebot der kalten persona – »Distinguo ergo sum« (Carl Schmitt) für Jünger nicht zu gelten. Noch scheint er keine Grenzen zu ziehen.

Das Bild der gepanzerten Person hat sich noch nicht herausgebildet. Die klassizistisch geschlossene Kontur des Soldaten mit Stahlhelm ist ein Nachkriegsprodukt. Die Notizen wimmeln von grotesken Körperbildern mit ihren Öffnungen für Ausscheidungen, Sauforgien, Ausdünstungen und Durchfällen, einschließlich der »Sexualpathologie« des Helden, für den ein »Bordell unter militärischer Leitung« zu den Selbstverständlichkeiten des Soldatenlebens gehört. Kaffee aus dem lehmigen Wasser eines Granattrichters nennt er »Leichenbrühe«. Der Tod ist der Nahrungskette inhärent. *Ekel*, eine Reaktion des Nähesinns, die später in den immer physikalischeren, immer metallischeren Gestalten in den sieben Fassungen des *Stahlgewitters* ausgespart wird. In den Notizheften ist Ekel noch allgegenwärtig. Später wird Fernsinn regieren. Im *Arbeiter* schwitzt niemand mehr. Er ist geruchsfrei. Die Gestalt ist galvanisiert; ihr ist jede organische Substanz entzogen. Während ›Gestank‹ noch eine durchdringende Wahrnehmung der Kriegsaufzeichnungen ist, wird er wie jede organische Ausdünstung in den späteren Kunstfassungen entfernt. Hier aber findet es sich noch, das »ekelhafte Gefühl, auf solche weichen Toten zu treten«. Hier taxiert das Ohr nicht nur die ballistische Bahn der Geschosse, die Aufmerksamkeit ist noch nicht auf einen Punkt zusammengeschnurrt, nicht nur mit dem Bewegungsapparat kurzgeschaltet. Sie kann sich in Gefechtspausen zerstreuen: »Wir bedeckten etliche Tote mit Erde, bei einem konnte man nicht vorbeigehn, ohne das Gewühl der Würmer zu hören«. »Verwesungsgeräusche«

sind ihm »geläufig«. Der junge Autor erlaubt sich zuweilen zerstreute Aufmerksamkeit, dadurch entstehen die Vermischungen in seinen Protokollen.

In Jüngers moralischem Nahsinn ist das Mitleid durchaus noch eingeschlossen. Denken Sie nur an den gefallenen englischen Soldaten Stoke, den Jünger mit einem Kreuz in seinem Tagebuch verewigt. Solche Episoden eines alten ritterlichen Kriegerethos blitzen immer wieder auf. Wird dadurch das Bild von Jünger als allzeit entschlossenen Kampfmaschine verkleinert?

Ja, die Stoke-Episode geht zu Herzen. Aber sind nicht die Situationen besonders unerträglich, in denen Jünger mit der sportlichen Haltung des *fair play* den getöteten Feind betrachtet? Einen Offiziersrang sollte er schon haben. Reaktionsformen des christlichen Gentleman, die später die Aufzeichnungen des Zweiten Weltkriegs grundieren, sind spurenweise in der Beschreibung toter englischer Offiziere vorhanden. Es ist nur erstaunlich, wie blitzschnell diese Attitüde ausgeschaltet werden kann. Als ob ein Kippschalter betätigt würde und sich wieder ein freies Feld hemmungsloser Aggression öffnet, auf dem nicht nur der Feind in seiner Offensive, sondern auch die flüchtenden Soldaten dem Vernichtungswillen preisgegeben werden. Diese Haltung erinnert sehr an den von Norbert Elias beobachteten Typus der »satisfaktionsfähigen Gemeinschaft« des wilhelminischen Kaiserreichs. Der Junge hat sich diese Charaktermaske einverleibt: die Faszination für die notwendigen Grausamkeiten des Lebens; die Abwertung moralischer Einwände, die Ungeduld gegenüber langen Debatten; die Verächtlichmachung femininer Haltungen. Allerdings wird die in der Öffentlichkeit depotenzierte Frau von Jünger als Ruhestation für die Regeneration des Kämpfers gern in Anspruch genommen. Außerhalb der Kampfhandlungen fraternisiert er nach Leibeskräften. Heroismus wird in den Tagebüchern eher als »preußische Tugend« zitiert. Jünger rechnet Angstfreiheit und »Kaltblütigkeit« allerdings seinem »heiteren Phlegma« zu. »Als das Schießen kein Ende nahm, zündete ich mir, allen sichtbar, stehend eine Cigarette an.« Es wäre zu untersuchen, welche Funktion das Lob des Phlegmas in einer Kultur der Nervosität einnimmt. Denn das Krankheitsbild des Nervösen, das uns Joachim Radkau als Kennzeichen des wilhelminischen Kaiserreichs entdeckt hat, geistert durch die Notizen. Der Beginn der Aufzeichnungen wird von Monotonie und Schlaflosigkeit beherrscht. Die Eintragungen von den ersten Wochen an der Front lassen vermuten, dass erst horrender Schlafentzug die notwendige Gleichgültigkeit gegenüber Gefahren erzeugt. Während des Trommelfeuers stellt er sich ruhig, »denn ich befinde mich in diesen Tagen in einem meiner Dämmerungszustände, wo ich die Umgebung kaum wahrnehme, infolgedessen auch vor Lebensgefahr nicht so ängstlich bin«. Manchmal übt er vor einem Angriff ein Attitüdentraining: »Ich hatte mir den Stahlhelm ins Gesicht gezogen, sog an meiner Pfeife und philosophierte mir Courage an«; manchmal genügen »Aufregung, Blutdurst, Wut und Alkoholgenuss«, manchmal reicht die pure Dezision: »In der Hitze des Augenblicks hörte und sah ich nichts mehr als die Kerls, die ich vernichten wollte.«

Jüngers Berichte aus dem Gefechtsgelände werden durchbrochen von Etappen der Introspektion. Dann regiert der Innenblick – auch des Zweifelns am Sinn des Krieges. Wie sehr lassen sich die Kriegstagebücher als Dokument einer Gewissenskultur lesen?

Es gibt seltene Inseln humanitärer Gedanken in den Tagebüchern. »Was soll dieses Morden und immer wieder morden? Ich fürchte, es wird zuviel vernichtet und es bleiben zu wenig«, heißt es am 1. Dezember 1915. Aber sogleich wird der Stoßseufzer als »Wachtstubenphilosophie« zu den Akten gelegt. Solche Reflexionen sind in handlungsarme Ruhepausen eingekapselt, im Lazarett, auf der Heimreise. Sie werden nie handlungsanleitend, sie kommen nie in dialogischen Austausch. Sie gehören zum Genre des Tagebuchs. Er versteht zwar fraternisierende Landser, die sich über die Gräben hinweg mit Engländern verständigten (»die Leute haben gar nicht so Unrecht. Sie fühlen, daß der Engländer doch auch ein Mensch ist.«) Aber er verständigt sich nicht mit ihnen. Er gibt zu, dass es sensiblere Leute gibt als ihn: »Ein dicker Musiker schreit nach jedem Schuß auf.« Bei ihm überwiegt die Haltung ›ran an den Feind, koste es, was es wolle‹. Dieser gesprenkelte Habitus erinnert mich an Nietzsches Urteil über die Bildung des deutschen Bürgertums im späten 19. Jahrhundert. Sie sei ein Handbuch der Innerlichkeit für äußere Barbaren. Dabei ist Jüngers Anthropologie des Helden ziemlich trivial: »Leute, die so oft in Lebensgefahr gestanden haben und morgen wieder stehen werden, sind im allgemeinen ziemlich wurstig veranlagt.« Er liebt diese Naturen als »Material« seines Angriffswillens, unterscheidet sich aber als Kommandeur von ihnen: »ich feure lieber in gefahrvollen Augenblicken eine Truppe durch Zurschautragen persönlichen Mutes zum Kampfe an«.

Gegenüber den Erkenntnissen von Militärhistorikern, die davon ausgehen, dass man in einer Gruppe von Soldaten nur einen Aggressiven braucht, der Rest übe sich in Techniken des Überlebens, überschätzt Jünger die »Todesverachtung« seiner Leute. Er verachtet die Techniken des Überlebens, sobald sie seine Angriffslust hemmen. Wenn seine Landser als ›disziplinloser Haufen‹ die Flucht ergreifen, rastet er aus und droht mit Erschießen. Denn dann stimmt die ›Moral der Truppe‹ nicht und er spricht von schlechtem Menschenmaterial. Man kann sagen, jede kleine Einheit funktioniert mit ihm, weil er

Aggression verbürgt. Wenn man seine akribisch geführten Totenlisten nach den von ihm geführten Stoß- und Spähtruppunternehmen liest, fragt man sich, warum sich überhaupt noch Soldaten für diese Himmelfahrtskommandos gemeldet haben.

Was war sein Alptraum?

Wenn man ihm Glauben schenken will: Unverletzt in Gefangenschaft zu geraten. »Als blamierter Mitteleuropäer den Weg nach London antreten zu müssen«. Muss man das ernst nehmen? Sicherlich spielt die Verachtung für Orte der Sekurität fern von den Zonen tödlichen Ernstes eine Rolle. Das hätte auch für Brüssel oder Berlin gelten können. Vielleicht ist es auch ein leichtes Aufflackern eines deutschen Patriotismus, den man in den Aufzeichnungen meist vergeblich sucht.

Als Robert Musil an der Isonzo-Front die Granaten pfeifen hörte und sich einen Überblick verschaffen wollte, notiert er: »So also sieht die Geschichte von nahem aus. Man sieht nichts.« Wie scharf sieht Jünger?

Robert Musil befand sich allerdings mindestens 25 Kilometer entfernt von der vordersten Front und hätte im Übrigen einem Typus entsprochen, den unser Stoßtruppführer als Etappen-Offizier nicht hätte ernst nehmen können. Ich habe selten Handlungsräume präsentiert gesehen, die so von der Macht des Zufalls beherrscht werden, obwohl die Helden ernsthafte Zwecke auf kleinem Spielfeld verfolgen, die aber immer nur neue Einfallstore des Zufalls schaffen, während die strategischen Rahmenbedingungen des Kriegstheaters sich wie ein leerer Himmel über die Akteure wölben. Der »eiserne Würfel des Krieges« – wie Jünger das nennt. Dass er verloren übers Schlachtfeld irrt, hat sicherlich auch mit der Funktion der modernen Informationstechnologie zu tun, von der unser Held völlig ausgeschlossen scheint. Wenn schon im Krieg den Kommandozentralen klar ist, dass nur die Telegrafie dem Feldherrn die Möglichkeit bietet, das Schlachtfeld zu übersehen, dreht sich der *Ilias*-Krieger nur um die eigene Achse. In einer späteren Fassung der *Stahlgewitter* wird er die Soldaten der Nachrichtentruppe als »Arbeiter im tödlichen Raum« bezeichnen. In den Tagebüchern ist die Informationstechnologie von Siemens & Halske noch weit entfernt, die später die Beschreibungen im Buch *Der Arbeiter* prägen werden. Darum Jüngers verzweifelte Versuche, kleine Ordnungszellen zu schaffen, Laboranordnungen, in denen das undefinierbare Rauschen der Zufallsmächte, Minen, Granaten, Gas, Verschüttungen, Delirium und Dummheit, kurz: der Kontingenzen der Materialschlacht stillgelegt werden könnte. »Der Begriff Schützenlinie war illusorisch. Es gab nur noch Kampfhaufen«. Oft erfährt der Held erst nachträglich, was er bewirkt hat: »Übrigens las ich am Nachmittag im Heeresbericht, dass der gewaltige Vorstoß der Engländer am Stenbach aufgehalten wäre. Dies Verdienst darf ich wohl zum großen Teile mir zuschreiben.« Oder er verlangt verzweifelt nach einer Karte, weil er nicht mehr weiß, wo vorn und hinten ist.

Später im ideologischen Getümmel der Weimarer Zeit um 1930 greift Jünger zum »magischen Schlüssel« der Stereoskopie. Sie soll auch als erhöhter Beobachtungsposten vor den blinden Flecken des Nahblicks und der Selbstbeschreibung schützen. Was ordnet im Ersten Krieg seine Wahrnehmung?

Jünger fand schon früh sein ideales Ordnungsmedium: Es ist das Tagebuch. »Ein Tagebuch führen heißt«, so las ich einmal bei dem Wiener Literaturwissenschaftler Arno Dusini, »die Zeit in die Hand nehmen und das Blickfeld in kleine Parzellen aufteilen«. In dieser Rasterung von Zeit und Raum ist unser Krieger souverän. Dahinein rettet er sich vom ersten Tag an, registriert den Takt der Monotonie, übt sich in Minidramen von Ereignissen. Er rahmt das Chaos im Format der kleinen Papierseiten des Notizbuchs und suggeriert die Freiheit des Beobachtens. Bringe die unfassbaren Ereignisse auf das Format von 11 auf 17 cm (oder in den kleineren Heften) von 8,5 auf 14,5 cm und du wirst ihrer Herr! Dieser Tagebuchschreiber genießt die Wonne der *nachträglichen* Eintragungen: Nichts verschlägt ihm die Sprache. Das ist das Unheimliche seiner Notizen: Nichts verschlägt ihm die Sprache, er wiegt sich immer noch in den Sicherheiten des 19. Jahrhunderts, will die Definitionsmacht nicht aus den Händen geben in seinen buchhalterischen Listen der Gegenstände im eroberten Schützengraben, in Körperbildern nach Art der Pathologie. Klaus Theweleit hat gezeigt, dass die Selbstgewissheit, die Sprache zu kommandieren, zu unfreiwilligen Selbstentblößungen führt. »Jetzt zieht Leutnant Jünger seinen Mantel aus«. Die Landser hören es und lachen. Merkwürdig auch die Schlussseiten der Tagebücher, in denen er seinen Weg in die Literatur anbahnen will und »Sachlichkeit« als die Tugend seines Schreibens preist. Im Tagebuch will er es bewiesen haben: »Deutsch sein heißt sachlich sein« (Heinrich Mann, *Der Untertan*). Als ob er – quasi wie Max Weber – das Pathos der *wertfreien* Beobachtung als sein Kriterium der Differenz, der *nationalen* Differenz seines Schreibens ausstellen möchte.

Gibt es denn gar keine größeren ideologischen Rahmungen in den Tagebüchern des Ersten Weltkrieges? Nation, Vaterland, Rasse?

Fast nicht. Es ist eine Raserei auf tödlichem Spielfeld. Und die Akteure wissen nicht wozu.

Jünger versucht, die Urgewalt der Kontingenz im Medium des Tagebuches zu zähmen. In den zwanziger Jahren reißt im Archiv das Band der Tagebücher bis auf wenige zoologische und Reise-Notizen. Abseits von Jüngers späterer Spurenverwischung: Wie erklären Sie sich, dass er in der Zwischenkriegszeit dem Essay und kleinen Kampfartikel den Vorzug gibt?

Ab 1923 versucht sich Jünger in kleinen operativen Formen, er publiziert im Umkreis des Neuen Nationalismus, das schlägt sich auch in Änderungen der *Stahlgewitter* nieder. Diese Prozesse sind sehr gut von Hans Harald Müller, Heimo Schwilk und Helmuth Kiesel beschrieben worden, Kiesel gibt besonders gut den Überblick über die politische Publizistik. Es trifft jedoch nicht zu, dass der Krieg in seiner Publizistik nach 1927 keine Rolle mehr gespielt habe. Eines der aufschlussreichsten Dokumente ist für mich der Band *Das Antlitz des Weltkriegs* von 1930. In ihm wird der Krieg zur Arbeitsfront, das ganze Ereignis wird der Veteranenideologie entrückt und in den industriellen Komplex versetzt. Das 1917 so heroisch beschriebene Stoßtruppunternehmen wird jetzt als »Akkordarbeit« bezeichnet. Hier kündigt sich an, was im Buch *Der Arbeiter* 1932 im Format eines Fünfjahresplans entfaltet wird. Alles Arbeitsfremde wird gelöscht. In der »organischen Konstruktion« verschmilzt der Mensch mit seinen technischen Prothesen. Das Subjekt ist ein Schnittpunkt elektrischer Schaltkreise. Wir begegnen hier einem extrem systemischen Denken, das sich für verschiedene politische Anschlüsse eignen könnte, sich aber zunehmend aus der Sphäre der Entscheidungen hinausschreibt. Vom gleichen Format sind seine Schriften über die *Totale Mobilmachung* und *Über den Schmerz*. Jenseits der Entscheidung gestattet er sich dann in den *Afrikanischen Spielen* (1936) – fern von den Körperbildern, die Leni Riefenstahl im gleichen Jahr von den Olympischen Spielen konstruiert – sogar Thomas Mann'sche Ironie. In den beiden Fassungen des *Abenteuerlichen Herzens* (1929/1938) finden wir Wahrnehmungsexperimente, welche die Grenzen der Definitionsmacht, die die Diskurse des 19. Jahrhunderts behaupteten, ausloten. Aber mit den Wahrnehmungsmodellen des Surrealismus, die er dann in den Pariser Tagebüchern in kontemplativer Haltung durchspielt, wird er als Beobachter an der Ostfront scheitern. Jüngers Desaster beginnt im Kaukasus.

Damit wären wir beim Zweiten Weltkrieg, den Jünger zu einem großen Teil in der Etappe – im Pariser Kommandostab – verbringt. Auch hier versucht er, die Zeit im Spiegel des Tagebuches zu begreifen. Die aus den Kalendereinträgen und Tagebüchern entwachsenen Strahlungen *sind ein hochliterarisierter Text. Unter Vorhängen nimmt Jünger die Wirklichkeit war. In welches Archiv greifen die* Strahlungen*?*

Solange er in Paris ist, verändert sich nicht viel an dem Arsenal seiner literarischen Beschreibungstechniken, das er im *Abenteuerlichen Herzen* ausgeschöpft hatte. Er entdeckt den Traum als Königsweg – wohin auch immer –, schöpft aus romantischen Quellen, konkurriert ganz offen mit den Surrealisten, legt seine Insektenstudien eine Weile auf Eis und lässt sich soweit gehen, wie es ein Tagebuch, das nicht intim sein will, zwar verbietet, er es sich aber erlaubt. Es gibt dann die ihm fürchterliche Aufgabe, die Vorgänge der Geiselerschießungen zu protokollieren. Und es nimmt einem den Atem, zu beobachten, dass er in den Briefen der französischen Geiseln eine Würde findet, die sich sternenweit selbst vom Kodex der aristokratischen Militärs des Pariser Stabs, den er achtet, unterscheidet. Von den niederen Chargen der SS ganz zu schweigen: »Richter in Blutdingen. Wenn sie über die Korridore gehen, eintreten, haftet ihnen ein automatisches Gehabe, die frühe Würde schauerlicher Hampelmänner an.«

Alles wird anders, als er zur Beobachtung vom Pariser Stab an die Ostfront geschickt wird. Gerüchte und Augenzeugen haben ihn schon in Paris darauf vorbereitet.

Er ahnt, dass er im Kaukasus versagen wird. Am 6. März 1942 schreibt er, nachdem er erste Berichte vom Massenmord gehört hat, in sein Tagebuch, dass er mit Ereignissen rechnen muss, die nur noch mit Beschreibungstechniken einer »Skala am absoluten Nullpunkt« zu erfassen sind; denn die Kämpfe mündeten dort ins »Zoologische«. Die Beschreibungsmodelle, die er von Goya, Hieronymus Bosch oder Breughel übernommen hatte, taugen nicht mehr viel. Als er aufgefordert wird, den Vollzug des Massenmords in Augenschein zu nehmen, zögert Jünger für eine Schrecksekunde. Wäre es nicht gut, festzuhalten, welcher Art die Täter und die Opfer sind? Bei der endgültigen Redaktion seiner Tagebucheintragungen hat er Mühe, seine Weigerung, Augenzeuge zu sein, zu begründen. 1949 beruft er sich auf den »Ekel, der mich schon bei der Vorstellung von solchen Schauspielen ergreift. Ich würde sofort als Widersacher sichtbar sein. Wem wäre damit gedient?« 1979 beruft er sich auf Dostojewskis *Berichte aus dem Totenhaus*. Der sei nicht freiwillig an Ort und Stelle gewesen, sondern als Gefangener. »Auch der Schau sind Grenzen gesetzt«. Die Körperreaktion des Ekels, die in der ersten Fassung noch Jüngers berühmten Scharfsinn zu überschwemmen droht (Brechreiz des Inspekteurs), wird in der zweiten Fassung vom sublimierenden Fernsinn der »Schau«, der kognitive Grenzen gesetzt werden, abgelöst. Hier wiederholt sich, was wir schon an den Bearbeitungsphasen der Kriegstagebücher beobachten konnten: An die Stelle körpernaher Impulse tritt der Fernsinn des Auges – dem er allerdings in einer entscheidenden Situation, in der die Lage nach Jüngers Einsicht hätte moralisch aufgeladen werden müssen, nichts mehr zutraut. Jüngers Erschütterung sucht Halt in der Erinnerung an höfische Verhaltenslehren. Schon 1920 sah man Jünger in aller Frühe vor Dienstantritt in der Kaserne Wünsdorf bei Hannover im *Handorakel* des spanischen Jesuiten Baltasar Gracián aus dem Jahre 1647 lesen – um sich für die Verfassung neuer Heeresdienstvorschriften in die richtige Schreibhaltung zu bringen. Jetzt, um die Jahreswende 1942/43, nachdem er die Uniform der Wehrmacht an der Ostfront zu hassen begonnen hat, sucht er wieder Halt in der Apodiktik der Verhaltenslehre und schreibt am 1. Januar 1943 in Apscheronskaja drei gute Vorsätze in sein Tagebuch. Der zweite lautet: »*Immer ein Auge für die Unglücklichen*. Dem Menschen ist die Neigung angeboren, das echte Unglück nicht wahrzunehmen, ja mehr als das: er wendet die Augen von ihm ab. Das Mitleid hinkt nach«. (Der letzte Satz fehlt in der Fassung von 1949). Auch wenn Carl Schmitt über Jüngers *Strahlungen* spöttisch bemerkte, der habe sich seine Tagebücher nach dem Modell eines Bildungsromans nachträglich zurechtfrisiert – ich konnte mich anhand der Originalnotizen in den uniformtaschengroßen Notizbüchern im Marbacher Archiv davon überzeugen, dass die politisch gefährlichsten Passagen schon dort zu finden sind. Vielleicht sind aber auch die Tagebücher der Jahre 1939 bis 1947 Dokumente der *Schizophrenie des christlichen Gentlemans*, die Karl Löwith 1948 diagnostiziert hat.

Ernst Jünger, Martin Heidegger, Carl Schmitt und Gottfried Benn werden von außen oft verbunden: das rechte Quartett. Dabei schossen sie wild aufeinander und mit Vorliebe auf Jünger, der der Schuldkultur der bürgerlichen Gesellschaft zugeschlagen wurde. Das ist eine Linie, die sich von Heideggers Arbeiter- *und* Schmerz-*Lektüren im Dritten Reich bis zu Schmitts* Glossarium *zieht. Ernst Jünger als »Strandgut des Wilhelminismus«.*

Einerseits haben die *bad boys* des Konservativismus oft genug den Verdacht geäußert, dass Ernst Jünger nur seine bürgerliche Empfindsamkeit maskiere, andererseits waren ihre eigenen Schriften in den Jahren 1927 bis 1935 durchtränkt von Erfahrungsbeständen und Imaginationen der Front- und Arbeitslandschaft, die sie eher in Jüngers Schriften kennengelernt als an der Front erfahren hatten. Jünger lieferte ihnen einen Imaginationsraum, den sie als Erfahrungsraum ausgeben konnten. Zu beiden Punkten Folgendes:

Als Martin Heidegger während des Zweiten Weltkriegs Jüngers Traktat *Über den Schmerz* liest, notiert er auf einem Handzettel: »Eine Abhandlung *Über den Schmerz*, die gar nie und nirgends vom Schmerz handelt«. Zwar beschreibe Jünger den Schmerz als Element des *Willens zur Macht*, er schwinge sich aber als *homo militaris* auf eine *Kommandohöhe* (»J. redet überall in der Sprache d. Wehrmachtberichtes«), von der aus er über den Schmerz als einen *Gegenstand* verfügen zu können glaube. Im Text finde sich keine Öffnung für das Wesen des Schmerzes, sondern vielmehr eine *Haltung* oder ein *Ethos*, das den Schmerz zum *Probierstein* des Heroismus mache. Könne man dieser Art Heroismus, fragt Heidegger, nicht auch triviale Namen geben, z. B. *Abstumpfung, Unwissenheit und Gleichgültigkeit*? Jünger wisse sich dem Schmerz nie *ausgeliefert*, wie man dem *Willen zur Macht* ausgeliefert sei. Er entleere ihn vielmehr, um die soldatische *Haltung* zum Schmerz zum kulturellen Wert zu machen: »Deshalb kommt zum Schluß der Ladenhüter aller verendenden Metaphysik: die Sinngebung«. Was widert Heidegger an? Er entdeckt, dass Jünger im Diskurs der bürgerlichen, der neusachlichen Sentimentalität bleibe, insofern seine Rede von der nötigen *Härte* und *Kälte* sich provokativ gegen die Welt bürgerlicher *Empfindsamkeit* absetze, also die Bindung an sie nie verlöre. So überrascht es uns nicht, dass Heidegger die Sinnsuche des Schmerz-Traktats als Form einer *Narkose* bezeichnet, die der konservativen Kulturkritik bis heute als Kennzeichen des flachen Liberalismus gilt. »J. handelt nur von einer nicht verstandenen metaphys. Narkose. *Die Bewegung* gegen den Schmerz ist die *Bewegung* zur Besinnungslosigkeit innerhalb der unbedingten Sinnlosigkeit«. Für Heidegger ist das sichtbare Anzeichen der Besinnungslosigkeit, auf die bei Jünger alles hinausläuft: die *Rüstung*.

Andererseits sind aber die Schriften der *bad boys* in den Jahren der Entscheidung angesteckt von einer Haltung, die sich schon in den Notizen des Frontsoldaten findet, im *Kampf als inneres Erlebnis* von 1922 entfaltet und Ende der zwanziger Jahre im Rahmen der Konservativen Revolution abgefeiert wird. Es handelt sich um die Denkströmung des politischen Existenzialismus.
In einem Dokument, das in der Forschung viel zu wenig Beachtung gefunden hat und auf das mich Michael Großheim aufmerksam machte, werden die Grundsätze dieser Haltung klar definiert. Die hellsichtige Diagnose stammt von Helmut Kuhn, der sie 1933 in einer Rezension von Carl Schmitts *Der Begriff des Politischen* in der philosophischen Zeitschrift *Kant-Studien* veröffentlichte. Gegenüber der ideologischen Entwirklichung, die ein Medium des Liberalismus sei, wollten die Konservativen Revolutionäre die »Wirklichkeit des wahren Ernstes mit der von der Eventualität des Ernstfalls geforderten Todesbereitschaft zur Geltung« bringen und eine vom »Sekuritätsbedürfnis verdeckte *furchtbare* Realität« enthüllen. Die Skepsis des Mannes der *Kant-Studien*, der in der »harten Rationalität der Gedankenformung« in Schmitts Schrift die Reflexe eines »ästhetischen Dekadenz-Immoralismus« wahrnimmt, ist unerhört wohltuend. Lassen Sie mich den Wortlaut seiner Rezension zitieren: »Das *Böse* der menschlichen Natur, dem hier die praktische Entscheidung zugute kommen soll, ist nur die Außenseite

des ›existenziellen Ernstes‹, dem sie in Wahrheit zufällt. […] Der *böse, gefährdete* Mensch ist zugleich und – wie uns scheint – wesentlich der Mensch, dem es ernst ist, der etwas hat, wofür er zu sterben und zu töten bereit ist. Dem steht gegenüber der Mensch, der mit der Aufhebung der Möglichkeit des echten Feindverhältnisses bei der *geistigen Neutralität* und damit zugleich bei dem *geistigen Nichts* angelangt ist«. Wenn das ein Grundsatz des politischen Existenzialismus war, so wird man bemerken müssen, wie stark dieser von frühen Essays Jüngers regelrecht kontaminiert war, von Standpunkten also, die Jünger gegen Ende der Republik schon verlassen hatte, die man aber rudimentär auch schon in seinen kleinen Notizbüchern des Ersten Weltkriegs finden kann.

Nach Karl Heinz Bohrers Theorie müssten die Kriegstagebücher durch ihre unmittelbare soziale Bindung an die historische Zeit und Landschaft des Krieges an „Schrecken" verlieren. Wie schätzen Sie die ästhetischen Arsenale der Tagebücher ein – auch im Vergleich zu den stärker literarisierten Stahlgewittern*?*

Als ich 1979 zusammen mit Heinz-Dieter Kittsteiner den Aufsatz unter dem Titel »Jetzt zieht Leutnant Jünger seinen Mantel aus« Überlegungen zur *Ästhetik des Schreckens* von Karl-Heinz Bohrer anstellte, stellte uns die Zusammenarbeit auf eine harte Probe der Freundschaft. Während mich das märchenhafte Phlegma, mit der sich der Stoßtruppführer durch die Materialschlacht bewegt, faszinierte, während mich die, wie es in den *Stahlgewittern* hieß, angespannte Wachsamkeit des Kriegers – »als ob irgendwo im Körper ununterbrochen eine elektrische Klingel ablief« – in Bann schlug, langweilte sich Kittsteiner über das endlose soldatische Palaver. Ich war überzeugt von Jüngers Erkenntnis, dass sich in den Materialschlachten »das 19. Jahrhundert an der Flamme des 20. verbrannte«. Das von Lesern wie Klaus Mann beobachtete »Luziferische« fesselte mich. Jünger als Satanas, fragte Kittsteiner, der wie ein Blitz aus dem Himmel Gefallene, der auch als Fürst der Finsternis immer ein ›Lichtbringer‹ in das anthropologische Rätsel der Kriegsgewalt bringe? Ja, wenn es so wäre, könne er meine Faszination verstehen. Es sei aber nicht so. Die »Naivitäten« verfielen dem Gelächter von Freund Kittsteiner. Es war weniger das Gelächter, das Klaus Theweleit in seinen *Männerphantasien* (den nackten Hintern der väterlichen Heroen enthüllt zu haben, bleibt seine Kulturleistung ersten Ranges) angestimmt hatte. Der Grund für sein Amüsement war gelehrter Natur. Sie entstammte seiner Entdeckung des untergründigen »romantischen Occasionalismus«, dem Schmitt und Jünger unbewusst verfallen waren. Vor allem aber das Gelächter über die Subjektanmaßung, die der heroischen Weltanschauung zugrunde liegt, als ob mit geschicktem Hantieren mit Handgranaten und Maschinengewehren die Richtung des Weltenlaufs bestimmt werden könnte. »Jünger irrt«, so kategorisch Kittsteiner 1979: Hinter dem »Kampf der Maschinen« steckt nicht der heroische Mensch, sondern ein unverfügbarer anonymer Prozess, der hinter dem Rücken der Akteure unaufhaltsam abrollt. Das sollte das Thema seiner späteren Bücher *Out of Control. Über die Unverfügbarkeit des historischen Prozesses* (2004) oder *Weltgeist, Weltmarkt, Weltgericht* (2008) werden. Hier war es antizipiert. Die »heroische Weltanschauung« ist der untaugliche Versuch, dem Unsinn der Welt ins Gesicht zu schauen. Zugleich zieht er aus der *Haltung*, die er dabei bewahrt, einen Sinn für sich selbst. Ich hingegen schätzte es als Verdienst von Bohrers Buch, auf die surrealistisch anmutenden Kunstgriffe des Grauens hingewiesen zu haben, mit denen Jünger den Effekt des Authentischen erzeugen konnte. Das Kaltstellen der moralischen Person durch ästhetische Mittel – Walter Benjamin wird das als Leistung der französischen Surrealisten preisen. Auf das Ergebnis unserer fröhlichen Mesalliance, abgedruckt in den *Berliner Heften*, Nr. 11, Mai 1979, waren wir schließlich beide stolz.

Werden die Kriegstagebücher das Gespräch über Jünger abrüsten? Jüngers humanistische Rettung?

Viel tödlicher Karneval steckt in der gescheckten Schreibweise der Tagebücher. Wir werden Zeugen eines langsamen Prozesses der Abpanzerung. Noch ist er nicht Gefangener seiner Stilisierungsobsession, noch übt er das Kaltstellen der moralischen Person mit Mitteln von Diskursen des 19. Jahrhunderts. Wenn er im letzten Tagebuch, zur Veröffentlichung seiner Tagebücher längst fest entschlossen, schreibt, er habe unter dem Signum der »Objektivität« neben Gipfeln heroischen Willens »Abgründe tierischster Erbärmlichkeit« ausstellen wollen, so ist ihm das oft wider Willen gelungen. Darum sind diese Tagebücher eine Fundgrube für Anthropologen, die über die Natur des Menschen rätseln.

Können wir Ernst Jünger 2010 in die Zone der Empfindsamkeit entlassen?

Nein. Aber wir sollten die Abgründigkeit seines Menschenbilds in unsere Anthropologie einbürgern.

Karl Heinz Bohrer im Gespräch mit Stephan Schlak

Ernst Jünger war ein Ausstrahlungsphänomen von Rang. Über ideologische Grenzen und Mauern hinweg wurden ihm Aufwartungen gemacht. Legendär sind die Namen, die zum uralten Jünger nach Wilflingen pilgerten – Jorge Luis Borges, Heiner Müller und viele andere. Wie sind Sie, der Autor des Buches über die Ästhetik des Schreckens [Karl Heinz Bohrer, *Die Ästhetik des Schreckens. Die pessimistische Romantik und Ernst Jüngers Frühwerk*, München 1978], *Jünger zum ersten Mal begegnet?*

Ich muss Sie gleich enttäuschen. Nur ein Mal bin ich in größerer Gesellschaft mit Jünger zusammengetroffen – zum 50. Geburtstag seines Verlegers Michael Klett. Aber auch da hielt ich es aus Dezenz für nicht erforderlich, als Autor dieses Buches mit Jünger zu sprechen. Schließlich kam seine Frau nach einer Stunde auf mich zu und brachte Ihr Erstaunen zum Ausdruck: »Herr Bohrer. Sie haben es seit zehn Jahren nicht für nötig gefunden, sich bei uns vorzustellen.« Ich hatte eben überhaupt kein biografisches Interesse. Das entsprach sicher – der Autor ist der Text – der Mode der Zeit. Jedenfalls habe ich Jünger an jenem Abend nicht begrüßt. Weil ich Wert darauf legte, zwischen meinen Fragen und den Fragen an seine Person den Unterschied zu setzen.

Sie haben den weißen Schopf des Dichters nur aus der Ferne gesehen. Wollten Sie sich keinen eigenen Eindruck von seiner Präsenz verschaffen? Oder fürchteten Sie, dass Ihr ästhetisches Jünger-Bild nicht mit dem persönlichen Erscheinen in Einklang zu bringen war? War es Berührungsscheu?

Eine gewisse Scheu und Stolz – würde ich heute meinen. Der große Mann bedurfte es nicht, von einem jüngeren Interpreten in die delikate Situation des Takts gebracht zu werden. Ich meine: irgendetwas zu meinem Buch sagen zu müssen, das er gewiss nur flüchtig angeschaut hat, so wie ich ihn einschätze. [Nachricht aus dem Archiv: »Sie fragen noch über das Buch von Bohrer; es liegt in meinem Archiv. Halten Sie es bitte nicht für snobistisch, wenn ich sage, dass ich es nicht gelesen habe – aber Sie würden es mir angesichts des Umfanges dieses Archives zubilligen. Ich habe aber von meiner Frau und Archivarin, sowie von Bekannten, deren Urteil ich schätze, gehört, daß es sich um eine Arbeit handelt, die ernst zu nehmen ist. Sie soll allerdings schwierig zu lesen sein. Das ist bei einer Habilitationsschrift nicht ungewöhnlich, wird aber den Leserkreis einschränken.« (Ernst Jünger an Karl Korn, 12.9.1979).] Das sagte mir meine Schamkultur. Das andere war mein Stolz: Zwar sah ich mich als akademischer Autor nicht auf der Höhe von Jünger, aber auch nicht als Hofschranze. Das unterschied mich von jenen germanistischen Professoren, die mir oft wie kleine Schneiderlein vorkamen, die die Goethe-Puppe ausstaffierten. Nein, ich wollte in keinem Fall in die Bewunderer-Rolle geraten, zumal ich ihn nicht bewunderte. *Die Ästhetik des Schreckens* war schließlich kein ›Jünger-Buch‹, sondern eine Diskussion zur Theorie der Moderne.

Wann waren Ernst Jüngers Schriften zuerst in den Fokus Ihrer Aufmerksamkeit geraten?

Der Anlass war ein wenig zufällig: eine Bitte des damaligen *Merkur*-Herausgebers Hans Paeschke, einen Essay über Jünger zu einem seiner größeren Geburtstage zu schreiben. Für Paeschke stand ich in seiner eigentümlichen Metaphorik »zwischen den Gewittern«, war weder rechts, noch links. Man konnte mich ideologisch schwer ausrechnen. Zuerst habe ich das Angebot abgelehnt. Mein Interesse waren damals Walter Benjamin und vor allem der Französische Surrealismus. Paeschke bat mich, *Das Abenteuerliche Herz* in der ersten Fassung zu lesen. Da entdeckte ich nun auf einmal surreale Gemeinsamkeiten. Nach zwei Monaten war der Aufsatz fertig mit der Pointe, dass Paeschke ihn nicht im *Merkur* zu veröffentlichen wagte. Es war seiner Meinung nach zu wenig eine Hommage an Jünger – und das konnte er seinem Freund und Verleger Ernst Klett nicht antun. So ist der Beginn meiner Beschäftigung mit Jünger ein Essay für Paeschke, der nie gedruckt worden ist.

Seit den späten sechziger Jahren sind Sie von emphatischen Jünger-Lesern umstellt – im Merkur *von Hans Paeschke und in der Redaktion der* Frankfurter Allgemeinen, *in der Sie im rebellischen Jahr 1968 das Literaturblatt übernahmen, von Friedrich Sieburg und Karl Korn.*

Als ich in die FAZ eintrat, war Friedrich Sieburg nicht mehr da. Ohne konformistisch zu klingen: In einer unerquicklichen Weise gehörte Sieburg in Paris damals zu einer kulturellen Okkupation, von der sich Ernst Jünger dezidiert unterschied. Ich übernahm 35-jährig das Literaturblatt von einem ehemaligen Mitarbeiter von Sieburg, Rolf Michaelis. Die Zeit in der FAZ war eine interessante Umbruchphase, in der auch die Entscheidung zu meiner Habilitation fiel. Das hatte Gründe, die heute schwierig zu erklären sind. Mich drängten schwierige Fragen: Was ist Kunst; was ist Ästhetik? Das Interesse für Ernst Jünger war nur ein Nebenprodukt. Die Literaturkritik allein konnte mir darauf keine Antwort geben. Ich musste mir einen neuen theoretischen Kontext suchen. Eine Rolle spielte dabei auch meine beginnende, distanzierte Freundschaft mit Jürgen Habermas, mit dem ich mich nächtelang über Walter Benjamins Interpretation des Surrealismus unterhielt.

Führten Sie das Gespräch mit Habermas bis an die Schwelle Ihres Jünger-Buches fort?

Habermas hüstelte leicht, als *Die Ästhetik des Schreckens* herauskam. Ich nehme an, dass er das Buch nie gelesen hat; dann hätte er es nämlich nicht getan. Aber der Tatbestand, dass ich Ernst Jünger die Ehre gab und ihn so grundsätzlich in den Kontext einer ästhetischen Theorie stellte – das hat ihn sichtlich irritiert. Von Philosophie hatte ich Ende der sechziger Jahre noch wenig Ahnung. Insofern hatte Habermas mir gegenüber ein eher jovial-neugieriges Interesse. Er sah da noch keinen wirklichen Widerspruch, wenngleich er zweifellos Symptome einer Intellektualität wahrnahm, die ihn verwunderten – und umso mehr irritierten, da sie von einem kamen, dessen Vorstellungen von Literatur er bis dato immer sehr affirmiert hatte. Wir hatten aber weiter eine betont freundschaftliche Beziehung. Zum ersten halben Eklat kam es, als ich Habermas 1980 in seinem Haus in Starnberg aus meinen Vorlesungen über Nietzsches Ästhetik vorlas. Wenn damals nicht zufälligerweise in seinem Keller die Wasserrohre geplatzt wären – wohin wir alle im Augenblick herunterstürzen mussten –, dann wäre möglicherweise Habermas' Geduld geplatzt und meine Darlegung einer Erhabenheitsästhetik in der Nietzscheanischen Interpretation der Tragödie schiefgegangen. So wurde sie durch das Wasser gerettet.

Sie verlassen 1973 die Literaturredaktion der FAZ und gehen als Korrespondent nach London. Marcel Reich-Ranicki wird Ihr Nachfolger. Hätten Sie das Jünger-Buch auch geschrieben, wenn Sie in Frankfurt geblieben wären? Ist Reich-Ranicki so wider Willen ein heimlicher Geburtshelfer des Buches?

Das wäre eine schöne Pointe. Aber nein – das Buch hatte ich schon weitgehend geschrieben, als die Katastrophe im Frühjahr 1973 über mich hereinbrach. Ich habe mir dann ein Jahr Freizeit ausbedungen, ohne mich entscheiden zu wollen. Für die kulturelle Linke wurde ich damals ein Darling; es häuften sich die Solidaritätsschreiben für mich an die Adresse der FAZ-Herausgeber. Habermas, Enzensberger, aber auch Harald Weinrich und Rolf-Dieter Brinkmann intervenierten – was mir schon wieder unheimlich war. Im Kern war es kein politischer, sondern ein intellektueller Konflikt. Ohne mich beim Namen zu nennen, hat Reich-Ranicki in seinen Memoiren geschrieben: Sein Vorgänger habe Literaturkritik mit dem Rücken zum Publikum gemacht. Er hatte Recht. Nach Jünger kommentiert man sich nicht selbst. Aber man kann das durchaus so sehen. Unabhängig davon wollte ich schon früher habilitieren und an die Universität gehen. Auf Ernst Jünger kam ich erst, als ich sah, dass das erste Design meiner Habilitation – eine Arbeit über englischen Ästhetizismus: Ruskin, Oscar Wilde –, nicht aufging. Ich habe nie Anglistik im

Hauptfach studiert. Das konnte mir akademisch gefährlich werden.

Weil das Buch 1978 im Hanser Verlag erschien, dachte ich immer, Sie hätten es in den unmittelbaren Jahren zuvor als Korrespondent in England geschrieben – wenn Sie nicht ins Cup Finale gingen oder als Reporter zu den Docks fuhren. So war es mitnichten. Die Werkstatt der Ästhetik des Schreckens *stand in Frankfurt.*

Ich war drei Jahre lang jeden Morgen in der Universitätsbibliothek, um in Ruhe arbeiten zu können. Das war auch privaten Gründen geschuldet. Ich war gerade Vater geworden und hatte kleine Kinder. Um halb eins erschien ich in der Redaktion; aber um zehn Uhr saß ich am nächsten Tag wieder in der Universitätsbibliothek und schrieb an Jünger. Das Buch war faktisch fertig, als ich im November 1974 nach London aufbrach.

Wer waren wichtige Anreger und Gesprächspartner für Ihr Buch? Haben Sie sich etwa in der Zeitung mit dem bürgerlichen Jünger-Leser Joachim Fest darüber ausgetauscht?

Über Jünger hätte ich mit Fest wohl nicht in meinem Sinne sprechen können. Dafür dachte er zu bildungsbürgerlich. Einen indirekten Einfluss hat auf mich Gerd Mattenklotts *Bilderdienst* gehabt [*Bilderdienst. Ästhetische Opposition bei Beardsley und George*, München 1970] – unabhängig von seinen spezifischen, damals noch linken Medieninteressen. Dass ich keinem besonders gedankt habe – wie es heute üblicher Standard ist –, lag auch an meiner isolierten Stellung. Auf der einen Seite war ich aus der Zeitung schon herauskatapultiert, auf der anderen Seite hatte ich auch innerhalb der Linksintelligenz immer weniger Kontakte. Das Buch ist das Produkt einer mönchischen Konzentration. Ein wichtiger Gesprächspartner für den eher kulturhistorischen Teil war zweifellos mein späterer Schwiegervater Rainer Gruenter.

Die Ästhetik des Schreckens *liegt als Manuskript Mitte der siebziger Jahre vor. Im Wintersemester 1977/78 wird es von der Fakultät für Linguistik und Literaturwissenschaft der Universität Bielefeld als Habilitationsschrift angenommen. Wie kommt Ihr Jünger an die linke Reformuniversität nach Bielefeld?*

Ich hatte mehrere Optionen. Dann kam ein Angebot von einer Gruppe von Leuten aus Bielefeld, es gehörte der Romanist und Linguist Harald Weinrich dazu, der Germanist Wilhelm Vosskamp und im Hintergrund auch Reinhart Koselleck. Das waren wohl die entscheidenden Figuren für die Akzeptanz meiner Habilitation. Die Auseinandersetzung mit der linken Fakultät kam später. Mit Koselleck war auch später der Austausch sehr eng; wir mochten uns sehr. Koselleck sagte mir einmal: Ihrem Buch über Jünger fehlt doch eins –

die historische Einordnung. Aber das ist ja gerade der Clou, dass ich darauf verzichtete. Koselleck war so sehr Historiker, dass er mich da nicht verstanden hat. Meine Berufung nach der Habilitation hat sich noch einmal für mehrere Jahre verschoben. Ich wollte nicht aus England weg. Ich war verliebt in England – fast erotisch bezirzt von diesem Land. London hat mich damals umarmt. Ich lernte Irland kennen, war sehr involviert in die Beobachtung der IRA. Ich habe die letzten Reste eines Swinging-London noch mitbekommen. Kritisch muss ich sagen: Ich habe West-Deutschland damals verloren als mir selbstverständlichen Ort. Noch 1970 – auf dem Höhepunkt meiner Präsenz in der FAZ als Literaturblattchef – war ich voller Freude, was für ein großartiges Land Deutschland intellektuell sei. Dieses wieder sich gewinnende Land, die Diskussionen, die deutsche Literatur – das alles verlor sich etwas, seitdem ich zwischen 1974 und heute nur noch drei Jahre in Deutschland privat gelebt habe. Ich habe wohlverstanden durch den *Merkur* und meine Professur eine Präsenz gehabt. Aber das war eine intellektuelle Präsenz, eine private war es nicht mehr.

Wie Jürgen Habermas unterscheiden Sie zwischen Ihrem literaturtheoretischen Werk und den publizistischen und polemischen Interventionen. Aber färbte die Jünger'sche Kriegsmetaphorik in den späten siebziger Jahren nicht auf Ihre »Englischen Ansichten« ab – wenn Sie das taumelnde Königreich in Ihren Glossen Ein bißchen Lust am Untergang [Frankfurt a. M. 1979] *als selbstzerstörerische Avantgarde beschreiben??*

Ich glaube nicht, dass dies etwas mit Jünger zu tun hatte, abgesehen davon, dass mir anarchische Allüren gefielen. Jünger machte einmal eine Beobachtung zur Differenz zwischen Deutschen und Engländern: Wenn in einer deutschen Kneipe die Gäste sich prügeln, ruft der Wirt die Polizei. In einer englischen Kneipe schmeißt der Wirt die Gäste raus, die sich dann im zweiten Stock weiterprügeln.

In der Heimat wird Die Ästhetik des Schreckens *zu einem Kristallisationspunkt für linke Suchbewegungen. Das Autoren-Duo Helmut Lethen und Heinz Dieter Kittsteiner hält Ihnen in den* Berliner Heften *vor, aus der Konkursmasse der Geschichtsphilosophie die »ästhetische Subjektivität« retten zu wollen.*

Mir ist diese nicht nur fundierte, sondern witzige Kritik damals nicht entgangen. Sie hat mich aber nicht irritiert. Wenn der Vorwurf darauf zielte, dass ich die Explosionskraft der ästhetischen Subjektivität von der Geschichtsphilosophie losgelöst habe, dann war das klar und richtig gesehen. Lethen und Kittsteiner schätze ich eigentlich sehr. Ich halte Helmut Lethens *Verhaltenslehren der Kälte. Lebensversuche zwischen den Kriegen* für das beste Buch über den intellektuellen Mentalitätswandel der Zwischenkriegszeit – ein enorm originelles Buch! Mit dem gleicherweise brillanten Kittsteiner bin ich einmal bei einem Kolloquium über Rudolf Borchardt aneinander geraten. Später beim Abendessen sagte er mir: »Wissen Sie Herr Bohrer, der Unterschied zwischen uns ist nur: Ich liebe Kant, und Sie mögen Kant nicht.«

Die Gleichzeitigkeit des Erscheinens von Jüngers Abenteuerlichem Herzen *und Walter Benjamins Aufsatz* Der Sürrealismus *1929 findet ein Nachspiel in den späten siebziger Jahren. 1978 erscheint zusammen mit der* Ästhetik des Schreckens *im selben Jahr Hans Magnus Enzensbergers Gedichtfolge* Der Untergang der Titanic. *Diese Bücher sind auch zwei avancierte Ausdrucksformen aus dem linken Milieu, die den Schiffbruch der Utopien reflektieren. Sie schreiben im Merkur gleich eine Kritik* [»Getarnte Anarchie. Zu Hans Magnus Enzensbergers *Der Untergang der Tiatanic*«, in Merkur 32 (1978), S. 1275–79].

Offen gestanden, ich weiß nicht mehr, was ich damals schrieb. Ich habe es nie wieder gelesen. Es war wohl Ironie und Zustimmung zu einem scheinbar konservativen Impuls Enzensbergers. Was ich jetzt erinnere, ist: Gleich bei meinem ersten Buch *Die gefährdete Phantasie oder Surrealismus und Terror* [München 1970] ist mir prinzipiell klar geworden, wo die Unterschiede zwischen mir und Enzensberger liegen. Ich versuchte ja gerade, gegen Adorno und ihm folgend Enzensberger den Surrealismus vom Verdikt des Dezisionistischen und auch Anarcho-Faschistoiden zu befreien. Nach dem Erscheinen des *Untergangs der Titanic* hat Enzensberger mich aus London zu einer Fernsehdiskussion als Kontrahenten eingeladen – wir haben beide eine Stunde lang über sein Buch diskutiert, mit umgekehrten Fronten. Er sagte kulturpessimistisch der Geschichtsphilosophie ab – und ich hielt an Formen der dezisionistischen Antizipation des Möglichen fest. So versuchte ich, ihn in die Enge zu treiben. Nach dem Gespräch kam er auf eine lässig dandyeske Art auf mich zu: »Ach Gott, Bohrer, was machen Sie mir denn für Geschicht' ...« Um auf diese Weise dem ganzen Impetus und intellektuellen Ernst, mit dem ich mich der Situation stellte, gleich die Lanze zu brechen. Worauf mein Vorwurf der »getarnten Anarchie« damals genau zielte, ist mir entfallen – möglicherweise auf seine Kunst der Verrätselung, die zu einem Manierismus des späten Enzensberger geworden ist.

»Enzensberger war Jünger-Adept« – schreibt Helmut Heißenbüttel 1968 in einem rätselhaften Verdikt in der Streit-Zeit-Schrift. *Lässt sich das als ideologiekritisches Statement abbuchen – oder hatte der junge Enzensberger mit seinen apodiktischen Sätzen und handstreichartigen Auftritten nicht dezisionistische Züge?*

Wenn es ein Interesse von Enzensberger an Jünger gab, dann war es eines im Sinne von Helmut Lethens Kältelehre. Lethen schließt an die *Grenzen der Gemeinschaft* des jungen Helmuth Plessner an, in dessen Seminaren ich als Student in Göttingen noch teilgenommen habe – auch, wenn er zu dieser Zeit schon viel von der Kälte seiner frühen Schriften, auch als Person, eingebüßt hatte. Aber die Ingredienzien einer Schamkultur im Sinne von Plessner und Lethen – die Maske, das Ritual, die Selbstbeherrschung, die Absage an die Sentimentalität und die Innerlichkeit –, alles das trifft zweifellos auf den jungen Enzensberger zu. Die Kälte seiner frühen Polemiken, die Kälte seiner Gedichte – vor allem seiner *Verteidigung der Wölfe* [Frankfurt a. M. 1957] – passt in den Kontext der Schamkultur. So würde ich Heißenbüttels Wort verstehen. Es gibt natürlich eine etwas zynischere Variante. Womöglich neidete Heißenbüttel 1968 Enzensberger schlicht seine Berühmtheit. Da könnte es sein, dass er die Ironie Enzensbergers auch auf ihren Opportunismus hin befragen wollte.

Das Archiv offenbart im Rückblick unheimliche Nachbarschaften. Auch die radikale Linke las 1968 Ernst Jüngers revolutionäre Mobilmachungsschriften. Joschka Fischer schreibt 1982 im Pflasterstrand *von Jünger als »Geheimtipp«. Haben Sie damals in Frankfurt wahrgenommen, dass seine Schriften auch in den aktionistischen linken Kreisen zirkulierten?*

Nein, dazu war ich viel zu sehr in einer introvertierten ästhetischen Kontemplation gefangen, vor allem auch in einem wissenschaftlichen Ehrgeiz. Das darf man bei der intellektuellen Wirkung, den der eine oder andere Text gehabt hat, nicht vergessen. Ich war eingestiegen in die Sphäre der Universität – mein Ehrgeiz und meine Konkurrenten lagen im Feld der internationalen Wissenschaft, nicht so sehr in der bundesrepublikanischen Intelligenz, auch wenn ich den *Merkur* machte. Auch die Anfänge dieser Zeitschrift wurden geprägt von den Einfällen, die ich als Professor in Bielefeld hatte: »Plötzlichkeit«. Wenn man mir damals erzählt hätte, dass ein Joschka Fischer so über Jünger denkt, dann wäre ich sehr erstaunt gewesen. Ich hätte gedacht, dass sein etwas haptischer, unmittelbarer Zugriff auf eine Erscheinung wie Ernst Jünger ein Missverständnis ist.

Abseits von diesen rebellischen Jünger-Lektüren – wie wurde Die Ästhetik des Schreckens *im engeren, befriedeten Feld der Wissenschaft wahrgenommen?*

Darüber kann ich Ihnen keine genaue Antwort geben. Im Grunde entfalteten sich meine Fragestellungen erst mit der Rezeption der Paul de Man'schen Dekonstruktion – und dann mit den französischen Emphatisierungen des ästhetischen Diskurses. So ist auch *Die Ästhetik des Schreckens* in der Rezeption mehr ein Buch der neunziger als der achtziger Jahre. Ansonsten lebt das Buch in den Fußnoten der einschlägigen neueren Arbeiten weiter. Aber von der erstaunlichsten Reaktion auf mein Buch haben wir noch nicht gesprochen, das war ein Brief von Carl Schmitt.

Was schrieb der politische Kritiker der Romantik dem romantischen Enthusiasten Bohrer?

Da war zunächst ein Brief, der mich damals aufschreckte. Nach *Surrealismus und Terror* hatte er mir 1970 nämlich schon einmal einen Brief geschrieben – ein weißes Blatt Papier; in der ersten Zeile ein pointiertes Zitat aus meinem Buch, analog darunter ein Zitat aus seinem *Begriff des Politischen*. Darunter der Satz, dass der »junge Mann« diesen Spuren weiter folgen werde. Ich verfiel ins Grübeln, ob der im Geiste Walter Benjamins geschriebene Text nicht doch politisch äußerst prekär sei. Acht Jahre später, nach dem Erscheinen der *Ästhetik des Schreckens*, kam nun abermals ein Brief aus Plettenberg, in dem Schmitt seine tiefe Enttäuschung über das Buch kundtat. Er brauche dazu nichts zu sagen und verweise nur auf seine Kritik der Romantik. Ich habe beide Briefe nicht beantwortet. Ich hielt ihn wohl für den Gott-Sei-Bei-Uns und empfand sein Interesse an meinen Sachen für ein mich skandalisierendes Kompliment und ein Missverständnis. Darüber habe ich lange Zeit mit niemandem gesprochen. Meine bis heute anhaltende Abneigung (wie auch gegen Heidegger) verkennt nicht die große intellektuelle Originalität. Sie gilt der geistigen Spießigkeit, die ich jetzt nicht erläutern kann. Beider Nazitum hängt damit zusammen.

In Carl Schmitts Aufzeichnungen aus der unmittelbaren Nachkriegszeit [Glossarium. Aufzeichnungen der Jahre 1947–1951, hrsg. von Eberhard von Medem, Berlin 1991] *ist Ernst Jünger ein Fixpunkt der Auseinandersetzung. Nur Goethe und das »Nordlicht« Theodor Däubler tauchen mit noch mehr Einträgen auf. Jünger erscheint hier als literarischer Arbeiter und reiner Ästhetizist – als »Brief-, Traum- und Tagebuchverwerter«. Hat Schmitt in seinen giftigen Glossen auf seinen alten Freund etwas Richtiges gesehen?*

Spontan würde ich sagen: Carl Schmitt hat recht. Zwar unterscheidet auch er sich von einem wahren Realisten – sagen wir von einem Machiavelli, Hobbes oder Max Weber. Das waren wirkliche Realisten, Melancholiker der Macht, keine Männer des narzisstischen Selbstgespräches. Bei Carl Schmitt pflastern ästhetische Topoi den Weg zur Theorie des Politischen. Aber unbenommen dieser ästhetisch-ontologischen Apriori von Carl Schmitts eigenem Verständnis von Politik und Realismus, glaube ich, dass sein Urteil über den Ästheten Jünger richtig ist.

Da wundert mich der zweite Brief. Den Ästheten Jünger hätte Schmitt doch in Ihrem Buch finden können. Sie haben ihn unter all den ideologiekritischen Retuschen Ende der siebziger Jahre doch erst wieder sichtbar gemacht. Deckt sich das nicht mit Schmitts Einschätzung vom unpolitischen Jünger?

Sie dürfen nicht vergessen, dass ich Jünger mit ästhetischen Kriterien eine intellektuelle Bedeutung gab, die Carl Schmitt leugnet. Aus dem Buch merkt man, dass hier letztlich ein liberaler Intellektueller schreibt. Der wahre Einwand von Schmitt ist, dass ich den Künstler zu retten versuche gegen den präfaschistischen Ideologen, der Jünger partiell auch war. Ausgerechnet die Jünger'schen Wahrnehmungs-Kategorien holte ich aus den Trümmern des Dritten Reiches als durchaus noch aktuelle hervor. Carl Schmitt fühlte sich in der Nachkriegszeit verkannt, obwohl er ohne Zweifel heute als der viel aktuellere Geist als Jünger verstanden wird. Dennoch ist daran zu erinnern, wie groß das internationale Interesse an Ernst Jünger heute ist. Sogar Gallimards berühmte Sammlung »Pléiade« entschied sich kürzlich dafür, Jüngers Kriegstagebücher, von *In Stahlgewittern* bis *Strahlungen*, in ihre Reihe aufzunehmen. Diese Ehre widerfuhr an modernen deutschen Schriftstellern bisher nur noch Rilke, Kafka und Brecht.

Carl Schmitt hatte in der Bundesrepublik wirkmächtige Stichwortgeber wie Ernst-Wolfgang Böckenförde, Hermann Lübbe oder Reinhart Koselleck, die seine Positionen und Begriffe in eine liberale politische Theorie übersetzten. Gibt es da Anschlüsse zu Ihrem Rettungsmanöver? Haben Sie nicht analog Jünger ästhetisch rezipiert?

In der Logik des Arguments haben Sie vielleicht recht. Die Rechtshegelianer der Bundesrepublik wollten ein scheinbar desavouiertes Argument wieder glaubwürdig machen. Diese Praxis-Teleologie und politische Ethik unterscheidet mich aber von ihnen. Meine Haltung würde ich eher beschreiben als eine unideologische Neugierde gerade für intellektuell-literarische Phänomene, die eine besondere Aura der Moderne-Ferne haben. Mir war bei allen Herausarbeitungen des modernistischen Moments bei Jünger stets bewusst, dass hier eine Motivik des Archaischen, Vorzivilisatorischen und auch Vorliberalen herrscht, die man nicht bereinigen kann. Das hat mich nicht abgehalten, mich davon faszinieren zu lassen. Im Übrigen halte ich ›Anschlussfähigkeit‹ für ein methodologisches Unwort, weil es systematisch jede Art von Sprung oder Einfall ausschließt. Mein Begriff der ›Plötzlichkeit‹ ist die Gegenerklärung zum Begriff der ›Anschlussfähigkeit‹. Anschlüsse habe ich selbst nie gesucht. Ich habe vielmehr den ästhetischen Diskurs so radikalisiert, dass er sich von adäquaten soziologischen Begriffen nicht begleiten ließe. Das war auch ein Instinkt, der mir sagte: Diese Historiker und Soziologen, so interessant sie sein mögen – mit meiner theoretischen Neugier für ästhetische Phänomene haben sie nichts zu tun.

Wie würden Sie in einem engeren Sinne die Arsenale der Begrifflichkeit und Bildlichkeit von Ernst Jünger und Carl Schmitt unterscheiden?

Schmitt benutzt logische Relationskategorien mit einem auratischen Rand. Jünger entwirft bezüglich ähnlicher Beobachtungen auratisch-substanzielle Bilder. Im Übrigen ist zu sagen, dass ich die übliche Analogisierung Heidegger – Jünger – Schmitt nicht teile. Ich habe Schmitt und Heidegger in mein Buch nur dort mit hineingezogen, wo man ihnen ästhetizistische Kategorien innerhalb ihres politischen oder philosophischen Argumentationsfeldes nachweisen konnte. Für Heidegger gilt das für die Kategorie des Schreckens, für Schmitt für den Begriff des Feindes. Beide haben zentral mit Jüngers Phantasmen zu tun. Eine weltanschauliche oder gar ideologiekritische Parallelisierung – wie Sie etwa Graf Krockow in seinem Buch unternahm [Christian von Krockow, *Die Entscheidung. Eine Untersuchung über Ernst Jünger, Carl Schmitt, Martin Heidegger*, Stuttgart 1958] – schien mir fehl am Platz, weil Ernst Jünger dezidiert Schriftsteller, Imaginator war: Und das waren Heidegger und Carl Schmitt nicht.

Jünger schätzte Schmitt, weil er einer der wenigen war – wie er in seinen *Kaukasischen Aufzeichnungen* wiederholt schreibt –, der fähig war, Kategorien zu bilden: analytische Benennungen vorzunehmen, statt Gesinnung kundzutun. Auch Jünger selbst ging es um Erfassung von Erscheinungen, nie um ihre Erklärung durch Ursachen. Das war eine frühe Einsicht, die ihn mit Nietzsche und auch Baudelaire verband. Man kann ästhetische Phänomene nicht durch Ableitung oder Deduktion erfassen. – Heute würde ich aber nicht mehr mit solchem Nach-druck diesen Erscheinungs-Charakter mit dem Wahrnehmungspathos der Jünger'sche Rede gleichführen wollen. Der so einleuchtende und so überraschend kühne Satz »Dies alles gibt es also«, den Jünger als Motto zur zweiten Fassung des *Abenteuerlichen Herzen* wählte, hat auch etwas Naives; ihm fehlt es an einer notwendigen philosophischen Begründung. Wenn ich dagegen an Montaignes Beschreibung von Phänomenen denke – da ist dann doch eine tiefer gehende Kasuistik erkennbar, die bei Jünger fehlt. Jünger zielt zu sehr auf den Triumph einer Pointe, die sich auf sich selbst verlässt, während bei Montaigne der Argumentationsfuror des Denkers durchschlägt. Das erwarte ich auch bei jemandem, der in seiner Art der Prosa den denkerischen und kontemplativen Gestus so sehr vorspielt, wie Jünger es tut. Formulierungen wie »Das Unheimliche an den Dingen« oder »Das magische Verständnis einer Erscheinung«

emphatisieren nicht nur wie Benjamin die »Aura« von etwas, sondern gehen auf Ding-Mystik aus.

In der Ästhetik des Schreckens *haben Sie Jünger noch in einem europäischen Stil der Avantgarde aufgehen lassen.*

Ich würde die damals schon ausgemachten Differenzen zwischen Jüngers magischem Stil und dem surrealistischen noch schärfer fassen: Identische Worte wie ›Wunder‹, ›Abenteuer‹, ›Traum‹ und ›Plötzlichkeit‹ sind im surrealistischen Idiom anders codiert. Es handelt sich auch um eine Transzendierung der Gegenwart des Banalen, aber nicht romantisch-mystisch, sondern aktuell-psychisch-politisch. Ich würde heute kritischer anknüpfen: Das Phantasma ›Krieg‹ zieht sich als roter Faden durch die Geschichte der Weltliteratur. Der Krieg war immer etwas, was Schriftsteller anzog, weil sich ihre stilistisch-metaphorische Kraft bei diesem Sujet entfalten konnte. Wenn wir bei dem Begriff der metaphorischen Imagination bleiben: Claude Simons Darstellung des Zweiten Weltkrieges zeigt eine viel radikalere Bewusstseins-Analyse in der Verwandlung von Geschichtlichkeit und Zeitlichkeit in Wortfetzen und Metaphern. Das hat Jüngers relativ konventionelle Expression nie erreicht. Jünger hat dagegen die Metaphysik einer magischen Realität entwickelt, in der Sprache aber keine wirkliche Revolution vollzogen. Hier liegt aus meiner heutigen Perspektive eine romantische Illusion vor. Jünger glaubte noch, dass die Magie-Idee eines Novalis Grundlage einer modernen Ästhetik sein könnte. Um es schärfer zu fassen: Jünger versuchte die romantische Metaphorik eines Novalis zu verschmelzen mit radikal aggressiven Wahrnehmungen und Perspektiven. Das konnte nur auf eine andere Form von verspätetem Idealismus hinauslaufen. Novalis baute mit der blauen Blume eine Weltsymbolik auf, die man angesichts realhistorischer ›Stahlgewitter‹ nicht wiederholen konnte. Das alles sehe ich heute genauer als vor vierzig Jahren.

Müssen wir wie bei Jünger auch bei Karl Heinz Bohrer zwischen einem Früh- und Spätwerk unterscheiden?

Ästhetisch kategorial hat sich da sicher einiges verschoben. Mir stehen meine letzten Bücher näher – etwa mein Buch über den Abschied [*Der Abschied. Theorie der Trauer*, Frankfurt a. M. 1996] oder die *Ästhetische Negativität* [München 2002], in denen die schon in meinem Buch *Plötzlichkeit. Zum Augenblick des ästhetischen Scheins* [Frankfurt a. M. 1981] ausgeführten Kategorien der ›Plötzlichkeit‹ und des ›Bruchs‹ verändert werden zur Analyse des Verschwindens von Zeit, des Verlorengehens von Zeit. Die späten Bücher von mir unterscheiden sich von den frühen vielleicht auch leider darin, dass eine bestimmte Art jugendlicher Spontanität zugunsten einer etwas abstrakteren Argumentation verloren gegangen ist. Aber der Grundimpuls, gar keine Frage, der ist geblieben.

Verliert der Bibel-Leser Ernst Jünger in den Strahlungen *seines Spätwerkes an Schrecken?*

Ganz gewiss. Aber auch noch in den Kriegstagebüchern des Zweiten Weltkrieges zeigt sich ein bestimmter Lakonismus, der schon die frühen Schriften kennzeichnete: Eine künstliche oder artifizielle Sprache, die sich ohne jede Art von Intervention eines moralischen Urteils vollzieht. Das ist in dieser Härte auch noch in den *Strahlungen* vorhanden. Die Notizen aus dem Kaukasus über Erschießungen und Massenverbrechen der Wehrmacht haben eine vergleichsweise analoge Kälte und – so würde ich auch sagen – ein Ethos der melancholischen Akzeptanz der mit den Augen Hobbes' gesehenen Wirklichkeit. Das ändert sich einerseits nach dem Krieg, nachdrücklich mit seiner Friedens-Schrift von 1944 [*Der Friede. Ein Wort an die Jugend Europas und an die Jugend der Welt*, o. O. und J.]. Der humanitäre und europäische Jünger, der nach dem Krieg tradiert wurde, ist für mich der ästhetisch nicht eigentlich interessante Jünger. Andererseits gibt es die Fortsetzung der Kritik an einem ›Niedergang der Werte‹, der Diagnose des ›Nihilismus‹ und der – wie er sagt – »Unfähigkeit höhere Typen« hervorzubringen. Und zwar mit der gleichen abstrakt-unkonkreten, schein-analytischen Terminologie wie in der Epoche des ›magischen Realismus‹. Die Schrift *Über die Linie* von 1950, Heidegger gewidmet, ist charakteristisch hierfür. Dass die »Welt des Einzelnen« hinter uns liege, diese wiederholte *causa* von Jüngers Schmerz-Begriff mag auf den ersten Blick kulturpessimistisch verjährt sein; aber unser Alltag bestätigt diese Jünger'sche zentrale Beobachtung – nicht zuletzt im offiziell-hochideologischen Wissenschaftsbetrieb seit Bologna, in dem nur noch Netzwerke, keine Individuen gezählt werden.

1982 ereilt Sie der bundesrepublikanische Fluch des Provinzialismus, über den Sie im Merkur *so böse physiognomische Miniaturen geschrieben haben – und Sie werden nach Bielefeld berufen. Im selben Jahr ergreift Helmut Kohl die Macht – auch er ein bekennender Jünger-Leser. Haben Sie selbst den späten Jünger des Tagebuchzyklus* Siebzig verweht *noch verfolgt?*

Es hat mich nicht sehr interessiert. Das ist vielleicht auch ein Grund gewesen, warum ich dem alten Jünger nicht meine Aufwartung gemacht habe. Dass Kohl Ernst Jünger schätzte, habe ich zunächst nicht gewusst. Ich erinnere mich an 1982 noch genau, wie ich auf dem Boulevard St. Germain saß – und in den deutschen Zeitungen las und Kohls bieder-hämische Übernahme der Regierungsgewalt entsetzlich fand: Was für eine Epoche kommt da auf dich zu! In Bielefeld war ich aber sehr gerne: Diese fünfzehn Jahre waren die mich intellektuell formierende Zeit meines Lebens – ohne dass ich jemals ein Seminar über Ernst Jünger gemacht hätte. Formierend auch wegen meiner Distanz zur Bielefelder Sozialhistorie, Bielefelder Linguistik und Bielefelder Pädagogik, dem eigentlich Grauenhaften. Die Didaktik hat die Bielefelder Literaturwissenschaft ruiniert. Das sah Luhmann wohl ähnlich wie ich.

Was unterschied Ihren Merkur *seit 1983 von dem Ihrer beiden Vorgänger, Hans Paeschke und Schwab-Felisch?*

Die Erfahrung mit den PH-Professoren in der Bielefelder Fakultät, die uns Mitte der achtziger Jahre von der Wissenschaftsministerin Raus aufgezwungen wurden, hat mich bestärkt, den pädagogischen Tonfall, der zuweilen bis dahin im *Merkur* hörbar war, abzuschalten. Keine pädagogischen Texte mehr! Sie schienen mir theoretisch unhaltbar und intellektuell peinlich. Das ergab sich ohnehin aus meinem neuen ästhetischen und mehr theoretischen Konzept, für das mein 1981 erschienener Suhrkamp-Band *Plötzlichkeit* eine Art Programmschrift wurde. Vielleicht habe ich unbewusst auch eine gewisse kulturprotestantische Affinität des *Merkur*-Begründers Paeschke vermieden. Das brachte mir später Ärger mit protestantischen Theologieprofessoren ein, was mich nicht sehr beeindruckt hat. Gewisse Salbadereien des akademischen Kulturprotestantismus gingen mir – wie ›geistig‹ auch immer – gewaltig auf die Nerven.

Der Nachlass zeigt Jünger als unaufhörlichen literarischen Arbeiter – am Beginn steht die einzelne Tagebuchnotiz, die Jünger nach und nach in Literatur überführt hat.

Ein erster Schritt zu einem Plädoyer für die Modernität Jüngers würde in seiner Entscheidung für das Genre des Tagebuches liegen. Man muss dazu die zentrale Rolle kennen, die das Tagebuch seit Baudelaire und E. A. Poe besaß. Poe beschreibt das Tagebuch an einer Stelle als ein Buch von solcher Intensität, dass unter der brennenden Feder das Papier sich auflöse. Das ist, so glaube ich, die letzte Sentenz von E. A. Poes elfter *Marginalia*. Jedenfalls steckt dahinter die Idee einer skandalösen Selbsterniedrigung – die Jünger fern gelegen hätte. Dezidiert moderne Autoren wie Henry Miller oder Michel Leiris haben im frühen 20. Jahrhundert ganz auf das Tagebuch gesetzt. Bei Jünger ist das Tagebuch wohl eine unbewusstere Wahl gewesen. Man kann zu Recht bezweifeln, ob er überhaupt das Tagebuch als die avancierteste Form schriftstellerischer Äußerung seiner Zeit wahrnahm – ganz sicher nicht im Sinne einer erbarmungslosen Selbstoffenbarung. Das ist schon an den Untertiteln von *Das abenteuerliche Herz* in der ersten und zweiten Fassung erkennbar: *Aufzeichnungen bei Tag und Nacht* und *Figuren und Capriccios*. Diese Tradition des selbstoffenbarenden Tagebuchs ging am heroischen Selbstkonzept vorbei. Das hatte mit Jüngers Unlust an dieser Form der Introspektion zu tun. Das Tagebuch war für ihn das Mittel, die Granate, das Dokument, das Faktum, das Unbezweifelbare in der Zeit.

Wobei eigentümlich ist, dass die Kriegstagebücher – im Gegensatz zu den Fassungen des *Abenteuerlichen Herzen* oder des *Sizilischen Briefs an den Mann im Mond* – ohne jede stilistische Prätention auskommen. Erst das *Abenteuerliche Herz* von 1929 ist die Regierungserklärung des ›magischen Stils‹. Die Kriegs-Tagebücher sind dagegen von einer erstaunlichen Naivität realistischer, ja alltagssprachlicher Darstellung – abgesehen von bestimmten expressionistischen Einsprengseln des Kampfgrauens, die oft Bildern von Bosch oder Breughel nachgebildet sind. Das Massaker ist bei Jünger nichts anderes als die Wiederholung dessen, was in der Kunst als Paradigma schon immer vorgegeben war. Diese Korrespondenz zwischen realistischer Wahrnehmung des Kriegs und grotesker Bildphantasie der frühen Neuzeit unterscheidet Jünger einerseits von den Schrei-Exzessen des Expressionismus, belegt andererseits wiederum seine schon erwähnte Bindung an kulturell vorgegebene Muster.

Jüngers Begriffe und Bilder waren eingelagert in die Kriegslandschaft des frühen 20. Jahrhunderts. Wie sehr sind wir heute – am Beginn eines neuen Jahrtausends – getrennt von Jüngers Erfahrungswelt?

Im Modeslogan der Soziologen befinden wir uns in einem postheroischen Zeitalter. Das bedeutet auch, dass gewisse ontologische und existenzielle Kategorien der kriegerischen Erfahrung nicht mehr nachvollziehbar sind. Das Ethos des soldatischen Verhaltens in unserer Jetztzeit lässt sich nicht mehr zurückbinden auf ontologische oder ästhetische Kategorien. Oder an Jüngers ›Wert‹-Terminologie im Sinne Nietzsches. Wo es überhaupt noch vorhanden ist, in England und Amerika, ist es ausschließlich begründet in einer konventionellen Tradition militärischen Ruhms. Die englische oder amerikanische Armee konnte sich schon damals nicht ›existenziell‹ verstehen. Wir haben es mit zwei Nationen zu tun, deren Armeen nie einen Krieg verloren haben, wenn man von Vietnam einmal absieht. Erwähnenswert ist aber, dass die zeitgenössische angelsächsische Kriegshistorie diesen Ruhm relativiert, indem sie darauf hinweist, dass die deutsche Armee, wie faschistisch sie auch immer gewesen sein mag, selbst bei großer Unterlegenheit hinsichtlich Soldaten und Waffen, den Amerikanern und Engländern an Kampfstärke und Kampfbereitschaft bis zum Ende hin überlegen geblieben sei. Und das hatte schon damals mit dem Zivilisationsbruch zu tun. Seit Wilsons Erklärungen des Versailler Friedens ist die Selbsterklärung der angelsächsischen Mächte eine mehr oder weniger moralische. Die Armee als moralischer Auftrag – als die Welt vom Übel Säubernde. In der Karikatur geht das bis auf die propagandistisch-einfache Rhetorik des letzten amerikanischen Präsidenten zurück. Das alles hat mit Ernst Jüngers *Kampf als innerem Erlebnis* nichts zu tun; das beruht auf traditionellen Identifikationen des angelsächsischen Sieger-Militärs und des gerechten Krieges: jenseits existenzieller Wahrnehmungen und Schmerz-Philosophie. Die andere Konsequenz: dass Deutschland nach den verlorenen und verschuldeten Kriegen weder das eine noch das andere besitzen kann. Weder die konventionelle Moral, noch die existenzielle Aufladung.

Als Sie publizistisch 1982 für England zum Erschrecken der friedlich gesinnten deutschen Öffentlichkeit im Falkland-Krieg mobil machten [Karl Heinz Bohrer, »Falkland und die Deutschen. Vom Ethos der Mainzelmännchen. Eine Polemik«, in: *Frankfurter Allgemeine Zeitung*, 15.10.982, S. 25], *war das ›geistiges Engländertum‹ oder als letztes Nachwehen Ihrer Jünger-Beschäftigung ein existenzieller intellektueller Einsatz?*

Weder das Eine noch das Andre. In erster Linie ein politisches Misstrauen gegen meine deutschen Landsleute. Der Untertitel hieß ja »Vom Ethos der Mainzelmännchen«. Es war die Kritik eines – wie mir schien – haltlosen Pazifismus der Deutschen, der im Grunde auch unmoralisch war. Mir kamen Winston Churchills Worte über die Deutschen in den Sinn – entweder hängen Sie einem am Hals oder liegen am Boden. Dass die Deutschen aus dem Tatbestand zweier Weltkriege, die Sie partiell kriminell begonnen haben, nun den Schluss ziehen, dass sie fürderhin keinerlei militärische Verantwortung in der Welt übernehmen – es sei denn die notorische Geste des Brunnenbauers, das schien mir unmoralisch und auch unpolitisch. Das war der damals leitende Gedanke meiner Intervention. Und ich würde das heute noch so wiederholen. Nach zwei desaströs verlorenen und zum Teil verbrecherisch geführten Kriegen muss es einer Nation als eine Zumutung erscheinen, bei zukünftigen Kriegen aktiv eine große Rolle zu spielen. Das ist durchaus nachvollziehbar. Nichtsdestotrotz muss ich auf diese psychologische Aporie verweisen: Man kann aus dem Desaster zweier Weltkriege nicht den Schluss ziehen, dass die anderen sich alleine Gefahren aussetzen sollten (wobei das alte anti-englisch-amerikanische Ressentiment noch immer hineinspielt).

Die Sensibilität für romantische Phänomene kann sich scheinbar durchaus mit harter, kühler Realpolitik verstehen.

Wobei ich meine Diagnostik des Verhältnisses der Deutschen zum Falklandkrieg von 1982 als eine schiere politische Argumentation ansehe. Die Tatsache, dass da auch bestimmte heroische englische Lektüren aufgeblitzt haben, das möge man als romantisch sehen, aber das spielte beim Argument eigentlich keine wesentliche Rolle. Diese Tradition habe ich in das politische Bewusstsein integriert. Unter anderem auch mit dem Hinweis, dass das englische Parlament für diesen Krieg votiert hat, obwohl einzelne liberale englische Stimmen in Publizistik und Politik dagegen waren.

Das Phantasma Krieg hat Sie nie losgelassen. Sie schreiben gerade selbst in einer literarisch sehr avancierten Form über Ihre Kriegsjugend im Dritten Reich. Erste Stücke waren schon im Merkur *zu lesen.*

Es ist eine Tom Sawyer-Geschichte. Wenn ich von meinem Semester in Stanford zurückkomme, werde ich versuchen, die Geschichte weiterzuschreiben. Sie wird heißen *Der Granatsplitter*. Es ist die Geschichte eines katholischen Jungen, der im siebenten bis zwölften Lebensjahr den Krieg mitkriegt – an seinem nicht mehr katholischen 19. Lebensjahr breche ich ab. Sie versucht den Einflüssen, Wahrnehmungen und Wirkungen auf die Spur zu kommen, die kriegerische Vorgänge auf einen 8- bis 12-jährigen gehabt haben – aber eben als Abenteuer. Nicht als moralisches Erweckungserlebnis. Das war in meinem Falle – beeinflusst von einer seit jeher betont liberalen rheinischen Familie – auch gar nicht nötig. Obwohl die Querelen, ja Bedrohungen, die mein Vater durch die Nazis erfuhr, mit den Augen eines aufmerksamen Jungen erzählt werden, soll die burleske Unschuld des Blicks erhalten bleiben. Der Autor weiß nicht mehr als der Junge in seinem jeweiligen Lebensalter. Das ist die Ironie daran. Keine Lektionen, sondern die Zeit eines an Spannung sich erfreuenden Knaben. Das ist wohl der Punkt. Nicht der erinnerte Krieg, sondern offensichtlich ein Leben als Spannung. Der Krieg, also die Bombennächte in Köln und später die letzten Kämpfe im Westen, gaben mir wohl weit über die Zeit hinaus eine Vorstellung vom Leben als Gefahr. Aber eben nicht nur im negativen Sinne. Man war, wenn man das so sagen kann, immer auf dem Quivive. Natürlich, wäre ich auch nur etwas älter gewesen, Flakhelfer oder Ähnliches, dann hätte das alles anders ausgesehen. Aber so verinnerlichte ich wohl die wüste Zeit als etwas enorm Interessantes, sogar Geheimnisvolles, das irgendwie weiterging, auch die Zeit danach.

Das Gespräch fand Anfang August statt. Zu diesem Zeitpunkt lag mir die Edition der Tagebücher mit ihren Kommentaren noch nicht vor. Diese habe ich erst jetzt bei Durchsicht der Fahnen kennengelernt. Die Heidenarbeit der Transkription durch José António C. Santos, die mit außerordentlicher Präzision in allen Fragen der

Millitärgeschichte vorgenommene Kommentierung und das Nachwort von Helmuth Kiesel habe ich mit großem Respekt heute kennengelernt. HL, Wien, den 8. September 2010.

Zum Katalog

Die Zitate folgen den nachgewiesenen gedruckten Quellen beziehungsweise den hand- oder maschinenschriftlichen Dokumenten im Deutschen Literaturarchiv Marbach.

SIGLEN UND KURZTITEL

Kiesel Helmuth Kiesel: Ernst Jünger. Die Biographie. München: Siedler, 2007.

PP Ernst Jünger: Politische Publizistik. 1919 bis 1933. Hrsg., komm. und mit einem Nachw. von Sven Olaf Berggöt. Stuttgart: Klett-Cotta, 2001.

Schwilk Heimo Schwilk: Ernst Jünger. Ein Jahrhundertleben. Die Biografie. München/Zürich: Piper, 2007

SV Ernst Jünger: Siebzig Verweht. Bd. I–V. Stuttgart: Klett-Cotta, 1980–97.

SW Ernst Jünger: Sämtliche Werke. 22 Bde. Stuttgart: Klett-Cotta, 1978–2003.

TB Tagebuch.

Archivalische Probleme mit Selbstklebebändern

2003 begann am Deutschen Literaturarchiv Marbach ein von der tesa SE, Hamburg gesponsertes, internationales Forschungsprojekt mit dem Ziel, für die komplexen archivalischen Probleme mit Selbstklebebändern im Nachlass von Ernst Jünger neue Lösungen zu finden. Über acht Jahrzehnte schuf Jünger 26 Manuskripte sowie über 250 (Reise-)Tagebücher mit rund 15 300 Blättern, einen großen Teil davon verziert mit Insekten, Pflanzen und Federn, die er mit Selbstklebebändern partiell oder vollflächig fixierte. Dabei überklebte er Schrift oder er beschrieb Klebebänder. Beides ist problematisch, denn durch Alterung der Klebemassen waren 630 Blätter miteinander verklebt, viele Klebestreifen waren teilweise abgelöst oder abgefallen, so dass es unmöglich war, den Nachlass zu benutzen. Die Schrift unter oder auf den Klebebändern droht verloren zu gehen, die Collagen aus Schrift und Objekten sind derangiert oder sogar von völliger Zerstörung bedroht. Probleme dieser Art gibt es in vielen Nachlässen verschiedener Disziplinen und überall auf der Welt. Das Forschungsprojekt erregte deshalb internationale Aufmerksamkeit und die Ergebnisse werden dringend erwartet.

Das Forschungsprojekt zielte zunächst darauf, die Selbstklebebänder als Teil des Originals zu konservieren sowie Richtlinien für Lagerung, Präsentation, Klima und Benutzung des Nachlasses zu erarbeiten. Erstes Ziel war es, den Bestand über Sekundärformen (Digitalisierung und Mikroverfilmung) inhaltlich so nutzbar zu machen, dass die Originale nur in seltenen Fällen konsultiert werden müssen. Auch für die Lagerung wurde ein neues, druckfreies Konzept erarbeitet. Ein Zwischenlage-Material, das dauerhaft in den Bestand eingefügt werden kann, um das erneute Verkleben von Seiten und den Abrieb von Schrift zu verhindern, ist gemeinsam mit den Projektpartnern entwickelt worden und befindet sich in der Evaluationsphase.

Überdies diente die lange Schaffenszeit Jüngers als Grundlage für einen historischen Überblick zur Verwendung und Analyse von Selbstklebebändern im deutschen Raum, die in Zusammenarbeit mit Experten der tesa SE und der Beiersdorf AG in Hamburg erfolgt. Dieser Überblick ist eine wichtige Handreichung für Restauratoren weltweit.

Roland S. Kamzelak und
Manuela Reikow-Räuchle

Für die fachkundige Zusammenarbeit danken wir: Prof. Dr. Gerhard Banik, Universität für Angewandte Kunst, Wien – Prof. Dr. Irene Brückle, Staatliche Akademie der Bildenden Künste Stuttgart – Dr. Elke Grotheer, Beiersdorf AG, Hamburg – Beate Küsters, Leiterin der Restaurierwerkstatt des DLA – Dr. Bernd Lühmann, tesa SE, Projektleiter tesa SE, Hamburg – Elissa O'Loughlin, The Walters, Baltimore – Reinhart Martin, tesa SE, Hamburg – Dr. Claudius Rapp, Beiersdorf AG, Hamburg – Dr. Manfred Spies, tesa SE, Hamburg – Linda Stiber-Morenus, The Library of Congress, Washington – und last but not least Herrn Hubertus von Voithenberg, dem ehemaligen Vorstand der tesa SE, für die großzügige finanzielle Unterstützung des Forschungsprojektes.

Der vorliegende Marbacher Katalog erscheint
zur Ausstellung ›Ernst Jünger. Arbeiter am Abgrund‹
Literaturmuseum der Moderne, Marbach am Neckar
7. November 2010 bis 27. März 2011

Redaktion: Dietmar Jaegle
Ausstattung: Diethard Keppler und Marcus Wichmann
nach einem Entwurf von Diethard Keppler und Stefan Schmid
Gesamtherstellung: Offizin Scheufele, Stuttgart
ISBN 978-3-937384-69-6

Die Deutsche Schillergesellschaft wird gefördert
durch die Bundesrepublik Deutschland,
das Land Baden-Württemberg, den Landkreis
Ludwigsburg und die Städte Ludwigsburg
und Marbach am Neckar.

Umschlag: Ernst Jünger auf Käferjagd
(Montpellier, 1990)
Fotografie: DLA Marbach (Mathias Michaelis)

Ausstellung: Idee: Stephan Schlak mit Heike Gfrereis und Ellen Strittmatter; Realisierung: Heike Gfrereis und Ellen Strittmatter; wissenschaftliche Mitarbeit: Sonja Lehmann; Organisation: Vinca Lochstampfer; Textredaktion: Dietmar Jaegle; restauratorische und konservatorische Betreuung: Beate Küsters; Gestaltung: space4 (Architektur) / Diethard Keppler, Marcus Wichmann (Grafik).

Wir danken für Unterstützung: Helmuth Kiesel, der uns freundlicherweise lang vor ihrer Publikation im Herbst 2010 die Transkriptionen der Tagebücher aus dem Ersten Weltkrieg und seinen Kommentar zur Verfügung gestellt hat; Richard Müller-Schmitt, der kaum Lesbares für uns entziffert hat; Nicolai Riedel, der uns verständig durch Jüngers Bibliothek führte und die Karten aus dem Ersten Weltkrieg in Wilflingen fand; Felicitas Hartmann, die für uns die Jünger-Sammlungen aus Wilflingen erschlossen und ausgehoben hat; Elke Schwandner, die dasselbe für die Fotosammlung tat; Thomas Schmidt, Michael Davidis, Nicolai Riedel, Bruno Bender, Carolina Strecker und Anne Tuschek, die die Wilflinger Sammlungen sorgfältig evakuierten, und Monika Miller-Volmer, die uns freundlicher Weise auch während der Sanierung den Zugang ermöglichte; Sonja Lehmann, Aneka Viering, Vinca Lochstampfer, Isabel Frey und Maria Hartwig, die über 300 bestandschonende Tagebuch- und Manuskript-›Dummies‹ für die Ausstellungsvorbereitung gefertigt haben; Eva-Maria Ganster, die über eine Weltkarte das Netz von Jüngers Reisen gespannt hat. *hg, ss, es*

Für die großzügige finanzielle Unterstützung danken wir dem Freundeskreis der Brüder Ernst und Friedrich Georg Jünger e.V.